全国教育科学规划课题研究成果

江苏省高等学校精品教材

财务管理学

（第三版）

主　编　上官敬芝
副主编　李延莉

高等教育出版社·北京

内容提要

本书是高等学校会计学与财务管理专业系列教材之一。本书主要内容包括：导论、财务管理的基本原理、筹资管理概论、长期筹资管理、短期筹资管理、项目投资管理、证券资产投资管理、营运资金管理、流动资产管理、收益分配管理、财务分析和公司并购。

本书在上一版的基础上补充了注册会计师及中级会计职业资格证书考试真题。本书另配有习题与案例（书号：978-7-04-056257-6）。

本书既可作为高等学校会计学、财务管理、审计学等专业相关课程教材，又可作为经济管理、工商管理类专业（非会计专业）财务管理课程教材，还可作为相关从业人员参考用书。

图书在版编目(CIP)数据

财务管理学／上官敬芝主编．—3 版．—北京：高等教育出版社，2022.1

ISBN 978-7-04-056234-7

Ⅰ.①财… Ⅱ.①上… Ⅲ.①财务管理-高等学校-教材 Ⅳ.①F275

中国版本图书馆 CIP 数据核字(2021)第 116380 号

策划编辑　金　越　　责任编辑　金　越　　封面设计　张文豪　　责任印制　高忠富

出版发行	高等教育出版社	网　　址	http://www.hep.edu.cn	
社　　址	北京市西城区德外大街 4 号		http://www.hep.com.cn	
邮政编码	100120		http://www.hep.com.cn/shanghai	
印　　刷	杭州广育多莉印刷有限公司	网上订购	http://www.hepmall.com.cn	
开　　本	787 mm×1092 mm　1/16		http://www.hepmall.com	
印　　张	20.75		http://www.hepmall.cn	
字　　数	531 千字	版　　次	2010 年 8 月第 1 版	
			2022 年 1 月第 3 版	
购书热线	010-58581118	印　　次	2022 年 1 月第 1 次印刷	
咨询电话	400-810-0598	定　　价	45.00 元	

本书如有缺页、倒页、脱页等质量问题，请到所购图书销售部门联系调换

版权所有　侵权必究

物　料　号　56234-00

教师教学资源服务指南

教师可扫描下方二维码，关注微信公众号"高教财经教学研究"，免费申请课件和样书、下载试卷、观看师资培训课程和直播录像等。

课件申请

点击导航栏中的"教学服务"，点击子菜单中的"课件申请"，填写相关信息即可申请课件。

样书申请

点击导航栏中的"教学服务"，点击子菜单中的"免费样书"，填写相关信息即可免费申请样书。

试卷下载

点击导航栏中的"教学服务"，点击子菜单中的"免费试卷"，填写相关信息即可免费下载试卷，试卷涵盖中级财务会计、审计学、税法等多门课程。

教师培训

点击导航栏中的"教师培训"，点击子菜单中的"培训课程"，即可选择相应课程进行学习：
①点击"培训专栏"可以观看教师培训课程，由名师分享财会类课程的教学重点、难点及经验。
②点击"直播回放"可以回看"名师谈教学与科研直播讲堂"的直播录像。

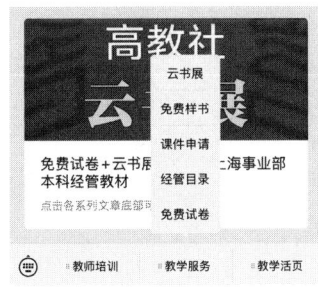

前　　言

本教材自 2010 年 8 月出版以来，已再版两次，增印数十次，市场认可度较高。编写组曾多次对本套教材的使用情况进行调查和回访。反馈情况表明，"多样化"的设计风格和"逻辑化"的编写方式，有利于激发学生的学习兴趣、提高学生的学习效果。

具体来说，本教材具有以下特色：

(1) 本教材吸收借鉴了现代财务管理的新成果和国内外同类优秀教材的成熟经验，吸纳了读者的建议，立足于我国应用型高等学校的人才培养目标，结合编写者在教学与科研工作中的知识积累与经验积淀，注重理论与实践相结合，注重培养学生的逻辑思维能力和分析解决实际问题的能力。

(2) 在内容上，本教材坚持以财务管理的基本原理为基础，以企业财务活动为主线，以企业财务管理实务为主体进行整体规划。教材设有"学习目标""重点和难点""理解记忆""小试牛刀""英文阅读""练习题与答案""综合案例"等内容。注重从原理到方法和应用的逻辑推理，力求将原理、方法和应用融为一体，着重培养学习者科学的思维方式。"小试牛刀"的题目均来自近年的中级会计职业资格考试真题，在学习每章内容后，通过小试，可以一览部分资格考题真容，既检验了学生的学习效果，又使学生在小试中获得了成就感，进而增强学习自信心和学习内驱力。

(3) 本教材兼承业财融合理念，在传统财务管理知识体系的基础上补充了税收因素对财务管理决策的影响。

(4) 本教材配有辅助教材。

本套教材的适用对象为应用型本科院校经济学类、管理学类本科生，尤其是会计学、财务管理、金融学等专业本科生。

本次的修订分工为：第三、四章由李延莉修订；其余章节由上官敬芝修订。整套教材最后由上官敬芝负责统稿和总纂。

本套教材在编写和修订的过程中参考了大量的文献，在此，对文献的作者致以真诚感谢。

尽管在编写及修订时，编者尽心尽力，力求精品之作，但由于水平所限，错误和不足之处在所难免，恳请广大师生及读者给予批评指正。

上官敬芝

2022 年 1 月

目　　录

第一篇　财务管理基础

第一章　导论 ·· 003
　第一节　财务管理概述 / 003
　第二节　财务管理的目标及其协调 / 009
　第三节　财务管理的环境 / 013
　复习思考题 / 018
　小试牛刀 / 019

第二章　财务管理的基本原理 ··· 020
　第一节　资金时间价值 / 020
　第二节　风险与报酬 / 030
　第三节　其他原理 / 037
　复习思考题 / 039
　小试牛刀 / 039

第二篇　筹资管理

第三章　筹资管理概论 ·· 043
　第一节　筹资管理概述 / 043
　第二节　企业筹资的类型 / 046
　第三节　资金需要量的预测 / 048
　复习思考题 / 057
　小试牛刀 / 057

第四章　长期筹资管理 ·· 059
　第一节　长期筹资方式 / 059
　第二节　资本成本 / 074
　第三节　杠杆利益与风险 / 084
　第四节　资本结构决策 / 089
　复习思考题 / 097
　小试牛刀 / 098

第五章　短期筹资管理 ·· 100

第一节　短期筹资概述 / 100

第二节　短期借款 / 101

第三节　商业信用 / 106

第四节　其他短期筹资项目 / 108

复习思考题 / 113

小试牛刀 / 113

第三篇　投资管理

第六章　项目投资管理 ·· 117

第一节　项目投资概述 / 117

第二节　现金流量的内容及其估算 / 120

第三节　项目投资决策的基本方法 / 126

第四节　投资决策方法的应用 / 134

第五节　不确定性投资决策 / 141

复习思考题 / 148

小试牛刀 / 148

第七章　证券资产投资管理 ·· 150

第一节　证券资产投资概述 / 150

第二节　债券投资管理 / 152

第三节　股票投资管理 / 157

第四节　基金投资管理 / 164

复习思考题 / 168

小试牛刀 / 168

第四篇　营运资金与收益分配管理

第八章　营运资金管理 ·· 173

第一节　营运资金管理概述 / 173

第二节　营运资金投资组合策略 / 175

第三节　营运资金筹资组合策略 / 177

第四节　营运资金投资与筹资的综合管理 / 180

复习思考题 / 182

小试牛刀 / 182

第九章　流动资产管理 ·· 184

第一节　流动资产管理概述 / 184

第二节　现金管理 / 185
　　第三节　应收账款管理 / 192
　　第四节　存货管理 / 197
　　复习思考题 / 205
　　小试牛刀 / 205

第十章　收益分配管理 ·· 207
　　第一节　收益分配管理概述 / 207
　　第二节　收入管理 / 209
　　第三节　成本费用管理 / 217
　　第四节　利润分配管理 / 223
　　复习思考题 / 240
　　小试牛刀 / 241

第五篇　财务分析与公司并购

第十一章　财务分析 ·· 245
　　第一节　财务分析概述 / 245
　　第二节　基本财务比率的计算及分析 / 255
　　第三节　财务预警分析 / 272
　　第四节　财务状况的趋势分析与综合分析 / 275
　　复习思考题 / 283
　　小试牛刀 / 284

第十二章　公司并购 ·· 285
　　第一节　公司并购的含义及分类 / 285
　　第二节　公司并购动因与效用理论 / 288
　　第三节　公司并购的财务分析 / 292
　　第四节　反并购策略 / 302
　　复习思考题 / 304

附录 ··· 305
　　附录一　复利终值系数表 / 305
　　附录二　复利现值系数表 / 309
　　附录三　普通年金终值系数表 / 313
　　附录四　普通年金现值系数表 / 317

主要参考文献 ··· 321

第一篇
财务管理基础

第一章 导　　论

学 习 目 标

- 掌握财务管理的含义
- 熟悉财务管理的特点、原则和环节
- 明确财务管理目标的主要观点
- 理解影响企业财务管理的环境因素

第一节　财务管理概述

一、财务管理的含义

财务管理(financial management)是指独立核算单位依据财经法规制度，按照财务管理原则，有效组织财务活动，正确处理财务关系的一项经济管理工作。可以说，只要有资金运作的地方，就必然有财务管理活动。然而，不同性质和不同行业的单位，其财务管理的内容和方式是有明显差异的。在各类组织中，企业是数量最多的一类经济组织，其财务活动也具有典型的代表性。所以，本书以企业财务管理为主要研究对象。要理解财务管理的含义，必须先弄清楚企业的财务活动和财务关系。

(一) 企业财务活动

企业财务包含一切涉及企业资金的经济业务。企业财务活动(Financial Activities)是指以现金收支为主的企业资金收支活动的总称。企业的财务活动主要包括以下四个方面的内容。

1. 企业筹资引起的财务活动

所谓筹资，指企业为了满足投资与用资需要而筹措和集中所需资金的行为。无论是建立新企业，还是经营现有企业，都需要筹措一定数量的资金。在筹资过程中，企业通过发行股票、发行债券、吸收直接投资等方式筹集资金，表现为资金的收入；企业偿还借款、支付利息、股利以及各种筹资费用等，表现为资金的支出。这种因为资金筹集而产生的资金收支，便是由企业筹资而引起的财务活动。

在进行筹资活动时，企业一方面要预测筹资的总规模，以保证投资所需要的资金；另一方面要通过筹资渠道和筹资方式的选择，确定合理的筹资结构，使筹资的代价降低而风险不变甚至降低。(其具体内容将在本书的第三章和第四章作详细介绍。)

2. 企业投资引起的财务活动

企业取得资金后，必须将其投入使用，以谋求良好的经济效益。企业的投资，有对内投资和对外投资之分。企业把筹集到的资金用于购置自身经营所需的固定资产、无形资产及垫支于流动资产等,便形成企业的对内投资;企业把筹集到的资金用于购买其他企业的股票、债券或与其他企业联营等,便形成对外投资。无论是对内投资还是对外投资,投资时都需要支出资金。当企业变卖对内投资的各种资产或收回对外投资时,就会产生资金的收入。这种由于企业投资而产生的资金收支,便是企业投资引起的财务活动。

在进行投资活动时,企业必须考虑投资规模,同时还必须通过投资方向和投资方式的选择,来确定合适的投资结构,提高投资效率,降低投资风险。(其具体内容将在本书的第六章和第七章作详细介绍。)

3. 企业经营引起的财务活动

企业在日常的经营过程中,会发生一系列的资金收付。首先,需要采购材料或商品形成储备,以便从事生产和销售活动,同时,还要支付职工工资和各种营业费用,这都需要企业支付资金。其次,当企业将生产出来的产品或购入的商品进行出售时,便可收回资金。再次,如果企业现有资金不能满足经营的需要,还要采取短期借款的方式来筹集所需资金。这种由于企业经营而产生的资金收支,便是企业经营引起的财务活动。

在企业经营引起的财务活动过程中,主要涉及的是营运资金的管理问题。具体包括:现金持有计划的确定,应收账款的信用标准、信用条件和收款政策的确定,存货周期、存货数量、订货计划的确定,短期借款计划、商业信用筹资计划的确定等。(其具体内容将在本书的第五章、第八章和第九章作详细介绍。)

4. 企业分配引起的财务活动

企业通过投资和资金运营可以取得相应的收入,在弥补各种成本费用、缴纳税金后,还应依照有关法规和程序对利润进行分配。资金分配有广义和狭义之分。广义分配是指对企业各种收入进行分割和分派的行为;狭义分配仅指对企业净利润的分配。

根据投资者的意愿和企业生产经营的需要,企业实现的净利润可以作为投资收益分配给投资者,也可以暂时留存企业形成未分配利润,或者作为投资者的追加投资。企业的财务人员要合理确定分配的规模和结构,确保企业取得最大的长期利益。这种因企业分配而产生的资金收支,便属于企业资金分配而引起的财务活动。(其具体内容将在本书的第十章作详细介绍。)

企业财务活动的四个方面是相互联系、相互依存的,它们构成一个完整的财务活动过程。这四个方面也正是财务管理的基本内容:企业筹资管理、企业投资管理、营运资金管理、利润分配管理。

(二)企业财务关系

财务关系(financial relations)是指企业在组织财务活动过程中与有关各方面发生的经济关系。研究财务关系时,必须明确两个问题,一是企业和哪些利益者之间有经济关系,二是他们之间有什么关系。

企业的财务关系主要包括以下七个方面:①企业与投资者之间的财务关系;②企业与被投资者之间的财务关系;③企业与债权人之间的财务关系;④企业与债务人之间的财务关系;⑤企业内部各部门之间的财务关系;⑥企业与职工之间的财务关系;⑦企业与税务机关之间的财务关系。

对现代企业而言,一项投资活动要成立,离不开投资者和受资者(经营者)两个相互对应的基本要素,如图1-1所示,图中箭头表示资金的流向。在投资活动中,投资者应按约定(合同、协议、章程)履行其出资义务,并根据其出资数额确定参与企业的经营管理,分享利润并承担风险；受资者必须依法经营，保全资本，并有效地通过运用资本，实现资本增值最大化。投资者与受资者之间的财务关系，体现了所有权性质的资金使用和资金分配关系。在研究企业与投资者的财务关系时，企业是受资者，它反映着经营权与所有权（或受资与投资）的关系；相反，在研究企业与被投资者之间的财务关系时，企业则是投资者，它反映着所有权与经营权（或投资与受资）的关系。

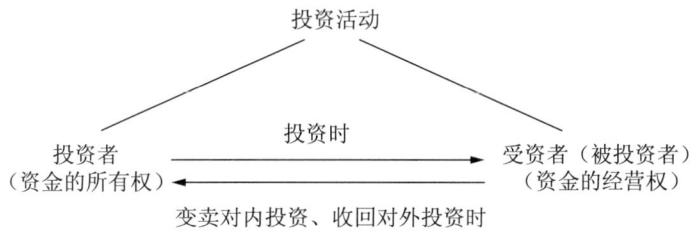

图 1-1　企业投资活动中的财务关系

负债是由债权和债务两个相互对应的要素构成的法律关系，如图 1-2 所示。债权是指债权人享有的权利，债务是指债务人承担的义务。

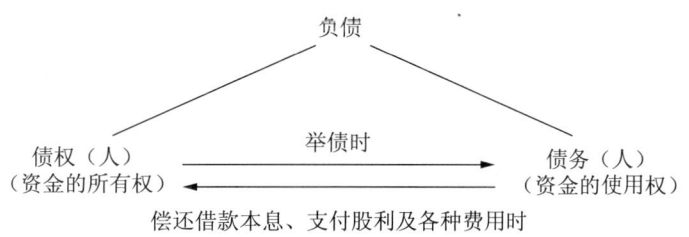

图 1-2　负债要素构成关系

企业与债权人的财务关系，是指企业利用债权人的资金后，要按约定的利率及时向债权人支付利息，债务到期时，要合理调度资金，按时向债权人归还本金。简而言之，企业与债权人的关系可以概括为债务与债权的关系。

企业与债务人的财务关系，是指企业将资金借出后，有权要求债务人按约定的条件支付利息和归还本金。企业与债务人的财务关系可以概括为债权与债务的关系。

企业内部各部门之间的财务关系，是指由于企业内部实行经济核算制所形成的内部资金结算关系，体现了企业内部各单位之间的利益关系。

企业与职工之间的财务关系，主要是指企业向职工支付劳动报酬过程中所形成的经济关系，体现了企业与职工在劳动成果上的分配关系。

企业与税务机关之间的财务关系，反映了企业依法纳税和税务机关依法征税的权利义务关系。

企业财务关系中最重要的关系是：股东、经营者、债权人之间的经济关系。

二、财务管理的特点

企业生产经营活动的复杂性，决定了企业管理必须包括多方面的内容，如生产管理、技术管理、劳动人事管理、设备管理、销售管理、财务管理等。各项工作是相互联系、紧密配合的，同时又有科学的分工,具有各自的特点。就财务管理而言,有以下三个特点。

(一) 综合性强

财务管理是一种价值管理。通过价值形式,运用财务预测、决策、预算、控制、分析和考核等方法,对企业的一切物质条件(劳动对象和劳动资料)、经营过程(供、产、销)和经营成果(收入与利润等)进行综合规划和控制,从而达到不断提高经济效益的目的。因此,财务管理既是企业管理的一个独立方面,又是一项综合性较强的管理工作。

(二) 涉及面广

财务管理是对企业财务的管理,而财务是涉及企业资金的所有经济业务。所以企业中一切涉及资金的经济业务活动都属于财务管理的管辖范围。众所周知,在企业内部,每一个部门都或多或少地与资金有联系,它们都会和财务部门产生联系。同时,为了提高企业的经济效益,各部门在合理使用资金和节约资金方面都要接受财务部门的指导和约束。

(三) 灵敏度高

在企业管理中,决策是否得当,经营是否有方,技术是否先进,生产组织是否合理,以及产品的质量优劣,费用开支的多寡,职工素质的高低,产销顺畅与否,都会对财务指标产生重大的影响。财务部门通过对财务指标的经常性计算、整理和分析,就能及时掌握企业各方面的信息,了解企业生产经营情况,发现存在的问题。例如,如果企业生产的产品质量优良,适销对路,则可实现产销两旺,在财务上就表现为资金周转加快、盈利能力增强。因此,财务部门应及时向企业领导通报财务指标的变化情况,以便领导掌握企业运行状况,及时采取对策,把各部门的工作都纳入提高经济效益的轨道上来。

三、财务管理的原则

财务管理原则(principles of financial management)是组织企业财务活动和协调处理财务关系的基本准则。企业财务管理应遵循以下原则。

(一) 系统优化原则

财务管理是企业管理系统的一个子系统,其又由筹资管理、投资管理、资金营运管理、分配管理等子系统构成。做好财务管理工作,必须从财务管理系统的内部和外部联系出发,从各组成部分的协调和统一出发,这就是财务管理的系统原则。具体做到以下几点:

(1) 整体优化。只有整体最优的系统才是最优系统。财务管理必须从企业整体战略出发,不能为财务而财务;财务管理的各子系统又必须围绕整个企业理财目标进行,不能"各自为政"。实行分权管理的企业,各部门的利益应服从企业的整体利益。

(2) 结构优化。在企业财务管理中,必须强调相关财务项目的结构优化问题,做到财尽其能、物尽其用,从而保证企业的整体优化。比如,从筹资角度来看,应对资金结构进行优化;从投资角度来看,应对资产结构进行优化;从分配角度来看,应对相关利益方分配的资金比例(结构)进行优化。

(3) 适应能力优化。由于财务管理的环境是复杂多变的,企业缺乏完全的控制能力,加之,由于企业财务管理人员能力的限制,可能会出现财务预测、决策、计划等失误。为此,在管理的各个方面和各个环节都要保持可调节的余地,以应对环境的变化。

(二) 成本与效益权衡原则

成本与效益权衡原则是企业财务管理最原始、最基本和永远遵从的一项原则,它贯穿于企业财务管理的始终。企业在筹资决策时,应将所发生的资金成本与所取得的投资利润率进行比较;在投资决策时,应将与投资项目相关的现金流入量和现金流出量进行比较;在生产经营活动中,应将所发生的生产经营成本与所取得的经营收入进行比较;在不同备选方案之间进行选择时,应将拟采纳方案的机会成本(所放弃备选方案预期所产生的潜在收益)与所取得的收益进行比较。成本与效益权衡原则的核心是要求企业在成本一定的条件下应取得尽可能大的效益,或是在效益一定的条件下应最大限度地降低成本。成本与效益权衡原则是企业财务管理最原始、最基本和永远不变的一项原则。

(三) 现金收支平衡原则

在财务管理中,要力求保持现金流入与流出在时间和数量上达到动态的协调平衡,这就是财务管理的现金收支平衡原则。获取收入以发生支出为前提,投资以融资为前提,偿还负债利息和支付股利均要求企业经营获利或获得新的资金来源。资金收支在每一时点上的平衡性,是资金循环过程得以周而复始的条件。资金收支动态平衡公式为:

期末预计现金余额 = 期初现金余额 + 预算期预计现金收入 − 预算期预计现金支出

遵循现金收支平衡原则,就是在提高资金使用效率的前提条件下,确保资金链畅通,防止资金链断裂。如果预计的现金余额远远低于理想的现金余额,则应积极筹措资金,以弥补现金的不足;如果预计的现金余额远远大于理想的现金余额,则应积极组织还款或进行投资,以保持资金收支上的动态平衡。这里的平衡是保持有一定弹性的平衡,而并非绝对的收入等于支出。一般情况下收支要有适当结余,以降低财务风险。

(四) 风险与收益均衡原则

取得收益是任何社会形态下企业经营的基本出发点,而风险则是一种与之相伴的客观经济现象。风险主要源于企业对未来事物的发展变化情况认识不足,对未来各项财务指标的预测不准确,以及对未来突发事件的应对能力不强。企业欲取得收益,必然要承担风险,承担风险的目的在于取得收益。随着市场经济的发展和竞争的日趋加剧,现代企业在获取效益的同时会伴随更大的风险。因此,无论是对投资者还是对受资者来说,都应当对决策项目的风险和收益作出全面的分析和权衡。风险与收益均衡原则的核心是要求企业不能承担超过收益限度的风险,在收益既定的情况下,应求最大限度地降低风险。

(五) 利益关系协调原则

利益关系协调原则,是指在财务管理中利用经济手段协调企业与内外部有关利益者之间的财务关系,维护有关各方的合法权益。企业对投资者要做到资本保全,并合理安排红利分配与盈余公积提取的关系;企业对债权人要按期还本付息;企业与企业之间要实行等价交换原则,并且通过折扣和罚金、赔款等形式来促使各方认真履行经济合同,维护各方的物质利益;在企业内部,要实行责权利相结合,对于生产经营经济效益好的车间、科室,给予必要的奖励,并运用各种结算手段划清各单位的经济责任和经济利益;在企业同职工之间,实行按劳分配原则,把职工的收入和劳动成果联系起来。如果这些利益关系因为种种原因而出现不协调甚至矛盾的情况,轻则会影响各方的积极性,导致企业财务状况恶化和财务能力弱化,对效益产生不利影响,重则会引发企业破产或社会问题。因此,现代企业的财务管理必须努力协调各方的利益,使大家齐心协力地为实现企业财务目标而努力。

(六) 投资分散化原则

马克维茨的投资组合理论认为,若干种股票组成的投资组合,其收益是这些股票收益的加权平均数,但其风险要小于股票的加权平均风险。基于上述理论,投资者不应把全部财富都投资于一个项目,而要分散投资,这就是投资分散化原则。

投资分散化原则不仅适用于证券投资,而且具有普遍意义,公司各项决策都应注意分散化原则。不应当把公司全部投资集中于个别项目或个别产品;不应当把销售集中于少数的客户;不应当使资源供应集中于个别供应商;重要的事情不要依赖一个人完成;重要的决策不要由一个人作出。凡是有风险的事项,都要贯彻分散化原则,以降低风险。

四、财务管理环节

财务管理环节(procedures of financial management)是指财务管理的工作步骤与程序。一般说来,企业财务管理包括以下几个环节。

(一)财务预测

财务预测(financial forecasting)是指在财务战略的指导下,在认识财务活动过去和现在的基础上,发现财务活动的客观规律,并据此推断财务活动的未来状况和发展趋势的过程。本环节的主要任务在于:测算各项生产经营方案的经济效益,为决策提供可靠的依据;预计财务收支的发展变化情况,以确定经营目标;测定各项定额和标准,为编制计划、分解计划指标服务。财务预测工作主要包括以下步骤:①明确预测目标;②收集相关资料;③建立预测模型;④实施财务预测。

(二)财务决策

财务决策(financial decision)是指财务人员在财务目标的总体要求下,采用专门的方法从若干备选方案中选择出最佳方案的过程。在市场经济条件下,财务管理的核心是财务决策,财务预测是为财务决策服务的,财务计划是财务决策的具体化。财务决策的准则是"满意或足够好",财务决策的方法主要有经验判断法和定量分析法两种。财务决策工作主要包括以下步骤:①确定决策目标;②提出备选方案;③选择最优方案。

(三)财务预算

财务预算(financial budgeting)是指运用科学的技术手段和数量方法,对目标进行综合平衡,制订主要的计划指标,拟订增产节约措施,协调各项计划指标的活动。财务预算是以财务决策确立的方案和财务预测提供的信息为基础编制的,是财务预测和财务决策的具体化,是控制财务活动的依据。财务预算的编制一般包括以下步骤:①分析财务环境,确定预算指标;②协调财务能力,组织综合平衡;③选择预算方法,编制财务预算。

(四)财务控制

财务控制(financial control)就是对财务预算的执行和监督、对执行过程中出现的问题进行调整和修正,以便实现预算指标。实行财务控制是落实预算任务、保证预算实现的有效措施。一般而言,财务控制要经过以下步骤:①制订控制标准,分解落实责任;②实施追踪控制,及时调整误差;③分析执行差异,搞好考核奖惩。

(五)财务分析

财务分析(financial analysis)是指根据财务报表等有关资料,运用特定方法,对企业财务活动过程及其结果进行分析和评价的一项工作。通过财务分析,可以掌握各项财务预算的完成情况,评价企业财务状况以及部门和各级管理人员的经营业绩;研究和掌握企业财务活动的规律性,完善财务预测、决策、预算和控制;建立和完善激励机制,提高企业管理水平和经济效益。财务分析主要包括以下步骤:①占有资料,掌握信息;②指标对比,揭露矛盾;③分析原因,明确责任;④提出措施,改进工作。

第二节 财务管理的目标及其协调

财务管理目标(objectives of financial management)是指企业财务管理活动所希望达到的境地或标准。目标具有导向作用、激励作用、凝聚作用和考核作用。由于财务管理是企业管理的一部分,所以财务管理的目标取决于企业的总目标,同时受财务管理自身特点的制约。

一、企业目标及其对财务管理的要求

企业是依法设立的,以营利为目的的,运用各种生产要素(土地、劳动力、资本和技术等),向市场提供商品或服务,实行自主经营、自负盈亏、独立核算的法人或其他社会经济组织。企业的目标是创造财富(价值)。企业一旦成立,就会面临竞争,并始终处于生存和倒闭、发展和萎缩的矛盾之中。企业必须生存下去才可能获利,只有不断发展才能求得生存,也只有获利才有生存的可能和必要。因此,企业管理的目标可以概括为生存、发展和获利。

(一)生存目标——要求财务管理做到以收抵支、到期偿债

企业在市场中生存下去的基本条件有两个:一是以收抵支,二是到期偿债。企业生存的"土壤"是市场,包括商品市场、金融市场、人力资源市场、技术市场等。在市场中,企业一方面要支出资金,从市场上取得所需的资源;另一方面要提供市场需要的商品或服务,从而获得资金收入。企业从市场上获得的资金收入只有大于或等于支出的资金,方能持续经营。否则,企业就没有足够的资金从市场换取必要的资源,企业就会因此萎缩。如果企业长期亏损,扭亏无望,就失去了存在的意义。另外,企业为扩大业务规模或满足经营周转的临时需要,可能会进行举债。国家为维持市场经济秩序,通过立法规定债务人必须偿还到期债务,企业如果不能偿还到期债务,就可能被债权人接管或被法院判定破产。

企业长期亏损是企业终止的内在原因,不能偿还到期债务是企业终止的直接原因。因此,力求保持以收抵支和偿还到期债务的能力,减少破产的风险,使企业能够长期、稳定地生存下去,是企业生存目标对财务管理提出的要求。

(二)发展目标——要求财务管理筹集企业发展所需的资金

在市场经济条件下,企业发展如"逆水行舟,不进则退"。企业发展可分为内涵式发展和外延式发展,但无论采用哪一种发展路径,从财务上来讲,都应表现为企业收入的增加。增加收入的根本途径是提高产品的质量、扩大销售的数量,这就要求企业不断开发新的产品,更新设备,改进技术和工艺,提高售后服务质量,扩大市场占有份额,提高企业人员素质。也就是要投入更多、更好的物质资源、人力资源,并改进技术和管理。而这些途径的实现均需要资金的支持,企业的发展离不开资金。因此,筹集企业发展所需的资金,是企业发展目标对财务管理提出的要求。

(三)获利目标——要求财务管理合理有效地使用资金

企业虽然有增加职工收入、改善劳动条件、扩大市场份额、提高产品质量、减少环境污染等多种目标,但是增加盈利是最具综合能力的目标。盈利不但体现了企业生产经营的出发点和归宿,而且可以概括其他目标的实现程度,并有助于其他目标的实现。

从财务上看,盈利就是使资产获得超过其投资的回报。在市场经济中,没有"免费使用"的

资金,资金的每项来源都有其成本。对企业而言,每项资产都是投资,都应当是生产性的,都要从中获得回报。例如,各项固定资产要充分地用于生产,要避免存货积压,尽快收回应收账款,充分利用暂时闲置的现金等。财务主管人员务必使企业正常经营产生的和从外部获得的资金能以产出最大的形式加以利用。因此,通过合理、有效地使用资金使企业获利,是获利目标对财务管理提出的要求。

二、企业财务管理的目标

明确财务管理目标,是搞好财务工作的前提。财务管理目标是与社会经济环境密切相关的,是阶段性和发展性的,不同的经济时期有不同的财务管理目标。关于企业财务管理目标的综合表达,有以下几种主要观点。

(一) 利润最大化

利润最大化(profit maximization)的观点认为:利润代表了企业新创造的财富,利润越多则说明企业的财富增加得越多,越接近企业的目标。利润最大化是西方微观经济学的理论基础。以利润最大化作为财务管理目标的主要理由是:①人类从事生产经营活动的目的是为了创造更多的剩余产品,在市场经济条件下,剩余产品的多少可以用利润指标来衡量;②在自由竞争的资本市场中,资本的使用权最终属于获利最多的企业;③只有每一个企业都最大限度获利,整个社会的财富才能实现最大化;④要实现利润最大化,必须加强管理、改进技术、提高劳动生产率、降低产品成本,从而提高企业经济效益。

这一观点的缺点有:①没有考虑资金的时间价值;②没有考虑所获利润和投入资本额的关系;③没有考虑获取利润和所承担风险的关系;④利润最大化往往会使企业财务决策者带有短期行为的倾向;⑤会计利润是"观念利润",不能反映企业真实的营利情况。

(二) 每股收益最大化

每股收益最大化(maximization of earnings per share)的观点认为:应当把企业的利润和股东投入的资本联系起来考察,用每股收益(或权益资本净利率)来概括企业的财务管理目标。以每股收益最大化作为财务管理目标的理由是:将实现的利润与投入资本对比,能够反映企业的盈利水平,可以在不同资本规模的企业或同一企业不同时期之间进行对比,揭示盈利水平的差异。但这种观点仍然没有考虑资金的时间价值和风险因素,不能避免企业的短期行为。

(三) 股东财富最大化

股东财富最大化是指通过财务上的合理运营,为股东带来更多的财富。在股份企业中,股东财富是由其所拥有的股票数量和股票的市场价格两个方面决定的。

与利润最大化相比,股东财富最大化的主要优点有:①考虑了风险因素,因为风险会对股价产生较大的影响;②考虑了时间因素,在一定程度上能避免企业的短期行为;③股东财富比较容易量化,便于考核与奖惩;④反映了资本与收益之间的关系,因为股票价格反映的是每股股份的市场价格。

但以股东财富最大化作为企业的财务管理目标也存在一定的缺陷:①通常只适应上市公司,对非上市公司则很难适应;②更多强调了股东的利益,而对企业其他利益集团的利益关心不够。如果利益关系处理不当,会对企业的生产经营活动产生不良影响;③股票价格受企业经营业绩、政治形势、经济政策、投资者心理预期等多种因素的影响,其中一些因素已超出了企业管理者的直接控制,不能完全准确反映企业财务管理状况。

(四) 企业价值最大化

企业价值是企业所能创造的预计现金流量的现值,它反映了企业预期的获利能力和成长能力。企业价值最大化(maximization of business value)是指通过企业财务上的合理经营,采用最优的财务政策,充分考虑资金的时间价值和风险与报酬的关系,在保证企业长期稳定发展的基础上使企业总价值达到最大。以企业价值最大化作为财务管理目标的理由是:考虑了资金的时间价值和风险价值;反映了企业资产保值增值的要求;克服了管理上的片面性和追求利润的短期行为;有利于社会资源的合理配置。

这一观点的缺点有:①尽管对股票上市的企业,股票价格的变动在一定程度上揭示了企业价值的变化,但是股价是受多种因素影响的结果,特别是在市场效率低下的情况下,股票的价格不一定能直接显示企业的获利能力。②为了控股或稳定购销关系,有不少企业采用环形持股的方式,相互持股。法人股东对股价最大化目标没有足够的兴趣。③非上市公司企业价值评估比较困难。

(五) 相关者利益最大化

现代企业理论认为,企业是多边契约关系的总和。企业的利益相关者包括股东、债权人、企业经营者、员工、客户、供应商、政府等,他们共同构成了企业的利益制衡机制。如果制定企业财务管理目标时,忽视了其他相关利益主体,则必然导致矛盾冲突,最终损害企业的价值。因此,确定企业财务管理目标时,不能忽视这些相关利益群体的利益。

相关者利益最大化目标的具体内容包括以下几个方面:

(1) 强调风险与报酬的均衡,将风险限制在企业可接受的范围之内。
(2) 强调股东的首要地位。
(3) 强调对企业代理人即企业经营者的监督和控制,建立有效的激励机制。
(4) 关心本企业一般职工的利益。
(5) 不断加强与债权人的关系。
(6) 关心客户的长期利益。
(7) 加强与供应商的合作。
(8) 保持与政府部门的良好关系。

三、财务管理目标的协调

企业的财务活动涉及诸多利益主体,其中最主要的是所有者、经营者、债权人。股东和债权人为企业提供资金,可是他们处在企业之外,只有经营者在企业内部直接从事财务管理工作。且经营者与债权人和股东的目标并不完全一致。为了实现企业财务管理的目标,财务管理必须协调好这三者之间的利益关系。

(一) 所有者与经营者的利益冲突与协调

企业财务管理的目标实质上是所有者的愿望和追求的目标,并要求经营者以最大的努力去完成。而经营者作为最大合理效用的追求者,其目标是获取物质和非物质的报酬、增加闲暇时间及减少有效工作时间中的劳动强度、规避风险。二者的矛盾焦点主要表现在,经营者的享受成本是否与给企业创造的财富相匹配。

一般说来,解决所有者与经营者之间在财务目标上矛盾的做法有以下几种。

(1) 通过所有者约束经营者。其主要方式有:①日常监督。经营者背离企业财务目标的根本原因在于经营者与所有者之间的信息不对称,所有者掌握的企业财务信息远远不及经营者多。协调这种矛盾的通常做法是要求经营者向所有者定期公布财务状况和经营成果,并通过企业的监事会来检查企业的财务工作。另外,还可聘请独立、公正的注册会计师来监督经营者的财务行为,使经营者为实现企业的财务管理目标服务。②解聘。如果经营者未能使企业价值达到最大化,所有者就会解聘经营者。但是这种方法不宜经常使用,因为这会增加企业的不稳定性,不利于企业发展。

(2)通过市场约束经营者。如果经营者决策失误、经营不力,未能使企业价值提高,该公司就可能被其他公司强行接收或吞并。经营者为了避免这种情况,必须采取一切措施提高企业价值。

(3)通过报酬与绩效挂钩的办法激励经营者。即将经营者的报酬与其工作业绩挂钩,使经营者分享企业的利润,鼓励经营者采取有效措施实现企业的财务目标。激励可以通过"股票期权""绩效股"等方式来进行,经营者为了获取股票更大上涨所带来的收益,就必须主动采取各种措施来提高股票市价,以达到股东财富最大化。

(二)所有者与债权人的冲突与协调

债权人(creditor)将资金贷给企业的基本目的是获取利息收入并到期收回本金,企业借款的主要目的是为了投资获利。资金一旦到企业后,债权人便失去了控制权,而所有者为实现其财务目标,可能会通过经营者实施违背债权人意愿的行为。比如,所有者与经营者可能未经债权人同意,改变举债资金的原定用途,投资于比债权人预期风险更高的项目。所有者与经营者可能未经债权人同意发行新债券,致使旧债券或其他老债务的风险增加,价值下降。

债权人为了解决与所有者(股东)之间的冲突,除寻求法律保护外,往往采取下述方式加以协调。一是在借款合同中加入限制性条款,或要求发行债券的企业规定筹集资金的用途、担保方式、信用条款等;二是采取提前收回借款或不再提供新借款的方式,使企业资金周转困难而举步维艰,即当债权人发现其面临的风险增加时,采取收回债权和不给予企业增加放款,从而保护自身的权益。

(三)财务管理目标与社会责任的关系及其协调

财务管理目标与社会责任(social responsibility)的履行在许多方面是一致的,企业在追求财务管理目标的过程中,自然也履行了一部分社会责任。企业为了创造自身的价值,为了发展,必须生产出符合顾客需要的产品,满足社会的需求;必须不断引进与开发新技术,并扩大经营规模,从而创造就业机会,推动科技进步,提供更多的税收;必须提高劳动生产率,提高产品质量,改善服务,从而提高社会生产效率和公众的生活质量;必须实现企业价值的最大化,从而实现社会财富的最大化。但企业的财务管理目标与社会目标也有不一致的地方。如企业为了获利,可能不顾员工的健康和利益,可能会造成环境污染,可能会损害其他企业的利益等。要消除这种负面影响,必须引导企业制定绿色财务战略目标。也就是说,将环境保护和资源可持续利用的理念融入财务活动的全过程,贯穿到财务管理的各个环节,通过加强环境资源成本与效益核算,从而实现企业的经济效益和社会效益的协调发展。

企业财务管理目标与其社会责任间的差异,主要通过政府干预和道德规范等手段来协调。一是运用法律手段约束企业行为,如制定《反不正当竞争法》《环境保护法》《合同法》《反暴利法》《消费者权益保护法》和有关产品质量的法规等;二是通过行政和经济杠杆,来调节和约束企业行为;三是依靠道德约束企业行为;四是依靠社会公众的舆论进行监督,以保证社会责任的履行。

股东与有关利益者之间的冲突与协调方法可用表1-1概括。

表 1-1 股东与有关利益者之间的冲突与协调方法

利益方	目标	与股东冲突的表现	协调方法
经营者	报酬、闲暇、避免风险	道德风险、逆向选择	监督、解聘、接收、激励
债权人	本利求偿权	违约、投资高风险项目	契约限制、终止合作
社会公众	可持续发展	产品安全、质量、环境、劳动保险	法律、社会、新闻、道德约束

第三节 财务管理的环境

财务管理环境(environment of financial management)也称理财环境,是指对企业财务活动和财务管理产生影响的各种条件或因素的集合。财务管理环境按其包括的范围,分为宏观财务管理环境和微观财务管理环境。宏观财务管理环境是指对企业财务行为施加影响的各种宏观方面因素的集合,主要包括:经济环境、法律环境、金融环境。宏观环境的变化一般对各类企业的财务管理均产生影响。微观财务管理环境是指对企业财务行为施加影响的各种微观方面因素的集合,主要包括:企业组织形式、销售环境、采购环境、生产环境、企业文化等。微观环境的变化一般只对特定企业、行业或产业财务管理产生影响。

一、财务管理的宏观环境

(一) 经济环境

财务管理的经济环境(economic environment)是指影响企业进行财务活动的宏观经济因素,主要有经济周期、经济发展状况、经济政策和通货膨胀等。

1. 经济周期

经济周期(economic cycle)是指市场经济国家存在的经济扩张与紧缩交替的周期性波动现象。经济发展的周期性波动对企业的财务管理有着重大的影响。在经济繁荣阶段,市场需求旺盛,销售量大幅度上升,企业为了满足市场需要,就要扩大生产经营规模,追加投资,这就要求财务人员迅速地筹集所需资金;在经济衰退阶段,整个宏观环境的不景气,很可能导致企业处于紧缩状态,销售量下降,存货积压,投资锐减,现金流转不畅,有时资金紧缺,有时又出现资金闲置。因此,企业财务人员必须清醒地认识到经济周期的影响,适时调整财务政策,以保证企业健康、稳定、持续地发展。

2. 经济发展状况

经济发展状况(economic development status)对企业财务管理有重大影响。一方面,国民经济的快速发展,有利于企业扩大生产规模,调整生产方向,拓展市场空间,也为企业财务管理带来了机遇。另一方面,经济的快速发展,使资金短缺将长期存在,又给企业财务管理带来了严峻的挑战。因此,企业财务管理工作者必须积极探索与经济发展水平相适应的财务管理模式,以保证企业经营目标和经营战略的实现。

3. 经济政策

经济政策(economic policy)是指国家或政府为了增进社会经济福利而制定的解决经济问题的指导原则和措施,包括财政、税收、金融、外汇、价格、投资、物资流通和社会保障等各个方面的政策。在经济政策中,对企业影响较大的主要有财政政策和货币政策。一般来讲,积极、扩张的财政政策与货币政策,将会使投资机会增加;紧缩的财政政策与货币政策,将会使投资机会减少。政府增加开支时,投资机会将增多;政府压缩开支时,投资机会将减少。同时,对某些地区、某些行业、某些经济行为的优惠、鼓励和有利倾斜,也是政府经济政策的主要内容。

经济政策对企业理财活动的影响是巨大的。企业财务人员应研究不同的经济政策对企业理财活动可能造成的影响,趋利除弊,更好地为企业理财服务。

4. 通货膨胀

通货膨胀(inflation)不仅对消费者不利,也会给企业财务管理带来较大的不利影响。主要表现在:①资金占用额迅速增加,致使企业现金短缺。货币的购买力下降,企业必须支付更多的现金用来购买存货及支付工资,却难以维持原来的生产规模;同时为了促销,赊销也会使企业占用较以往更多的资金。②引起利率上升,增加企业筹资成本。③引起物价上升,增加企业的产品成本。④导致证券价格下跌,从而加大了企业直接筹资的难度。⑤导致利润虚增、资金流失。

(二) 法律环境

财务管理的法律环境(legal environment)是指影响企业财务活动的各种法律、法规和规章。主要包括企业组织法规、税收法规和财务法规。

1. 企业组织法规

企业组织必须依法成立。组建不同的企业,要依照不同的法律规范。我国有关的企业组织法规(laws of business organization)主要有《中华人民共和国公司法》(以下简称《公司法》)《中华人民共和国个人独资企业法》《中华人民共和国合伙企业法》《中华人民共和国外商投资法》等。这些法律规范既是企业的组织法,又是企业的行为法。例如,公司的组建要遵循《公司法》中的有关条件和程序。公司一旦成立,其主要的活动,包括财务管理活动,都要按照《公司法》的规定来进行。因此,《公司法》是公司财务管理最重要的强制性规范,公司的财务活动不能违反该法律,公司的自主权不能超出该法律的限制。

其他企业也应按照相应的企业法来进行其理财活动。

2. 税法

税法(tax law)是税收法律制度的总称,是调整税收征纳关系的法律规范。税法可分为两大类。一类是以《中华人民共和国税收征收管理法》为核心的程序法系;另一类是以增值税为主导的实体法系。其中,实体法按征收对象的不同共分为所得税、流转税、资源税、财产税、行为税五大类。

(1) 所得税法是对纳税人的各种所得征税的法律规范,包括企业所得税、个人所得税。

(2) 流转税法是对货物的流转额和劳务收入额征收的法律规范,主要包括增值税、消费税和进出口关税等。

(3) 资源税法是对纳税人开发利用各种应税资源征税的法律规范,主要包括资源税、城镇土地使用税等。

(4) 财产税法是对纳税人财产的价值征税的法律规范,主要包括房产税、契税等。

(5) 行为税法是以纳税人的某种特定行为为征税对象,主要有印花税、城市维护建设税等。

税负是企业的一种现金支出。因此,企业希望在不违反税法的前提下减少税负。税负的减少,只能靠事先合理安排和筹划投资、筹资和利润分配等财务行为,而不允许在应纳税行为已经发生时偷税漏税。掌握税法,对财务主管人员有重要意义。

3. 财务法规

财务法规(financial laws and regulations)是规范企业财务活动、协调企业财务关系的行为准则。主要包括企业财务通则和行业财务制度。

财务通则是开展财务活动、进行财务管理必须遵循的基本原则和规范,是财务制度体系中最基本的法规,是制定企业财务制度和企业内部财务管理办法的纲领性文件。我国的财务通则分别从企业、事业单位、行政单位和金融企业的角度进行了规范。1992 年 11 月 30 日,财政部令第 4 号发布了《企业财务通则》,自 1993 年 7 月 1 日起施行。2006 年 12 月 4 日,财政部又对《企业财务通则》进行了修订,从 2007 年 1 月 1 日起施行。1996 年 10 月 22 日,财政部令第 8 号发布了《事业单位财务规则》,自 1997 年 1 月 1 日起实施。2012 年 2 月 7 日,财政部令第 68 号对《事业单位财务规则》进行了修订。1998 年 1 月 19 日,财政部令第 9 号发布了《行政单位财务规则》,自发布之日起施行。2006 年 12 月 7 日,财务部令第 42 号发布了《金融企业财务规则》,从 2007 年 1 月 1 日起实施。

财务制度是财政部依据财务通则,结合某类单位的性质和特点制定的,是各类单位从事财务活动必须遵循的行为规范和原则。比如,根据《事业单位财务规则》制定了《科学事业单位财务制度》《高等学校财务制度》《文物事业单位财务制度》《医院财务制度》《中小学校财务制度》《体育事业单位财务制度》《农业事业单位财务制度》《国家物资储备事业单位财务制度》等多类事业单位的财务制度;根据《企业财务通则》制定了《工业企业财务制度》《商品流通企业财务制度》《运输企业财务制度》等。

(三) 金融环境

金融环境(financial environment)是企业财务管理最主要的环境因素之一,主要包括金融机构、金融市场、金融工具和利息率等。

1. 金融机构

社会资金从资金供应者手中转移到资金需求者手中,大多需要通过金融机构(financial institutions)。财务人员要想最有效地筹集资金,必须对金融机构有所了解。

目前我国金融机构主要包括:

(1) 银行。我国银行主要包括中国人民银行、商业银行和国家政策性银行。中国人民银行是全国最高金融机构,代表政府管理全国的金融机构和金融活动,经理国库。商业银行是以经营存款、放款和办理转账结算为主要业务,以盈利为目标的金融企业。商业银行主要包括国有商业银行(如中国工商银行、中国农业银行、中国银行和中国建设银行)和其他商业银行(如交通银行、广东开发银行、招商银行、光大银行等)。国家政策性银行是由政府设立、以贯彻国家产业政策为目的、不以盈利为目的的金融机构。国家政策性银行主要有中国进出口银行、国家发展银行、农业发展银行等。

(2) 证券公司。证券公司分为综合类证券公司和经纪类证券公司。综合类证券公司主要通过承担证券的推销或包销工作,为企业融通资金提供服务。经纪类证券公司只能专门从事已上市证券的代理买卖经纪业务。

(3) 其他金融机构。其他金融机构主要包括信托投资公司、保险公司和租赁公司等。

2. 金融市场

金融市场(financial market)是资金供求双方借助金融工具融通资金的市场。其特点是以资金为交易对象。

（1）金融市场的分类。金融市场可以根据不同的标准进行分类，常见的方法是按金融交易对象分类，如图1-3所示。

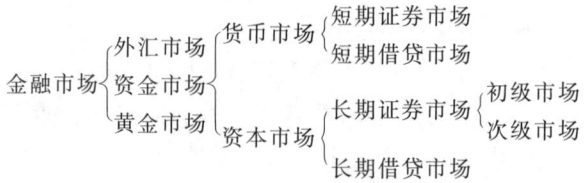

图1-3　金融市场按金融交易对象分类

资金市场按期限分为货币市场（money market）和资本市场（capital market）。货币市场是指资金偿还期限在一年之内的市场，通常亦称短期资本市场，包括短期借贷市场、短期证券市场等；资本市场是指资金偿还期限在一年以上的市场，通常简称长期资本市场，包括长期借贷市场和长期证券市场。

长期证券市场按具体功能分为初级市场和次级市场。初级市场是由新证券首次发行而形成的证券市场，亦称发行市场；次级市场是由现有证券买卖交易而形成的证券市场，亦称交易市场。

（2）金融市场与企业财务管理。金融市场对企业财务管理的影响主要表现在：①金融市场为企业筹资和投资提供场所。当企业需要资金时，可以到金融市场上选择合理的方式进行筹资；当企业的资金有剩余时，也可以到金融市场上选择投资方式，为资金寻找出路。②企业可通过金融市场实现长期资金和短期资金的相互转换。如将长期的债券、股票和远期票据转换成现金；或将短期的资金转换成长期的债券和股票等。③金融市场为企业财务管理人员提供相关信息。

3. 金融工具

金融工具（financial instruments）是指在信用活动中产生的能够证明债权债务关系或所有权关系并据以进行货币资金交易的合法凭证。金融工具按发行和流通的场所可划分为货币市场证券和资本市场证券。

货币市场证券到期日通常在一年以内，主要是政府、银行及工商企业发行的短期信用工具，主要包括商业本票、银行承兑汇票、国库券、银行同业拆借、短期债券等。资本市场证券是指到期期限超过一年的证券，主要包括普通股、优先股、长期公司债券、国债、衍生金融工具等。

4. 利息率

利息率（interest rate）是利息与本金的比率，简称利率。从资金的借贷关系看，利率是一定时期运用资金资源的交易价格。也就是说，资金作为一种特殊的商品，其在资金市场上的买卖，以利率作为其价格标准，资金的融通实质上是资源通过利率这个价格标准实行再分配。因此，利率在资金分配及个人和企业财务决策中起着重要作用。

一般来讲，利息率的高低主要由社会平均利润率的水平和金融市场的供求关系所决定。但除这两个因素外，经济周期、通货膨胀、国家货币政策和财政政策、国家经济政治关系、国家利率管制程度等，也对利率的变动有所影响。因此，资金的利率通常由三部分组成：①实际无风险利率（纯利率）；②通货膨胀溢价（通货膨胀贴水）；③风险报酬率。其中风险报酬率又分为违约风险溢价（违约风险报酬率）、流动性溢价（流动性风险报酬率）和到期风险溢价（期限风险报酬率）。因此，利率的一般计算公式可表示如下：

$$K = K_0 + IP + DP + LP + MP$$

式中,K 为利率(名义利率);K_0 为实际无风险利率;IP 为通货膨胀溢价;DP 为违约风险溢价;LP 为流动性溢价;MP 为到期风险溢价。

实际无风险利率(real risk-free rate of interest)是指没有风险和通货膨胀情况的社会平均资金利润率;通货膨胀溢价(inflation premium)是指由于持续通货膨胀会不断降低货币的实际购买力,为补偿其购买力损失而要求提高的利率;违约风险溢价(default risk premium)是指为了弥补因债务人无法按时还本付息而带来的风险,由债权人要求提高的利率;流动性溢价(liquidity premium)是指为了弥补因债务人资产流动不好而带来的风险,由债权人要求提高的利率;到期风险溢价(maturity premium)是指为了弥补因偿债期长而带来的风险,由债权人要求提高的利率。

二、财务管理的微观环境

研究不同企业的微观经营环境,其意义在于指导企业根据自身特点分别采取不同的理财措施,以实现企业的财务管理目标。

(一) 企业的组织形式

在市场经济条件下,企业的类型很多,不同类型的企业所采用的财务管理方式也各有不同。按国际惯例可分为三种企业组织形式。

1. 个人独资企业

个人独资企业(sole proprietorship)是指由一个自然人投资并兴办的企业,其全部资产和债务由出资者自己所有和偿还。在独资企业组织形式下,所有权和经营权合二为一,出资者负有无限的偿债责任,个人资产和企业资产没有差别。独资企业的理财比较简单,主要利用的是业主自己的资金和供应商提供的商业信用。企业筹资比较困难,对债权人缺少吸引力。

2. 合伙企业

合伙企业(partnership)是由合伙人订立合伙协议,共同出资,合伙经营,共享收益,共担风险。合伙企业,包括普通合伙企业和有限合伙企业。普通合伙企业由普通合伙人组成,合伙人对合伙企业债务承担无限连带责任;有限合伙企业由普通合伙人和有限合伙人组成,普通合伙人对合伙企业债务承担无限连带责任,有限合伙人以其认缴的出资额为限对合伙企业债务承担责任。在合伙企业组织形式下,企业的资金来源和信用能力比独资企业有所增强,收益分配也更加复杂,因此,合伙企业的财务管理比个人独资企业复杂很多。

3. 公司制企业

公司制企业(corporation)是指以营利为目的的依法登记的独立法人。在公司制企业里,所有权和经营权是高度分离的,使公司的财务活动和财务关系变得比较复杂。公司的有限责任、产权易于转让和永续经营提高了公司的筹措资金的能力。公司的资金来源和方式多样,投资去向也很多,需要进行认真的分析和选择。收益的分配需要考虑企业内部和外部的许多因素。

(二) 销售环境

企业所处的市场环境,对财务管理有着重要影响。处于完全垄断市场上的企业,产品独家经营,企业可以在国家宏观政策指导下决定商品的数量和价格。因此,这类企业的销售一般都不成问题,价格波动也不会很大,企业的利润稳中有升,不会产生太大的波动,因而风险较小,可利用较多的债务来筹集资金。而处于完全竞争市场上的企业,生产者、消费者众多,商品的价格不受企业左右,而完全由市场来决定,商品的价格和数量容易出现上下波动,风险较大,因而要慎重利用债务资金。处于不完全竞争市场和寡头垄断市场上的企业，因同一商品有许多厂家生产，但型号、规格、质量等有较大差异，或者商品由少数几个厂家控制。企业应在产品开发、营销、售后服务等方面投入较多的资金，尽快创出名牌和特色产品。

（三）采购环境

采购环境又称物资来源环境，是指与采购材料物资的价格和数量有关的条件。采购环境对企业理财有重要影响。企业采购环境按物资供应是否充裕可分为稳定的采购环境和波动的采购环境。前者材料资源比较充足，运输条件比较正常，能保证企业生产经营的经常性需要，企业可以少储备物资，减少存货占用的资金。后者物资比较紧缺，运输不大正常，有时不能如期供货，为此企业要设置物资的保险储备，增加存货的资金占用量。采购环境还可按采购价格的变动趋势，分为价格可能上升的采购环境、价格平稳的采购环境和价格可能下降的采购环境。对价格可能上涨的物资，企业应提前进货，投入较多的资金，而对价格可能下降的物资，则可在保证生产需要的情况下推迟采购，节约资金。

（四）生产环境

生产环境是指生产条件和产品的寿命周期。不同的生产企业和服务企业具有不同的生产环境，这些生产环境对财务管理有着重要影响。就生产条件而言，企业可分为劳动密集型、技术密集型和资源开发型的企业。劳动密集型企业所需工资费用较多，长期资金的占用则较少，可较多地利用短期资金；技术密集型企业需要使用较多的先进设备，而所用人力较少，企业需要筹集较多的长期资金；至于资源开发型企业则需要大量资金用于勘探、开采，资金回收期较长。

就产品的寿命周期而言，无论是整个企业还是个别产品，在不同寿命周期的阶段，收入多少、成本高低、收益大小、资金周转快慢，都有很大差异。企业进行财务决策，不仅要针对现实所处的阶段采取适当的措施，而且要瞻前顾后，要有预见性地进行投资，使企业的生产经营不断更新换代，保持旺盛的生命力。

（五）企业文化

企业发展到一定规模与层次，应该有自己的文化，其中树立财务意识是构建企业管理文化的一个非常重要的环节。财务意识并不是一种具体的管理方法，而是一种观念，它影响着人们的行动。其中战略管理意识、综合管理意识、预算意识与成本意识等，对财务意识的影响尤其明显。战略管理意识要求全员以战略目标为中心，服务于战略需要。综合管理意识强调企业管理是一体化的管理，要求处理好三个关系：一是财务集权与分权的关系；二是业务经营与财务管理的关系；三是管理者与被管理者的关系。预算意识要求预算成为各级管理者与员工的一种行为模式，作为一种机制，引导着日常管理。成本意识是财务管理的一个重要内容，与投入产出直接相关。

复习思考题

1. 什么是财务管理？财务管理有哪些特点？
2. 什么是企业财务活动？企业财务活动包含哪些基本内容？
3. 什么是企业财务关系？企业财务关系包含哪些基本内容？
4. 企业目标对财务管理提出了哪些要求？
5. 如何协调和解决管理层与股东的利益冲突？

6. 财务管理的原则主要有哪些?
7. 如何理解财务管理的环境?
8. 简述金融市场对企业财务管理的影响。

 小试牛刀

单项选择题

1. [2019·真题]若上市公司以股东财富最大化作为财务管理目标,则衡量股东财富大小的最直观的指标是(　　)。
   A. 每股收益　　　B. 股价　　　C. 净利润　　　D. 净资产收益率

2. [2019·真题]相对于资本市场而言,下列属于货币市场特点的是(　　)。
   A. 流动性强　　　B. 期限长　　　C. 收益高　　　D. 风险大

3. [2018·真题]下列指标中,容易导致企业短期行为的是(　　)。
   A. 相关者利益最大化　　　　　　B. 企业价值最大化
   C. 股东财富最大化　　　　　　　D. 利润最大化

4. [2018·真题]若纯粹利率为3%,通货膨胀补偿率为2%,某投资债券公司要求的风险收益率为6%,则该债券公司的必要收益率为(　　)。
   A. 9%　　　B. 11%　　　C. 5%　　　D. 7%

5. [2018·真题]与企业价值最大化财务管理目标相比,股东财富最大化目标的局限性是(　　)。
   A. 容易导致企业的短期行为　　　B. 没有考虑风险因素
   C. 没有考虑货币时间价值　　　　D. 对债权人的利益重视不够

6. [2017·真题]下列关于企业财务管理目标的表述中,错误的是(　　)。
   A. 企业价值最大化目标弥补了股东财富最大化目标过于强调股东利益的不足
   B. 相关者利益最大化目标认为应当将除股东之外的其他利益相关者置于首要地位
   C. 利润最大化目标要求企业提高资源配置效率
   D. 股东财富最大化目标比较适用于上市公司

7. [2017·真题]与普通合伙企业相比,下列各项中,属于公司制企业特点的是(　　)。
   A. 设立时股东人数不受限制　　　B. 有限债务责任
   C. 组建成本低　　　　　　　　　D. 有限存续期

8. [2016·真题]某上市公司职业经理人在任职期间不断提高在职消费,损害股东利益。现象所揭示的公司制企业的缺点主要是(　　)。
   A. 产权问题　　　B. 激励问题　　　C. 代理问题　　　D. 责权分配问题

参考答案

第二章 财务管理的基本原理

学 习 目 标

- 理解资金时间价值的含义
- 掌握资金时间价值计算的基本方法
- 了解风险的概念、特征及处理风险的手段
- 掌握单项资产及投资组合风险与报酬的衡量方法
- 熟悉财务管理的其他基本原理

第一节 资金时间价值

资金时间价值(time value of money)是经济活动中一个非常重要的概念,也是资金运用过程中必须认真考虑的一个标准。资金时间价值原理正确揭示了不同时间点上资金之间的换算关系,在企业筹资决策、投资决策、经营决策、证券估价、货款结算、货币资金的存取、租金的计算以及个人理财等方面都得到了广泛的应用,是财务决策的基本依据。

一、资金时间价值的含义

资金时间价值也称货币时间价值,是指一定量资金在不同时间点上价值量的差额,是资金在周转使用中随着时间的推移而形成的价值增值。

要理解资金时间价值的含义,必须明确以下几点:

(1)资金时间价值的实质。资金时间价值是资金周转使用后的增值额。马克思指出:"如果把货币从流通中取出来,那它就凝固为贮藏货币,即使到世界末日,也不会增加分毫。"资金时间价值的真正来源是工人创造的剩余价值。商品流通的运动形式是:

$$G—W\cdots P\cdots W'—G' \tag{2-1}$$

这一运动的特点是始点和终点都是货币,没有质的区别,但二者在量上有所不同,其差异 ΔG 就是剩余价值。资金时间价值只是剩余价值(增值额)的一部分,而不是全部。资金的所有者放弃自己使用资金的权利将其交给资金的使用者经营,对于自己所做出的牺牲要求分享一部分资金的增值额作为补偿。

(2)在一定的条件下,资金的使用时间越长,意味着资金所代表的生产资料与劳动结合的时间越长,带来的资金增值额就越多,资金的时间价值就越高。

(3)资金时间价值的计量。资金时间价值通常用绝对数利息额和相对数利息率两种形式来表示。这里利息额(率)是指在没有风险和没有通货膨胀的情况下的社会平均资金利润(率),

通常用国债利率表示。

二、资金时间价值的计算

在计算资金时间价值时,往往借助于现金流量图(如图 2-1 所示),以便分析现金流入和流出的情况。现金流量图是一种以时间为横轴,配以纵向箭线所组成的图形。横轴的时间刻度多数情况下以年为单位标示,根据实际需要也可以不到 1 年或几年为单位标示,0 表示第 1 期期初,1 表示第 1 期末,$n-1$ 表示第 n 期期初,n 表示第 n 期期末。纵向向上的箭线表示现金流入,向下的箭线表示现金流出,现金流量的大小通过箭线上方或下方的金额来表示。

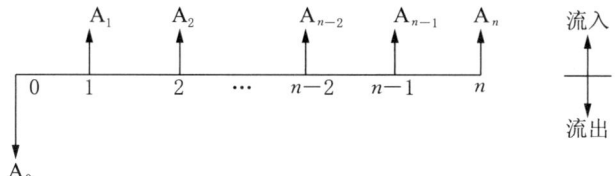

图 2-1 现金流量图

计算资金的时间价值,需要引入"现值"和"终值"两个概念,用以表示不同时点上资金的价值。终值(future value),又称将来值,或本利和,是指一定数量的资金在若干期后包括本金和利息在内的价值之和,通常用 FV 表示。现值(present value),又称本金,是指未来某一时点上的一定数量的资金,按照规定的利率折算成现在的价值,现值通常用 PV 表示。把未来某一时点上的资金换算成等值的现在时点上的资金的折算过程叫做贴现,即已知终值和利率求现值的过程。

贴现、计息与终值、现值的关系如图 2-2 所示:

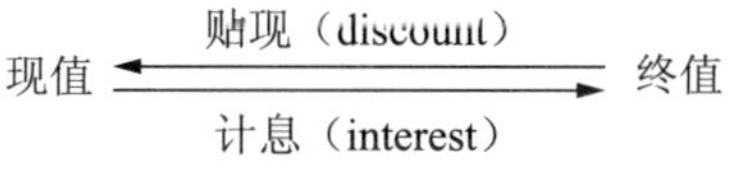

图 2-2 贴现、计息与终值、现值的关系图

利息的计算有两种制度:一种是单利制,一种是复利制。年金是复利制的一种应用。

(一) 单利的含义及计算

单利(simple interest)是指在计算资金的时间价值时,只按本金计算利息,而利息本身不计算利息的方法。目前我国城乡储蓄存贷款都是实行单利计算。但当贷款期限超过一年,并且借贷双方约定采用"等额本息还款"方式还款时,每期还款数额采用年金方法确定,体现的则是复利概念。

1. 单利终值

单利终值的计算公式是:

$$FV = PV + PV \cdot i \cdot n = PV \cdot (1 + i \cdot n) \tag{2-2}$$

式中,i 为利率(贴现率);n 为计算利息的期数。计算资金时间价值时,i 和 n 一定要在时间上保持一致。

例 2-1 小王有 10 000 元闲置资金,按现行银行利率 5 年期 3.6% 进行计算,5 年后的本利和为多少?

解: $FV_5 = 10\,000 \times (1 + 3.6\% \times 5) = 11\,800(元)$

例 2-2 我国现行 1 年期零存整取的存款利率为 1.71%。如果你每月存入银行 600 元,在大二、大三和大四的每个学年末分别可以得到多少元?

解: $FV = 600 \times 12 \times (1 + 1.71\% \times 1) = 7\,323.12(元)$

2. 单利现值

单利现值的计算有两种情况:

(1) 期望在未来某一时期后得到一笔金额,现在需准备多少本金。在这种情况下,单利现值计算是单利终值计算的逆运算。计算公式是:

$$PV = \frac{FV}{1 + i \cdot n} \qquad (2\text{-}3)$$

(2) 将一未到期的票据进行贴现。计算公式是:

$$PV = FV \cdot (1 - i \cdot n) \qquad (2\text{-}4)$$

这时式中符号的含义发生了变化,其中,PV 为贴现值,FV 为票据的到期价值,i 表示贴现率,n 表示贴现期。

例 2-3 某人期望在第五年末得到 5 000 元,银行存款利率为 3.6%,现在需要存入银行多少钱?

解: $PV = \dfrac{FV}{1 + i \cdot n} = \dfrac{5\,000}{(1 + 3.6\% \times 5)} \approx 4\,237.29(元)$

例 2-4 某企业将一张面值为 10 000 元,期限为 5 个月(已持有 2 个月)的不带息商业汇票到银行贴现,年贴现率为 10%,企业实际得到的贴现金额为多少?

解: $PV = FV \cdot (1 - i \cdot n) = 10\,000 \times (1 - 10\% \times 3 \div 12) = 9\,750(元)$

(二) 复利的含义及其计算

复利(compound interest)是指在计算资金的时间价值时,本金要计算利息,并且利息也要计算利息的方法,俗称"利滚利"。按复利计算资金时间价值时,利息在下期要转为本金与原本金一起计息。

> **名人名言**
>
> 爱因斯坦曾经说:"人们所知道的巨大奇迹是什么?是复利。复利是世界第八大奇迹,其威力比原子弹更大。"

1. 复利终值

复利终值,是在复利的基础上计算一定量的资金在若干期后,包括本金和利息在内的未来价值。复利的计算公式如下:

第 1 年末的本利和: $FV_1 = PV(1 + i)$

第 2 年末的本利和：$FV_2 = FV_1(1+i) = PV(1+i)^2$

第 3 年末的本利和：$FV_3 = FV_2(1+i) = PV(1+i)^3$

……

第 n 年末的本利和：$FV_n = FV_{(n-1)}(1+i) = PV(1+i)^n = PV \cdot FVIF_{i,n}$

采用复利形式计算资金的时间价值，涉及指数计算问题，比较麻烦。在实际工作中，为了简化计算工作，将指数$(1+i)^n$称为复利终值系数（future value interest factors），用符号$FVIF_{i,n}$或$(F/P, i, n)$表示。在实际工作中，其数值可以查阅按不同利率和期数编制成的"复利终值系数表"，见教材附录一。

> **小技巧**
>
> "72 法则"是指以 1% 的复利来计算，经过 72 年以后，你的投资本息就会变成原来本金的 2 倍。基本公式为：本金翻一倍的年数 = 72 ÷ 投资收益率的分子（即不加%）。

例 2-5 小王有 10 000 元闲置资金存入银行，年利率为 2%，存期一年，到期后自动转存，五年后的本利和为多少？

解：$FV_5 = PV \cdot FVIF_{i,n} = 10\ 000 \times 1.104\ 1 = 11\ 041$（元）

2. 复利现值

复利现值是指在复利的基础上，将未来的一笔资金按照一定的利率折算成现在的价值。

$$PV = FV_n \cdot (1+i)^{-n} = FV_n \cdot PVIF_{i,n} \tag{2-5}$$

通常称指数$(1+i)^{-n}$称为复利现值系数（present value interest factors），用符号$PVIF_{i,n}$或$(P/F, i, n)$表示，"复利现值系数表"见教材附录二。

例 2-6 甲公司计划四年后进行技术改造，需要资金 120 万元，当银行利率为 5% 时，公司现在就存入银行的资金应为多少？

解：$PV_4 = FV_n \cdot PVIF_{i,n} = 120 \times 0.822\ 7 = 98.724$（万元）

（二）年金的含义及其计算

年金（annuity）是指时间间隔相同、金额相等的一系列连续的现金流入量或流出量。如分期付款赊购、分期偿还贷款、发放养老金、支付租金、提取折旧、零存整取存款等都属于年金的形式。年金的确认应该符合以下三个条件：一是时间间隔相同，二是金额相等，三是必须有一系列连续的收付款项（至少两期或两期以上）。年金按收付款方式分为普通年金、即付年金、递延年金和永续年金四种。

1. 普通年金

普通年金（ordinary annuity）是指一定时期内每期期末等额的系列收付款项，又称后付年金。n期普通年金的现金流量（以等额现金流入量 A 为例说明，以下其他年金的现金流量示意图相同）如图 2-3 所示。

图 2-3 n 期普通年金的现金流量

(1) 普通年金终值。普通年金终值是指一定时期内每期末等额收款(或付款)的复利终值之和。n 期普通年金终值的计算过程如图 2-4 所示,时间点"n"为终值计算点。

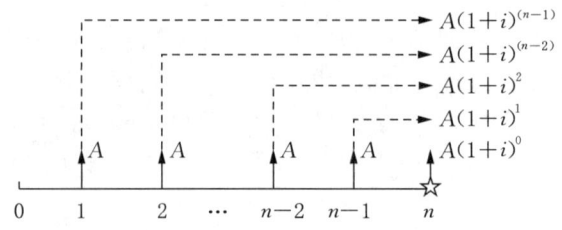

图 2-4　n 期普通年金终值的计算过程

普通年金终值的计算公式为:

$$\begin{aligned} FVA &= A \cdot (1+i)^0 + A \cdot (1+i)^1 + \cdots + A \cdot (1+i)^{n-2} + A \cdot (1+i)^{n-1} \\ &= A \cdot \frac{(1+i)^n - 1}{i} \\ &= A \cdot FVIFA_{i,n} \end{aligned} \tag{2-6}$$

式中,FVA 为普通年金终值;$\frac{(1+i)^n - 1}{i}$ 称为普通年金终值系数,记作 $FVIFA_{i,n}$ 或 $(F/A, i, n)$。

$FVIFA_{i,n}$(future value interest factors for annuity)的数值,可以查阅按不同利率和期数编制成"n 期普通年金终值系数表",见教材附录三。

例 2-7　海欧轮胎集团希望在 7 年后购买一台价值 240 000 元的设备。从现在起,准备每年末在某金融机构存入 30 000 元,假定存款利率为 10%。要求:用数据说明 7 年后能否用存款的本利和购买设备?

解:$FVA_7 = 30\,000 \times FVIFA_{10\%,7} = 30\,000 \times 9.487\,2 = 284\,616(元)$

从以上计算可知,存款的本利和高于 240 000 元,故七年后海欧轮胎集团可以用存款的本利和购买设备。

(2) 普通年金现值。普通年金现值是指一定时期内每期末等额收款(或付款)的复利现值之和。n 期普通年金现值的计算过程如图 2-5 所示,时点"0"为现值计算点。

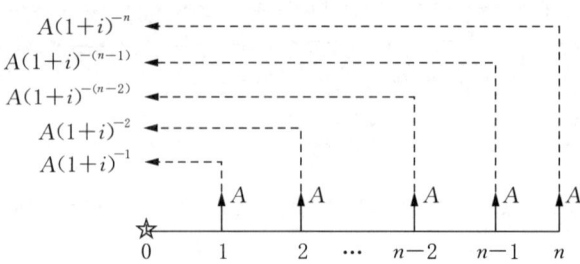

图 2-5　n 期普通年金现值的计算过程

普通年金现值的计算公式为:

$$\begin{aligned} PVA &= A \cdot (1+i)^{-1} + A \cdot (1+i)^{-2} + \cdots + A \cdot (1+i)^{-(n-1)} + A \cdot (1+i)^{-n} \\ &= A \cdot \frac{1-(1+i)^{-n}}{i} = A \cdot PVIFA_{i,n} \end{aligned} \tag{2-7}$$

式中，PVA 为普通年金现值；$\frac{1-(1+i)^{-n}}{i}$ 称为普通年金现值系数，记作 $\text{PVIFA}_{i,n}$ 或 $(P/A, i, n)$。

$\text{PVIFA}_{i,n}$ (present value interest factors for annuity) 的数值，可以查阅按不同利率和期数编制成"普通年金现值系数表"，见教材附录四。

例 2-8 某投资公司从今年起每年年末可获得收益 10 000 元，按年利率 10% 计算，10 年收益的总现值为多少？

解：$\text{PVA}_{10} = 10\,000 \times \text{PVIFA}_{10\%,10} = 10\,000 \times 6.145 = 61\,450$（元）

（3）年偿债基金和年资本回收额的计算。年偿债基金是指为了在约定的未来某一时点清偿某笔债务或积聚一定数额的资金而必须分次等额形成的存款准备金。年偿债基金的计算实质上是普通年金终值计算公式的一个应用，即已知年金终值、利率和期数，求年金 A。年偿债基金的计算公式为：

$$A = \text{FVA} \cdot \frac{i}{(1+i)^n - 1} = \frac{\text{FVA}}{\text{FVIFA}_{i,n}} \quad (2\text{-}8)$$

年资本回收额是指在约定年限内等额回收初始投入资本或清偿所欠债务的金额。年资本回收额的计算实质上是普通年金现值计算公式的一个应用，即已知年金现值、利率和期数，求年金 A。年资本回收额的计算公式为：

$$A = \text{PVA} \cdot \frac{i}{1-(1+i)^{-n}} = \frac{\text{PVA}}{\text{PVIFA}_{i,n}} \quad (2\text{-}9)$$

例 2-9 小李拟在五年后还清 10 000 元债务，从现在起每年末等额存入银行一笔款项。假设银行利率为 10%，则每年需要存入多少元？

解：根据年偿债基金的计算公式可知：

$$A = \frac{\text{FVA}}{\text{FVIFA}_{i,n}} = \frac{10\,000}{\text{FVIFA}_{10\%,5}} = \frac{10\,000}{6.105\,1} = 1\,637.97\text{（元）}$$

例 2-10 某城市一投资者购买一套商铺，总价为 225 948 元，要求首付款为 45 189 元，其余部分可向银行申请商业贷款，期限为 30 年，贷款利率为 5%，采取等额还本付息方式偿还贷款。假定该公寓对外出租的月租金为 2 000 元。计算甲投资者的年收益率为多少？购买该套公寓是否合算？

解：设每年还贷款的数额为 A，则根据年资本回收额的计算公式计算如下：

$$A = \frac{\text{PVA}}{\text{PVIFA}_{i,n}} = \frac{(225\,948 - 45\,189)}{\text{PVIFA}_{5\%,30}} = 11\,758.59\text{（元）}$$

$$\text{年收益率} = \frac{(2\,000 \times 12 - 11\,758.59)}{45\,189} \times 100\% = 27.09\%$$

从以上计算可以看出，该投资者在未来十年内的年收益率均为 27.09%，远远高于同期银行存款利率，并且在 30 年后得到了该套公寓的全部产权。因此，该项投资是合算的。

2. 即付年金

即付年金（annuity due）是指一定时期内每期期初等额的系列收付款项，又称先付年金。

n 期即付年金可以看成是将 n 期普通年金整体向前推动了一个计息期间。n 期即付年金的现金流量如图 2-6 所示。

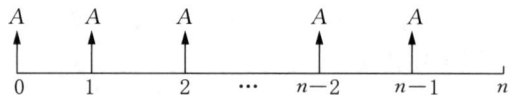

图 2-6　n 期即付年金的现金流量

n 期即付年金终值和现值的计算公式分别为：

$$\begin{aligned}\text{FVA} &= A \cdot (1+i)^1 + A \cdot (1+i)^2 + \cdots + A \cdot (1+i)^{n-1} + A \cdot (1+i)^n \\ &= A \cdot \text{FVIFA}_{i,n} \cdot (1+i) = n \text{ 期普通年金终值} \cdot (1+i)\end{aligned} \quad (2\text{-}10)$$

$$\begin{aligned}\text{PVA} &= A \cdot (1+i)^0 + A \cdot (1+i)^{-1} + \cdots + A \cdot (1+i)^{-(n-2)} + A \cdot (1+i)^{-(n-1)} \\ &= A \cdot \text{PVIFA}_{i,n} \cdot (1+i) = n \text{ 期普通年金现值} \cdot (1+i)\end{aligned} \quad (2\text{-}11)$$

例 2-11　为了给儿子上大学准备资金，王女士连续 6 年每年年初存入银行 5 000 元。若银行的存款利率为 5%，则王先生在第 6 年末得到的本利和是多少？

解：$\text{FVA}_6 = 5\,000 \times \text{FVIFA}_{5\%,6} \times (1+5\%) = 5\,000 \times 6.801\,9 \times (1+5\%) \approx 35\,710$（元）

例 2-12　向阳仪器厂需用一台设备，买价为 16 000 元，可用十年。如果租用，则每年年初需付租金 2 000 元。除此以外，买与租的其他情况相同。假设利率为 6%。要求：用数据说明购买与租赁何者为优。

解：租用的现值为：

$$\begin{aligned}\text{PVA}_{10} &= 2\,000 \times \text{PVIFA}_{6\%,10} \times (1+6\%) = 2\,000 \times 7.36 \times (1+6\%) \\ &= 15\,603.20 \text{（元）}\end{aligned}$$

由计算结果可知，10 年租金现值低于买价，因此租赁较优。

3. 递延年金

递延年金（deferred annuity）是在某期后的各期末收付等额款项的年金。它是普通年金的特殊形式，即不是从第一期开始的普通年金都是递延年金。递延期为 $m(m \geqslant 1)$，收付款期为 n 的递延年金现金流量如图 2-7 所示。图中虚箭头表示虚拟的现金流量，实箭头表示实际发生的现金流量。递延年金终值与普通年金终值的计算方法相同，递延年金现值的计算通常有三种方法。

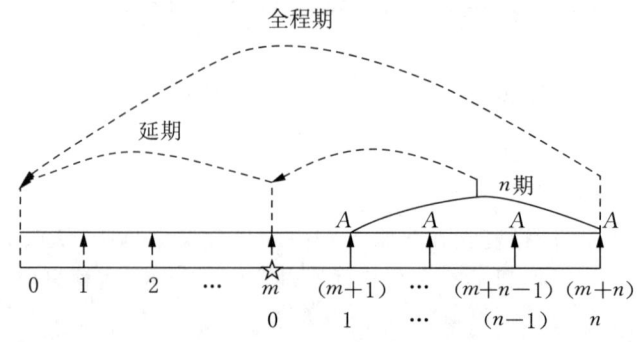

图 2-7　收付款期为 n 的递延年金现金流量

方法一：首先计算出$(m+n)$期普通年金的现值，然后减去没有收付款项的前m期普通年金的现值即为递延年金现值。其计算公式为：

$$PVA = A \cdot PVIFA_{i, m+n} - A \cdot PVIFA_{i, m} \tag{2-12}$$

方法二：将递延年金看成n期普通年金，先计算出n期普通年金的现值（即递延期末m点的价值），然后再将其折合成第一期期初的价值。其计算公式为：

$$PVA = A \cdot PVIFA_{i, n} \cdot PVIF_{i, m} \tag{2-13}$$

方法三：先计算出n期普通年金的终值（$m+n$点的价值），然后再将其折合成第一期期初的价值。其计算公式为：

$$PVA = A \cdot FVIFA_{i, n} \cdot PVIF_{i, m+n} \tag{2-14}$$

例 2-13 某公司以年利率12%的条件，从银行借入一笔十年期的借款，双方商定前五年不用还本付息，后五年每年末偿还本息10 000元，则这笔借款的现值是多少？

解法一：$PVA = 10\,000 \times (PVIFA_{12\%, 10} - PVIFA_{12\%, 5})$
$\qquad\qquad = 10\,000 \times (5.650\,2 - 3.604\,8) = 20\,454(元)$

解法二：$PVA = 10\,000 \times (PVIFA_{12\%, 5} \cdot PVIF_{12\%, 5})$
$\qquad\qquad = 10\,000 \times 3.604\,8 \times 0.567\,4 \approx 20\,453.64(元)$

解法三：$PVA = 10\,000 \times FVIFA_{12\%, 5} \cdot PVIF_{12\%, 10}$
$\qquad\qquad = 10\,000 \times 6.352\,8 \times 0.322\,0 \approx 20\,456.02(元)$

三种方法的答案误差是由于系数的精确度所造成的。

4. 永续年金

永续年金(perpetual annuity)是指无限期连续收付等额款项的年金。也是普通年金的特例。永续年金的现金流量如图2-8所示。

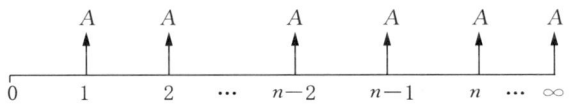

图 2-8 永续年金的现金流量

永续年金现值的计算公式可以根据普通年金的计算公式推导出，在普通年金现值计算公式中，令n趋于无穷大，即可得出永续年金的现值。永续年金现值的计算公式推导如下：

$$PVA = \lim_{n \to \infty} A \cdot \frac{1-(1+i)^{-n}}{i} = \frac{A}{i} \tag{2-15}$$

例 2-14 归国华侨郝先生想在家乡的一所大学设立"青蓝"助学基金，以帮助该校品学兼优的贫困生顺利完成学业。助学金每年年末发放一次，每次资助50名学生，每名学生3 000元。假定助学基金存在学校附近的建设银行，银行一年期定期存款利率为3.25%，则郝先生要投资多少钱作为助学基金？

解：$PVA = \dfrac{A}{i} = \dfrac{50 \times 3\,000}{3.25\%} \approx 4\,615\,384.12(元)$

三、资金时间价值计算中的几个特殊问题

（一）不等额现金流量现值的计算

$$PVA = A_0 \cdot (1+i)^0 + A_1 \cdot (1+i)^{-1} + A_2 \cdot (1+i)^{-2} \cdots + A_{n-1} \cdot (1+i)^{-(n-1)} + A_n \cdot (1+i)^{-n}$$

理解：不等额现金流量现值是一系列复利现值之和。

（二）年金和不等额现金流量混合情况下现值的计算

理解：在年金和不等额现金流量混合的情况下，能用年金计算公式计算现值的用年金计算公式计算，不能用年金计算的部分便用复利计算，然后把它们加总，便得出年金和不等额现金流量混合情况下的现值。

例 2-15 某企业未来十年的现金流量如表 2-1 所示，贴现率为 9%，求这一系列现金流量的现值。

表 2-1 某企业未来十年的现金流量 单位：万元

年	现金流量		年	现金流量	
1	1 000	1～4年为普通年金	5	2 000	5～9年为延期年金
2	1 000		6	2 000	
3	1 000		7	2 000	
4	1 000		8	2 000	
			9	2 000	
			10	3 000	第10年按复利现值计算

解：
$$PVA = 1\,000 \times PVIFA_{9\%,4} + 2\,000 \times (PVIFA_{9\%,9} - PVIFA_{9\%,4}) + 3\,000 \times PVIF_{9\%,10}$$
$$= 1\,000 \times 3.24 + 2\,000 \times (5.995 - 3.24) + 3\,000 \times 0.422 = 10\,016 (万元)$$

（三）计息期短于一年时的时间价值的计算

理解：计息期短于一年时，只需根据每年的计息次数 (m) 换算出实际的计息期数 (t)，根据年利率 (i) 换算出期利率 (r)，其他的过程均与前相同。期利率 (r) 和计息期数 (t) 的换算公式为：

$$r = \frac{i}{m} \tag{2-16}$$

$$t = m \cdot n \tag{2-17}$$

或者根据将名义利率 i 换算成实际利率 k，再根据前面的有关公式计算。实际利率的计算公式如下：

$$k = \left(1 + \frac{i}{m}\right)^m - 1 \tag{2-18}$$

例 2-16 某企业于年初存入 10 万元，在年利率为 10%、每半年复利计息一次的情况下，到第 10 年末，该企业能得到的本利和是多少？

解法一：$FV = PV(1+r)^{m \times n} = 10 \times (1+5\%)^{20} \approx 26.53(万元)$

解法二：$k = \left(1 + \dfrac{10\%}{2}\right)^2 - 1 = 10.25\%$

$FV = PV(1+k)^n = 10 \times (1+10.25\%)^{10} \approx 26.53(万元)$

（四）通货膨胀情况下的实际利率

在通货膨胀情况下，央行或其他提供资金借贷的机构所公布的利率是未调整通货膨胀因素的名义利率。实际利率是指剔除通货膨胀率后储户或投资者得到利息回报的真实利率。名义利率与实际利率之间的关系为：

$$1 + 名义利率 = (1 + 实际利率) \times (1 + 通货膨胀率) \quad (2\text{-}19)$$

因此，实际利率的计算公式为：

$$实际利率 = (1 + 名义利率)/(1 + 通货膨胀率) - 1 \quad (2\text{-}20)$$

公式表明，如果通货膨胀率大于名义利率，则实际利率为负数。

例 2-17 甲公司投资一项证券资产，每年年末都能按照 6% 的名义利率获取相应的现金收益。假设通货膨胀率为 2%，该证券资产的实际利率为多少？

解：实际利率 $= (1 + 名义利率)/(1 + 通货膨胀率) - 1$
$= (1 + 6\%)/(1 + 2\%) - 1 = 3.92\%$

（五）贴现率的计算

在财务管理中，经常会遇到已知计息期数、终值和现值，求贴现率的问题。一般来说，求贴现率可分为两步：第一步是求出各换算系数 $FVIF_{i,n}$、$PVIF_{i,n}$、$FVIFA_{i,n}$、$PVIFA_{i,n}$；第二步根据换算系数和有关系数表求贴现率。如果换算系数在系数表中不能直接查到，则可用插值法求贴现率。

例 2-18 现在向银行存入 5 000 元，按复利计算，在利率为多少时，才能保证在以后十年中每年得到 750 元。

解：$PVIFA_{i,10} = 5\,000 \div 750 \approx 6.667(元)$

查年金现值系数表得：当利率为 8% 时，系数是 6.710；当利率为 9% 时，系数是 6.418。所以利率应在 8%～9% 之间，假定利率为 i。可用插值法计算如下：

利率	年金现值系数
8%	6.710
i	6.667
9%	6.418

$$\dfrac{i - 8\%}{9\% - 8\%} = \dfrac{6.667 - 6.710}{6.418 - 6.710}$$

$$i = 8.147\%$$

例 2-19 如果将你在大二、大三和大四的每个学年末取出的存款 7 323.12 元再存入银行，存期均为一年，现行年利率为 2.25%，到期自动转存。那么，在大学毕业时你可以得到多少钱？

解：查表可知，$FVIFA_{2\%,3}$ 的值为 3.060 4，$FVIFA_{3\%,3}$ 的值为 3.090 9，利用插值法求得 $FVIFA_{2.25\%,3}$ 的值为 3.068 0。

$FVA_3 = A \cdot FVIFIA_{2.25\%,3} = 7\ 323.12 \times 3.068\ 0 \approx 22\ 467.33(元)$

例 2-20 大学毕业时，你开始用大学 3 年打工积攒的资金进行投资，当年投资收益率分别为 10%、17%、24% 时，你退休的第二年（62 岁时）会有多少钱？

解：查表可知，$FVIF_{10\%,40}$ 和 $FVIF_{24\%,40}$ 的值分别为 45.259 和 5 455.9。因复利终值系数表没有 17% 的利率，所以应先查出 16% 和 18% 的系数值，然后用插值法求得。很容易看出，$FVIF_{17\%,40}$ 的值是 $FVIF_{16\%,40}$ 和 $FVIF_{18\%,40}$ 的平均数，其数值为 564.55。所以，在收益率为 10%、17%、24% 的情况下，你退休的第二年可得到的资金分别为：

$FV(10\%) = 22\ 467.33 \times 45.259 \approx 1\ 016\ 848.89(元)$

$FV(17\%) = 22\ 467.33 \times 564.55 \approx 12\ 683\ 931.15(元)$

$FV(24\%) = 22\ 467.33 \times 5\ 455.9 \approx 122\ 579\ 505.7(元)$

第二节 风险与报酬

一、风险的含义与特征

风险（risk）是损失、损伤或处于危险处境的可能。风险和不确定性是密切相关的，如果企业的一项活动存在着多种可能的结果，其未来结果属于哪一种事先不能确定，这就存在风险。而如果一项行动只有一种肯定的结果，那就没风险。但风险与不确定性又不是一回事。风险是指可测定的不确定性，即事前可以根据历史资料推断所有可能的结果，以及每种结果对应概率的不确定性；如果事前不知道所有可能的结果，或者虽然知道可能的结果，但却不知道它们出现的概率，那么这种不确定性就不属于风险研究的内容。不确定性包含有利和不利两种可能，风险也有给投资者带来超出预期的损失和超出预期的报酬两个方面，但一般来说，由于投资者对意外损失的关注比对意外报酬要强烈得多，所以我们在研究风险时，往往侧重不利事件发生的可能性。风险有以下几个特征：

（一）风险是客观存在的

风险的成因是客观事物及其未来所处的环境条件的变化。唯物辩证法告诉我们，世上万物皆处于运动变化之中，这种客观规律就是风险存在的客观基础。人们无论是否愿意接受，都无法消除，只能通过一定的技术经济手段进行风险控制。

（二）风险与收益和损失密切相关

通常情况下，风险与收益是一致的。风险大，收益高；风险小，收益低。也就是说要想赚大钱，必冒大风险。不过这要以风险能够进行有效地控制为前提。然而，风险又往往和损失联系在一起，产生这种情况的原因，多是因为企业对影响生产经营和财务活动变化因素的不确定性估计不足，以及对风险没有有效控制措施而造成的。在此情况下，小风险造成小损失，大风险造成大损失。

（三）风险具有潜在性

风险不是存在于事物发展的表面，而是存在于事物发展的普遍联系的矛盾之中，而且它伴随着客观环境的变化在不断地发生变化。即空间、时间不同,风险的内容也不同。

(四) 风险具有可测性

风险具有可测性是指对企业生产经营活动和财务活动中客观存在的风险,可以根据同类事件发生的历史资料和影响其变动的未来环境条件的预测资料,对事件发生的概率和可能对企业产生的收益和损失作出定量性的主观判断和估计。风险的可测性为人们对风险的控制和防范提供了依据。

二、风险的种类

(一) 系统风险和非系统风险

从个别投资主体的角度来看,风险可分为系统风险和非系统风险。

系统风险(systematic risk)是指那些对所有公司都会产生影响的因素引起的风险。例如,战争、经济衰退、通货膨胀、自然灾害、国家经济政策的变化、世界能源状况、政策因素等。这类风险涉及所有的投资对象,无论投资多样化多充分,即使购买了全部股票的市场组合,也不可能消除系统风险。所以,系统风险也称不可分散风险或市场风险。

非系统风险(unsystematic risk)是指发生于个别公司的特有事件造成的风险。如罢工、诉讼失败、新产品开发失败、某项目的决策失误、失去销售市场等。这类风险是特定企业或行业所特有的,是随机发生的,它的发生仅影响与之相关的公司或行业,可以通过多元化的投资,用有利事件来抵消不利事件,从而分散风险。因此,非系统风险也称可分散风险或公司特有风险。

(二) 经营风险和财务风险

从企业自身的角度按风险的性质划分,风险可分为经营风险和财务风险。经营风险(operation risk)是指由市场销售、生产成本、生产技术、外部环境的变化带来的风险。财务风险(financial risk)是企业全部资本中债务资本比率的变化带来的风险。

经营风险和财务风险的描述参见本书第4章经营杠杆和财务杠杆等相关内容。

三、单项资产的风险与报酬

(一) 风险的衡量

由于风险具有个易计量的特性,人们可以借助概率和统计方法,按照预期报酬平均偏离期望报酬的程度来对风险进行估量。

标准离差和标准离差率是描述风险程度最常用的两个指标。前者是绝对指标,适用于期望收益相同的决策方案风险程度的比较;后者是相对指标,适用于期望值不同的决策方案风险程度的比较。标准离差或标准离差率越大,说明随机变量上下变动的幅度越大,企业越难控制,所冒的风险也就越大。

标准离差率的计算步骤如下:

(1) 确定概率(probability)分布;
(2) 计算期望(expectation)报酬率(额);
(3) 计算标准离差(standard deviation);
(4) 计算标准离差率(standard deviation rate);
(5) 分析在各项目期望报酬相同的情况下,标准离差与风险成正比,标准离差大的项目风险高;在各项目期望报酬不同的情况下,标准离差率与风险成正比关系,标准离差率越大,风险越高。

例 2-21 甲公司某投资项目有 A、B 两个方案,投资额均为 10 000 元,其收益及概率的分布如表 2-2 所示。

表 2-2 A、B 两个方案的收益及概率分布

经济情况	发生概率(P_i)	收益(X_i)/元 A方案	收益(X_i)/元 B方案
繁荣	0.2	2 000	3 500
正常	0.5	1 000	1 000
衰退	0.3	500	−500

要求:比较两方案的风险大小。

解:

(1) 计算期望报酬:

$E_A = 2\,000 \times 0.2 + 1\,000 \times 0.5 + 500 \times 0.3 = 1\,050(元)$

$E_B = 3\,500 \times 0.2 + 1\,000 \times 0.5 + (-500) \times 0.3 = 1\,050(元)$

(2) 计算标准离差:

$\delta_A = \sqrt{(2\,000 - 1\,050)^2 \times 0.2 + (1\,000 - 1\,050)^2 \times 0.5 + (500 - 1\,050)^2 \times 0.3}$
$\approx 522.02(元)$

$\delta_B = \sqrt{(3\,500 - 1\,050)^2 \times 0.2 + (1\,000 - 1\,050)^2 \times 0.5 + (-500 - 1\,050)^2 \times 0.3}$
$\approx 1\,386.54(元)$

由上述计算结果可知,两方案的期望报酬相等,因此只需比较两方案标准离差即可判断出两公司的风险大小。因为 B 方案的标准离差大,所以 B 方案的风险大于 A 方案的风险。如果 A、B 两个方案的期望报酬不相同,则需进一步计算两个方案的标准离差率,然后再进行比较。

(二) 风险报酬的计算

投资风险报酬,又称投资风险收益或投资风险价值,是指投资者因冒险进行投资而得到超过时间价值的那部分额外报酬。投资风险报酬通常可采用相对数风险报酬率和绝对数风险报酬额两种形式表示。在财务管理中,投资风险价值更多地使用相对数风险报酬率来加以计量。

1. 风险报酬率的计算

(1) 计算投资方案的应得风险报酬率。应得风险报酬率也称风险补偿(risk premium),是为弥补风险而要求增加的在无风险报酬率之上的报酬率。根据风险与收益同变规律,风险越大,人们对风险收益率的要求就越高。即风险报酬率与反映风险大小的标准离差率应成正比例,但二者并不相等,需要用一个指标将对风险的评价转化为报酬率指标,这便是风险报酬系数。风险报酬率、风险报酬系数和标准离差率之间的关系为:

$$R_r = b \cdot V \tag{2-21}$$

式中,R_r 称为应得风险报酬率;b 称为风险报酬系数;V 称为标准离差率。

对于进行风险投资的投资者来说,必要报酬率即投资者要求的报酬率(the investor's required rate of return),包括无风险报酬率(risk-free rate of return)和风险报酬率两个部分。无风险报酬率就是无通货膨胀时的货币时间价值,通常把短期政府债券利率作为无风险报酬

率。投资总报酬率可表示为：
$$R = R_F + R_r = R_F + b \cdot V \tag{2-22}$$
式中：R 为必要报酬率；R_F 为无风险报酬率。

风险报酬系数 b 的确定方法通常有以下几种：

① 根据以往同类或类似项目加以确定。主要指根据以往同类项目的投资收益率、标准离差率和无风险收益率等历史资料加以确定。计算公式为：
$$b = (R - R_F)/V \tag{2-23}$$

② 根据标准离差率和投资报酬率之间的关系加以确定。主要指根据某公司以往一系列项目的最高报酬率、最低报酬率以及相对应的标准离差率来进行计算。计算公式为：
$$b = \frac{最高报酬率 - 最低报酬率}{最高报酬率对应的标准离差率 - 最低报酬率对应的标准离差率} \times 100\% \tag{2-24}$$

③ 根据公司领导或公司组织专家确定。在缺乏历史资料的情况下，一般可组织专家根据主观经验加以确定。

④ 根据国家有关部门组织专家确定。国家财政、银行、证券等管理部门可组织有关方面的专家，根据行业的条件和有关因素，确定各行业的风险报酬系数。这种风险报酬系数可由有关部门定期发布，供投资者参考。

在例 2-21 中，假定该企业所在行业的风险报酬系数为 8%，则 A 方案应得的风险报酬率为：
$$R_r = 8\% \times (522.02 \div 1\,050) \approx 3.98\%$$

(2) 计算投资方案的预测风险报酬率。为了评价某投资方案的优劣，在计算出现有风险程度下应得的风险报酬率后，还应计算该投资方案的预测风险报酬率，以便进行比较。对于投资者来说，如果某投资方案的预测风险报酬率大于该投资方案的应得风险报酬率，则方案可行；反之，不可行。并且，预测风险报酬率越大，方案越优。其计算公式如下：

$$\begin{aligned}预测风险报酬率 &= 预测投资报酬率 - 无风险报酬率 \\ &= 预测报酬额/投资额 - 无风险报酬率\end{aligned} \tag{2-25}$$

在例 2-21 中，
$$预测风险报酬率 = 1\,050 \div 10\,000 - 6\% = 4.5\%$$

2. 风险报酬额的计算

(1) 应得风险报酬额的计算：
$$应得风险报酬额 = 期望报酬额 \times \frac{应得风险报酬率}{无风险报酬率 + 应得风险报酬率} \tag{2-26}$$

在例 2-21 中，假定无风险报酬率为 6%，则：
$$A\,方案应得风险报酬额 = 1\,050 \times \frac{3.98\%}{6\% + 3.98\%} \approx 418.74(元)$$

(2) 预测风险报酬额的计算：
$$预测风险报酬额 = 期望报酬额 \times \frac{预测风险报酬率}{无风险报酬率 + 预测风险报酬率} \tag{2-27}$$

在例 2-21 中,

$$\text{A 方案预测风险报酬额} = 1\,050 \times \frac{4.5\%}{6\% + 4.5\%} = 450(元)$$

由上述计算可知:A 方案的预测风险报酬率大于应得风险报酬率,预测风险报酬额大于应得风险报酬额,所以 A 方案可行。

四、资产(投资)组合的风险与报酬

为了降低风险,在现实生活中,一般投资者并不把所有的资金投资于一种资产,而是把资金投资在多种资产上,形成资产组合。资产组合也称投资组合。如果资产组合中的资产均为有价证券,则该资产组合就称为证券组合(Securities Portfolio)。

(一)资产组合的风险

投资组合的整体风险可划分为系统风险和非系统风险。当投资组合中的资产多样化达到一定程度后,非系统风险可以达到分散化。投资组合规模与收益、风险之间的关系如图 2-9 所示。

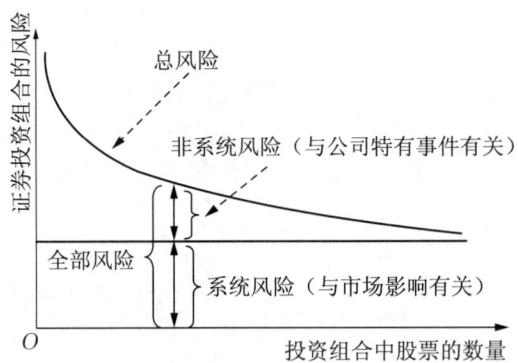

图 2-9 投资组合规模与收益、风险之间的关系

系统风险源于公司之外,不能用多元化投资来回避,而只能依靠更高的报酬来补偿。系统风险程度通常用 β 系数(beta coefficient)来衡量。β 系数的经济意义在于,测量相对于市场组合而言,特定资产的系统风险是多少。β 系数等于 1,说明特定资产的系统风险与整个市场的平均风险相同,市场风险收益率上升 1%,该资产风险收益率也上升 1%;β 系数等于 2,说明特定资产的系统风险是整个市场的平均风险 2 倍,市场风险收益率上升 1%,该资产风险收益率上升 2%;β 系数等于 0.5,说明特定资产的系统风险是整个市场的平均风险的一半,市场风险收益率上升 1%,该资产风险收益率上升 0.5%。

资产组合的 β 系数,是以投资组合中各项资产所占的比重为权数计算的单项资产 β 系数的加权平均数。

(二)资产组合的风险报酬

投资者进行投资组合与进行单项资产投资一样,都要求对承担的风险进行补偿,风险越大,要求的收益率越高。但是,与单项资产投资不同的是,投资组合要求补偿的风险只是市场风险,而不要求对可分散风险进行补偿。以证券组合为例加以说明,证券组合的风险报酬率计算公式如下:

$$R_p = \beta_p (R_m - R_F) \tag{2-28}$$

式中，R_p 为风险报酬率；β_p 为证券组合的 β 系数；R_m 为所有股票的平均收益率；R_F 为市场无风险收益率。

投资者要求的收益率为：

$$R = R_F + \beta_p(R_m - R_F) \tag{2-29}$$

式(2-29)是著名的资本资产定价模型。

五、进行多方案风险投资决策的原则

对于多个可行的投资方案来说，进行投资总决策的原则是：投资收益率越高越好，风险程度则越低越好。具体来讲，有以下几种情况：

（1）如果两个投资方案的预期收益率基本相同，应当选择标准离差率较低的那一个投资方案；

（2）如果两个投资方案的标准离差率基本相同，应当选择预期收益率较高的那一个投资方案；

（3）如果甲方案预期收益率高于乙方案，而其标准离差率低于乙方案，则应当选择甲方案；

（4）如果甲方案预期收益率高于乙方案，而其标准离差率也高于乙方案，在此情况下则不能一概而论，而要取决于投资者对风险的态度。有的投资者愿意冒较大的风险，以追求较高的收益率，因此选择甲方案；有的投资者不愿意冒较大的风险，宁可接受较低的收益率，因此选择乙方案。

六、处理风险的手段

处理风险的基本思想是要尽可能规避风险，化风险为机遇，在危机中找对策，以提高企业的经济效益。处理风险就是如何对待风险，处理风险的手段主要取决于管理者对风险的认识及所持的态度。常见处理风险的手段主要有以下几种：

（一）风险规避

风险规避是指企业回避、停止或退出蕴含某一风险的商业活动或商业环境，避免成为风险的所有人。例如：退出某一市场以避免激烈竞争；拒绝与信用不好的交易对手进行交易；外包某项对工人健康安全风险较高的工作；停止生产有潜在客户安全隐患的产品；禁止各业务单位在金融市场进行投机等。

规避风险的优点是简便易行，可最大限度地消除风险可能给企业带来的损失。但规避风险也有一定的缺点和限制。其缺点是在避免风险造成损失的同时也失去了可能获利的机会。规避风险的局限性主要表现在以下三个方面：①有些风险不可避免，如经济周期风险、自然灾害风险、某些政治风险等；②有些风险虽然能回避，但经济上可能不合算；③避免了一些小风险，可能会产生另一些大风险。

（二）风险转移

风险转移是将企业可能承担的风险采用若干技术和方法转嫁给他人承担。转移风险的方法主要有四种：

1. 投保

投保是指投保人通过支付保险费的方式，将不确定的损失转化为确定成本的一种风险转移方法。投保可转嫁的风险主要有人身事故风险、财产风险、责任风险、信用风险等。

投保具有风险转移和风险组合的双重性质。从单一的投保企业来看,投保是将可能发生的风险损失转由保险公司来承担,从而将不确定的损失转化为确定的成本;从保险公司来看,投保则是一种多风险单位的结合,具有降低风险的作用。投保的社会价值在于:①促进社会经济资源的合理分配;②有利于增强企业的资信;③有利于为企业创造一个公平的竞争条件;④有利于社会稳定,促进经济发展。投保的缺点是其成本高于其他转移风险的方法。

2. 免责约定

免责约定是在签订合同或契约时,约定的一方将契约事项可能产生对他人的体伤、财产责任损失明确规定由另一方承担。如工程承包合同、不动产租赁合同等。

3. 保证

保证是保证人为被保证人所签订的因其不履行契约义务给权利人带来损失而承担赔偿损失责任的约定。保证契约的当事人有保证人、被保证人和权利人。其实质是权利人将义务人(被保证人)可能不履行义务而导致的风险转嫁给了保证人。

4. 外部筹资

股票筹资可将企业的经营风险和财务风险转嫁给股东承担;借款筹资可以将通货膨胀等风险转嫁给债权人。

(三)风险自留

对未能辨识出的风险,企业只能采用风险承担的方式。对于辨识出的风险,企业也可能由于以下几种原因而采用风险承担的方式:①缺乏能力进行主动管理,对这部分风险只能承担;②没有其他备选方案;③从成本效益考虑,这一方案是最适宜的方案;④能够采取一定的办法防范风险。企业控制自留风险的手段有以下几种:

1. 联防

联防是指若干个同类风险单位结合起来,采取联合行动防范风险。如联营、联合开发、组建跨国公司、联合融资等。联防能直接消除联合单位之间的竞争风险,可以集中大家的智慧预测风险、控制风险,扬长避短,分散风险。

2. 中和

中和是将损失机会和获利平衡,大小风险组合,以达到分散风险、稳定收益的一种方法。如采用多领域、多地域、多项目、多品种的经营或投资以分散风险。

3. 自保

自保是自我保险的简称,是一种事前主动承担风险可能带来损失的应对风险的办法。具体做法是企业通过事前对风险损失概率和损失变动幅度的预测,结合企业的财务能力,建立一种提取弥补损失的准备金制度,以备损失发生时弥补损失之用,如计提资产减值准备。

4. 损失控制

损失控制是对风险的发生及其可能带来的损失所采取的积极防范措施。损失控制应把握好三个基本环节:

(1)损失预防,是对损失的事前控制手段,在损失发生之前,制订和采取各种措施,以减少风险发生的频率。做好事前的有关预测工作,预测未来可能会发生的各种变化,通过提高全员的安全防范意识以及采用必要的物质手段,来消除或减少可能产生损失的各种因素。

(2)损失抑制,是对损失的事中控制手段,在损失发生时,要及时采取措施尽量降低风险损害的程度。主要措施有:隔离危险因素,防止损失蔓延;救护毁损的风险单位,阻止风险因素能量的释放。

（3）损失分析，是对损失的事后控制手段，在损失发生后，分析损失产生的原因，追究损失产生的责任，制定防止危险因素的制度，堵塞产生危险因素的漏洞。

第三节　其 他 原 理

一、现金流量

利润和现金流量（cash flow）是财务管理中两个重要的概念，二者是从不同的角度来描述企业的经营业绩。利润是在权责发生制和会计分期假设的基础上，根据一定时期账面收入减去相应的账面成本费用计算出来的，它反映了该时期企业"应计"的现金净流入和"可能"增加的财富，是一种"观念利润"，它并不代表"实际"现金净流入和"真正"增加的财富。现金流量是在收付实现制和会计分期假设的基础上，确定的企业真正收到和付出的资金，它反映了企业收益和成本真正的发生时间。在财务决策中，研究的重点是现金流量，而把利润的研究放在了次要位置。现金流量包括现金流入量、现金流出量和现金净流量。

现金流量的估算是财务决策的基础，具体估算方法参见本书第六章的相关内容。

一般情况下，企业的现金流量和会计利润的发生往往是不同步的。例如，企业以赊销的方式销售产品，销售实现后企业的利润增加了，而在未收到货款之前企业实际的净现金流量并没有增加。又如，购买新设备的资本支出将在使用年限内进行折旧，折旧费用从利润中扣减，但与这一支出相关的现金流却是当即发生的。如果一个企业不重视利润，长期亏损，扭亏无望，那么该企业的生产经营规模就会不断萎缩，其生存就失去了意义。如果一个企业一味追求利润，而缺乏对现金流量的重视，那么现金在需要时周转不过来就会制约到企业的财务行为，严重时导致企业倒闭。可见，利润重要，现金更重要。因此，在衡量财富或价值时，我们使用的度量工具是现金流量而不是会计利润。

二、增量现金流

企业在进行财务决策时，关注的是决策产生的结果，不同决策会带来不同的结果。然而，决策的相关性特征要求我们从增量的角度来考察获取的信息。

决策是对未来机会的一种选择。由于未来是不确定的，所以为了降低其不确定性，提高决策的质量，客观上要求决策所获取的信息必须与特定的决策方案相关。所谓决策相关信息，是指因决策方案不同而异的信息，是开展财务决策与财务评价的依据。增量现金流量（incremental cash flows）就是一种典型的财务决策相关信息。它是指接受或拒绝某个投资方案后，所引起的企业总现金流量增加或减少的数量。即新项目上马后的现金流与原现金流之间的差异。

三、纳税影响业务决策

税收是企业的一项现金支出，直接影响到企业的现金流量。因此，在进行决策时，必须考虑税金的影响。在估价过程只有增量现金流是相关的，更确切地说，应该是税后增量现金流（after-tax incremental cash flows）是相关的。

评价新投资项目时，要考虑所得税。当公司要购买工厂或设备时，投资收益要在税后的基础上衡量,否则,公司就不能正确地把握项目的增量现金流。公司在筹资决策时,也要考虑所得税。筹资决策的核心是资本结构决策。在进行资本结构决策时,必须考虑资本成本,由于借入资金的利息是在税前支付的,所以计算借入资金的资本成本必须考虑所得税。政府应充分利用税收的调节作用,引导企业向研发项目、环保节能项目及能增加就业机会项目的投资。

四、代理问题

代理问题(agency problem)的产生源自经营权和所有权的分离,是指由于公司的经营者与公司的所有者之间的利益冲突而发生的问题。

公司的资本大众化后,股东人数众多且参与公司决策的意愿和专业能力不足,于是就产生了股东与管理层之间的委托与代理关系。从公司角度来看,股东是委托人,是公司的实际拥有者。董事会、总裁、高级管理人员和所有其他决策者都是股东的代理人。代理人是有权代理委托人行使权利的人(但遇到重大的决议事项,如公司解散、合并等提案,仍由"所有股东"来通过)。理论上,股东选举董事会,董事会又任命管理人员,所以管理人员应该是在董事会的监督下为股东服务,努力实现所有者财富最大化。但在现实中,系统运作往往并非如此。因为股东所面对的候选人是由管理人员提供的,因此可以说是管理人员选举了董事,这就使得董事将更多地代表管理层的利益而不是股东的利益。此外,管理层也在为自身的利益考虑,他们除了通过工资、奖金为自己谋利外,还可能为了保住自己的饭碗,放弃一些潜在收益很大而风险又较小的项目,结果既加大了所有者实际支付给管理层的享受成本,又增加了所有者的机会成本,从而损害了股东的利益。为了解决这一矛盾,应制定让管理者的报酬与公司绩效相一致的制度,并辅以一定的监督措施。

股东与债权人之间也存在代理问题。主要源于股东对举债资金使用不当,比如,管理层将资金投资于风险较高的投资项目,影响了公司还本付息的能力;还有管理层继续增加负债水准,加大了公司资金周转的风险。为了解决股东和债权人之间的代理问题,债权人可以在债务契约中加入"保护性条款"以限制公司的行为,如限制股利发放数额与必须维持的营运资金。

五、有效资本市场

有效市场(efficient market),是指资本市场上的价格能够同步地、完全地反映全部的可用信息。市场是否有效与信息反映到证券价格中的速度有关。一个有效的市场是由大量独立行为、利润驱动的单个投资者所组成。与证券有关的信息以随机方式出现在市场上。投资者即时对信息作出反应,购买或出售证券,直到他们认为市场价格已经正确地反映了信息为止。在有效市场假定前提下,信息反馈到价格中去的速度之快使得投资者无法从公开信息中获得利润。投资者确信价格恰当地反映公司预期的利润和风险,从而也就反映了公司真实的价值。有效市场意味着什么呢?

(1)证券价格是合理的。股票价格反映了所有与公司价值有关的公开信息。这意味着在其他条件不变的情况下,我们可以通过每一决策对股价应有的影响来完成股东财富最大化的目标。即从长期来看,正确的决策应使股价上升,而错误的决策则相反。

(2)会计方法变更所导致的收益差别并不会导致股价的变化。这是因为股票的分割以及其他会计方法的变更并不影响现金流,从而也不会反映在股价中。市场价格是由股东可以得到的期望现金流所决定的。因此,用现金流来衡量利润(获得时间)是理所当然的。

复习思考题

1. 如何理解资金的时间价值?
2. 单利和复利有何区别?
3. 什么是年金?年金包括几种形式?如何计算?
4. 风险有哪些特征?如何计量风险?
5. 区别系统风险与非系统风险对于财务管理有何意义?
6. 什么是风险报酬?如何计算风险报酬率?
7. 在衡量财产或价值时为什么使用的是现金流而不是利润?
8. 什么是有效市场?

小试牛刀

单项选择题

1. [2019·真题]关于系统风险和非系统风险,下列表述错误的是(　　)。
   A. 在资本资产定价模型中,β系数衡量的是投资组合的非系统风险
   B. 若证券组合中各证券收益率之间负相关,则该组合能分散非系统风险
   C. 证券市场的系统风险,不能通过证券组合予以消除
   D. 某公司新产品开发失败的风险属于非系统风险

2. [2019·真题]某年金在前2年无现金流入,从第三年开始连续5年每年年初现金流入300万元,则该年金按10%的年利率折现的现值为(　　)万元。
   A. 300×(P/A, 10%, 5)×(P/F, 10%, 1)
   B. 300×(P/A, 10%, 5)×(P/F, 10%, 2)
   C. 300×(P/F, 10%, 5)×(P/A, 10%, 1)
   D. 300×(P/F, 10%, 5)×(P/A, 10%, 2)

3. [2019·真题]有甲、乙两种证券,甲证券的必要收益率为10%,乙证券要求的风险收益率是甲证券的1.5倍,如果无风险收益率为4%,则根据资本资产定价模型,乙证券的必要收益率为(　　)。
   A. 13%　　　　B. 12%　　　　C. 15%　　　　D. 16%

4. [2019·真题]某公司设立一项偿债基金项目连续10年每年年末存入500万元第10年年末可以一次性获取9 000万元,已知(F/A, 8%, 10)=14.487, (F/A, 10%, 10)=15.937, (F/A, 12%, 10)=17.549, (F/A, 14%, 10)=19.337, (F/A, 16%, 10)=21.321,则该基金的收益率介于(　　)。
   A. 12%~14%　　B. 14%~16%　　C. 10%~12%　　D. 8%~10%

5. [2019·真题]下列属于系统性风险的是(　　)。
   A. 违约风险　　B. 购买力风险　　C. 变现风险　　D. 破产风险

6. [2018·真题]下列各项中,属于证券资产的系统风险的是( )。
   A. 公司研发风险   B. 破产风险   C. 再投资风险   D. 违约风险
7. [2018·真题]已知银行存款利率为3%,通货膨胀率为1%,则实际利率为( )。
   A. 2%   B. 3%   C. 1.98%   D. 2.97%
8. [2017·真题]下列各项中,与普通年金终值系数互为倒数的是( )。
   A. 预付年金现值系数   B. 普通年金现值系数
   C. 偿债基金系数   D. 资本回收系数
9. [2017·真题]某企业向金融机构借款,年名义利率为8%,按季度付息,则年实际利率为( )。
   A. 9.6%   B. 8.24%   C. 8.00%   D. 8.32%
10. [2017·真题]某公司从租赁公司融资租入一台设备,价格为350万元,租期为8年,租赁期满时预计净残值15万元归租赁公司所有,假设年利率为8%,租赁手续费为每年2%,每年末等额支付租金,则每年租金为( )万元。
    A. [350 − 15 × (P/A, 8%, 8)]/(P/F, 8%, 8)
    B. [350 − 15 × (P/F, 10%, 8)]/(P/A, 10%, 8)
    C. [350 − 15 × (P/F, 8%, 8)]/(P/A, 8%, 8)
    D. [350 − 15 × (P/A, 10%, 8)]/(P/F, 10%, 8)

参考答案

第二篇
筹资管理

第三章 筹资管理概论

学 习 目 标

- 认识企业筹资的主要动机与基本原则
- 理解企业筹资的不同类型
- 掌握企业筹资数量预测的具体方法,包括销售百分比法和线性回归分析法

第一节 筹资管理概述

企业筹资(financing)是指企业根据其生产经营、对外投资和调整资本结构的需要,通过筹资渠道和金融市场,运用筹资方式,经济有效地筹措所需资金的财务活动。资金是企业经济运行的血液,能够筹集足够的资金并灵活地运用这些资金是企业生存与发展的前提,从而使筹措资金成为企业一项经常而又重要的财务活动。资金筹集是企业经营活动和理财活动的起点,也是企业财务管理的重要内容。

企业进行资金筹集,首先必须明确筹资的具体动机,了解企业筹资的渠道和方式,并遵循筹资的基本原则。

一、企业筹资的动机

企业在持续的生存与发展中,其具体的筹资活动通常受特定的筹资动机所驱使。由于企业经营对资金需求的复杂性,企业筹资的具体动机是多种多样的。概括起来,企业筹资的动机主要有维持性筹资动机、扩张性筹资动机、调整性筹资动机和混合性筹资动机。

(一) 创立性筹资动机

创立性筹资动机,是指企业设立时,为取得资本金并形成开展经营活动的基本条件而产生的筹资动机。资金是设立企业的第一道门槛。根据我国《公司法》《合伙企业法》《个人独资企业法》等相关法律的规定,任何一个企业在设立时都要求有符合企业章程或公司章程规定的全体股东认缴的出资额。企业创建时,要按照企业经营规模核定长期资本需要量和流动资金需要量,以构建厂房和设备等长期资产,安排铺底企业的流动资金,形成企业的经营能力。这样,就需要筹措注册资本和资本公积金等股权资金,筹集银行存在等债务资金。

(二) 维持性筹资动机

在实际生产经营中,企业每一次资金循环收回的资金与下一次循环所需要的资金在形态和数量上并不完全一致,资金的收回与资金的使用在时间上也不一定完全衔接,可能会发生资金临时短缺情况,这就需要企业为维持正常的生产经营活动不断地筹集资金。

（三）扩张性筹资动机

扩张性筹资动机是指企业因扩大生产经营规模或增加对外投资而产生的追加筹资的动机。企业为了适应市场经济激烈竞争的需要，以及对经济效益的无限追求，不断开发新产品、追加有利的对外投资规模、开拓企业经营领域等，就会产生扩大生产经营规模的现实需要，而这一切都以资金的不断投放作为保证。具有良好发展前景、处于成长时期的企业通常会产生这种筹资动机。

（四）调整性筹资动机

调整性筹资动机是企业因调整现有资本结构的需要而产生的筹资动机。资本结构是企业债权资本与权益资本的比例结构，其合理与否直接关系到经营者、所有者、债权人等各方面的利益。企业通过筹资可达到债权资本与权益资本的最佳组合，从而达到降低企业财务风险、减少资本成本而又能使企业获取财务杠杆利益的目的。通过筹资调整现有资本结构的方式很多，如为提高主权资本利润率和降低资本成本而增加负债，为使债务期限结构合理化而进行债务搭配等。

（五）混合性筹资动机

企业既为扩张规模又为调整资本结构而产生的筹资动机，可称为混合性筹资动机。在这种混合性筹资动机的驱使下，企业通过筹资，既扩大了资产和资本的规模，又调整了资本结构。

二、企业的筹资渠道和筹资方式

（一）筹资渠道

企业筹集资金，需要通过一定的渠道、采用一定的方式进行。资金筹集渠道（sources of funds）是指企业筹集资金的来源或途径，即解决资金从哪里来的问题。目前我国企业的资金筹集主要有以下几个渠道：

1. 国家财政资金

国家对企业的投资是国有企业，特别是国有独资企业主要的资金来源。现有国有企业的资金来源中，其资本大多是由国家财政以直接拨款的方式形成的。除此之外，还有一些是由于国家对企业的"税前还贷"、减免税收等政策形成的。

2. 银行信贷资金

银行对企业的贷款是我国企业重要的资金来源。商业性银行主要为企业提供各种商业贷款；政策性银行主要为特定企业提供政策性贷款；世界银行以及国外银行在我国境内的分支机构主要为国内企业及外商投资企业提供外汇贷款。

3. 非银行金融机构资金

非银行金融机构主要指除了银行以外的各种金融机构及金融中介机构。在我国，非银行金融机构主要有信托投资公司、保险公司、证券公司、租赁公司、企业集团财务公司等。它们所提供的各种金融服务既包括信贷资金投放，也包括物资的融通，还包括为企业承销证券等金融服务。非银行金融机构资金力量比银行要小，但其资金供应比较灵活方便，而且可提供其他方面的服务，所以这种筹资渠道具有广阔的发展前景。

4. 其他企业资金

企业在生产经营过程中，往往形成部分暂时闲置的资金，为了让其发挥一定的效益可在企业间进行相互投资。另外，在市场经济条件下，企业间的购销业务可以通过商业信用方式来完成，从而形成企业间的债权债务关系，形成债务人对债权人的短期信用和资金占用。企业间的相互投资和商业信用，为企业筹资提供了一定的筹资来源。

5. 企业内部资金

企业内部资金主要是通过提取折旧、留存利润而形成的资金,还包括一些经常性的延期支付的款项,如应付职工薪酬、应交税费等形成的资金。这些资金的特点是直接由企业自身生成,不需通过一定的方式去筹集,不需支付筹资费用。随着企业经济效益的提高,企业内部资金是企业长期资金的重要来源。

6. 民间资金

我国企事业单位的职工和广大城乡居民持有大量的货币资金,企业可以通过吸收直接投资、发行股票、发行债券等方式加以吸收,使之成为企业资金的来源渠道。

7. 国外和我国港澳台资金

在改革开放条件下,外国投资者及我国港澳台投资者投入的资金以及借入的资金也形成企业的筹资渠道。企业可向国际金融组织贷款进行间接筹资,也可吸收投资者直接提供的外汇、设备和技术等,如合资经营、进口货物延期付款、补偿贸易、融资租赁。

(二)筹资方式

筹资方式(Financing Tools)是指企业取得资金所采用的具体形式,即解决如何取得资金的问题。资金筹集方式的选择取决于企业资金的组织形式和金融工具的开发利用程度。认识企业筹资方式的种类及其特点和适用性,有利于企业准确地开发和利用各种筹资方式,实现各种筹资方式的合理组合,有效地筹集资金。目前我国企业筹资方式主要有:吸收直接投资、发行普通股、内部积累、发行债券、长期借款、商业信用、融资租赁等。筹资方式将在第四、五章重点介绍。

(三)筹资渠道和筹资方式的对应关系

筹资渠道与筹资方式有着密切的联系,同一渠道的资金往往可以采用不同的筹资方式取得,而同一筹资方式又往往可以筹集到不同渠道的资金,这就需要两者之间的有效配合。筹资渠道是客观存在的,而筹资方式则属于企业的主观能动行为。企业资金筹集管理的重要内容是如何针对客观存在的资金筹集渠道,选择合理的资金筹集方式进行筹资。

企业筹资渠道和筹资方式相配合的对应关系如表 3-1 所示。

表 3-1　企业筹资渠道和筹资方式相配合的对应关系

筹资渠道	筹资方式						
	吸收直接投资	发行普通股	内部积累	发行债券	长期借款	商业信用	融资租赁
国家财政资金	√	√					
银行信贷资金					√		
非银行金融机构资金	√	√		√	√		√
其他企业资金	√	√		√		√	
企业内部资金			√				
民间资金	√	√		√			
国外和我国港澳台资金	√	√		√			√

三、企业筹资管理的原则

企业筹资是企业的基本财务活动,它决定了企业生产经营规模和发展速度。为了经济有效地筹集资本,企业筹资必须遵循下列基本原则。

(一) 合理性原则

首先,企业进行筹资必须合理确定所需资金的数量。企业筹集的资金是为了投资使用,这就需要筹资的数量与投资所需数量达到平衡,避免因筹资数量不足而影响投资活动或因筹资数量过剩而增加筹资成本。其次,企业筹资还必须合理确定资本结构。一方面必须使企业的权益资本与借入资金保持合理的结构关系,防止负债过多而增加财务风险,或未充分利用负债经营,使权益资本收益水平降低。另一方面应权衡长期资金与短期资金的资金成本与资金短缺的风险,根据具体情况合理安排长期资金与短期资金的期限结构。

(二) 效益性原则

由于不同筹资渠道与筹资方式的资金成本、筹资风险及取得资金的难易程度不同,企业在筹集资金时,应综合考虑这些因素,寻求最优的筹资组合,以便经济有效地筹集资本。另外,企业筹资与投资在效益上应当相互权衡,投资收益与筹资成本相比较,避免不顾投资效益的盲目筹资。

(三) 及时性原则

企业筹集资金应根据资金投放使用时间来合理安排筹资时机,使筹资和用资在时间上相衔接,避免超前筹资造成资金使用前的闲置,或因滞后筹资而影响投资。

(四) 合法性原则

企业的筹资活动影响着社会资本及资源的流向和流量,涉及相关主体的经济权益。为此,企业筹集资金必须接受国家宏观指导与控制,资金筹集工作要遵守国家有关法规的规定,履行约定的责任,维护有关各方的合法权益。

(五) 适当性原则

根据生产经营及其发展的需要,合理安排资金需求,企业筹集资金,要合理预测确定资金的需要量。筹资规模与资金需要量应匹配一致,既要避免因筹资不足,影响生产经营的正常进行,又要防止筹资过多,造成资金闲置。

第二节 企业筹资的类型

企业通过各种筹资渠道、采用各种筹资方式所筹集的资金,由于具体的属性、期限、范围和机制的不同而形成不同的类型。企业的筹资按角度不同可分为权益性筹资、债权性筹资与衍生工具筹资、长期筹资与短期筹资、内部筹资与外部筹资、直接筹资与间接筹资等类型。

一、权益性筹资与债权性筹资

企业筹资按属性的不同可以分为权益性筹资、债权性筹资及衍生工具筹资三类。

(1) 权益性筹资(equity financing),是企业依法筹集并长期拥有、自主调配运用的资金来源,筹集到的资金属于企业的自有资本。权益性筹资主要是由投资者投入和企业利润的留存而积累的资本,在数量上等于企业全部资产减去负债后的余额。

权益性筹资具有如下性质:

① 权益性筹资取得的资本的所有权属于企业的所有者,体现的是一种所有权关系。企业所有者依法凭其所有权参与企业的经营管理和利润分配,并对企业的债务承担有限或无限责任。

② 企业对权益性资本依法享有经营权。在企业存续期间，企业有权调配使用权益性资本。企业所有者除依法转让其所有权外，不得以任何方式抽回其投入的资本。

权益性筹资一般是通过国家财政资金、其他企业资金、民间资金、外国及我国港澳台资金等渠道，采用吸收直接投资、发行股票、留存利润等方式筹集形成的。

(2) 债权性筹资(debt financing)，也称借入资本，是企业依法筹集、按期偿还本金和利息的资本来源。债权性筹资主要包括企业应付债券、各种长短期贷款和日常经营活动中自动形成的临时债务，如应付账款、应缴税费、应付职工薪酬等。

债权性筹资具有如下性质：

① 债权性筹资体现的是一种债权债务关系，它属于企业的债务，是债权人的债权。

② 企业的债权人无权参与企业的经营管理，对企业的经营状况也不承担责任，但有权按期索取本息。

③ 企业对借入资本在约定的期限内享有使用权，并有按期还本付息的义务。

债权性筹资一般是通过银行信贷资金、非银行金融机构资金、其他企业资金、民间资金、国外和我国港澳台资金等筹资渠道，采用银行借款、发行债券、发行商业本票、商业信用和租赁等方式取得或形成的。

(3) 衍生工具筹资，包括兼具股权与债务性质的混合融资和其他衍生工具融资。我国上市公司目前最常见的混合融资方式是可转换债券融资，最常见的其他衍生工具融资方式是以股权证融资。

二、长期筹资与短期筹资

企业筹资按期限的不同可以分为短期筹资与长期筹资两种类型。

(1) 短期筹资(short-term financing)是指企业筹集使用期限在1年以内的资金。它主要用于满足企业流动资产周转中对资金的需求。短期筹资可以通过短期借款、商业信用等方式取得或形成。

(2) 长期筹资(long-term financing)是指企业通过发行股票和债券以及从金融机构借入的、期限超过一年的资本。长期筹资是一种较稳定的资金来源。企业在长期生存与发展过程中，需要持有一定规模的长期资本，用来购建固定资产、取得无形资产、进行长期投资以及垫支于长期性流动资产等。长期筹资通常采用吸收直接投资、发行股票、发行债券、长期借款、融资租赁、留存利润等方式来筹集。

一个企业的短期资本与长期资本的比例关系构成企业全部资本的期限结构，资本的期限结构对企业的风险与收益会产生一定的影响，企业应根据资本的需用期间进行合理搭配。

三、内部筹资与外部筹资

企业筹资按资本来源的范围不同可分为内部筹资与外部筹资。

(1) 内部筹资(internal financing)是指在企业内部通过计提折旧及留存利润而形成的资金来源。计提折旧并不增加企业的资本规模，只是资金形态的转化，为企业增加了现金来源；留存利润则增加了企业的资本总量。内部筹资是企业内部生产经营过程中自然形成的，一般无须花费筹资费用。

(2) 外部筹资(external financing)是指从企业以外的单位和个人筹集资金的来源。主要有从投资者取得的投入资本，从银行和非银行金融机构取得的借款，向企业外部发行股票和债券筹集的资金,从供应商获得的商业信用资金等。

四、直接筹资与间接筹资

企业筹资按其是否借助银行等金融机构,可分为直接筹资与间接筹资两种类型。

(1) 直接筹资(direct financing)是指企业不借助银行等金融机构,直接与资本所有者协商融通资本的一种资金来源。

(2) 间接筹资(indirect financing)是指企业借助银行等金融机构而融通资本的一种资金来源。在间接筹资活动过程中,银行等金融机构发挥着中介作用,它们先集聚资本,然后再提供给筹资企业。

(3) 直接筹资与间接筹资的差别。直接筹资与间接筹资相比有明显的差别,主要有以下表现:

① 筹资机制不同。直接筹资依赖于资本市场机制,以各种证券作为载体;而间接筹资既可运用于市场,也可运用于计划或行政机制。

② 筹资范围不同。直接筹资具有广阔的领域,可利用的筹资渠道和方式较多;而间接筹资的范围比较窄,筹资渠道和方式比较单一。

③ 筹资效率和费用高低不同。直接筹资的手续较为繁杂,所需文件较多,准备时间较长,故筹资效率较低,筹资费用比较高;而间接筹资手续和过程均比较简单,故筹资效率较高,筹资费用较低。

④ 筹资效应不同。直接筹资可使企业最大限度地筹集社会资本,并有利于提高企业的知名度和资信度,改善企业的资本结构;而间接筹资主要是满足企业资金周转的需要。

第三节 资金需要量的预测

企业的资金需要量是筹资的数量依据,应当科学合理地进行预测。开展企业资金需要量预测是为了保证企业生产经营业务的顺利进行,使筹集来的资金既能保证满足企业生产经营的需要,又不会有太多的闲置。资金需要量预测方法主要有销售百分比法以及资金习性预测法。

一、销售百分比法

销售百分比法(percentage of sales method)是假设某些资产和负债与销售额存在稳定的百分比关系,根据这个假设预计外部资金需要量的方法。项目短期资金需要量的预测,如某企业每年的销售额为 100 元,需要有 40 元的存货,则存货与销售额的百分比是 40%,即 $\frac{40}{100} \times 100\%$。若销售额增至 200 元,那么该企业就需有 80 元(200×40%)存货。因此,在某项目与销售额的比率既定的前提下,便可预测未来一定销售额下该项目的资金需要量。

这种方法有两个基本假设。第一,假定某项目与销售的比率已知且固定不变;第二,假定未来销售预测已经完成。具体做法是通过借助预计利润表预测企业留存利润,作为企业内部资金来源的增加数;通过预计资产负债表预测企业筹资总规模与外部筹资规模。

$$各项目销售百分比 = 各项目基期金额 \div 基期销售额 \times 100\% \tag{3-1}$$

$$\text{预测期各项目金额} = \text{预测期销售收入} \times \text{各项目销售百分比} \tag{3-2}$$

销售百分比法的优点,是能为财务管理提供短期预计的财务报表,以适应外部筹资的需要,且易于使用。其缺点是如果有关销售百分比与实际不符,据以进行预测就会形成错误的结果。因此,在有关因素发生变动的情况下,必须相应地调整原有的销售百分比。

(一) 销售百分比法的计算步骤

1. 编制预测利润表,预测留存利润

编制预测利润表的目的在于运用销售百分比法的原理预测留存利润,即预测企业内部资金来源的增加数。预测利润表与实际利润表的内容、格式相同。通过提供预测利润表,可以计算确定基年利润以及利润表各项目占销售额的百分比,在此基础上计算预测年度利润,并预测留存利润这种内部筹资的数额,为预测资产负债表预测外部筹资数额提供依据。

例 3-1 某企业 2020 年实际利润及有关项目与销售百分比如表 3-2 中①、②栏所示。试预测 2021 年利润并预测留存利润,该企业适用的所得税税率为 25%。若该企业 2021 年预测销售额为 20 000 万元,则 2021 年预测利润经测算如表 3-2 中③栏所示。

表 3-2　2021 年预测利润表

项　　目	2020 年实际数/万元 ①	销售百分比 ② = ①/18 000	2021 年预测数/万元 ③ = 20 000 × ②
销售收入	18 000	100%	20 000
减:销售成本	14 040	78%	15 600
销售费用	90	0.5%	100
销售利润	3 870	21.5%	4 300
减:管理费用	3 240	18%	3 600
财务费用	90	0.5%	100
税前利润	540	3%	600
减:所得税	135		150
税后利润	405		450

对于上市公司,可以不通过编制预测利润表计算预计增加的留存收益。由于留存收益的金额取决于收益的多少和股利支付率的高低,所以可直接通过式(3-3)计算得出留存收益预测期金额。

$$\text{留存收益预测期金额} = \text{预计销售额} \times \text{计划销售净利率} \times (1 - \text{股利支付率}) \tag{3-3}$$

若该企业税后利润的留存比例为 50%,则 2019 年预测留存利润额为 225 万元(450 × 50%),即 2021 年企业内部可筹集资金 225 万元。

现将编制预测利润表的主要步骤归纳如下:

(1) 收集基年(2020 年)实际利润表资料,计算确定利润表各项目与销售额的百分比。

(2) 取得预测年度(2021 年)销售额预计数,根据基年实际利润表各项目与实际销售额的比率,计算预测年度预计利润表各项目的预计数,并编制预测年度预计利润表。

(3) 利用预测年度税后利润预计数和预定的留存比例,测算留存利润的数额。

2. 编制预测资产负债表,预测外部筹资额

编制预测资产负债表的目的在于运用销售百分比法的原理预测外部筹资额。预测资产负债表与实际资产负债表的内容、格式相同。通过预测资产负债表,可计算有关资产负债项目与销售额的百分比,进而确定销售额增长情况下需增加的资本总额,减去测定的留存利润数额后,即可预测出企业需要外部筹资的数额。

在计算有关项目与销售额的百分比时,首先要将资产负债表各项目按短期内与销售额的关系划分为敏感项目和非敏感项目。敏感项目是指随销售额的变动而同步变动的项目,即与销售额有基本不变比率关系的项目。敏感资产项目一般包括库存现金、应收账款、存货等项目;敏感负债项目一般包括应付账款、应付费用等项目。应收票据、短期投资、固定资产、长期投资、递延资产、短期借款、应付票据、长期负债和实收资本通常属于非敏感项目,它们在短期内都不会随销售规模的扩大而相应改变。留存利润也不宜列为敏感项目,因为它要受到企业所得税税率和分配政策的影响。编制预测资产负债表时仅对敏感项目计算其基年数与销售额的百分比,然后根据预测的销售额计算预测资产负债表中各敏感项目数额。非敏感项目以其基年数作为预测资产负债表非敏感项目数额。

例 3-2 某企业 2020 年实际销售收入为 18 000 万元,资产负债表各项目金额及其敏感项目占销售额的比率如表 3-3 中第①、②栏所示。2021 年预测销售额为 20 000 万元。试编制 2021 年预测资产负债表并预测外部筹资额。

根据上述资料,该企业 2019 年资产负债表各项目预测数如表 3-3 中第③栏所示。

表 3-3 2019 年预测资产负债表

项目	2020 年实际数/万元 ①	销售百分比 ② = ①/18 000	2021 年预测数/万元 ③ = 20 000 × ②
资产:			
货币资金	90	0.5%	100
应收账款	2 880	16%	3 200
存货	3 150	17.5%	3 500
预付费用*	10		10
固定资产净值*	385		385
资产总额	6 515		7 195
负债及所有者权益:			
应付票据*	600		600
应付账款	3 240	18%	3 600
应付费用	144	0.8%	160
长期负债*	60		60
负债合计	4 044		4 420
实收资本	1 541		1 541
留存利润	930		1 155
所有者权益合计	2 471		2 696
负债及所有者权益总额	6 515		7 116
追加外部筹资额			79

注:* 预付费用、固定资产净值、应付票据、长期负债预计不发生变化。

该企业 2021 年预计资产负债表的编制过程如下:

(1) 取得基年(2020 年)资产负债表资料,并计算其敏感项目与销售额的百分比,见表 3-3

第②栏。第②栏的百分比表明,该企业销售每增长100元,资产将增加34元,即每实现100元销售额所需资本量为34元。这种每实现100元销售所需的资本量,可由敏感负债解决18.8元。这里增加的敏感负债是自动增加的,如应付账款会因存货增加而自动增加。

每100元销售所需资本与敏感负债的差额15.2元(34－18.8),表示销售每增长100元而需追加的资本净额。追加的资本净额需从企业内部和外部来筹措。在本例中,销售额增长2 000万元(20 000－18 000),需净增资本来源304万元(2 000×15.2%),即需从企业内部和外部共筹集304万元的资本来保证2021年20 000万元销售额的实现。

(2) 用2021年预测销售额20 000万元乘以第②栏所列的百分比,可求得表3-3中第③栏所列示的敏感项目金额。第③栏的非敏感项目按第①栏数额填列。由此,确定了第③栏中除留用利润外的各个项目的数额。

(3) 确定2021年留存利润增加额及资产负债表中的留存利润累计额。留存利润增加额可根据利润额、所得税税率和留存利润比例来确定,2021年累计留存利润等于2020年累计留存利润加上2021年留存利润增加额计算确定。2021年利润额600万元,所得税税率25%,税后利润留存比例50%,则:

$$2021年留存利润增加额 = 600 \times (1 - 25\%) \times 50\% = 225(万元)$$

$$2021年累计留存利润 = 930 + 225 = 1\ 155(万元)$$

(4) 从需要筹资总额(第一步计算得到的304万元)中减去内部筹资额225万元,求得需要外部筹资额79万元。

(5) 加总预测资产负债表的两方,2021年预计资产总额为7 195万元,负债及所有者权益总额为7 116万元,其差额79万元。它既是使资产负债表左右两方相等的平衡数,也是需要的外部筹资额。

这里需要说明,在以上计算中固定资产是作为非敏感项目处理的。固定资产项目是否要随销售额的增长而增加,需视基期固定资产是否已被充分利用而定。如基期固定资产尚未充分利用,则原有固定资产基本上可满足扩大的产销量的需要,计划期提取的折旧转为营运资金后可用于当期固定资产的更新改造;如基期固定资产的利用已达饱和状态,则在产销量增长的条件下预测资金需要量时,应增加固定资产新建、扩建所需的资金。

小结

计算外部资金需要量的基本步骤

(1) 区分资产负债表中资产和负债的敏感项目及非敏感性项目。

(2) 计算敏感项目占销售额的百分率。其计算公式为:

$$敏感项目的销售百分比 = \frac{基期敏感资产(或负债)金额}{基期销售额} \tag{3-4}$$

(3) 计算需追加的外部筹资额。其计算公式为:

$$外部资金需要量 = 增加的资产 - 增加的负债 - 增加的留存利润 \tag{3-5}$$

其中:

增加的资产 = 增量收入 × 基期敏感资产占基期销售额的百分比;

增加的负债 = 增量收入 × 基期敏感负债占基期销售额的百分比;

增加的留存利润,根据预计销售额采用预测利润表得出。

(二) 按预测公式预测外部筹资额

以上运用预计资产负债表计算预测外部筹资额的过程,也可采用预测公式计算得出。预测外部筹资额的公式如下:

$$需要追加的外部筹资额 = \Delta S \cdot \sum \frac{RA}{S} - \Delta S \cdot \sum \frac{RL}{S} - \Delta RE$$
$$= \Delta S \cdot \left(\sum \frac{RA}{S} - \sum \frac{RL}{S} \right) - \Delta RE \quad (3\text{-}6)$$

式中,ΔS 为预计年度销售增加额;$\frac{RA}{S}$ 为基年敏感资产总额除以基年销售额;$\frac{RL}{S}$ 为基年敏感负债总额除以基年销售额;ΔRE 为预计年度留存利润增加额。

例 3-3 根据例 3-2 中的数据,运用公式 3-6 预测该企业 2019 年需要追加的外部筹资额。

$$需要追加的外部筹资额 = 2\,000 \times (0.34 - 0.188) - 225 = 79(万元)$$

(三) 资产负债项目及销售百分比变动条件下外部筹资额的调整

上述销售百分比法的运用,其前提是假定预测年度非敏感项目、敏感项目及其与销售百分比均与基年保持不变。在实践中,非敏感项目、敏感项目及其与销售百分比有可能发生变动,包括:非敏感资产、非敏感负债的项目构成以及数量的增减变动;敏感资产、敏感负债的项目构成以及与销售百分比的增减变动。这些变动对预测资金需要量和追加外部筹资额都会产生一定的影响,必须相应地予以调整。现举例加以说明。

例 3-4 根据表 3-3 中的资料,倘若该企业 2019 年由于情况变化,敏感资产项目中的存货与销售百分比提高为 17.8%,敏感负债项目中应付账款与销售百分比降低为 17.6%,预计固定资产增加 50 万元,长期借款增加 70 万元。针对这些变动,该企业 2019 年的资本需要量预测调整如下:

资产总额 = 7 195 + 20 000 × (17.8% - 17.5%) + 50 = 7 305(万元)
负债总额 = 4 420 - 20 000 × (18% - 17.6%) + 70 = 4 410(万元)
追加外部筹资额 = 7 305 - 4 410 - 2 696 = 199(万元)

二、资金习性预测法

资金习性(capital habits)是指资金的变动与业务量(如产品销售量)的变动之间的依存关系。按照资金同业务量之间的依存关系,可以把资金区分为不变资金、变动资金和半变动资金。

不变资金是指在一定的营业规模内,资金总额不随业务量增减的资金,主要包括为维持营业而需要的最低数额的现金、原材料的保险储备、必要的成品或商品储备,以及固定资产占用的资金。变动资金是指资金总额随业务量变动而同比例变动的资金,一般包括直接构成产品实体的原材料及外购件等占用的资金,以及在最低储备以外的库存现金、存货、应收账款等所占用的资金。半变动资金指虽然受产销量变化的影响,但不成同比例变动的资金,如一些辅助材料上占用的资金。

资金习性预测法(capital habits forecasting method)是根据总的资金需要量由不变资金

和变动资金两部分组成的原理来预测资金需要量的方法。

其数学模型为：

$$Y = a + bX \tag{3-7}$$

式中，Y 为资金需要量；a 为不变资金；b 为单位业务量所需要的变动资金；X 为业务量。

运用上述预测模型，在利用历史资料确定 a、b 数值的条件下，即可预测一定产销量 X 所需要的资本总量 Y。使用资金习性预测法，关键是利用真实的历史资料，正确地区分不变资金和变动资金。区分的方法通常有高低点法和线性回归分析法等。

（一）高低点法

高低点法（high-low method）是通过对企业一定时期相关范围内业务量的最高点、最低点之差和与之相应的资金占用总额之差的比较，计算出单位业务量所需的变动资金，再分解出资金占用总额中的不变资金和变动资金，然后测定资金需要量的方法。其计算公式如下：

$$b = \frac{(Y_H - Y_L)}{(X_H - X_L)} \tag{3-8}$$

式中，Y_H 为最高资金占用额；Y_L 为最低资金占用额；X_H 为最高销量；X_L 为最低销量。

$$a = Y_H - bX_H \quad 或 \quad a = Y_L - bX_L$$

🐾 **例 3-5** 华威企业销售量和资金占用量如表 3-4 所示。预计 2021 年的销售量为 93 万件，试预测 2021 年的资金需要量。

表 3-4 销售量和资金占用量

年度	销售量 X/万件	资金占用额 Y/万元
2015	75	2 000
2016	70	1 800
2017	72	1 850
2018	73	1 900
2019	81	2 100
2020	90	2 200

根据表 3-4 的资料计算如下：

$$b = \frac{(Y_H - Y_L)}{(X_H - X_L)} = \frac{2\,200 - 1\,800}{90 - 70} = 20 \text{（元/件）}$$

用最高点 2020 年数据或用最低点 2016 年数据求出 $a = 400$ 万元。

则

$$Y = 400 + 20X$$

预测 2021 年度销售量为 93 万件的资金需要量为：

$$Y = 400 + 20 \times 93 = 2\,260 \text{（万元）}$$

（二）线性回归分析法

线性回归分析法（linear regression analysis method）是运用最小二乘法原理，用回归直线

方程确定参数 a、b，然后预测资金需要量的方法。

$$Y = a + bX$$

$$b = \left[n\sum XY - \sum X \sum Y\right] / \left[n\sum X^2 - \left(\sum X\right)^2\right] \tag{3-9}$$

$$a = \left(\sum Y - b\sum X\right)/n \tag{3-10}$$

在使用线性回归分析法时，可根据历年相关资料，利用上述公式分别计算出 a、b，再预测资金需要量。实际工作中通常采用 Excel 电子表格进行计算。

例 3-6 根据例 3-5 中的资料说明线性回归分析法预测资金需要量的过程。

（1）根据表 3-4 的资料计算整理出表 3-5 的数据。

表 3-5 回归直线方程数据计算表

年 度	销售量 X/万件	资金占用额 Y/万元	XY	X^2
2015	75	2 000	150 000	5 625
2016	70	1 800	126 000	4 900
2017	72	1 850	133 200	5 184
2018	73	1 900	138 700	5 329
2019	81	2 100	170 100	6 561
2020	90	2 200	198 000	8 100
合计 $n=6$	$\sum X = 461$	$\sum Y = 11\ 850$	$\sum XY = 916\ 000$	$\sum X^2 = 35\ 699$

（2）将表 3-5 中的数据代入公式，得：

$$b = \left(n\sum XY - \sum X \sum Y\right) / \left[n\sum X^2 - \left(\sum X\right)^2\right]$$
$$= (6 \times 916\ 000 - 461 \times 11\ 850) / [6 \times 35\ 699 - (461)^2] \approx 19.81$$
$$a = \left(\sum Y - b\sum X\right)/n = (11\ 850 - 19.81 \times 461)/6 \approx 452.93$$

（3）将 $a = 452.93$，$b = 19.81$，代入 $Y = a + bX$，得：$Y = 452.93 + 19.81X$。

（4）将 2021 年预计的销售量 93 万件代入上式，测得 2021 年的资金需要量为：

$$Y = 452.93 + 19.81 \times 93 = 2\ 295.26（万元）$$

线性回归分析法利用 Excel 电子表格预测资金需要量的过程如下：

（1）单击"工具"栏中的"数据分析"，选择"回归"，点击"确定"。

（2）根据弹出的对话框，填入相应的内容。将"资本需用量"的数值区域作为 Y 值输入区域，将"销售量"的数值区域作为 X 值输入区域，设置信度为 95%，并设置结果的输出区域。

（3）根据回归分析输出的结果可以得到资本需要量预测模型。

运用线性回归分析法必须注意以下问题：①资本需要量与业务量之间线性关系的假定应符合实际情况；②确定 a、b 数值，应利用预测年度前连续若干年的历史资料，一般要有三年以上的资料；③应考虑价格等因素的变动情况。

三、企业增长与外部融资

企业增长可以体现为销售收入增长、利润（或净利润、每股利润等）增长，也可以体现为总资产增长（投资规模增长）等。在总资产周转率不变的情况下，总资产增长与销售收入增长应该是同步的；同样的道理，如果企业的产品结构及盈利模式没有实质改变（即销售净利率等保持不变），则销售收入增长与企业利润增长也应当是同步的。因此，销售增长可以看成是企业增长的根本标志。

销售增长需要投资来拉动，从而引起外部融资量增长。但是，销售增长与外部融资需求增长并不同步。也就是说，不同的销售增长速度有不同的外部融资需要量，两者的增长速度并不一致。原因在于销售增长会相应带来内部融资量的不同步增长。

另外，在运用销售百分比法进行资金需要量预测时，假定负债是随着销售的增长而同步增长的。但是，如果该假定不存在，或者如果假定负债是作为一项独立的融资活动而存在，即负债不再随销售增长而自发增长，那么销售增长与外部融资需要量将是一种怎样的关系？下面举例来加以说明。

例 3-7 盛大公司是一家中型企业，已知该公司 2020 年销售收入为 2 000 万元，销售净利率为 5%，股利发放率为 50%。公司预计 2021 年销售收入将增长 20%，总额为 2 400 万元。该公司管理者认为公司负债是一项独立的筹资活动，不随预计销售的增长而增长；同时，外部融资需求将通过对外借款来满足。

根据该公司 2020 年简化资产负债表的实际数编制其 2021 年预测资产负债表，如表 3-6 所示。

表 3-6 2021 年预测资产负债表（简化）

项 目	2020 年实际数/万元	2020 年销售百分比/%	2021 年预测数/万元
资产：	①	② = ①/2 000	③ = 2 400 × ②
流动资产	700	35	840
固定资产	300	15	360
资产总额	1 000	50	1 200
负债与股东权益：			
负债	550		690
股东权益	450		510
负债与股东权益	1 000		1 200

根据表 3-6 中的数据预计股东权益、预计负债的测算过程如下：

(1) 预计股东权益 = 本年年末股东权益 + 下一年度的留存利润预计数
   = 本年年末股东权益 + 下一年度预计销售总额 × 销售净利率 × (1 − 股利发放率)
   = 450 + 2 000 × (1 + 20%) × 5% × (1 − 50%)
   = 510（万元）

(2) 预计负债总额 = 预计总资产 − 预计股东权益 = 1 200 − 510 = 690（万元）

以上数据表明，当盛大公司销售收入增长 20% 时，该公司必须对外举债 140 万元（690 − 550），举债后公司资产负债率将由原来的 55%（即 550/1 000）增加到 57.5%（即 690/1 200）。

根据上述计算过程测算出盛大公司在不同销售增长率下的外部资本需求量及资产负债

率。测算结果如表 3-7 所示。

表 3-7　盛大公司在不同销售增长率下的外部资本需求量及资产负债率

销售增长率/%	预测销售额/万元	预测资产/万元	预测股东权益/万元	外部融资需求量/万元	预测负债/万元	资产负债率/%
0	2 000	1 000	500.0	−50.0	500.0	50.0
5	2 100	1 050	502.5	−2.5	547.5	52.1
10	2 200	1 100	505.0	45.0	595.0	54.1
15	2 300	1 150	507.5	92.5	642.5	55.9
20	2 400	1 200	510.0	140.0	690.0	57.5
25	2 500	1 250	512.5	187.5	737.5	59.0
30	2 600	1 300	515.0	235.0	785.0	60.4
35	2 700	1 350	517.5	282.5	832.5	61.7

　　由表 3-7 可知，当销售增长率逐步提高时，公司的资产、负债和股东权益的预计值都呈现递增趋势，同时外部融资需求量和公司资产负债率也逐渐上升。哪个项目的增长速度要更快一些？我们进行需盛大公司销售增长率与外部融资需求的数量关系分析，如表 3-8 和图 3-1 所示。

表 3-8　盛大公司销售增长率与外部融资需求的数量关系

销售增长率/%	预测资产增量/万元	预测留存利润增量/万元	外部融资需求量/万元
0	0	50.0	−50.0
5	50	52.5	−2.5
10	100	55.0	45.0
15	150	57.5	92.5
20	200	60.0	140.0
25	250	62.5	187.5
30	300	65.0	235.0
35	350	67.5	282.5

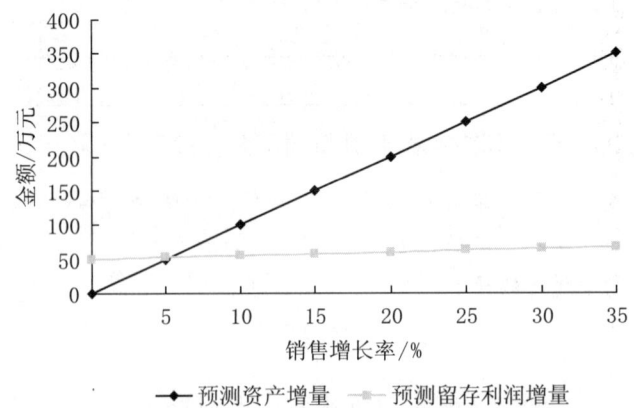

图 3-1　销售增长率与外部融资需求的数量关系

　　从图 3-1 可以看出，伴随销售增长，预计资产增长速度将远远快于预计股东权益增长速度，即当销售收入增长加快时，公司必须投入更多资产才能满足增长的需要。在图 3-1 中，两条曲线之间的图形区域,即为公司的外部融资需要量。图 3-1 还表明,当销售增长率低于 5%时,其外部融资需求为负,表示由增加的留存利润足以满足新增资产的需要;而当销售增长率大于 5%之后,额外资金需求将大于零并不断扩大,此时公司若继续扩充市场追求增长将不得不借助于外部融资。

复习思考题

1. 企业筹资的动机对企业筹资行为及其结果有什么影响?
2. 试分析企业筹资渠道与筹资方式的匹配关系。
3. 股权资本和债权资本的各自构成和特性是什么?
4. 直接筹资和间接筹资的主要区别有哪些?
5. 试说明销售百分比法的基本依据和不足。
6. 试说明应用线性回归分析法预测筹资数量需要注意的问题。

小试牛刀

单项选择题

1. [2019·真题]直接筹资和间接筹资,下列表述错误的是( )。
   A. 直接筹资仅可以筹集股权资金   B. 发行股票属于直接筹资
   C. 直接筹资的筹资费用较高   D. 融资租赁属于间接筹资

2. [2019·真题]关于资产负债表预算,下列说法正确的是( )。
   A. 利润表预算编制应当先于资产负债表预算编制而完成
   B. 编制资产负债预算的目的在于了解企业预算期的经营成果
   C. 资本支出的预算结果不会影响到资产负债表预算的编制
   D. 资产负债预算是现金预算编制的起点和基础

3. [2019·真题]企业在销售旺季为方便客户,提供商业信用而持有更多现金,该现金持有动机主要表现为( )。
   A. 投机性需求   B. 投资性需求   C. 交易性需求   D. 预防性需求

4. [2019·真题]下列各项中属于衍生工具筹资方式的是( )。
   A. 融资租赁筹资   B. 认股权证筹资   C. 商业信用筹资   D. 普通股筹资

5. [2018·真题]某航空公司为开通十条国际航线,需增加两架空客飞机。为尽快形成航运能力,下列筹资方式中,该公司通常会优先考虑( )。
   A. 债券筹资   B. 融资租赁筹资   C. 普通股筹资   D. 优先股筹资

6. [2017·真题]与发行债务筹资相比,发行普通股股票筹资的优点是( )。
   A. 可以稳定公司的控制权   B. 可以降低资本成本
   C. 可以利用财务杠杆   D. 可以形成稳定的资本基础

7. [2017·真题]企业因发放现金股利的需要而进行筹资的动机属于（　　）。
   A. 扩张性筹资动机   B. 支付性筹资动机
   C. 创立性筹资动机   D. 调整性筹资动机

8. [2017·真题]某公司2×16年度资金平均占用额为4 500万元,其中不合理部分占15%,预计2×17年销售增长率为20%,资金周转速度不变,采用因素分析法预测的2×17年度资金需求量为（　　）万元。
   A. 4 590   B. 4 500   C. 5 400   D. 3 825

9. [2016·真题]根据资金需要量预测的销售百分比法,下列负债项目中,通常会随销售额变动而成正比例变动的是（　　）。
   A. 短期融资券   B. 短期借款   C. 长期负债   D. 应付票据

10. [2017·真题]某公司2012—2016年度销售收入和资金占用的历史数据（单位:万元）分别为(800,18),(760,19),(900,20),(1 000,22),(1 100,21)运用高低点法分离资金占用中的不变资金与变动资金时,应采用的两组数据是（　　）。
    A. (760,19)和(1 000,22)   B. (800,18)和(1 100,21)
    C. (760,19)和(1 100,21)   D. (800,18)和(1 000,22)

参考答案

第四章 长期筹资管理

学 习 目 标

- 认识各种长期筹资方式的种类及其优缺点
- 理解资本成本的构成、性质和作用
- 掌握个别资本成本、加权平均资本成本和边际资本成本的计算方法
- 理解营业杠杆、财务杠杆以及联合杠杆的作用原理,掌握各自的计算方法及其应用
- 理解资本结构的含义、意义及影响因素
- 掌握资本结构的决策方法,包括资本成本比较法、每股利润法和公司价值比较法的原理及其应用

第一节 长期筹资方式

企业在生产经营与发展过程中,不仅要购买原材料等各种存货,而且需要购置固定资产、无形资产,进行长期投资,垫支于长期性流动资产等,从而产生了企业对长期资本的需求。长期资本是企业使用期限在1年以上的资本,它是企业持续、稳定地进行生产经营活动的保证。长期资本筹集方式按属性的不同可分为权益资本筹资和债权资本筹资,以及兼具债权资本筹资和权益资本筹资双重属性的混合性筹资。

一、权益资本筹资

权益资本,也称为自有资本或自有资金,是企业依法筹集并长期拥有、自主调配运用的资本。企业权益资本包括资本金、资本公积金、盈余公积金和未分配利润。按照国际惯例,企业权益资本一般由投入资本(或股本)和留存利润构成。

权益资本筹资主要有吸收直接投资和发行普通股筹资两种筹资方式。

(一)吸收直接投资

吸收直接投资是指企业以协议等形式吸收国家、法人、个人和外商等直接投入企业资金的一种筹资方式。吸收直接投资不以股票为媒介,适用于非股份制企业,是非股份制企业筹集权益资本的一种基本方式。

1.吸收直接投资的种类

按投入资本的主体不同,企业吸收直接投资可分为吸收国家投资、吸收法人投资、吸收个人投资和吸收外商投资。

按吸收直接投资的方式不同,企业吸收直接投资可分为吸收现金投资、吸收实物投资、吸收工业产权投资和吸收土地使用权投资。

2. 吸收直接投资的程序

吸收直接投资应按照以下程序进行：

（1）确定筹资的数量。企业为新建或扩大规模等目的而吸收直接投资时，应当合理确定所需吸收直接投资的数量。

（2）选择吸收直接投资的具体形式。企业应根据其生产经营等活动的需要，选择吸收直接投资的具体方向和形式。

（3）签署投资合同或协议等文件。企业吸收直接投资，应当由有关方面签署相关的合同或协议。国有企业应由国家授权投资机构等签署创建或增资拨款决定；合资企业应由合资各方共同签订合资或增资协议。

（4）按期取得资金。签订投资合同或协议后，投资方应按合同或协议出资，企业应按规定或计划取得资本。投资方以实物和无形资产作价出资的，应采取适当的方法进行合理的估价，然后办理产权的转移手续。

3. 吸收直接投资的优缺点

吸收直接投资是我国企业筹资中最早采用的一种方式，也曾是我国国有企业、集体企业、合资或联营企业普遍采用的筹资方式。

通过吸收直接投资的方式筹资，有利于增强企业信誉，有利于企业尽快形成生产能力，有利于降低财务风险。但吸收直接投资具有资本成本较高、企业控制权容易分散、产权关系不明确等缺点。

（二）发行普通股筹资

股票（stocks）是股份公司为筹措股权资本而发行的有价证券，是公司签发的证明股东持有公司股份的凭证。它代表持股人在公司中拥有的所有权，股票持有人即为公司的股东。股票按股东的权利和承担义务的大小不同分为普通股和优先股（优先股将在混合性筹资中介绍）。

普通股（common stock），是股份有限公司发行的无特别权利的股票，也是最基本的、最标准的股票。通常情况下，股份有限公司只发行普通股筹资。普通股筹资属于权益资本筹资。

1. 普通股股票在权利和义务方面的特点

①普通股股东享有公司的经营管理权；②普通股股利分配在优先股之后进行，并依公司收益状况和股利政策而定；③公司解散清算时，普通股股东对公司剩余财产的请求权位于优先股股东之后；④公司增发新股时，普通股股东具有认购优先权，可以优先认购公司所发行的股票。

2. 普通股的种类

股份有限公司根据有关法规的规定以及筹资和投资者的需要，可以发行不同种类的普通股。普通股可按照下列标准进行分类：

（1）按股票有无记名，可分为记名股和不记名股。

记名股是在股票票面上记载股东姓名或名称的股票。这种股票除了股票上所记载的股东外，其他人不得行使其股权，且股份的转让有严格的法律程序与手续，需办理过户。《公司法》规定，向发起人、国家授权投资的机构、法人发行的股票，应为记名股。

不记名股是票面上不记载股东姓名或名称的股票。这类股票的持有人即股份的所有人，具有股东资格。股票的转让也比较自由、方便，无须办理过户手续。

（2）按股票是否标明金额，可分为面值股票和无面值股票。

面值股票是在票面上标有一定金额的股票。持有这种股票的股东，对公司享有的权利和承担的义务大小,依其所持有的股票票面金额占公司发行在外股票总面值的比例而定。

无面值股票是不在票面上标出金额,只载明所占公司股本总额的比例或股份的股票。无面值股票的价值随公司财产的增减而变动,而股东对公司享有的权利和承担义务的大小,直接依股票标明的比例而定。目前,我国《公司法》不承认无面值股票,规定股票应记载股票的面额,并且其发行价格不得低于票面金额。

(3) 按股票发行对象和上市地区的不同,可分为 A 股、B 股、H 股和 N 股等。

A 股的正式名称是人民币普通股票,它是由我国境内的公司发行,供境内机构、组织或个人(不含我国港澳台投资者)以人民币认购和交易的普通股股票。B 股的正式名称是人民币特种股票,它以人民币标明面值,以外币认购和买卖,在境内(上海、深圳)证券交易所交易的股票。H 股是境内上市公司在香港联合交易所上市和交易的股票。N 股是指注册地在境内、上市地在纽约证券交易所的股票。

3. 股票的发行定价

股票的发行定价是股票发行时所使用的价格,即投资者认购股票时所支付的价格。股票发行价格通常由发行公司根据股票面额、股市行情和其他有关因素决定。股票发行定价关系到公司与投资者之间、新股东与老股东之间以及发行公司与承销公司之间的利益关系。如果股票发行价格过低,可能难以满足发行公司的筹资需求,甚至会损害老股东的利益;如果股票发行价格过高,可能增大投资者的风险,抑制投资者的认购热情,加大承销机构的承销风险和发售难度。

国内外股票发行定价的方式主要有累积订单方式、固定价格方式两种。累积订单方式是美国证券市场经常采用的股票发行定价方式。其基本做法是:首先由承销商与发行公司商定定价区间,通过市场促销征集在每个价位上的需求量;然后分析需求数量分布,由主承销商与发行公司确定最终发行的价格。固定价格方式是英国、日本、香港等证券市场通常采用的股票发行定价方式。其基本做法是:在公开发行前先由承销商与发行公司商定固定的股票发行价格,然后根据该价格进行公开发售。

目前,我国公司的股票发行定价属于固定价格方式,即在发行前由主承销商和发行公司运用市盈率法来确定新股发行价格。在市盈率法下,每股发行价格主要根据预测每股税后利润和发行市盈率两个因素来确定。首先根据审核后的公司盈利预测计算出发行人的每股税后利润,然后根据二级市场(即交易市场)的平均市盈率、同类行业公司股票的市盈率、发行人的经营状况及其成长性等拟定发行市盈率,最后再由发行市盈率与每股税后利润的乘积决定发行价。

(1) 每股税后利润。每股税后利润是衡量公司获利能力的重要指标。一般而言,每股税后利润越高,股票投资价值越大,股票价格相应就高。预测每股税后利润按下列公式计算:

$$每股税后利润 = \frac{发行当年预测税后利润}{发行股票当年加权平均股份数}$$

$$= \frac{发行当年预测税后利润}{发行前总股本数 + 本次公开发行股本数 \times \frac{实际发行月数}{12}} \quad (4-1)$$

(2) 市盈率。市盈率是每股市场价格与每股税后利润的比率或倍数。在预测每股税后利润一定的条件下,股票发行价格的高低取决于发行市盈率。我国公司股票的市盈率一般确定在 15~20 倍之间。

例 4-1 2018 年 7 月 1 日，光明公司拟增发 1 000 万股普通股。根据对同类行业公司的比较分析，确定光明公司发行市盈率为 20 倍，发行当年预测税后盈利为 2 750 万元，增发前总股本为 5 000 万股，用加权平均法计算该股票发行价格。

解：每股税后利润 $= \dfrac{2\ 750}{5\ 000 + 1\ 000 \times \dfrac{12-6}{12}} = 0.5(元)$

发行价格 $= 0.5 \times 20 = 10(元)$

4. 股票上市

股票上市是指股份有限公司公开发行的股票，经批准在证券交易所进行挂牌交易。经批准在交易所上市交易的股票称为上市股票，其股份有限公司称为上市公司。按照国际通行做法，只有公开募集发行并经批准上市的股票才能在证券交易所进行流通转让。

公司股票上市要符合我国《证券法》的相关条件，否则不允许其股票上市。股份公司为实现股票上市目标，需在申请上市前对公司状况进行分析，对上市股票的股利政策、上市方式和上市时机作出决策。对上市公司而言，股票上市主要有如下意义：①提高公司所发行股票的流动性和变现性，便于公司筹措新资金；②促进公司股权的社会化，防止股权过于集中；③提高公司的知名度；④有助于确定公司增发新股的发行价格；⑤便于确定公司的价值，有利于促进公司实现财富最大化的目标。

5. 普通股筹资评价

（1）普通股筹资具有以下优点：

① 普通股筹资没有固定的股利负担。普通股的股利分配与否与分配多少，视公司有无盈利和经营需要而定，经营波动给公司带来的财务负担相对较小。

② 普通股股本没有固定的到期日，无需偿还。它是公司的永久性资本，除非公司清算时才予以偿还。这对于保证公司对资金的最低需要，促进公司长期持续稳定经营具有重要意义。

③ 普通股筹资能增强公司的信誉。普通股筹集的是自有资本，反映了公司的实力。有了较多的股权资本，有利于提高公司的信用价值，同时也为利用更多的债务筹资提供强有力的支持。

④ 筹资风险小。由于普通股股本没有固定的到期日，一般也不用支付固定的股利，不存在到期还本付息的风险。

（2）普通股筹资具有以下缺点：

① 资本成本较高。一般而言，普通股筹资的成本要高于债权资本。这主要是因为投资于普通股风险较高，投资者相应地要求较高的报酬。而且股利应从税后利润中支付，而债权资本的利息可在税前扣除。另外，普通股的发行费用也较高。

② 容易分散控制权。企业发行新股，引进新股东，会导致公司控制权的分散。而且新股东对公司已积累的盈余具有分享权，这会降低普通股的每股净收益，从而引起普通股市价下跌。

③ 不易及时形成生产能力。普通股筹资吸收的一般都是货币资金，还需通过购置和建造形成生产经营能力。相对吸收直接投资方式来说，不易及时形成生产能力。

二、债权资本筹资

债权资本也称借入资本，是企业依法筹措并依约使用、必须按期偿还的资金来源。债权资本的出资人是企业的债权人,有权要求企业按期还本付息。

长期债权资本筹资一般有发行债券筹资、长期借款筹资和租赁筹资三种方式。

(一) 发行债券筹资

债券(bonds)是公司依照法定程序发行的、约定在一定期限还本付息的有价证券。它是一种反映债权债务关系的书面凭证,是债券投资者向债券发行企业根据规定利率定期收取利息、到期收回本金的债权凭证。按照我国《公司法》和国际惯例,股份有限公司和有限责任公司具有发行公司债券(习惯上又称公司债)的资格。我国《证券法》明确规定了公司债券发行及上市交易的条件。

1. 债券的基本要素

除了发行者名称外,债券票面上通常有四个基本要素:债券票面价值、票面利率、债券期限和付息方式及日期。

(1) 债券票面价值。债券票面价值包括债券的票面货币币种和票面金额两个因素。债券票面货币的币种即债券以何种货币作为其计量单位,需要依据债券的发行对象和实际需要来确定。债券票面金额是债券到期时偿还的债务本金以及计算债券利息的依据。

(2) 票面利率。债券的票面利率是债券每年应支付的利息与债券票面金额的比率。票面利率可分为固定利率和浮动利率两种。公司应根据自身资信情况、利息支付方式、债券期限长短以及资本市场资金的供求状况等因素决定采用何种利率形式以及确定利率的高低。

(3) 债券期限。债券期限是债券发行日至到期日为止的期间。企业债券的期限不能过短,期限过短对企业来说偿还债务本金的压力较大,发行费用较多;企业债券的期限也不能过长,期限过长债券的资本成本高,也有利率风险,且投资人一般不愿意购买期限太长的债券。

(4) 付息方式及日期。公司债券的每年付息次数决定了债券的付息日期。债券可以到期一次性付息或分期付息。分期付息主要有按年、半年或按季度付息。

2. 债券的种类

公司债券按不同标准可以分为以下几类:

(1) 根据是否记名,分为记名债券和不记名债券。记名债券是指在券面上登记持有人姓名,支取本息要凭印鉴领取,转让时必须背书并到债券发行人处登记的债券。此种债券安全性高,故发行价格较不记名债券要高。不记名债券是券面上不需载明持有人姓名,仅以债券为凭还本付息及流通转让,一般实行剪票付息,而不需要登记的债券。此种债券安全性较差,但其转让方便,且节省费用。

(2) 根据担保情况,分为信用债券和担保债券。信用债券又称无担保债券,是指发行公司没有抵押品担保,完全凭信用发行的债券。这种债券通常是由信誉良好的公司发行,利率一般略高于抵押债券。担保债券是指以抵押、质押、保证等方式发行的债券。其中,抵押债券是指以不动产作为担保品所发行的债券;质押债券是指以有价证券作为担保品所发行的债券;保证债券是指由第三者担保偿还本息的债券。保证人一般是指政府、银行及资信高的大公司。

(3) 根据债券票面利率是否变动,分为固定利率债券、浮动利率债券和累进利率债券。固定利率债券是指利率在发行债券时即已确定并载于债券券面,在整个偿还期内不变的债券。浮动利率债券的利率水平在发行债券之初不固定,而是根据有关利率如银行存贷利率水平等加以确定。累进利率债券是指随着债券期限的增加,利率累进的债券。

(4) 根据债券能否转换成股票,分为可转换债券和不可转换债券。可转换债券是指在一定条件下可转换成企业股票的债券。可转换债券实际上是一种潜在的股票。不可转换债券是指不能转换成企业股票的债券,大多数债券属于这种类型。

除了上述主要分类外,债券还有其他分类标准。如根据债券是否可提前收回,分为可提前收回债券与不可提前收回债券;根据债券是否上市,分为上市债券与非上市债券等。

3. 债券发行价格的确定

债券发行价格是债券发行时使用的价格,债券发行价格的高低主要取决于债券票面金额、票面利率、债券期限和市场利率。在实际中,公司债券的发行价格通常有三种情况:当债券的发行价格高于票面金额时,称为溢价发行;当债券的价格低于票面金额时,称为折价发行;当二者相等时,称为等价发行。

债券发行价格由两部分构成:一部分是债券到期还本面值按市场利率折现的现值;另一部分是债券各期利息的现值。根据资金时间价值的原理,债券发行价格的计算公式为:

$$债券发行价格 = \frac{债券面值}{(1+市场利率)^n} + \sum_{t=1}^{n} \frac{债券面值 \times 票面利率}{(1+市场利率)^t} \quad (4-2)$$

式中,n 为债券期限;t 为付息期数;票面利率通常为年利率。

例 4-2 某公司发行面值为 1 000 元、票面利率为 10%、期限为 6 年的债券,每年末付息一次。其发行价格可分以下三种情况分析计算。

解:(1) 市场利率为 10%,与票面利率一致,则等价发行。

$$债券发行价格 = \frac{1\,000}{(1+10\%)^6} + \sum_{t=1}^{6} \frac{1\,000 \times 10\%}{(1+10\%)^t} = 1\,000(元)$$

即该公司到期还本的现值和每年支付利息的现值共为 1 000 元,所以债券发行价格为 1 000 元。

(2) 市场利率为 8%,低于票面利率,则溢价发行。

$$债券发行价格 = \frac{1\,000}{(1+8\%)^6} + \sum_{t=1}^{6} \frac{1\,000 \times 10\%}{(1+8\%)^t} \approx 1\,092.49(元)$$

即该公司到期还本的现值和每年支付利息的现值共为 1 092.49 元,所以债券发行价格应升为 1 092.49 元。

(3) 市场利率为 12%,高于票面利率,则折价发行。

$$债券发行价格 = \frac{1\,000}{(1+12\%)^6} + \sum_{t=1}^{6} \frac{1\,000 \times 10\%}{(1+12\%)^t} \approx 917.74(元)$$

即该公司到期还本的现值和每年支付利息的现值共为 917.74 元,所以债券发行价格应降为 917.74 元。

4. 债券筹资评价

(1) 债券筹资的优点。

① 资本成本低。债券的利率是固定的,一般比股票的平均利率要低。而且债券利息允许在所得税前支付,发行公司可以享受税上利益,使得公司实际负担的债券成本一般低于股票成本。

② 具有财务杠杆作用。无论发行公司盈利多少,债券持有人一般只收取固定的利息,而更多的收益可用于分配给股东或留用公司经营,从而增加股东和公司的财富,起到财务

杠杆的作用。

③ 保障股东控制权。债券持有人无权参与发行公司的管理决策,因此,公司发行债券不会分散股东对公司的控制权。

④ 便于调整资本结构。当公司发行可转换债券以及可提前赎回债券的情况下,公司可以主动且合理地调整资本结构。

(2) 债券筹资的缺点。

① 财务风险高。债券有固定的到期日,并需定期支付利息。在公司经营不景气时,也需要向债权人支付利息,到期偿还本金,这会使公司陷入更大的财务困境,有时甚至导致破产。

② 限制条件多。发行债券的契约中往往规定一些限制条款。这种限制比优先股及长期借款的限制条件多且严格,从而限制了公司对发行债券所筹资金的使用,甚至会影响公司以后的筹资能力。

③ 筹资数量有限。公司利用债券筹资一般有一定额度的限制。我国《公司法》规定,发行公司流通在外的债券累计总额不得超过公司净资产的40%。

(二) 长期借款筹资

长期借款(Long-term Loans)是指企业向银行或其他非银行金融机构借入的使用期限超过1年的借款。它主要用于购建固定资产和满足长期流动资产的需要。

1. 长期借款的种类

(1) 按提供贷款的机构分类,可分为政策性银行贷款、商业性银行贷款和其他金融机构贷款。政策性银行贷款指执行国家政策性贷款业务的银行提供的贷款;商业银行贷款是指由各商业银行向企业提供的贷款,这类贷款主要为满足企业生产经营的资金需要;其他金融机构贷款指除银行以外的金融机构,如信托投资公司、财务公司、保险公司等金融机构向企业提供的贷款,该种贷款一般比银行贷款的期限长,利率也较高,对贷款方式的信用要求和限制条件比较严格。

(2) 按有无抵押品分类,可分为抵押贷款和信用贷款。抵押贷款是指以特定的抵押品为担保的贷款,作为担保的抵押品可以是不动产、机器设备等实物资产,也可以是股票、债券等有价证券;信用贷款是指不以抵押品作担保的贷款,仅凭借企业的信用或保证人的信用而发放的贷款,一般贷给那些资信优良的企业。

(3) 按贷款的用途分类,可分为基本建设贷款、更新改造贷款、科研开发和新产品试制贷款等。

2. 长期借款的程序

企业申请长期借款一般应具备下列条件:独立核算、自负盈亏、有法人资格;经营方向和业务范围符合国家产业政策,借款用途属于银行贷款管理办法规定的范围;借款企业具有一定的物资和财产保证,担保单位具有相应的经济实力;具有偿还贷款的能力;财务管理和经济核算制度健全,资金使用效益及企业经济效益良好;在银行设有账户,办理结算业务。

符合长期借款条件的企业取得长期借款的程序为:企业向银行提出贷款申请;银行根据企业的财务状况和投资项目的可行性等因素,确定是否给予贷款;银行确定给予企业贷款后,要与借款企业协商贷款的具体条件,包括贷款种类、金额、利率、期限等内容;最后签订借款合同,企业取得贷款。

3. 长期借款的保护性条款

由于长期借款的期限长、风险大,按照国际惯例,银行通常对借款企业提出一些有助于保证贷款按时足额偿还的条件。将这些条件写进贷款合同中,就形成了长期借款的保护性条款,如表 4-1 所示。

表 4-1　长期借款的保护性条款

种　类	具　体　内　容	备　注
例行性保护条款	(1) 要求定期向提供贷款的金融机构提交财务报表,以使债权人随时掌握公司的财务状况和经营成果 (2) 不准在正常情况下出售较多的非产成品存货,以保持企业正常的生产经营能力 (3) 如期清偿应缴纳税金和其他到期债务,以防被罚款而造成不必要的现金流失 (4) 不准以资产做其他承诺的担保或抵押 (5) 不准贴现应收票据或出售应收账款,以避免或有负债等	这类条款作为例行常规,在大多数借款合同中都会出现
一般性保护条款	(1) 保持企业的资产流动性。要求企业需持有一定最低限度的货币资金及其他流动资产,以保持企业资产的流动性和偿债能力,一般规定了企业必须保持的最低营运资金数额和最低流动比率数值 (2) 限制企业非经营性支出。如限制支付现金股利、购入股票和职工加薪的数额规模,以减少企业资金的过度外流 (3) 限制企业资本支出的规模。控制企业资产结构中的长期性资产的比例,以减少公司日后不得不变卖固定资产以偿还贷款的可能性 (4) 限制公司再举债规模。目的是防止其他债权人取得对公司资产的优先索偿权 (5) 限制公司的长期投资。如规定公司不准投资于短期内不能收回资金的项目,不能未经银行等债权人同意而与其他公司合并等	一般性保护条款是对企业资产的流动性及偿债能力等方面的要求条款,这类条款应用于大多数借款合同
特殊性保护条款	(1) 要求公司的主要领导人购买人身保险 (2) 借款的用途不得改变,违约惩罚条款,等等	这类条款是针对某些特殊情况而出现在部分借款合同中的条款,只在特殊情况下才能生效

4. 长期借款的偿还方式

长期借款的偿还方式不一,包括:定期支付利息、到期一次性偿还本金的方式;定期等额偿还方式;平时逐期偿还小额本金和利息、期末偿还余下的大额本金方式。第一种偿还方式会加大企业借款到期时的还款压力,定期等额偿还方式会提高企业使用贷款的有效年利率。

5. 长期借款筹资评价

(1) 长期借款具有以下优点:

① 筹资速度快。发行各种证券筹集资金所需时间一般较长,而长期借款只需与银行等贷款机构达成协议即可,程序相对简单,企业可以迅速获得所需资金。

② 借款成本较低。长期借款利率一般低于债券利率,且由于借款是由借贷双方直接商定的,筹资费用也较少。

③ 具有财务杠杆作用。与债券一样可以发挥财务杠杆作用,当企业利用长期借款取得的投资收益大于其利息率,即可获得财务杠杆利益。

④ 借款弹性较大。借款时企业与银行直接交涉，有关条件可谈判确定；用款期间企业如因财务状况发生变动，也可与银行再协商，变更借款数量及还款期限等。

(2) 长期借款具有以下缺点：

① 筹资风险较高。借款通常有固定的利息负担和固定的偿付期限。在企业经营不佳时，可能产生不能偿付的风险，如企业严重亏损，且无法支付到期债务，就会面临破产。

② 限制条件较多。贷款银行为了保护自己的利益，在与企业签订的贷款协议中通常附加许多限制性条款。这些条款限制了企业的生产经营和借款的用途。

③ 筹资数量有限。筹资数量受贷款机构本身贷款能力以及其所能承受的风险制约，不能像发行有价证券那样，一次筹集到大笔资金。

(三) 租赁筹资

租赁(Leases)是指出租人以收取租金为条件，在契约或合同规定的期限内，将资产租让给承租人使用的经济活动。在租赁的过程中，出租人是租赁资产法律上的所有者，承租人只是租赁资产的使用者。租赁活动由来已久，现代租赁已成为企业筹资的一种方式。

租赁的种类很多，按性质可分为经营租赁(operating leases)和融资租赁(financial leases)两大类。(经营租赁将在本书的第五章介绍。)

1. 融资租赁的含义

融资租赁，又称财务租赁、资本租赁等，是由租赁公司按照承租企业的要求融资购买设备，并在契约或合同规定的较长期限内提供给承租企业使用的信用性业务。

其特点为：①一般由承租企业向租赁公司提出正式申请，由租赁公司融资购进设备租给承租企业使用；②租赁期限较长，一般为租赁设备的有效使用寿命的一半以上；③租赁合同比较稳定，在规定的租期内非经双方同意，任何一方不得中途解约，这有利于维护双方的权益；④由承租企业负责设备的维修、保养和保险，但承租企业无权拆卸改装。⑤租赁期满时，按事先约定的办法处置设备，一般有退租、续租、留购三种选择。

从实质上看，融资租赁是一种长期资金的融通方式，对承租方来说，融资租赁的租金可作费用在税前扣除是十分有利的。

2. 融资租赁的形式

按出租人资产的来源及设备购置的资金不同可将融资租赁分为直接租赁、售后租回和杠杆租赁。

(1) 直接租赁。直接租赁是指出租方将购入的设备租给承租人，直接签订合同并收取租金。通常所说的融资租赁就是指直接租赁形式。

(2) 售后租回。售后租回是将承租人所购设备出售给出租人，然后承租人租回设备并使用。对于承租人来说，既可起到筹资的作用，又取得了设备的使用权。

(3) 杠杆租赁。杠杆租赁是指由出租人、承租人及贷款机构三方组成的一种租赁形式。出租人只垫支购置资产设备所需的一部分资金（一般为 20%～40%），其余部分则以该资产为担保向贷款机构借入款项来支付。这时，出租人既是资产的出借人，又是贷款人，通过租赁既要向承租人收取租金，又要向贷款机构偿还债务，由于租赁收益大于借款成本，出租人由此而获得财务杠杆收益。对承租人来说，这种租赁与其他租赁并无差别。

3. 融资租赁筹资的程序

融资租赁筹资应依照以下程序进行：①选择租赁公司。企业根据各家租赁公司的经营范围、业务能力、资信情况以及与其他金融机构的关系等资料，择优选定租赁公司。②办理租赁委托。企业向选定的租赁公司提出申请,办理委托。申请时筹资企业需填写"租赁申请书",同时还要提供企业的财务状况文件。③签订购货协议。由承租企业与租赁公司的一方或双方合作组织选定设备供应厂商,并与其进行技术和商务谈判,在此基础上签订购货协议。④签订租赁合同。即由承租人与租赁公司在租赁谈判的基础上,签订租赁设备的合同。主要是对租赁物的期限、利率、租金及其支付方法等问题达成协议。⑤办理验货、付款与保险。承租企业按购货协议收到租赁设备时,要进行验收,验收合格后签发交货及验证书并提交给租赁公司。租赁公司据以向厂商支付设备价款。同时,承租公司向保险公司办理投保事宜。⑥支付租金。承租企业在租赁期内按合同规定的租金数额、支付方式等向租赁公司支付租金。⑦合同期满的设备处理。在融资租赁中,租赁期满的设备一般低价卖给承租企业或无偿转给承租企业。

4. 租金的确定

在租赁筹资方式下,承租企业要按合同规定向租赁公司支付租金。租金的数额和支付方式对承租企业的未来财务状况具有直接的影响,也是租赁筹资决策的重要依据。

(1) 决定租金的因素。

融资租赁每期支付租金的多少,取决于下列因素:①租赁设备购置成本,包括设备的买价、运杂费和途中保险费等。②预计租赁设备的残值,指设备租赁期满时预计的变现净值。③利息,指租赁公司为承租企业购置设备融资而应计的利息。④租赁手续费,包括租赁公司承办租赁设备的费用以及一定的盈利。⑤租赁期限,租赁期限的长短既影响租金总额,也影响每期租金的数额。⑥租金的支付方式,一般而言,租金支付次数越多,每次的支付额越小。租金的支付方式按支付间隔期分为年付、半年付、季付和月付,按在期初和期末支付分为先付和后付,按每次是否等额支付分为等额支付和不等额支付。实务中,承租企业与租赁公司商定的租金支付方式,大多为后付等额年金。

(2) 租金的计算方法。

目前,国际上流行的租金计算方法主要有平均分摊法、等额年金法、附加率法、浮动利率法。我国融资租赁实务中,大多采用平均分摊法和等额年金法。

① 平均分摊法。平均分摊法是先以商定的利率和手续费率计算出租赁期间的利息和手续费,然后连同设备成本按支付次数平均计算。

每次应付租金的计算公式可列示如下:

$$A = \frac{(C-S)+I+F}{N} \tag{4-3}$$

式中,A 为每次支付的租金;C 为租赁设备购置成本;S 为租赁设备预计残值;I 为租赁期间利息;F 为租赁手续费;N 为租金支付次数。

例 4-3 华源企业于 2021 年 1 月 1 日从租赁公司租入一套设备,价值 100 万元,租期 5 年,预计租赁期满时的残值为 2 万元,设备归租赁公司,年利率按 10% 计算,租赁手续费为设备价值的 2%。租金每年年末支付一次。租赁该套设备每次支付的租金(A)可计算如下:

$$A = \frac{(100-2)+[100\times(1+10\%)^5 - 100] + 100\times 2\%}{5} \approx 32.21(万元)$$

即该套设备每年末需支付租金 32.21 万元。

② 等额年金法。等额年金法是运用年金现值的计算原理计算每期应付租金的方法。在

这种方法下,每期支付的等额租金看作是年金,租入设备价值作为年金现值之和,通常要根据利率和租赁手续费率确定一个租费率作为折现率。根据后付年金现值的计算公式,经推导可得到计算后付等额租金方式下每年末支付租金的公式:

$$A = \frac{PVA_n}{PVIFA_{i,n}} \quad (4-4)$$

式中,A 为每年支付的租金;PVA_n 为等额租金现值;$PVIFA_{i,n}$ 为等额租金现值系数;n 为租金支付次数;i 为租费率。

例 4-4 根据例 4-3 的资料,现假定设备残值归属承租企业,租费率为 12%。由承租企业每年末支付的租金计算如下:

$$A = \frac{100}{PVIFA_{12\%,5}} = \frac{100}{3.6048} \approx 27.74(万元)$$

如果此例为先付等额租金方式,则根据先付年金现值的公式:

$$PVA_n = A \cdot PVIFA_{i,n-1} + A = A \cdot (PVIFA_{i,n-1} + 1)$$

得出先付等额租金的计算公式为:

$$A = \frac{PVA_n}{PVIFA_{i,n-1} + 1} \quad (4-5)$$

则华源企业每年年初应支付的租金为:

$$A = \frac{100}{PVIFA_{12\%,4} + 1} = \frac{100}{3.0373 + 1} \approx 24.77(万元)$$

为了便于有计划地安排租金的支付,承租企业可编制租金摊销计划表,现根据例 4-4 的有关资料编制租金摊销计划表,如表 4-2 所示。

表 4-2 租金摊销计划表　　　　　　　　　单位:元

日　　期	支付租金 (1)	应计租费 (2)=(4)×12%	本金减少 (3)=(1)-(2)	应还本金 (4)
2018.01.01				1 000 000
2018.12.31	277 400	120 000	157 400	842 600
2019.12.31	277 400	101 112	176 288	666 312
2020.12.31	277 400	79 957	197 443	468 869
2021.12.31	277 400	56 264	221 136	247 733
2022.12.31	277 400	29 667*	247 733*	0
合　　计	1 387 000	387 000	1 000 000	

* 含尾差。

5. 租赁筹资评价

(1) 租赁筹资具有以下优点:

① 无需大量资金就能迅速获得所需资产。融资租赁集"融资"与"融物"于一身,一般要比

先筹措现金再购置设备来得更快,可使企业尽快形成生产经营能力。

② 租赁筹资限制较少。企业运用股票、债券、长期借款等筹资方式,都受到相当多的资格条件的限制,相比之下,租赁筹资的限制条件较少。

③ 免遭设备陈旧过时的风险。随着科学技术的不断进步,设备陈旧过时的风险很高,而多数租赁协议规定此种风险由出租人承担,承租企业可免受这种风险。

④ 到期还本负担轻。全部租金在整个租期内分期支付,可降低不能偿付的风险。

⑤ 可减轻税收负担。租金在所得税前扣除,具有抵免所得税的作用。

(2) 租赁筹资具有以下缺点:

租赁筹资的主要缺点是资本成本高。其租金通常比银行借款或发行债券所负担的利息高得多,而且租金总额通常要高于设备价值的30%;承租企业在财务困难时期,支付的固定租金将构成一种沉重的负担。另外,采用租赁筹资方式如不能享有设备残值,也将视为承租企业的一种机会损失。

三、衍生工具筹资

衍生工具筹资,包括兼具股权和债务性质的混合融筹资和其他衍生工具筹资。常见的混合筹资方式包括发行优先股筹资和发行可转换债券筹资,最常见的其他衍生工具筹资是认股权证筹资。

(一) 发行优先股筹资

优先股(preferred stock)是一种特别的股票,它和普通股一样属于公司的自有资本,也没有偿还日期,但又具有债券的某些特征。所以,优先股被视为一种混合性证券。优先股股东具有一定的"优先权利"。

1. 优先股的特征

优先股与普通股相比,一般具有如下特征:

(1) 优先分配股利。优先股股东通常优先于普通股股东分配股利。对于累积优先股而言,这种优先权更为突出。

(2) 优先分配公司剩余财产。当公司解散、破产等进行清算时,优先股股东优先于普通股股东分配公司的剩余财产。其金额只限于优先股的票面价值,加上累积未支付的股利。

(3) 优先股股利一般是固定的。优先股的股利在发行股票之前就已经确定下来,股利固定,受公司经营状况和盈利水平的影响较少。所以,优先股类似固定利息的债券。

(4) 优先股股东一般无表决权。优先股股东通常无权过问公司的经营管理,仅在涉及优先股股东权益问题时享有表决权。因此,优先股股东不大可能控制整个公司。

(5) 优先股可由公司赎回。发行优先股的公司,按照公司章程的有关规定,根据公司的需要,可以以一定的方式将所发行的优先股收回,以调整公司的资本结构。

2. 发行优先股筹资评价

(1) 发行优先股筹资具有以下优点:

① 优先股一般没有固定的到期日,不用偿付本金。大多数优先股附有收回条款,有利于公司结合资金需求加以调剂,同时也便于掌握公司的资本结构。

② 股利的支付既固定又有一定的灵活性。优先股采用固定股利,但固定股利的支付并不构成公司的法定义务。如果公司没有能力发放,则可暂时不支付优先股股利。

③ 保持普通股股东对公司的控制权。一般情况下,优先股股东在股东大会上无表决权,

因此,不会丧失公司的控制权。

④ 有利于增强公司信誉。从法律上讲,优先股股本属于自有资金,发行优先股能加强公司的自有资本基础,可适当增强公司的信誉,提高公司的借款举债能力。

(2) 发行优先股筹资具有以下缺点:

① 筹资成本高。优先股的成本虽低于普通股,但由于其股利要从税后利润中支付,所以一般高于债券。

② 筹资限制多。对优先股的筹资制约因素较多。

③ 可能形成较重的财务负担。优先股需要支付固定股利,但又不能在税前扣除。所以在企业利润下降时,优先股的股利会成为公司一项较重的财务负担。

(二) 发行可转换债券筹资

可转换债券,是一种特殊的债券,它在一定期间内依据约定的条件可以转换为普通股。对发行公司而言,可转换债券转换前需定期支付债券利息,如果在规定期间内未转换,还需到期偿还债券本金。在这种情况下,可转换债券筹资与普通债券筹资类似,具有债券筹资的性质;如果在规定期间转换为股票,即转化为公司的股东权益,此时可转换债券不复存在,被股票所取代,因而具有权益筹资的性质。

可转换债券的发行资格与条件根据国家有关规定,上市公司和重点国有企业具有发行可转换债券的资格,但需经省级政府或者国务院有关主管部门推荐,报证监会审批。

1. 可转换债券的基本要素

(1) 标的股票。可转换债券对股票的可转换性,实际上是一种股票期权或股票选择权,它的标的物就是可以转换成的股票。可转换债券的标的股票一般是其发行公司自己的股票,但也有其他公司的股票。

(2) 票面利率。可转换债券的票面利率一般会低于普通债券的票面利率,有时甚至还低于同期银行存款利率。这是因为可转换债券的投资收益中包括债券的利息收益和股票买入期权收益两部分,在大多数情况下其股票买入期权的收益足以弥补债券利息收益的差额。

(3) 转换期。可转换债券的转换期长短与可转换债券的期限相关。我国可转换债券的期限按规定最短期限为 3 年,最长期限为 5 年。

(4) 转换价格。可转换债券的转换价格是用可转换债券交换股票的每股价格。转换价格通常由发行公司在发行时约定。我国规定,上市公司发行可转换债券的,以发行可转换债券前一个月股票的平均价格为基准,上浮一定幅度作为转换价格。

例 4-5 某上市公司拟发行可转换债券,发行前一个月该公司股票的平均价格经测算为每股 25 元,预计该公司股票未来价格有明显的上升趋势,确定上浮的幅度为 30%。该公司可转换债券的转换价格测算为:$25 \times (1+30\%) = 32.5$(元)。

(5) 转换比率。可转换债券的转换比率是指每份可转换债券所能交换的股份数,它等于可转换债券面值除以转换价格。

例 4-6 某上市公司发行的可转换债券每份面值 2 000 元,转换价格为每股 25 元,转换比率为:$2\,000 \div 25 = 80$(股),即每份可转换债券可以转换 80 股股票。

(6) 赎回条款。赎回条款是指发债公司按事先约定的价格买回未转股债券的条件规定,赎回一般发生在公司股票价格一段时期内连续高于转股价格达到某一幅度时。赎回条款通常包括：不可赎回期间与赎回期间，赎回价格，赎回条件等。发债公司在赎回债券之前，要向债券持有人发出赎回通知，要求他们在将债券转股与卖回给发债公司之间作出选择。一般情况下，投资者大多会将债券转换为普通股。可见，设置赎回条款最主要的功能是强制债券持有者积极行使转股权，因此又被称为加速条款。同时也能使发债公司避免在市场利率下降后，继续向债券持有人按照较高的票面利率支付利息所蒙受的损失。

（7）回售条款。回售条款是指债券持有人有权按照事先约定的价格将债券卖回给发债公司的条件规定。回售一般发生在公司股票价格在一段时期内连续低于转股价格达到某一幅度时。回售对于投资者而言实际上是一种卖权，有利于降低投资者的持券风险。回售条款包括回售时间、回售价格和回售条件等规定。

（8）强制性转换条款。强制性转换条款是指在某些条件具备之后，债券持有人必须将可转换债券转换为股票，无权要求偿还债券本金的条件规定。可转换债券发行之后，其股票价格可能出现巨大波动。如果股价长期低于转股价格，投资者不会转股。这种情况下，公司可设置强制性转换条款保证可转换债券顺利地转换成股票，预防投资者到期集中挤兑引发公司破产的悲剧。

2. 发行可转换债券筹资评价

发行可转换债券是一种特殊的筹资方式，其优点主要有：

（1）筹资成本较低。可转换债券给予债券持有人以优惠的价格转换为公司股票的好处，故其利率一般低于普通债券，降低了公司的筹资成本；转换为股票后，又可节约股票的发行成本，从而降低股票的资本成本。

（2）有利于筹集更多资金。可转换债券一方面可以使投资者获得固定利息，另一方面又向其提供了选择权，对投资者具有一定吸引力，便于资金的筹集。

（3）有利于稳定股票价格。可转换债券的转换价格通常高于发行时的股票价格，因此，在发行新股票或配股时机不佳时，可以先发行可转换债券，然后通过转换实现较高价位的股权筹资。这样，一来不至于因为直接发行新股而遭受损失，降低公司股票市价；二来因为可转换债券的转换期较长，即使在将来转换股票时，对公司股价的影响也较温和，从而有利于稳定公司的股票价格。

（4）有利于减少对每股收益的稀释。可转换债券转换后，其筹资额大于当时发行股票筹资额，转换成的股票股数会较少，相对而言就降低了因为增发股票对公司每股收益的稀释度。

（5）有利于调整资本结构。可转换债券是一种债务和权益双重性筹资方式，转换前可转换债券属于公司的一种债务，若公司希望持有人转股，还可借助诱导，促进转股，从而调整资本结构。

（6）赎回条款的规定可以避免公司的筹资损失。当公司股票价格在一段时期内连续高于转换价格达到某一幅度时，公司可按事先约定的价格赎回未转股的可转换债券，从而避免损失。

发行可转换债券筹资的不足之处在于转股后会导致企业失去低利息优势，增加企业财务风险，增加股价上扬风险。

（三）发行认股权证筹资

认股权证全称是股票认购授权证，是一种能够按特定价格买入某一上市公司发行股票的选择权凭证。是一种由上市公司发行证明的文件，赋予持有者可以在规定的时间内按照事先确定的价格购买一定数量公司股票的权利。认股权证一般限于新发行的普通股票，而不用于认购优先股。认购权证构成要素包括认股数量、认股价格和认股期限。

1. 认股权证的特点

（1）认股权证是一种股票期权。认股权证是公司在有效期内发行的一种股票买入选择权的证明，持有者有权利而无义务。但认股权证不是股票，其持有者不享受股东的权益。

（2）对投资者而言，认股权证是一种具有内在价值的投资工具。在一定情况下，如果股票市价在规定的有效期内上升到认购价格之上，那么持有人就会认购股票，获得市场价与认购价之间的股票差价收益。另外，从投资风险看，认股权证的最大损失是权证买入价，其风险有限，便于投资者控制。

（3）对发行公司而言，发行认股权证是一种特殊的筹资手段。认股权证的发行人是发行标的股票的上市公司，认股权证是以约定价格认购公司股票的契约。认股权的发行有两种情况，无论是单独发行还是附带发行，大多都为发行公司筹得一笔额外资金。

2. 发行认股权证筹资的优缺点

（1）认股权证的优点：

① 有助于改善上市公司的资本结构和治理结构。认股权证筹资是缓期分批实现的，从而延迟股权被稀释的时点，延期支付股利，从而为公司提供了额外的股本基础。上市公司及其大股东的利益，与投资者是否在到期之前执行认股权证密切相关。在认股权证有效期间，上市公司管理层及其大股东任何有损公司价值的行为，都可能降低上市公司的股价，从而降低投资者执行认股权证的可能性，这将损害上市公司管理层及其大股东的利益。所以，认股权证能够约束上市公司的败德行为，并激励他们更加努力地提升上市公司的市场价值。

② 有助于推进上市公司的股权激励机制。认股权证是常用的员工激励工具，通过给予管理者和重要员工一定的认股权证，可以把管理者和员工的利益与企业价值成长紧密联系在一起，建立一个管理者与员工通过提升企业价值实现自身财富增值的利益驱动机制。

（2）认股权证筹资的缺点：

① 容易分散企业的控制权。由于认股权证通常随债券一起发售，以吸引投资者，当认股权证行使时，企业的股权结构会发生改变，稀释了原有股东的控制权。

② 如果认股权证持有人行使权利时，股票价格高于认股权证约定的价格，会使公司遭受财务损失。

四、筹资实务创新

企业筹资方式和筹资渠道的变化与国家金融业的发展密切相关。随着经济的发展和金融政策的完善，我国企业筹资方式和筹资渠道逐步呈现多元化趋势。

（一）商业票据融资（commercial paper financing）

商业票据融资是指通过商业票据进行融通资金。商业票据是一种商业信用工具，是由债务人向债权人开出的、承诺在一定时期内支付一定款项的支付保证书，即由无担保、可转让的短期期票组成。商业票据融资具有融资成本较低、灵活方便等特点。

（二）中期票据融资（medium-term note financing）

中期票据是指具有法人资格的非金融类企业在银行间债券市场按计划分期发行的、约定在一定期限还本付息的债务融资工具。发行中期票据一般要求具有稳定的偿债资金来源；拥有连续三年的经审计的会计报表，且最近一个会计年度盈利；主体信用评级达到AAA；待偿还债券余额不超过企业净资产的40%；募集资金应用于企业生产经营活动，并在发行文件中明确披露资金用途;发行利率、发行价格和相关费用由市场化方式确定。

中期票据具有发行机制灵活、用款方式灵活、融资额度大、使用期限长、成本较低、无须担保抵押等特点。

(三) 股权众筹融资(equity crowdfunding)

股权众筹融资主要是指通过互联网形式进行公开小额股权融资的活动。股权众筹融资必须通过股权众筹融资中介机构平台(互联网网站或其他类似的电子媒介)进行。股权众筹融资方应为小微企业,应通过股权众筹融资中介机构向投资人如实披露企业的商业模式、经营管理、财务、资金使用等关键信息,不得误导或欺诈投资者。股权众筹融资业务由证监会负责监管。

(四) 企业应收账款证券化(enterprise accounts receivable securitization)

资产证券化是近年来世界金融领域迅速发展的金融创新工具。应收账款证券化是指证券公司、基金管理公司子公司等作为管理人,通过设立资产支持专项计划开展资产证券化业务,将企业应收账款的未来现金流量收益权设计成合法的产品转让给投资者,让企业取得现金的过程。

企业应收账款证券化是一种既能充分发挥应收账款的促销作用,又能拓宽企业融资渠道、降低融资成本、盘活存量资产、提高资产使用效率的管理办法。

(五) 商圈融资(circle financing)

商圈融资模式包括商圈担保融资、供应链融资、商铺经营权、租赁权质押、仓单质押、存货质押、动产质押、企业集合债券等。

发展商圈融资有助于增强中小商贸经营主体的融资能力,缓解融资困难,促进中小商贸企业健康发展;有助于促进商圈发展,增强经营主体集聚力,提升产业关联度,整合产业价值链,推进商贸服务业结构调整和升级,从而带动税收、就业增长和区域经济发展,实现搞活流通、扩大消费的战略目标;同时,也有助于银行业金融机构和融资性担保机构等培养长期稳定的优质客户群体,扩大授信规模,降低融资风险。

(六) 供应链融资(supply chain financing)

供应链融资,是将供应链核心企业及其上下游配套企业作为一个整体,根据供应链中相关企业的交易关系和行业特点制定基于货权和现金流控制的"一揽子"金融解决方案的一种融资模式。供应链融资解决了上下游企业融资难、担保难的问题,而且通过打通上下游融资瓶颈,还可以降低供应链条融资成本,提高核心企业及配套企业的竞争力。

第二节 资本成本

一、资本成本的含义与作用

(一) 资本成本的含义

企业可以从各种渠道筹集到资金进行运用,从而形成企业的资本。从筹资者的角度看,资本成本(cost of capital)就是企业为取得和使用资本而支付的各种费用,主要包括用资费用和筹资费用。广义地讲,企业筹集和使用任何资金,不论短期的还是长期的,都要付出代价,都会产生成本。狭义地讲,资本成本仅指筹集和使用长期资本(包括权益资本和借入长期资本)的成本。本书主要指狭义的资本成本。

1. 用资费用

用资费用是指资本的占用成本，即企业在生产经营、投资过程中因使用资本而付出的费用，例如，向股东支付的股利、向债权人支付的利息等。长期资本的用资费用与筹资金额、使用期限成同向变动关系，可以看作变动成本。

2. 筹资费用

筹资费用是指资本的取得成本，是企业在筹措资本过程中为获取资本而付出的花费。例如，向银行支付的借款手续费，因发行股票、债券而支付的印刷费、发行手续费、律师费、资信评估费、公证费、担保费、广告费等中介费用。筹资费用与筹资的次数有关，与所筹资本数量关系不大，一般属于一次性支付项目，可以看作固定成本。

从投资者的角度看，资本成本是投资者的最低要求收益率，这是因为资本成本的高低取决于资本市场上投资者所要求的回报率。这一回报率的高低是根据公司或投资项目的风险程度决定的，风险越大，投资者所要求的回报越高，公司的资本成本越高。投资者在进行长期投资决策时，往往使用资本成本作为项目折现率。

(二) 资本成本的作用

资本成本是财务管理的重要概念，广泛运用于企业财务管理的许多方面，主要用于筹资决策和投资决策。

1. 资本成本是选择筹资方式、进行资本结构决策的重要依据

资本成本有个别资本成本、加权平均资本成本以及边际资本成本等类型，在不同情况下具有各自的作用。

(1) 个别资本成本是比较各种筹资方式优劣的依据。企业不同的长期筹资方式的资本成本是不一样的，资本成本的高低可作为评价各种筹资方式优劣的一个重要因素。在其他条件基本相同或对企业影响不大时，应选择资本成本最低的筹资方式。

(2) 加权平均资本成本是衡量企业资本结构合理性的依据。企业的全部长期资本通常是采用多种方式筹资组合构成的，这种长期筹资组合往往有多个方案可供选择。衡量资本结构是否最佳的标准主要是加权平均资本成本最小化和企业价值最大化。

(3) 边际资本成本是选择追加筹资方案的依据。企业为了扩大生产经营规模，可能需要增大资金投入量。这时，企业不论维持原有资本结构还是希望达到新的目标资本结构，都可以通过计算边际资本成本的大小来选择是否追加筹资。

2. 资本成本是评价投资方案、进行投资决策的重要依据

评价投资项目最普遍的方法是净现值法和内含报酬率法。采用净现值法时，项目资本成本是计算净现值的折现率；采用内含报酬率法时，项目成本是其"取舍率"或必要报酬率。因此，资本成本是企业用以确定投资项目是否采纳的取舍标准。

3. 资本成本是调整营运资本投资政策和营运资本筹资政策的重要依据

在管理营运资本方面，资本成本可以用来评估和调整营运资本投资政策和营运资本筹资政策。例如，用于流动资产的资本成本提高时，应适当减少营运资本投资额，并采用相对激进的筹资政策。决定存货的采购批量和储存量、制定销售信用政策和决定是否赊购等，都需要使用资本成本作为重要依据。

4. 资本成本是评价企业整体业绩的重要依据

资本成本是企业使用资金应获得收益的最低界限。资本成本率的高低就成为衡量企业投

资收益率的最低标准。因此,在实际生产经营活动中,应定期将企业的平均资金成本与企业的实际投资报酬率进行比较以评价企业的整体业绩。凡是实际投资收益率低于资本成本的,则表明经营不利,必须改善经营管理。

5. 资本成本是评价企业价值的重要依据

在企业并购、重组、抵押、破产清算时,需要评估一个企业的价值的情况。在制定公司战略时,需要知道每种战略选择对企业价值的影响,也会涉及企业价值评估。评估企业价值时,主要采用现金流量折现法,需要使用公司资本成本作为公司现金流量的折现率。

二、个别资本成本

个别资本成本(individual cost of capital, ICC)是指单一融资方式本身的资本成本,包括长期借款成本、债券成本、优先股成本、普通股成本、留存收益成本等。

资本成本可以用绝对数表示,也可以用相对数表示。在筹资实务中,资本成本通常用相对数资本成本率来表示,资本成本率是企业用资费用与有效筹资额之间的比率。其一般计算公式表示如下:

$$资本成本率(K) = \frac{用资费用(D)}{筹资数额(P) - 筹资费用(f)} \tag{4-6}$$

或

$$资本成本率(K) = \frac{用资费用(D)}{筹资数额(P) \times (1 - 筹资费用率)} \tag{4-7}$$

由此可见,个别资本成本率的高低取决于三个因素,即用资费用、筹资费用和筹资数额。上列公式中,分母(筹资数额-筹资费用)至少有三层含义:(1)筹资费用是在筹资时支付的,可视作筹资数量的扣除额,筹资数额减去筹资费用后为筹资净额;(2)筹资费用属一次性费用,不同于经常性的用资费用,因而不能用[(用资费用+筹资费用)/筹资数额]进行资本成本率的计算;(3)用公式[用资费用/(筹资数额-筹资费用)]而不用[用资费用/筹资数额]计算资本成本率,表示资本成本率同利息率或股利率在含义上和数量上都有差别。例如,借款利息率是利息额与借款筹资额的比率,它只含有用资费用即利息费用,不考虑筹资费用即借款手续费。

(一)债务成本

债务成本(cost of debt)主要有长期借款成本和债券成本。对于债务成本而言,其成本中的用资费用是指企业支付给债权人的利息。按照国际惯例和各国所得税法的规定,债务的利息允许在企业所得税前支付,因此,企业实际负担的利息为:利息×(1-所得税率)。

1. 长期借款成本(cost of long-term loan)

企业长期借款的成本包括借款利息和筹资费用,借款利息可以起到抵税的作用。因此,在不考虑资金的时间价值的条件下,一次还本、分期付息借款的成本可按下列公式计算:

$$K_L = \frac{I_L \times (1-T)}{L \times (1-F_L)} \tag{4-8}$$

式中,K_L 为长期借款资本成本率;I_L 为长期借款年利息额;T 为所得税税率;L 为长期借款筹资额,即借款本金;F_L 为长期借款筹资费用率,即借款手续费用率。

上式也可写成下列形式:

$$K_L = \frac{R_L \times (1-T)}{1-F_L} \tag{4-9}$$

式中,R_L 为长期借款年利率。

长期借款的筹资费用主要是手续费,一般数额很少,可以忽略不计。这时,长期借款资本成本率可按下式计算:

$$K_L = R_L \times (1-T) \tag{4-10}$$

例 4-7 华威公司为了开发新产品购买机器设备,从银行获得一笔长期借款。借款金额为 1 000 万元,年利率为 6%,期限为 4 年,每年付息一次,到期一次还本,筹资费用率为 0.2%,企业所得税税率为 25%。则该项长期借款的资本成本率应为:

$$K_L = \frac{1\,000 \times 6\% \times (1-25\%)}{1\,000 \times (1-0.2\%)} \approx 4.51\%$$

不考虑借款手续费率,长期借款的资本成本率为:$K_L = 6\% \times (1-25\%) = 4.5\%$。

比较两次计算结果也可以看出,当借款手续费率较少时,不考虑筹资费用率对长期借款的资本成本率的计算结果影响不大。

当借款合同附加补偿余额条款的情况下,企业必须同意在银行中保持相当于未清偿借款本金百分比的活期存款余额,这时企业可动用的借款筹资额会减少,借款的实际利率和资本成本率将会上升。

例 4-8 银行要求华威公司上述 1 000 万元借款补偿性余额为 20%,其他条件不变。这笔长期借款的资本成本率为:

$$K_L = \frac{1\,000 \times 6\% \times (1-25\%)}{1\,000 \times (1-20\%)} \approx 5.63\%$$

2. 债券成本(cost of bond)

债券资本成本主要指债券利息和筹资费用。根据有关税法规定,债券利息可在所得税前列支。发行债券的筹资费用一般较高,应予考虑。债券的筹资费用即发行费用,包括申请费、注册费、印刷费和上市费以及推销费等。

发行债券的筹资金额主要由发行价格决定,债券的发行价格可分为等价、溢价和折价三种。债券利息按票面金额和票面利率计算。不考虑资金时间价值,一次还本、分次付息的债券资本成本率可按下列公式计算:

$$K_B = \frac{I_B(1-T)}{B(1-F_B)} \tag{4-11}$$

式中,K_B 为债券资本成本率;I_B 为债券年利息;B 为债券筹资额,按发行价格确定;T 为所得税税率;F_B 为债券筹资费用率。

例 4-9 北方公司拟等价发行票面金额为 1 000 元、期限为 5 年、票面利率为 10% 的债券 5 000 张,每年结息一次。发行费用为发行价格的 5%,公司所得税税率为 25%。该批债券的资本成本率为:

$$K_B = \frac{1\,000 \times 10\% \times (1-25\%)}{1\,000 \times (1-5\%)} \approx 7.89\%$$

如果按溢价 100 元发行,则其资本成本率为:

$$K_\text{B} = \frac{1\,000 \times 10\% \times (1-25\%)}{1\,100 \times (1-5\%)} \approx 7.18\%$$

如果按折价 80 元发行,则其资本成本率为:

$$K_\text{B} = \frac{1\,000 \times 10\% \times (1-25\%)}{920 \times (1-5\%)} \approx 8.58\%$$

(二)权益成本

权益成本主要有普通股成本、优先股成本和留存收益成本等。根据所得税税法的规定,公司需以税后利润向股东分派股利,股利的发放不会减少公司应缴的所得税。

1. 普通股成本(cost of common stock)

按照资本成本率实质上是投资必要报酬率的思路,普通股的资本成本率就是普通股投资的必要报酬率。其计算方法一般有三种:股利折现模型法、资本资产定价模型法和风险溢价法。

(1)股利折现模型法(dividend discount model,DDM)。普通股资本成本可以看成是普通股股利的现值之和等于普通股筹资净额(发行价减筹资费用)时的折现率,用 K_C 表示,则普通股股利折现模型为:

$$P_0(1-F_\text{C}) = \sum_{t=1}^{\infty} \frac{D_t}{(1+K_\text{C})^t} \qquad (4\text{-}12)$$

式中,P_0 为普通股发行价格;F_C 为普通股筹资费用率;D_t 为普通股第 t 年的股利;K_C 为普通股投资必要报酬率,即普通股资本成本率。

运用上述模型计算普通股资本成本率,因具体的股利政策不同而有所不同。

如果公司采用固定股利政策,即每年分派现金股利 D 元,可将其视为永续年金,则股利折现模型为:

$$P_0(1-F_\text{C}) = \frac{D}{K_\text{C}}$$

从而推导出普通股资本成本率的计算公式为:

$$K_\text{C} = \frac{D}{P_0(1-F_\text{C})} \qquad (4\text{-}13)$$

例 4-10 昌盛公司拟发行一批普通股,发行价格为 13 元,筹资费用率为 10%,预定每年分派现金股利每股 1.5 元,其资本成本率为:

$$K_\text{C} = \frac{1.5}{13 \times (1-10\%)} \approx 12.8\%$$

如果公司采用固定增长股利的政策,股利固定增长率为 G,则根据普通股股利折现模型推导其资本成本率计算公式为:

$$K_\text{C} = \frac{D_1}{P_0(1-F_\text{C})} + G \qquad (4\text{-}14)$$

例 4-11 华丰公司准备增发普通股,每股发行价格为 18 元,筹资费用率为 20%。预定第一年分派现金股利每股 2 元,以后每年股利增长 3%。其资本成本率为:

$$K_C = \frac{2}{18 \times (1-20\%)} + 3\% \approx 16.89\%$$

(2) 资本资产定价模型法(capital assets price model,CAPM)。资本资产定价模型可以简单地描述为:普通股投资的必要报酬率,即资本成本率,等于无风险报酬率加风险报酬率。无风险报酬率一般可以用国债利率来表示。则普通股资本成本率用公式表示为:

$$K_C = R_f + \beta(R_m - R_f) \tag{4-15}$$

式中,R_f 为无风险报酬率;R_m 为市场报酬率;β 为股票的贝塔系数。

例 4-12 江河公司发行普通股股票前要对其成本进行估价。假设国库券收益率为 8%,市场平均的投资报酬率为 11%,该公司股票投资风险系数为 1.5,则普通股资本成本率为:

$$K_C = 8\% + 1.5 \times (11\% - 8\%) = 12.5\%$$

(3) 风险溢价法(risk premium)。风险溢价法是根据"风险和收益均衡"的原理来确定普通股资本成本的。一般而言,从投资者的角度看,股票投资的风险高于债券。因此,股票投资的必要报酬率可以在债券利率的基础上再加上一定的风险报酬。这种计算方法比较简单,但主观判断性强。其具体计算公式为:

$$K_C = K_B + RP_C \tag{4-16}$$

式中,RP_C 为普通股风险溢价。

例 4-13 华威公司已发行债券的投资报酬率为 9%,现准备发行一批股票,证券分析师估计该公司普通股承担更大风险所要求的风险报酬率即风险溢价为 3%,则该公司的普通股资本成本率为:

$$K_C = 9\% + 3\% = 12\%$$

RP_C 并无直接的计算方法,只能从经验中获得信息。资金市场经验表明,公司普通股风险溢价对公司自己发行的债券来讲,绝大部分在 3%~5% 之间。当市场利率达到历史性高点时,风险溢价通常较低,在 3% 左右;当市场利率处于历史性低点时,风险溢价通常较高,在 5% 左右;而通常情况下,一般采用 4% 的平均风险溢价。

2. 优先股成本(cost of preferred stock)

优先股的股利通常是固定的,公司发行优先股筹资需花费筹资费用,因此,优先股资本成本率的计算类似于支付固定股利的普通股。其计算公式为:

$$K_P = \frac{D_P}{P_0(1-F_P)} \tag{4-17}$$

式中,K_P 为优先股资本成本率;P_0 为优先股发行价格;F_P 为优先股筹资费用率;D_P 为优先股每股年股利。

例 4-14 华丰公司准备发行一批优先股,每股发行价格为 6 元,筹资费用率为 4%,预计年股利为 0.6 元。其资本成本率为:

$$K_P = \frac{0.6}{6 \times (1-4\%)} \approx 10.42\%$$

3. 留存收益成本(cost of retained earning)

公司的留存利润(或留存收益)是由公司税后利润形成的收益,包括提取的盈余公积和未分配利润。

留存收益成本是一种机会成本(opportunity cost)。从性质上讲,留存收益属于所有者权益;从用途上看,它和普通股资金一样要投入企业的生产经营活动,给投资者带来效益。所以,留存收益成本的确定方法与普通股基本相同,只是不考虑筹资费。其计算公式为:

$$K_R = \frac{D_1}{P_0} + G \tag{4-18}$$

(三) 不同资金来源资本成本的比较

(1) 负债资本和权益资本。负债资本的利息具有抵税作用,而权益资本的股利不具有抵税作用,所以,权益资本成本一般要比负债资本成本高。

(2) 债券资本和股票资本。从投资人的角度看,投资人投资债券要比投资股票的风险小,所以,要求的报酬率比较低;从筹资角度看,债券的资本成本率要比股票的资本成本率低。

(3) 借款成本和债券成本。因为借款的利息率通常低于债券的利息率,而且筹资费用(手续费)也比债券的筹资费用(发行费)低,所以,借款的筹资成本要小于债券的筹资成本。

(4) 权益资本。由于优先股股利固定不变,而且投资风险小,所以,优先股股东要求的回报低,对筹资者而言,其资本成本较低;留存利润和普通股相比较没有筹资费用,所以,留存利润的筹资成本要比普通股的资本成本低。

(5) 不同来源资本成本从低到高的顺序为:长期借款、债券、优先股、留存利润、普通股。

三、加权平均资本成本

一般情况下,企业不可能只使用单一的筹资方式进行筹资,往往采用多种筹资方式。为进行筹资决策,就要计算确定企业全部长期资本的总成本,即加权平均资本成本。加权平均资本成本(weighted average cost of capital,WACC)一般是以各种资本占全部资本的比重为权数,对不同来源的资本成本(个别资本成本)进行加权平均确定的。其计算公式为:

$$K = \sum K_j W_j \tag{4-19}$$

式中,K 为加权平均资本成本;K_j 为第 j 种资本成本;W_j 为第 j 种资本成本占全部资本成本的比重,即权数,$\sum_{j=1}^{n} W_j = 1$。

从上式可以看出,加权资本成本是由个别资本成本率和各种长期资本所占的比重这两个因素决定的。

例 4-15 昌盛公司现有长期资本总额账面金额为 20 000 万元,其中长期借款 5 000 万元,长期债券 5 600 万元,优先股 2 100 万元,普通股 6 800 万元,留存利润 500 万元;其资本成本率分别为 5%，6.7%，11.2%，15% 和 14%。该公司加权平均资本成本率可按如下两步计算：

第一步，计算各种长期资本的比重：

长期借款的比重：$W_1 = \dfrac{5\,000}{20\,000} = 0.25$；

长期债券的比重：$W_2 = \dfrac{5\,600}{20\,000} = 0.28$；

优先股的比重：$W_3 = \dfrac{2\,100}{20\,000} = 0.105$；

普通股的比重：$W_4 = \dfrac{6\,800}{20\,000} = 0.34$；

留存利润的比重：$W_5 = \dfrac{500}{20\,000} = 0.025$。

第二步，计算加权平均资本成本：

$$K_w = 0.25 \times 5\% + 0.28 \times 6.7\% + 0.105 \times 11.2\% + 0.34 \times 15\% + 0.025 \times 14\%$$
$$= 9.75\%$$

若需要计算各种长期资本的成本率时，计算步骤分为三步，即增加一步计算各种长期资本的个别资本成本率。

上述计算中的个别资本占全部资本的比重，是按账面价值确定的，其优点是资料容易取得。按账面价值计算的资本权数称为账面价值权数，主要是为了分析过去的筹资成本。但是，当资本的账面价值与市场价值差别较大时，如股票、债券的市场价格发生较大变动，计算结果会与现时情况有较大的差距，不能为筹资决策提供准确的资料。为了克服这一缺陷，不同来源资本占全部资本比重的确定还可以按市场价值或目标价值确定，分别称为市场价值权数、目标价值权数。

市场价值权数是指个别资本以市场价格确定其在全部资本中的比重，它可以反映公司目前的实际情况，有利于筹资管理决策；其不足之处在于证券的市场价格处于经常变动之中而不易选定。为了弥补这一缺陷，在实务中可以选用一定时期证券的平均价格。另外，采用市场价值计算权数，不一定能反映未来的市场价格情况，不便于公司对未来筹资作出正确决策。

目标价值权数是指个别资本按公司预计的未来目标市场价值确定资本比重，从而计算加权平均资本成本。这一权数能体现公司期望的资本结构，而不是像账面价值权数和市场价值权数那样只反映过去和现在的资本结构，更适用于公司未来筹资的需要。但是，公司很难客观合理地确定证券的目标价值，使得这种计算方法难以推广。

四、边际资本成本

个别资本成本和加权平均资本成本是企业过去筹集的或目前使用的资本成本，企业在追加筹资时应考虑边际资本成本的高低。边际资本成本（marginal cost of capital，MCC）是指资本每增加一个单位而增加的成本。

企业追加筹资，有时只采取某一种筹资方式。在筹资数额较大或在目标资本结构既定的情况下，则需通过多种筹资方式的组合来实现。这时，边际资本成本需要按加权平均法来计算,其权数必须为市场价值权数,不应采用账面价值权数,以反映企业现在的实际情况。

为了合理地确定追加筹资总额及其资本结构,便于比较不同规模范围的筹资组合,企业应预先计算多种情况下的边际资本成本。首先确定目标资本结构,然后对边际资本成本随追加筹资总额变化的情况进行规划。这种变化的原因是各种筹资方式下的个别资本成本会随个别筹资数额的不同而跳跃性变化,相应的边际资本成本率会随追加筹资总额不同呈跳跃变化趋势。下面用例子说明对追加筹资的边际资本成本率进行规划的步骤。

例 4-16 华丰公司目前拥有长期资本 1 000 万元,其中,长期借款 200 万元,优先股 100 万元,普通股(含留存利润)700 万元。为了适应追加投资的需要,公司准备筹措新资。试计算建立追加筹资的边际资本成本率。

第一步,确定目标资本结构。公司财务人员经分析后认为,目前的资本结构处于目标资本结构范围,在今后增资时应予保持,即各资本所占比重分别为:长期借款 20%,优先股 10%,普通股 70%。

第二步,计算各种资本的成本率。财务人员分析了资本市场状况和公司的筹资能力,认定随着公司筹资规模的扩大,各种资本的成本率也会发生变动,追加筹资数额及个别资本成本率计算结果如表 4-3 所示。

表 4-3 华丰公司追加筹资数额及个别资本成本率计算结果

资本种类	目标资本结构/%	追加筹资数额范围/万元	个别资本成本率/%
长期借款	20	0~10	3
		10~20	5
		20 以上	7
优先股	10	0~20	10
		20 以上	12
普通股权益	70	0~42	13
		42~70	14
		70 以上	15

第三步,计算筹资总额分界点并确定相应的筹资范围。筹资总额分界点,又叫做筹资突破点,是指在保持某资本成本率不变的条件下可以筹集到的资本总限度。在筹资突破点内筹资,原有资本成本不会改变;一旦筹资额超过筹资突破点,即使维持原有的资本结构,其资本成本也会增加。筹资总额分界点的计算公式为:

$$筹资总额分界点 = \frac{某一特定成本筹集到的某种资本额}{该种资本在资本结构中所占的比重} \qquad (4-20)$$

如在资本成本率为 3% 时,取得长期借款的筹资限额为 10 万元,其筹资总额分界点为:10÷20%=50(万元)。

而在资本成本率为 10% 时,取得优先股的筹资限额为 20 万元,其筹资总额分界点为:20÷10%=200(万元)。

华丰公司的追加筹资总额范围的计算结果如表 4-4 所示。

表 4-4　华丰公司追加筹资总额范围的计算结果

资本种类	个别资本成本率/%	各种资本筹资范围/万元	筹资总额分界点/万元	筹资总额范围/万元
长期借款	3 5 7	0～10 10～20 20 以上	$\frac{10}{20\%}=50$ $\frac{20}{20\%}=100$	0～50 50～100 100 以上
优先股	10 12	0～20 20 以上	$\frac{20}{10\%}=200$	0～200 200 以上
普通股	13 15 17	0～42 42～70 70 以上	$\frac{42}{70\%}=60$ $\frac{70}{70\%}=100$	0～60 60～100 100 以上

表 4-4 显示了特定种类资本的资本成本率变动的分界点。如在目标资本结构中,长期借款的比重为 20%,其筹资额在 10 万元以内时,筹资总额应为 50 万元以内,这时长期借款的资本成本率为 3%。而当筹资总额超过 50 万元时,长期借款的资本成本率由 3% 上升到 5%。

第四步,计算边际资本成本率。根据上一步骤计算出的筹资分界点,可以得出下列五个新的筹资总额范围:0～50 万元;50 万～60 万元;60 万～100 万元;100 万～200 万元;200 万元以上。对这五个筹资总额分别计算其加权平均资本成本率,即可得到各种筹资总额范围的边际资本成本率。其计算过程如表 4-5 所示。

表 4-5　华丰公司边际资本成本率计算表

序号	筹资总额范围/万元	资本种类	目标资本结构/%	个别资本成本率/%	边际资本成本率/%	筹资总额范围的边际资本成本率
1	0～50	长期借款 优先股 普通股	20 10 70	3 10 13	0.6 1 9.1	10.7
2	50～60	长期借款 优先股 普通股	20 10 70	5 10 13	1 1 9.1	11.1
3	60～100	长期借款 优先股 普通股	20 10 70	5 10 15	1 1 10.5	12.5
4	100～200	长期借款 优先股 普通股	20 10 70	7 10 17	1.4 1 11.9	14.3
5	200 以上	长期借款 优先股 普通股	20 10 70	7 12 17	1.4 1.2 11.9	14.5

第三节 杠杆利益与风险

杠杆本是物理学用语,意思是指在力的作用下能绕固定支点转动的杆。杠杆作用就是改变支点和力点间的距离,可以产生大小不同的力矩。

财务管理中的杠杆通常指的是杠杆作用,反映的是不同经济变量的相互关系,即指由于固定费用(包括生产经营方面的固定费用和财务方面的固定费用)的存在,当业务量发生较小变化时,利润等变量会随之发生较大变化的现象。杠杆作用是现代企业资本结构决策的一个重要因素,资本结构决策需要在杠杆作用与其相关风险之间进行合理的权衡。财务管理中的杠杆有营业杠杆、财务杠杆和联合杠杆。杠杆分析的数据主要来自利润表,其分析框架如图4-1所示。

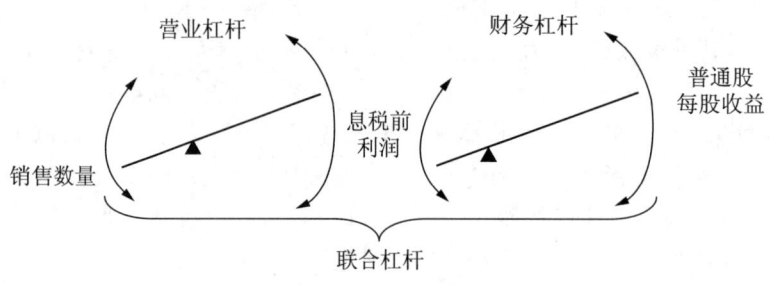

图 4-1 杠杆分析框架图

一、营业杠杆和营业风险

(一)营业杠杆原理

营业杠杆(operating leverage),也称为经营杠杆或营运杠杆,是指由于固定性经营成本的存在,而使得企业的资产报酬(息税前利润)变动率大于业务量变动率的现象。企业营业成本按其与营业总额的依存关系可分为变动成本和固定成本两部分。其中,变动成本是指成本总额随着营业总额的变动而变动的成本;固定成本是指在一定的营业规模内,其总额不受营业总额变动的影响而保持相对固定不变的成本。

营业杠杆反映销售数量与息税前利润之间的关系,用于衡量销售量变动对息税前利润的影响。二者之间的关系可用下式表示:

$$\text{EBIT} = Q(P-V) - F \tag{4-21}$$

式中,EBIT 为息税前利润;Q 为销售数量;P 为销售单价;V 为单位变动成本;F 为固定成本总额。

(二)营业风险

营业风险是指企业未使用债务时经营的内在风险。影响企业经营风险的因素很多,主要有以下几个方面:①产品需求。市场对企业产品的需求稳定,则经营风险小;反之,经营风险大。②产品售价。产品售价稳定,则经营风险小;反之,经营风险大。③产品成本。产品成本是收入的抵减,成本不稳定,会导致利润不稳定,因此,产品成本变动大,则经营风险大;反之,经营风险小。④调整价格的能力。当产品成本变动时,若企业具有较强的调整价格的能力,则经营风险小;反之,经营风险大。⑤固定成本的比重。在企业全部成本中,固定成本所占比重较大时,单位产品分摊的固定成本额较多,若产品数量发生变动则单位产品分摊的固定成本会随之变动,会最后导致利润更大的变动,经营风险就大;反之,经营风险就小。

(三) 营业杠杆系数的计量

营业杠杆系数(degree of operating leverage)是指企业息税前利润的变动率相当于销售额变动率的倍数。企业可以利用它来评价营业杠杆利益的大小和衡量营业风险的高低。其计算公式为:

$$\text{DOL} = \frac{\Delta \text{EBIT}/\text{EBIT}}{\Delta S/S} \tag{4-22}$$

式中,DOL 为营业杠杆系数;ΔEBIT 为息税前利润的变动额;S 为销售额;ΔS 为销售额的变动额。

为了计算上的方便,可将上列公式变换如下:

因为
$$\text{EBIT} = Q(P-V) - F$$
$$\Delta \text{EBIT} = \Delta Q(P-V)$$

所以
$$\text{DOL}_Q = \frac{Q(P-V)}{Q(P-V) - F} \tag{4-23}$$

或
$$\text{DOL}_S = \frac{S-C}{S-C-F} \tag{4-24}$$

式中,DOL_Q 为按销售数量确定的营业杠杆系数;DOL_S 为按销售额确定的营业杠杆系数;C 为变动成本总额,可按变动成本率乘以销售总额来确定。

上述公式表明:

(1) 在固定成本不变的情况下,销售额越大,营业杠杆系数越小,营业风险也越小。

(2) 如果企业不存在固定成本,不管销售额是多少,营业杠杆系数都为1,即息税前利润随销售额同比例变动。

(3) 如果存在固定成本,营业杠杆系数有正有负。当公司有息税前利润时,营业杠杆系数为正且大于1,表明息税前利润比销售收入以更大的幅度增加(或减少)。当公司息税前利润等于零时,营业杠杆系数没有意义,此时,销售收入处于保本点。当边际贡献为正,却没有达到保本点,公司发生营业亏损时,营业杠杆系数为负数,表明营业亏损随销售额增加而减少的程度。

例 4-17 昌盛公司甲产品的年销售数量为 10 000 件时,单位售价为 100 元,销售总额为 100 万元,单位产品变动成本为 60 元,变动成本总额为 60 万元,固定成本总额为 200 000元,其营业杠杆系数计算如下:

$$\text{DOL}_Q = \frac{10\,000 \times (100-60)}{10\,000 \times (100-60) - 200\,000} = 2$$

$$\text{DOL}_S = \frac{1\,000\,000 - 600\,000}{1\,000\,000 - 600\,000 - 200\,000} = 2$$

上述营业杠杆系数为2的意义在于:当企业销售量增长1倍时,息税前利润将增长2倍,表现为营业杠杆利益;反之,当企业销售量下降1倍时,息税前利润将下降2倍,表现为营业风险。一般而言,企业的营业杠杆系数越大,营业杠杆利益和风险就越高;企业的营业杠杆系数越小,营业杠杆利益和营业风险就越低。

二、财务杠杆和财务风险

(一) 财务杠杆原理

财务杠杆(finance leverage),也称为筹资杠杆,是指由于固定性资本成本的存在,而使得企业的普通股收益(或每股收益)变动率大于息税前利润变动率的现象。企业的全部长期资本是由股权资本和债权资本构成的。股权资本成本是变动的,在税后利润中支付;而债权资本成本通常是固定的,如债券利息、租赁费等,并在税前扣除。一般情况下,当息税前利润增大时,每一元利润所负担的固定性资本成本就相对减少,从而使每一普通股分得的利润有所增加(引导案例分析2:借鸡下蛋)。有关项目之间的关系,如下式表示:

$$息税前利润 - 固定性资本成本 - 所得税 = 所有者收益$$

$$所有者收益 \div 普通股数量 = 普通股每股利润 \qquad (4-25)$$

由以上公式可以看出,由于固定性资本成本不随息税前利润的增减而变动,所以普通股每股利润(Earnings per Share)的变动率总是大于息税前利润的变动率。即在企业资本规模和资本结构一定的条件下,企业从息税前利润中支付的债务利息是相对固定的,当息税前利润增多时,每一元息税前利润所负担的债务利息会相应降低,扣除企业所得税后可分配给企业股权资本所有者的利润就会增加,从而给企业所有者带来额外的收益,产生财务杠杆利益;当息税前利润下降时,普通股每股利润有更大的降低,给股权资本所有者造成一定的损失,遭受财务风险(引导案例分析3:鸡飞蛋打的原因)。这就是财务杠杆的作用原理。

(二) 财务杠杆系数的计量

财务杠杆系数(degree of financial leverage)是指企业普通股每股利润变动率(在非股份制企业可用净资产利润率的变动率)相当于息税前利润变动率的倍数。它可用来反映财务杠杆的作用程度,估计财务杠杆利益的大小,评价财务杠杆风险的高低。其计算公式如下:

$$DFL = \frac{\Delta EPS/EPS}{\Delta EBIT/EBIT} \qquad (4-26)$$

式中,DFL 为财务杠杆系数;EPS 为普通股每股利润额;ΔEPS 为普通股每股利润变动额。

为了计算上的方便,可将上列公式变换如下:

因为
$$EPS = \frac{(EBIT - I)(1 - T)}{N}$$

$$\Delta EPS = \Delta EBIT \frac{(1 - T)}{N}$$

所以
$$DFL = \frac{EBIT}{EBIT - I} \qquad (4-27)$$

式中,I 为债务年利息额;T 为企业所得税税率;N 为流通在外的普通股股数。

上述公式表明:

(1) 当利息费用为零,即企业没有债务时,财务杠杆系数为1,企业没有财务风险,每股利润变动完全取决于息税前利润的变动。

(2) 当利息费用大于零,即企业举债时,当 EBIT>I 时,财务杠杆系数大于 1,此时,息税前利润变动会导致普通股每股利润更大幅度的变动,从而存在财务风险;当 EBIT=I 时,DFL 无法定义;当 EBIT<I 时,企业发生净损失,DFL 小于零,表明股东损失随息税前利润增加而减少的程度。

(3) 在资本总额和息税前利润相同的情况下,负债比率越高,财务杠杆系数就越大,企业的财务风险也越大,同时股东收益也越高。

例 4-18 昌盛公司全部长期资本为 5 000 万元,债权资本比例为 0.4,债务年利率为 10%,企业所得税税率为 25%。息税前利润为 500 万元。其财务杠杆系数计算如下:

$$\mathrm{DFL}=\frac{500}{500-5\,000\times0.4\times10\%}\approx1.67$$

财务杠杆系数表明的是息税前利润增长所引起的每股盈余的增长幅度。上例财务杠杆系数为 1.67 的意义在于:当息税前利润增长 1 倍时,普通股每股盈余将增长 1.67 倍,表现为财务杠杆利益;反之,当息税前利润下降 1 倍时,普通股每股盈余将下降 1.67 倍,表现为财务杠杆风险。

上例中假设昌盛公司无债权资本,长期资本全部为权益资本,则该公司的财务杠杆系数为 1,即在公司不举债的情况下,每股收益额的增长率等于息税前利润的增长率。

假设昌盛公司的债权资本比例为 0.6,债务年利率仍为 10%,其他条件不变,则其财务杠杆系数计算如下:

$$\mathrm{DFL}=\frac{500}{500-5\,000\times0.6\times10\%}=2.5$$

由此可见,企业的债务资本所占比重越多,财务杠杆系数就越大,企业的财务杠杆利益和财务风险就越高;企业的债务资本所占比重越少,财务杠杆系数越小,企业的财务杠杆利益和财务风险就越低。对于企业来说,负债比率是可以控制的。公司可以通过合理安排资本结构,适度负债,使财务杠杆利益抵消财务风险增大所带来的不利影响。当公司盈余较多、增长幅度较大时,可适当地利用负债性资本,发挥财务杠杆的作用,以增加普通股每股盈余,使股票价格上涨,增加企业的价值。除了资本结构以外,影响财务杠杆利益与财务风险的因素还有资本规模、债务利率以及息税前利润等。

三、联合杠杆和联合风险

(一) 联合杠杆原理

联合杠杆(combined leverage),也称总杠杆(total leverage),是指由于固定经营成本和固定资本成本的存在,导致普通股每股收益变动率大于产销业务量的变动率的现象。营业杠杆是利用企业营业成本中固定成本的作用,通过扩大销售影响息税前利润;财务杠杆是利用企业资本成本中债权资本固定利息的作用,通过扩大息税前利润影响每股收益的。如果两种杠杆共同作用,那么销售额稍有变动就会使每股收益产生更大的变动,从而形成联合杠杆作用。联合杠杆的作用程度可用联合杠杆系数表示。

(二) 联合杠杆系数的计量

联合杠杆系数(degree of combined leverage)是营业杠杆系数和财务杠杆系数的乘积,计算公式为：

$$DCL = DOL \cdot DFL$$

$$= \frac{\Delta EBIT/EBIT}{\Delta S/S} \cdot \frac{\Delta EPS/EPS}{\Delta EBIT/EBIT}$$

$$= \frac{\Delta EPS/EPS}{\Delta S/S}$$

或

$$DCL = \frac{\Delta EPS/EPS}{\Delta Q/Q} \tag{4-28}$$

式中，DCL 为联合杠杆系数。

例 4-19 昌盛公司的营业杠杆系数为 2，同时财务杠杆系数为 1.67。则该公司的联合杠杆系数为：

$$DCL = 2 \times 1.67 = 3.34$$

上述联合杠杆系数为 3.34 表示：当公司营业总额或营业总量增长 1 倍时，普通股每股收益将增长 3.34 倍，表现为联合杠杆利益；反之，当公司营业总额下降 1 倍时，普通股每股收益将下降 3.34 倍，表现为联合杠杆风险。

计算联合杠杆系数的意义在于：①为经营者预计销售额变动对每股收益的影响提供依据；②为达到符合企业理财目标要求的联合杠杆系数和总风险水平，营业杠杆和财务杠杆可以有很多不同的组合。通过对联合杠杆系数的测定，管理人员对于较大营业风险可用较小的财务风险来抵消，反之亦然。企业管理当局运用适当的杠杆系数，在企业负担的风险与预期收益之间进行权衡，使其总风险降低到一个适当的期望水平。

总结：根据企业一般形式下的利润表，可以明确定义三种基本类型的杠杆。经营杠杆是对公司销售收入和息税前利润之间关系的描述；财务杠杆是对公司息税前利润和普通股每股收益之间关系的描述；联合杠杆是对公司销售收入和普通股每股收益之间关系的描述。利润表和三种杠杆的联系如图 4-2 所示。

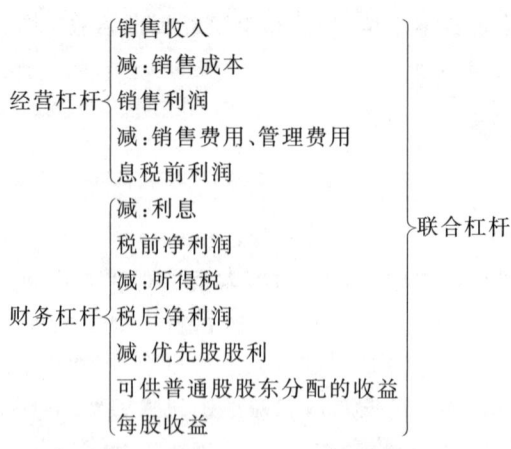

图 4-2 利润表和三种杠杆的联系

第四节 资本结构决策

一、资本结构概述

(一) 资本结构的含义

资本结构(capital structure)是指企业各种资本的价值构成及其比例关系。在企业筹资管理活动中,资本结构有广义和狭义之分。广义的资本结构是指企业全部资本价值的构成及其比例关系,也就是将资产负债表的右方全部考虑进去。狭义的资本结构是指企业各种长期资本价值的构成及其比例关系,尤其是指长期的股权资本与债权资本的构成及其比例关系,短期债权资本作为营运资本来管理。本节所研究的是狭义的资本结构。

企业的资本结构是由企业采用各种筹资方式进行筹资而形成的,各种筹资方式的组合类型决定着企业的资本结构。企业的筹资方式很多,总的来说可以分为债务资本和权益资本两大类。运用债务资本能获得财务杠杆利益、降低企业的综合资本成本率、减少货币贬值的损失,但同时又存在着不能清偿债务的危险和财务风险,因此,资本结构问题总的来说是债务资本比例问题,即债务资本在全部资本中安排多大的比例比较合适。

(二) 资本结构理论

资本结构理论是现代企业财务领域的核心部分,美国学者莫迪格莱尼(Franco Modigliani)与米勒(Mertor Miller)提出了著名的 MM 理论,标志着现代资本结构理论的建立。

1. MM 理论

最初的 MM 理论是建立在以下基本假设基础上的:①企业只有长期债券和普通股票,债券和股票均在完善的资本市场上交易,不存在交易成本;②个人投资者与机构投资者的借款利率与公司的借款利率相同且无借债风险;③具有相同经营风险的公司称为风险同类,经营风险可以用息税前利润的方差衡量;④每一个投资者对公司未来的收益、风险的预期都相同;⑤所有的现金流量都是永续的,债券也是。

该理论认为,不考虑企业所得税,有无负债不改变企业的价值。因此企业价值不受资本结构的影响。而且,有负债企业的股权成本随着负债程度的增大而增大。

在考虑企业所得税带来的影响后,提出了修正的 MM 理论。该理论认为企业可利用财务杠杆增加企业价值,因负债利息可带来避税利益,企业价值会随着资产负债率的增加而增加。具体而言:有负债企业的价值等于同一风险等级中某一无负债企业的价值加上赋税节余的价值;有负债企业的股权成本等于相同风险等级的无负债企业的股权成本加上与以市值计算的债务与股权比例成比例的风险报酬,且风险报酬取决于企业的债务比例以及企业所得税税率。

之后,米勒进一步将个人所得税因素引入修正的 MM 理论,并建立了同时考虑企业所得税和个人所得税的 MM 资本结构理论模型。

2. 权衡理论

修正了的 MM 理论只是接近了现实,在现实经济实践中,各种负债成本随负债比率的增大而上升,当负债比率达到某一程度时,企业负担破产成本的概率会增加。经营良好的企业,通常会维持其债务不超过某一限度。为解释这一现象,权衡理论应运而生。

权衡理论通过放宽MM理论完全信息以外的各种假定,考虑在税收、财务困境成本存在的条件下,资本结构如何影响企业市场价值。权衡理论认为,有负债企业的价值等于无负债企业价值加上税赋节约现值,再减去财务困境成本的现值。

3. 代理理论

代理理论认为企业资本结构会影响经理人员的工作水平和其他行为选择,从而影响企业未来现金收入和企业市场价值。该理论认为,债务筹资有很强的激励作用,并将债务视为一种担保机制。这种机制能够促使经营多努力工作,少个人享受,并且作出更好的投资决策,从而降低由于两权分离而产生的代理成本;但是,债务筹资可能导致另一种代理成本,即企业接受债权人监督而产生的成本。均衡的企业所有权结构是由股权代理成本和债务代理成本之间的平衡关系来决策。

4. 优序融资理论

优序融资理论以非对称信息条件以及交易成本的存在为前提,认为企业外部融资要多支付各种成本,使得投资者可以从企业资本结构的选择来判断企业市场价值。企业偏好内部融资。当需要进行外部融资时,债务筹资优于股权筹资。从成熟的证券市场来看,企业的筹资优序模式首先是内部筹资,其次是借款、发行债券、可转换债券,最后是发行新股筹资。但是,该理论虽然难以解释现实生活中所有的资本结构规律。

值得一提的是,积极主动地改变企业的资本结构(例如,通过出售或者回购股票或债券)牵涉到交易成本,企业很可能不愿意改变资本结构,除非资本结构严重偏离了最优水平。由于公司股权的市值随股价的变化而波动,所以大多数企业的资本结构变动很可能是被动发生的。

二、影响资本结构的因素

(一) 资本成本

资本结构优化决策的根本目的之一就是使企业加权平均资本成本最低,而不同筹资方式的资本成本又是不相同的,所以在确定资本结构时必须充分考虑资本成本因素。

(二) 财务风险

企业在追求财务杠杆利益时,会加大负债资本筹集力度,同时使企业财务风险增大。如何把财务风险控制在企业可承受的范围内,是确定资本结构时应充分考虑的重要问题。

(三) 企业成长性与销售稳定性

成长性强的企业因发展速度快,资金需求量大,只靠企业的留存利润进行再投资已不能满足需要,而发行股票的成本又较高,所以多倾向于进行债务资本的筹集。而且这种企业销售具有稳定性,销售前景较好,获利能力强,能承受较多负债引起的利息费用。因此,这种企业比一般成长性慢、销售不稳定的企业可以筹集更多的债务资本。

(四) 贷款人和信用评级机构的态度

贷款人和信用等级评估机构的态度在企业筹资决策中占有重要的地位。大部分贷款人都不希望企业的负债比例过大,如果企业坚持使用过多的债务,则贷款人会拒绝贷款。如果企业债务太多,信用评估机构会认为企业潜在风险增大,从而降低企业的信用等级,这样就会使更多的贷款人不愿意向企业贷款,甚至使原有债权人要求收回贷款。

(五) 经营风险

如果管理部门决定在联合风险不超过某一限度的前提下,降低经营风险,企业就必须承担较高的财务风险,增加负债融资;反之,若管理部门决定提高经营风险,增加总资产中固定资产的比重,则企业必须降低财务风险,减少债务资本的筹集。

(六) 行业因素

由于不同行业以及同一行业的不同企业,在运用财务杠杆时所采取的策略和政策大不相同,从而使各行业的资本结构也产生较大的差别。在资本结构决策中,应掌握本企业所属行业资本结构的一般水准,分析本企业与同行业其他企业的差别,以便决定本企业资本结构。

(七) 企业规模

通常,企业规模越大,筹集资金的方式越多。由于债务资本的成本较低,所以企业可能会相应地提高举债比例。相对于中小企业而言,大型企业财务规范性较好,易于向贷款人提供更多的信息,加之其抗风险能力较强,使得债权人对其借款的监督成本相对降低,故更倾向于为规模大的企业提供借款。

(八) 经营者的态度

如果企业的经营者不愿让企业的控制权分散,落入他人之手,则可能尽量采用债务融资方式增加资本。如果经营者厌恶财务风险,则可能较少地利用财务杠杆,尽量减少债务资本的比例。

以上内容讨论了影响企业资本结构的相关因素,但事实上,影响资本结构的因素很多,很难全部包括在上述内容中。企业在确定资本结构时,应以行业平均负债率作为分析的起点,再根据企业特定的经营环境和经营条件,结合资本结构的有关影响因素进行多次调整,才能最后确定企业的资本结构,然后根据目标资本结构进行筹资决策。但是企业的实际负债不一定完全等于它的目标价值。金融市场有时可能会偏好某一种筹资方式,或企业在特定时期的投资机会、企业特定的股利政策都会使企业的资本结构暂时偏离其目标负债率,但企业的长期平均负债比率应与目标负债比率基本保持一致。而且企业也要随着其经营环境和金融环境的变化,调整其目标资本结构。

三、最佳资本结构决策

企业资本结构决策主要是确定债务资本在全部资本中所占的比重。债务资本在企业财务活动中具有双重作用:一定程度的负债有利于降低企业的资本成本;另一方面过多的债务资本会加大企业的财务风险。因此,企业必须权衡财务风险和资本成本的关系,确定最优资本结构。所谓最优资本结构(optimal capital structure),是指在一定条件下使企业加权平均资本成本最低、企业价值最大的资本结构。从理论上讲,最优资本结构是存在的。对股份公司而言,企业价值具体表现为股东财富最大,即每股价格最高。而股票价格的高低取决于企业实现的利润,因此在进行资本结构决策中,可以采用资本成本比较法、无差别点分析法(每股利润分析法)以及公司价值比较法,来确定最佳资本结构。

(一) 资本成本比较法

资本成本比较法(comparative cost of capital method)是通过计算和比较不同筹资方案的加权平均资本成本,选择加权平均资本成本最低的方案作为最优资本结构方案。这种方法侧重于从资本投入的角度对资本结构进行优选分析。企业的资本结构决策,可分初始筹资和追加筹资两种情况。前者称为初始筹资的资本结构决策,后者称为追加筹资的资本结构决策。

1. 初始筹资的资本结构决策

企业成立时,对拟定的资本总额可采用多种筹资方式进行筹集,形成若干个资本结构可供选择。计算不同资本结构的加权平均资本成本并进行比较,从中选择成本最低的资本结构作为最优资本结构。

例 4-20 某公司在初创时需资本总额 5 000 万元,有如下三个筹资组合方案可供选择,有关资料经计算列入表 4-6。

表 4-6 三个筹资组合方案的有关资料

筹资方式	筹资方案Ⅰ		筹资方案Ⅱ		筹资方案Ⅲ	
	筹资额/万元	资本成本/%	筹资额/万元	资本成本/%	筹资额/万元	资本成本/%
长期借款	500	5	600	6	800	6
长期债券	1 000	7	1 300	8	1 000	7
优 先 股	700	12	1 000	12	700	12
普 通 股	2 800	15	2 100	14	2 500	15
合 计	5 000		5 000		5 000	

假设该公司的第Ⅰ、Ⅱ、Ⅲ三个筹资组合方案的财务风险相当,公司都能承受。下面分两步计算三个筹资组合方案的加权平均资本成本并进行比较,从而确定最佳筹资组合方案即最佳资本结构。

第一步,计算各方案中各种筹资方式的筹资额占筹资总额的比例及加权平均资本成本。

(1) 方案Ⅰ。各种筹资方式的筹资额占筹资总额的比例:

长期借款:$\dfrac{500}{5\,000}=0.1$;

长期债券:$\dfrac{1\,000}{5\,000}=0.2$;

优先股:$\dfrac{700}{5\,000}=0.14$;

普通股:$\dfrac{2\,800}{5\,000}=0.56$。

加权平均资本成本 $=0.1\times 5\% + 0.2\times 7\% + 0.14\times 12\% + 0.56\times 15\% = 11.98\%$

(2) 方案Ⅱ。各种筹资方式的筹资额占筹资总额的比例:

长期借款:$\dfrac{600}{5\,000}=0.12$;

长期债券:$\dfrac{1\,300}{5\,000}=0.26$;

优先股:$\dfrac{1\,000}{5\,000}=0.2$;

普通股:$\dfrac{2\,100}{5\,000}=0.42$。

加权平均资本成本 $=0.12\times 6\% + 0.26\times 8\% + 0.2\times 12\% + 0.42\times 14\% = 11.08\%$

(3) 方案Ⅲ。各种筹资方式的筹资额占筹资总额的比例:

长期借款:$\dfrac{800}{5\,000}=0.16$;

长期债券：$\frac{1\,000}{5\,000}=0.2$；

优先股：$\frac{700}{5\,000}=0.14$；

普通股：$\frac{2\,500}{5\,000}=0.5$。

加权平均资本成本 $=0.16\times 6\%+0.2\times 7\%+0.14\times 12\%+0.5\times 15\%=11.54\%$

第二步，比较各个筹资组合方案的加权平均资本成本并选出最佳资本结构。

筹资组合方案Ⅰ、方案Ⅱ、方案Ⅲ的加权平均资本成本分别为 11.98%、11.08% 和 11.54%，方案Ⅱ的加权平均资本成本最低，在适度财务风险的条件下，应选择筹资组合方案Ⅱ作为最佳筹资方案，其资本结构为最佳资本结构。

2. 追加筹资的资本结构决策

企业在持续的生产经营过程中，由于扩大业务及对外投资的需要，有时会追加筹资。因追加筹资以及筹资环境的变化，企业原有的资本结构就会发生变化，从而原定的最佳资本结构在现时未必是最优的。因此，企业应在资本结构不断变化中寻求最佳结构，保持资本结构的最优化。

一般而言，按照最佳资本结构的要求，选择最佳追加筹资方案有两种方法：一种方法是直接测算并比较各备选追加筹资方案的边际资本成本，从中选择边际资本成本最低的筹资方案即为最优方案；另一种方法是将备选追加筹资方案与原有最优资本结构汇总，测算各追加筹资条件下汇总资本结构的加权平均资本成本并进行比较，确定最优追加筹资方案。

资本成本比较法的计算原理很容易理解，计算过程也不十分复杂，是确定资本结构的一种常用方法。但仅以资本成本最低为决策标准，没有考虑财务风险因素，其决策目标实质上是利润最大化，容易造成短期行为。并且因所拟订的方案数量有限，有可能漏掉最优方案。因此，该种方法一般适用于资本规模较小、资本结构较为简单的非股份制企业。

(二) 每股利润分析法

每股利润分析法（earnings per share analyses）是利用每股利润无差别点进行资本结构决策的方法。

每股利润无差别点是指两种筹资方式下普通股每股利润相等时的息税前利润点，即息税前利润平衡点或筹资无差别点。根据每股利润无差别点，可以分析判断在什么情况下运用债务资本筹资或股权资本筹资来安排和调整资本结构。当预期息税前利润大于(小于)该差别点时，资本结构中债务比重高(低)的方案为较优方案。这种方法侧重于从资本的产出角度作分析。

负债的偿还能力是建立在未来盈利能力基础之上的，研究资本结构，不能脱离企业的盈利能力。企业的盈利能力，一般用息税前利润表示。负债筹资是通过其杠杆作用来增加所有者财富的方式。确定资本结构还须考虑负债筹资对所有者财富的影响。所有者财富用每股利润表示。每股利润分析法就是将两者结合起来，分析息税前利润与每股利润的关系，来确定合理的资本结构。

每股利润无差别点可通过计算得出。其计算公式为：

$$\text{EPS}=\frac{(S-\text{VC}-F-I)(1-T)-D_P}{N}$$
$$=\frac{(\text{EBIT}-I)(1-T)-D_P}{N} \tag{4-29}$$

式中，S 为销售额；VC 为变动成本；F 为固定成本；I 为债务利息；T 为所得税税率；D_P 为优先股年股利；N 为流通在外的普通股股数。

在每股利润无差别点上，无论是采用债务资本筹资，还是采用权益资本筹资，每股利润都是相等的。若以 EPS_1 代表债务资本筹资方式下的每股利润，以 EPS_2 代表权益资本筹资方式下的每股利润，则 $EPS_1 = EPS_2$。即：

$$\frac{(\overline{EBIT} - I_1)(1-T) - D_{P1}}{N_1} = \frac{(\overline{EBIT} - I_2)(1-T) - D_{P2}}{N_2} \tag{4-30}$$

式中，$\overline{EBIT}$ 为每股利润无差别点的息税前利润，即息税前利润平衡点。

例 4-21 北海公司目前拥有长期资本 5 000 万元，其资本结构为：长期债务 2 000 万元（利率为 8%），普通股 3 000 万元（300 万股，每股面值 10 元），现为开发一项新产品，准备追加筹资 1 500 万元，有两种筹资方式可供选择：甲方案全部追加权益资本，发行普通股 150 万股，每股面值 10 元；乙方案全部筹借长期债务，债务利率为 10%。该公司适用的所得税税率为 25%。

根据公式(4-30)计算每股利润无差别点的息税前利润：

$$\frac{(\overline{EBIT} - 160) \times (1 - 25\%)}{300 + 150} = \frac{(\overline{EBIT} - 160 - 150) \times (1 - 25\%)}{300}$$

$$\overline{EBIT} = 610(万元)$$

此时的每股利润为：$\dfrac{(610 - 160) \times (1 - 25\%)}{450} = 0.75(元/股)$。

上述每股利润无差别点分析，可用图 4-3 描述。

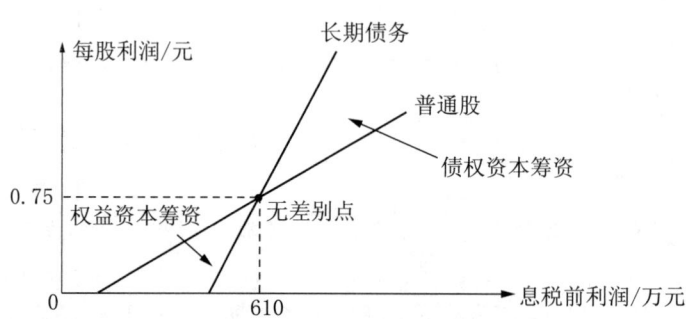

图 4-3 北海公司每股利润无差别点分析

由图 4-3 可见，每股利润无差别点的息税前利润为 610 万元的意义在于：当息税前利润为 610 万元时，无论采取权益资本筹资还是债务资本筹资，每股利润是一致的；当息税前利润大于 610 万元时，增加长期债务要比增发普通股获得更高的每股利润；而当息税利润小于 610 万元时，增加长期债务则不利，应使用权益资本进行融资，以获得较高的每股利润。

课堂讨论

如果企业没有发行优先股，那么在息税前利润-每股利润分析图中，债务筹资方式的斜率与股票筹资方式的斜率哪个大？为什么？

当企业的筹资方式多于两个时,使用每股利润无差别点法进行筹资决策则需将筹资方式两两进行比较,分别计算每股利润无差别点,然后根据企业预计的息税前利润选择每股利润较高的筹资方式。但是对于增加债务和增发优先股这两种筹资方式,不能使用每股利润无差别点进行选择。因为增加债务和增发优先股这两种筹资方式不存在每股利润无差别点,原因如下:

(1) 假设企业原来不存在优先股,预计筹资后的息税前利润为 $EBIT$。

增加债务筹资方式的每股利润 $= \dfrac{(\text{EBIT} - I_1)(1-T)}{N_1}$;

增发优先股筹资方式的每股利润 $= \dfrac{(\text{EBIT} - I_2)(1-T) - D_{P2}}{N_2}$。

二者的每股利润相等时: $\dfrac{(\text{EBIT} - I_1)(1-T)}{N_1} = \dfrac{(\text{EBIT} - I_2)(1-T) - D_{P2}}{N_2}$。

由于增加债务和增发优先股这两种筹资方式的普通股股数是相同的,即 $N_1 = N_2$,所以,$(\text{EBIT} - I_1)(1-T) = (\text{EBIT} - I_2)(1-T) - D_{P2}$,由于该方程无解,因此对于增加债务和增发优先股这两种筹资方式不存在每股利润无差别点。

(2) 也可以这样理解,增加债务和增发优先股两种筹资方式下息税前利润与每股利润形成的直线斜率是相同的,即两条直线是平行的,因为两条平行线不可能相交,所以两种方式不存在每股利润无差别点。

每股利润无差别点法以普通股每股利润最高为决策标准,但没有具体测算财务风险因素,其决策目标实际上是股票价值最大化而不是公司价值最大化,它适用于资本规模不大、资本结构不太复杂的股份有限公司。

(三) 公司价值比较法

从根本上讲,财务管理的目标在于追求公司价值的最大化或股价最大化。然而只有在风险不变的情况下,每股利润的增长才会直接导致股价的上升。实际上通常是随着每股利润的增长,财务风险也会加大。如果每股利润的增长不足以补偿风险增加所需的报酬,即使每股利润不断加大,股价仍然会下降。所以,公司的最佳资本结构应当是使公司的总价值最高,而不一定是每股利润最大的资本结构。同时,在公司总价值最大的资本结构下,公司的资本成本也是最低的。

公司价值比较法(comparison method for company value)是在充分反映财务风险的前提下,以公司价值的大小为标准,经过计算公司价值,来确定公司最佳资本结构的方法。其具体步骤如下:

1. 公司价值的测算

公司价值等于其长期债务价值与股票价值之和。计算公式为:

$$V = B + S \qquad (4\text{-}31)$$

式中,V 为公司的总价值,即公司总的折现价值;B 为公司长期债务的折现价值;S 为公司股票的折现价值。

其中,为简化测算起见,设长期债务(含长期借款和长期债券)的现值等于其面值(或本金);股票的现值按公司未来净收益的折现价值测算,假设公司的息税前利润预期不会增长,即公司处于零成长时期,普通股的价值类似于永续年金的形式,如果公司的股票有普通股和优先

股之分,则普通股股票的折现价值测算公式为:

$$S = \frac{(EBIT - I)(1-T) - D_P}{K_S} \quad (4-32)$$

式中,EBIT 为公司未来的年息税前利润;I 为公司长期债务年利息;T 为公司所得税税率;K_S 为公司普通股资本成本率;D_P 为公司优先股年股利。

2. 公司资本成本率的测算

假设公司的全部长期资本由长期债务和普通股组成,则公司的全部资本成本率,即加权平均资本成本可按下列公式测算:

$$K_W = K_B \left(\frac{B}{V}\right)(1-T) + K_S \left(\frac{S}{V}\right) \quad (4-33)$$

式中,K_W 为公司加权平均资本成本;K_B 为公司长期债务税前资本成本率,可按公司长期债务年利率计算;K_S 为公司普通股资本成本率。

为了考虑公司筹资风险的影响,普通股资本成本率可运用资本资产定价模型来计算,即:

$$K_S = R_F + \beta(R_M - R_F) \quad (4-34)$$

式中,R_F 为无风险报酬率;R_M 为所有股票的市场报酬率;β 为公司股票的贝塔系数。

3. 公司最佳资本结构的确定

运用上述原理计算不同资本结构的公司总价值和加权平均资本成本,公司价值最大、加权平均资本成本最低的资本结构即为公司的最佳资本结构。

例 4-22 开元公司资本全部由普通股资本组成,股票账面价值 2 000 万元,预计年度税前利润为 600 万元,所得税税率为 25%。公司认为现有的资本结构不合理,没有发挥财务杠杆作用,准备举借长期债务,购回部分股票予以调整。经计算,不同长期债务规模下的债务年利率和普通股资本成本率如表 4-7 所示。

表 4-7　开元公司不同长期债务规模下的债务年利率和普通股资本成本率计算表

B/万元	K_B/%	β	R_F/%	R_M/%	K_S/%
0		1.20	9	13	13.8
200	10	1.25	9	13	14.0
400	10	1.30	9	13	14.2
600	12	1.40	9	13	14.6
800	14	1.55	9	13	15.2
1 000	16	2.10	9	13	17.4

在表 4-7 中,当 $B = 200$ 万元,$\beta = 1.25$,$R_F = 9\%$,$R_M = 13\%$ 时,$K_S = 9\% + 1.25 \times (13\% - 9\%) = 14\%$;其余同理计算。

根据表 4-7 的资料,运用前述公司价值和公司资本成本率的计算方法,可以计算在不同长期债务规模下的公司价值和公司资本成本率,列入表 4-8,据以比较确定公司最佳资本结构。

表 4-8　开元公司在不同长期债务规模下的公司价值和公司资本成本率计算表

B/万元	S/万元	V/万元	K_B/%	K_S/%	K_W/%
0	3 261	3 261		13.8	13.80
200	3 107	3 307	10	14.0	13.61
400	2 958	3 358	10	14.2	13.4
600	2 712	3 312	12	14.6	13.59
800	2 408	3 208	14	15.2	14.03
1 000	1 897	2 897	16	17.4	15.54

在表 4-8 中当 $B=200$ 万元，$K_B=10\%$，$K_S=14\%$，EBIT=600 万元时，

$$S = \frac{(600 - 200 \times 10\%) \times (1 - 25\%)}{14\%} \approx 3\,107(万元)$$

$$V = 200 + 3\,107 = 3\,307(万元)$$

$$K_W = 10\% \times \frac{200}{3\,307} \times (1 - 25\%) + 14\% \times \frac{3\,107}{3\,307} \approx 13.61\%$$

从表 4-8 可以看出，在没有债务的情况下，公司的总价值就是其原有股票的市场价值。当公司用债务资本部分地替换权益资本时，一开始公司总价值上升，加权平均资本成本下降；在债务资本达到 400 万元时，公司总价值最高，加权平均资本成本最低；当债务资本超过 400 万元后，公司总价值下降，加权平均资本成本上升。因此，当债务资本为 400 万元时的资本结构是该公司的最佳资本结构。此时，开元公司的长期资本价值总额为 3 358 万元，其中普通股资本价值 2 958 万元，占公司总资本价值的比例为 88%；长期债务资本价值为 400 万元，占公司总资本价值的比例为 12%。

与资本成本比较法和每股利润分析法相比，公司价值比较法充分考虑了公司的财务风险和资本成本等因素的影响，进行资本结构决策以公司价值最大为标准，更符合公司价值最大化的财务目标。但其计算原理及计算过程较为复杂，通常用于资本规模较大的公司。

复习思考题

1. 试说明各种筹资方式的优缺点。
2. 试分析资本成本中筹资费用和用资费用的不同特性。
3. 试分析资本成本对企业财务管理的作用。
4. 试说明营业杠杆的基本原理和营业杠杆系数的计算方法。
5. 试说明财务杠杆的基本原理和财务杠杆系数的计算方法。
6. 试说明联合杠杆的基本原理和联合杠杆系数的计算方法。
7. 试说明资本成本比较法的基本原理和决策标准。
8. 试说明每股利润分析法的基本原理和决策标准。
9. 试说明公司价值比较法的基本原理和决策标准。

小试牛刀

单项选择题

1. [2019·真题]下列各项中,通常会引起资本成本上升的情形是(　　)。
   A. 预期通货膨胀率呈下降趋势　　　　B. 证券市场流动性呈恶化趋势
   C. 企业总体风险水平得到改善　　　　D. 投资者要求的预期报酬率下降

2. [2019·真题]关于可转换债券,下列表述正确的是(　　)。
   A. 可转换债券的转换权是授予持有者一种买入期权
   B. 可转换债券的回售条款有助于可转换债券顺利转换股票
   C. 可转换债券的赎回条款有利于降低投资者的持券风险
   D. 可转换债券的转换比率为标的股票市值与转换价格之比

3. [2019·真题]下列筹资方式中,筹资速度较快,但在资金使用方面往往是有较多限制条款的是(　　)。
   A. 银行借款　　　B. 发行债券　　　C. 发行股票　　　D. 融资租赁

4. [2019·真题]与普通股筹资相比,下列属于优先股筹资优点的是(　　)。
   A. 有利于降低公司财务风险　　　　B. 优先股股息可以抵减所得税
   C. 有利于保障普通股股东的控制权　D. 有利于减轻公司现金支付的财务压力

5. [2019·真题]下列各种中,属于资本成本中筹资费用的是(　　)。
   A. 融资租赁的资金利息　　　　B. 银行借款的手续费
   C. 债券的利息费用　　　　　　D. 优先股的股利支出

6. [2019·真题]与银行借款筹资相比,下列属于普通股筹资特点的是(　　)。
   A. 资本成本较低　B. 筹资速度较快　C. 筹资数额有限　D. 财务风险较小

7. [2019·真题]若企业基期固定成本为200万元,基期息税前利润为300万元,则经营杠杆系数为(　　)。
   A. 2.5　　　　　B. 1.67　　　　　C. 0.67　　　　　D. 1.5

8. [2019·真题]某公司生产和销售某单一产品,预计计划年度销售量为10 000件,单价300元,单位变动成本200元,固定成本为200 000元,假设销售单价增长了10%,则销售单价的敏感系数(即息税前利润变化百分比相当于单价变化百分比的倍数)为(　　)。
   A. 3.75　　　　　B. 1　　　　　　C. 3　　　　　　D. 0.1

9. [2019·真题]相对于普通股筹资,下列属于留存收益筹资特点的是(　　)。
   A. 增强公司声誉　　　　　　　B. 不发生筹资费用
   C. 资本成本较高　　　　　　　D. 筹资额较大

10. [2010·真题]下列各项条款中,有利于保护可转换债券持有者利益的是(　　)。
    A. 无担保条款　　　　　　　　B. 回售条款
    C. 赎回条款　　　　　　　　　D. 强制性转换条款

11. [2018·真题]下列各项中,不属于普通股股东权利的是(　　)。
    A. 参与决策权　　　　　　　　B. 剩余财产要求权
    C. 固定收益权　　　　　　　　D. 转让股份

12.[2018·真题]下列各项条款中,有利于保护可转换债券持有者利益的是( )。
A. 无担保条款 B. 回售条款
C. 赎回条款 D. 强制性转换条款

13.[2018·真题]下列筹资方式中,能给企业带来财务杠杆效应的是( )。
A. 认股权证 B. 融资租赁 C. 留存收益 D. 发行普通股

14.[2018·真题]某公司基期息税前利润为1 000万元,基期利息费用为400万元。假设与财务杠杆计算相关的其他因素保持不变,则该公司计划期的财务杠杆系数为( )。
A. 1.88 B. 2.50 C. 1.25 D. 1.67

15.[2018·真题]某公司发行的可转换债券的面值是100元,转换价格是20元,目前该债券已到转换期,股票市价为25元,则可转换债券的转换比率为( )。
A. 5 B. 4 C. 1.25 D. 0.8

参考答案

第五章 短期筹资管理

学 习 目 标

- 掌握短期筹资的特点、种类
- 了解短期借款的信用条件,学会短期借款实际利率的计算
- 熟知短期融资券和经营租赁筹资的特点
- 理解贴现的含义,掌握应收票据贴现时贴现利息和应得贴现金额的计算过程

第一节 短期筹资概述

一、短期筹资的特点

短期筹资(Short-term Financing)是为满足企业临时性流动资金需要而进行的筹资活动,筹资期限一般不超过1年。短期筹资大多通过短期负债方式取得,故也称短期负债筹资。

短期负债筹资方式主要包括短期借款、发行短期债券、商业信用和其他短期应付款项等。短期负债筹资具有以下一些特点。

(一)筹资成本低

在正常情况下,短期借款所发生的利息支出一般低于长期借款的利息支出,并且在短期负债中,还存在应付账款、应交税金、应计费用等"自然性筹资"项目,它们一般没有直接的成本。所以短期筹资成本较低。

(二)筹资速度快

相对长期筹资而言,由于短期筹资的使用期限较短,债权人承担的风险较低,所以,债权人的顾虑往往较少,不需要像长期筹资那样,要对筹资方进行全面、复杂的财务调查,从而使企业申请短期借款更容易、更便捷。

(三)筹资弹性大

在筹集长期资金时,资金的提供者出于自身利益的考虑,通常会向筹资方提出较多的限制性条款或相关约束条件;短期筹资的相关限制和约束条件较少,一般短期债务经过与债权人协商后还可展期归还,从而使企业资金的使用和配置更加灵活、富有弹性。

(四)筹资风险大

筹资风险通常是指债务到期时没有充足的现金用于归还本金和支付利息的可能性。相对于长期资金而言,短期资金筹资风险较大的原因主要有两个方面:①短期债务的利息需要在短期内偿还,因而要求筹资企业在短期内拿出足够的资金偿还债务,若企业届时安排不当,就会陷入财务危机,严重时甚至破产偿债。②短期债务的利率随市场利率的变化而波动,波动较大时可能会高于长期负债的水平,这样会使企业难以应付。

二、短期筹资的种类

短期筹资的种类大致有短期借款、商业信用以及其他短期筹资项目等。

(一) 短期借款

短期借款(short-term loan)是指企业向银行或其他非银行金融机构等借入的偿还期限在1年以内(含1年)的各种借款。具体又可分为担保借款和信用贷款等。

(二) 商业信用

商业信用(commercial credit)是企业在商品购销活动过程中因延期付款或预收货款而形成的借贷关系,它是在商品交易中由于结算时间和空间上的差异而形成的企业间的直接信用行为。商业信用是在商品购销过程中自然形成的,故人们常称其为"自然筹资"。

(三) 其他短期筹资项目

其他短期筹资项目是指除短期借款、商业信用以外的各项短期筹资项目,如经营租赁、应收票据贴现等。

第二节　短　期　借　款

一、短期借款的种类

短期借款按不同的标准,可作不同的分类。

(一) 按有无担保分为无担保借款和担保借款

1. 无担保借款

无担保借款(unsecured loans)又称信用借款,是指企业仅凭借自身的信誉从银行或其他金融机构取得的借款。企业申请无担保借款时,需要将企业近期的财务报表、现金预算和预测财务报表提送银行等金融机构。银行根据这些资料对企业的风险及收益状况进行分析后,决定是否向其提供贷款,并拟定具体的贷款条件。无担保借款是企业筹资的重要来源之一,银行一般仅对规模大、信誉好的企业提供无担保借款。无担保借款有信用额度借款和循环协议借款两种形式。

2. 担保借款

担保借款(secured loans)又称为抵押借款,是指借款企业以本企业的某些资产作为偿债担保品或以担保人为担保而取得的借款;也可以寻求企业以外的与企业有关联的企业、单位为担保而取得借款。申请担保借款时,借贷双方必需签订抵押借款合同;由他人担保的,与担保人之间还要签订担保合同,在合同中必须注明担保品的名称及有关说明,同时应将该合同送一份给有关政府机构备案,以保证债权人权益。担保借款时因为有抵押品作担保抵押,或有第三方作担保,所以银行所承担的风险较小。

(二) 按借款目的和用途分为周转借款、临时借款、结算借款

1. 周转借款

周转借款是公司为满足生产经营周转的需要,在流动资产计划占用额的范围内,为了弥补资金不足而向银行取得的借款,其数额大致为流动资产扣除流动负债后的部分。企业通过测算可以计算出计划年度定额流动资金需用量,扣除本年营运资金,如果差额为负数,即为生产

周转借款需用量。企业可以在此范围内向银行申请短期借款。

2. 临时借款

临时借款是指企业在生产经营过程中由于临时性或季节性原因需要超定额储备物资,而向银行取得的借款。临时性借款通常是为了解决原材料季节性储备、进口材料集中到货、产品因客观原因不能及时出售等原因取得的短期借款。

3. 结算借款

结算借款是企业采用托收承付结算方式向异地发出商品,在委托收款期间为解决在途结算资金占用的需要,以托收承付结算凭证为保证向银行取得的借款。

(三) 其他分类

按偿还方式分类,短期借款可分为一次偿还借款和分期偿还借款;按利息支付方法分类,短期借款可分为收款法借款、贴现法借款和加息法借款。

二、短期借款的基本程序[①]

(一) 企业提出申请

向银行借入短期借款时,企业必须在批准的资金计划占用范围内,按生产经营的需要,逐笔向银行提出申请。企业应在申请书上写明借款的种类、借款的数额、借款用途、借款原因、还款日期。另外还要详细写明流动资金的占用额、借款限额、预计销售额、销售收入资金率等有关指标。

(二) 银行对企业申请进行审查

银行接到企业提出的借款申请后,应对申请书进行认真的审查。这主要包括如下几方面内容:①审查借款的用途和原因,作出是否贷款的决定;②审查企业产品销售和物资保证情况,决定贷款的数额;③审查企业的资金周转和物资耗用情况,确定贷款的期限。

(三) 签订借款合同

为了维护借贷双方的合法权益,保证资金的合理使用,企业向银行借入流动资金时,企业的借款申请在银行审查批准后,双方应签订借款合同。借款合同主要包括如下四个方面的内容:

(1) 基本条款。这是借款合同的基本内容,主要强调双方的权利和义务。具体包括借款数额、借款方式、款项发放的时间、还款期限、还款方式、利息支付方式、利率高低等。

(2) 保证条款。这是保证款项能顺利归还的一系列条款。包括借款按规定的用途使用、有关的物资保障、抵押财产、保证人及其责任等内容。

(3) 违约条款。这是对双方若有违约现象时应如何处理的条款。主要载明对企业逾期不还或挪用借款等如何处理和银行不按期发放贷款的处理等内容。

(4) 其他附属条款。这是与借贷双方有关的其他一系列条款,如双方经办人、合同生效日期等。

(四) 企业取得借款

借款合同签订后,如无特殊原因,银行应按合同规定的时间向企业提供贷款。如果银行不按合同约定按期发放贷款,应偿付违约金。如果企业不按合同约定使用借款,也应偿付违约金。

---

① 安杰、贾创雄、高雷:《财务管理》,清华大学出版社 2009 年版。

(五) 短期借款的归还

借款企业应按借款合同的规定按时、足额支付贷款本息。贷款银行在短期贷款到期一周前,应当向借款企业发送还本付息通知单,借款企业应当及时准备资金,按期还本付息。

不能按期归还借款的,借款人应当在借款到期之日前向贷款人申请贷款展期,但是否同意展期由贷款人视具体情况而定。申请保证借款、抵押借款、质押借款展期的,还应当由保证人、抵押人、出质人出具同意的书面证明。

三、短期借款的信用条件

按照国际通行做法,银行发放短期借款往往带有一定的约束和限制条件,主要有信贷限额、周转信贷协议、补偿性余额等。

(一) 信贷限额

信贷限额(line of credit)是银行对借款人规定的无担保贷款的最高额。信贷限额的有效期限通常为1年,但根据情况也可延期1年。一般地讲,企业在批准的信贷限额内,可随时按需使用银行借款。但是,银行并不承担必须提供全部信贷限额的义务。如果企业信誉恶化,即使银行曾同意过按信贷限额提供贷款,也可能得不到借款。此时,银行不会承担法律责任。

(二) 周转信贷协议

周转信贷协议(revolving credit agreement)是银行具有法律义务承诺提供不超过某一最高限额的贷款协定。在协议的有效期内,只要企业的借款总额未超过最高限额,银行必须满足企业任何时候提出的借款要求。企业要享用周转信贷协议,通常要就贷款限额的未使用部分付给银行一笔承诺费。

例 5-1 某企业与银行协定的信贷限额是 2 000 万元,承诺费率为 0.5%,借款企业年度内使用了 1 500 万元,余额为 500 万元。那么,企业应向银行支付承诺费是多少?

解:企业应向银行支付承诺费为:$500 \times 0.5\% = 2.5$(万元)

例 5-2 某企业取得银行为期 1 年的周转信贷额 100 万元,借款企业年度内使用了 60 万元,平均使用期只有 6 个月,借款利率为 12%,年承诺费率为 0.5%,试问年终借款企业需要支付的利息和承诺费总计是多少?

解:需支付的利息 $= 60 \times 12\% \times \dfrac{6}{12} = 3.6$(万元)

需支付的承诺费 $= \left(100 - 60 \times \dfrac{6}{12}\right) \times 0.5\% = 0.35$(万元)

总计支付额 $= 3.6 + 0.35 = 3.95$(万元)

(三) 补偿性余额

补偿性余额(compensating balance)是银行要求借款企业在银行中保持按贷款限额或实际借用额一定百分比(一般为 10% 至 20%)的最低存款余额。从银行的角度讲,补偿性余额可降低贷款风险,补偿遭受的贷款损失。对于借款企业来讲,补偿性余额则提高了借款的实际利率。

$$补偿性余额贷款实际利率 = \dfrac{利息}{实际可使用借款额} \tag{5-1}$$

或

$$补偿性余额贷款实际利率 = \frac{名义利率}{1-补偿性余额比率} \quad (5-2)$$

例 5-3 假设某企业与银行签订了周转信贷协议,在该协议下,可以按 12% 的利率一直借到 100 万元的贷款,但必须按实际所借资金保留 10% 的补偿性余额。试问:(1)如果企业在此协议下,全年借款为 40 万元,借款的实际利率为多少?(2)如果企业还需要为信贷额度内的未使用的部分支付 0.5% 的承诺费,那么利率为多少?

解:
(1) 借款的实际利率 = 40×12%÷(40−40×10%)×100% ≈ 13.33%
(2) 借款的实际利率 = (40×12%+60×0.5%)÷(40−40×10%)×100%
    ≈ 14.17%

例 5-4 某企业按利率 8% 向银行借款 100 万元,银行要求保留 15% 的补偿性余额。那么企业可以动用的借款只有 85 万元,试问该项借款的实际利率为多少?

解:

$$补偿性余额贷款实际利率 = \frac{100 \times 8\%}{85} \approx 9.41\%$$

或

$$补偿性余额贷款实际利率 = \frac{8\%}{1-15\%} \approx 9.41\%$$

(四) 借款抵押

银行向财务风险较大的企业或对其信誉不易把握的企业发放贷款,有时需要有抵押品担保,以减少银行蒙受损失的风险。短期借款的抵押品经常是借款企业的应收账款、存货、股票、债券等。银行接受抵押品后,将根据抵押品的面值决定贷款金额,一般为抵押品面值的 30% 至 90%。这一比例的高低,取决于抵押品的变现能力和银行的风险偏好。抵押借款的成本通常高于非抵押借款,这是因为银行主要向信誉好的客户提供非抵押贷款,而将抵押贷款看成是一种风险投资,故而收取较高的利率;同时,银行管理抵押贷款要比管理非抵押贷款困难,为此往往另收取手续费。

企业向贷款人提供抵押品,会限制其财产的使用和将来的借款能力。

(五) 偿还条件

贷款的偿还有到期一次偿还和在贷款期内定期(每月、季)等额偿还两种方式。一般来讲,企业不希望采用后一种偿还方式,因为这会提高借款的实际利率。而银行不希望采用前一种偿还方式,因为这会加重企业的财务负担,增加企业的拒付风险,同时会降低实际贷款利率。

无论何种借款,银行一般都会规定还款的期限。根据我国金融制度的规定,贷款到期后仍无能力偿还的,视为逾期贷款,银行要照章加收逾期罚息。

(六) 其他承诺

银行有时还要求企业为取得贷款而作出其他承诺,如及时提供财务报表,保持适当的财务水平(如特定的流动比率)等。如企业违背作出的承诺,银行可要求企业立即偿还全部贷款。

四、短期借款利率及利息支付方式

短期借款的利率多种多样,利息的支付方式也不一,银行将根据借款企业的情况选用。

(一)短期借款的利率

借款利率分为以下三种:

1. 优惠利率

优惠利率是银行向财力雄厚、经营状况好的企业贷款时采用的利率,为贷款利率的最低限。

2. 浮动优惠利率

浮动优惠利率是一种随其他短期利率的变动而浮动的优惠利率,即随市场条件的变化而随时调整变化的优惠利率。

3. 非优惠利率

非优惠利率是银行贷款给一般企业时收取的高于优惠利率的利率。这种利率经常在优惠利率的基础上加一定的百分比。

(二)短期借款的利息支付方式

1. 利随本清法

利随本清法又称收款法,即在短期借款到期时向银行一次性支付利息和本金。采用这种方法,借款的名义利率等于实际利率。

2. 贴现法

贴现法是银行向企业发放贷款时,先从本金中扣除利息部分,而借款到期时企业再偿还全部本金的方法。按这种方法,贷款的实际利率高于名义利率。

$$实际利率 = \frac{本金 \times 名义利率}{实际借款额} = \frac{本金 \times 名义利率}{本金 - 利息} = \frac{名义利率}{1 - 名义利率} \quad (5-3)$$

例 5-5 某企业从银行取得借款 200 万元,期限为 1 年,名义利率为 10%,利息为 20 万元。按照贴现法支付利息,企业实际可动用的贷款为 180 万元(200 - 20 = 180),该项贷款的实际利率为多少?

解:

$$实际利率 = \frac{本金 \times 名义利率}{本金 - 利息} = \frac{200 \times 10\%}{200 - 20} \approx 11.11\%$$

或

$$实际利率 = \frac{10\%}{1 - 10\%} \approx 11.11\%$$

3. 加息法

加息法是银行发放分期等额偿还贷款本息时采用的利息收取法。在约定分期等额偿还贷款的情况下,银行要将根据名义利率计算的利息加到贷款本金上,计算出贷款本利和。要求企业在贷款期内分期还本付息。由于贷款本金分期均衡偿还,借款企业实际上只平均使用了贷款本金的半数,却支付全额利息。这样企业实际利率是名义利率的两倍。

例 5-6 企业借入名义利率为 12% 的贷款 20 000 元,采用加息法分 12 个月等额偿还本息,企业的实际利率是多少?

解:

有效使用资金数额 = 20 000 ÷ 2 = 10 000(元)

企业支付银行的利息 = 20 000 × 12% = 2 400(元)

实际利率 = 2 400 ÷ 10 000 = 24%

故实际利率是名义利率的两倍。

五、短期借款筹资的优缺点

（一）短期银行借款的优点

短期银行借款具有以下优点：

(1) 筹资速度快。一是和证券筹资相比，银行借款所需的时间较短。因为证券筹资要经过申请批准、印制证券、证券发行等环节，而银行借款不用。二是和长期借款相比，公司获得短期借款所需的时间要短得多。

(2) 资金成本低。短期银行借款的利率比长期借款和发行债券的利率都要低，且无需支付大量的发行费，所以其资金成本相对较低。

(3) 筹资弹性好。企业与银行可以直接接触，通过当面商谈，确定借款的时间、数额和利率。在借款期间，如果企业情况发生变化，也可以与银行进行协商，在资金需要增加时借入，在资金需要减少时还款。

（二）短期银行借款的缺点

短期银行借款具有以下缺点：

(1) 筹资风险大。短期资金的偿还期短，在筹资数额较大的情况下，如公司资金调度不周，就有可能无力按期偿付本金和利息，甚至被迫破产。

(2) 限制较多。向银行借款，银行要对企业的经营和财务状况进行调查以后才能决定是否贷款，有些银行还要对企业有一定的控制权，要企业把流动比率、负债比率维持在一定的范围之内，这些都会构成对企业的限制。

第三节　商业信用

商业信用是企业筹集短期资金的重要方式。在传统的"钱货两清"结算制下，企业之间不存在信用行为，购买者须当即付款。但随着市场经济的发展，商业信用已逐渐成为企业提升竞争力的主要手段。

一、商业信用的形式

企业利用商业信用筹资，主要有以下两种形式。

（一）在采购环节：先收货，后付款——赊购商品

赊购商品是一种最典型、最常见的商业信用形式。赊购商品通常可采用应付账款或应付票据两种形式进行结算。应付账款(accounts payable)是指企业购买商品或接受劳务应当支付而尚未支付的各种款项；应付票据(bills payable)是企业进行延期付款商品交易时开具的反映债权债务关系的票据，支付期一般为1~6个月，最长不超过9个月。根据承兑人的不同，应付票据分为商业承兑票据和银行承兑票据两种。应付票据可以带息，也可以不带息，由此可分为带息票据和不带息票据。如果计息的话，其利率一般低于银行借款的年利率，且不用保持相应的补偿性余额和支付协议费、手续费等，所以，应付票据的筹资成本低于银行的借款成本。我国目前大多数票据属于不带息票据。

（二）在销售环节：先收款，后发货——预售商品

预收账款(advances received)是指卖方按商品预售合同或协议规定，在交付货物之前向买

方预先收取部分或全部货款的信用形式。对于卖方来说,预收账款相当于向买方借用资金后用货物抵偿,是另一种典型的商业信用形式。通常情况下,买方对于紧俏商品乐于采用这种方式办理货款的结算,以便取得期货。另外,对于生产周期长、资金需要量大的商品,生产者也常常向订货者分次预收货款,以缓解资金占用过多的矛盾。

二、商业信用的条件

商业信用的条件是指销货人对付款时间和现金折扣所作的具体规定,从总体上来看,主要有以下三种形式:

(一) 预收货款

在这种信用条件下,买方须在卖方发出货物之前支付货款。它通常只是在卖方对买方的信用缺乏了解或表示怀疑,以及销售生产周期长、售价高的产品的情况下使用。在这种情况下,销售单位可以暂时获得资金来源,但购货单位要预先垫支一笔资金。

(二) 按发票票面额付款,无现金折扣

在这种信用条件下,卖方允许买方在交易发生后一定时期内按发票面额支付货款,即使买方提前付款也无现金折扣。如"net 45",是表示要在 45 天内按发票金额如数付清。

(三) 按发票票面额付款,提前支付有折扣

在这种信用条件下,卖方允许买方在一定时期内按发票金额付清,但若买方提前付款,卖方可给予买方一定的现金折扣优惠。如买方不享受现金折扣,则可在较长的时间内占用卖方的资金,但必须在一定时期内付清账款。如"2/10,$n/30$",就表示在开票之日起 10 天内付款,可享受 2% 的现金折扣,如果放弃,则全部货款 30 天付清。

三、现金折扣成本的计算

(引导案例分析)在销售方提供现金折扣的情况下,如果购买单位在规定折扣期内付款,便可享受免费的短期资金,这种情况下购买单位没有因为享受信用而付出代价;如果在折扣期限和信用期限期间付款,购买单位则要承担因放弃现金折扣而造成的利息成本(现金折扣可以理解成是延期付款的利息成本);如果付款时间超过了信用期限,购买单位不仅要承担因放弃现金折扣而造成的利息成本,而且还要承担因信用缺失可能带来的无形成本。放弃现金折扣的成本计算公式如下:

$$\text{放弃现金折扣的成本} = \frac{\text{折扣百分比}}{1-\text{折扣百分比}} \times \frac{360}{\text{信用期}-\text{折扣期}} \tag{5-4}$$

应付账款是销货方为了维护购销业务关系,在一定时期内为购货方免费提供的短期资金融通方式。但是,如果超过了一定的时间,购货方就要承担一定的代价,包括放弃现金折扣所带来的"硬成本"和失去信用所带来的"软成本"。那么,怎样有效安排"免费"资金的使用?下面结合例子予以说明。

例 5-7 某企业拟以"2/10,$n/30$"信用条件购买一批原料。试分析其具体情况,计算企业是否应享受现金折扣。

解:如果销货单位提供现金折扣,购买单位应尽量获得此折扣,如果企业不享受现金折扣,则换得 98% 应付款使用 20 天,付出的代价是应付款的 2%(现金折扣),因此,丧失现金折扣的机会成本很高。

$$放弃现金折扣的成本 = \frac{2\% \times 360}{(1-2\%) \times (30-10)} \times 100\% = 36.7\%$$

这表明,只要企业筹资成本不超过 36.7%,就应当在第 10 天付款。

实际情况下,放弃折扣的信用筹资还要高。因为,如果将 20 天作为一个计息期,1 年就有 360/20=18 个计息期。考虑复利因素,则放弃现金折扣的商业信用成本应为:

$$实际成本率 = \left(1 + \frac{2\%}{1-2\%}\right)^{18} - 1 = 43.86\%$$

计算结果表明,买方企业如果放弃现金折扣,利用商业信用筹资的近似成本是36.7%,实际成本是43.8%,代价是很高的。因此企业一般不会放弃现金折扣,即使万不得已,企业也应将付款时间推迟到信用期最后一天,以最大限度地缩小筹资成本。

另外,如果多次不能支付货款,长时间拖欠,企业还将要承担商业信用的另一种成本,即企业信用等级的下降,以致不能利用商业信用购买商品,被迫接受货到付款或货前付款的苛刻要求。

企业可以享有现金折扣、放弃现金折扣、逾期付款。放弃现金折扣有一个放弃成本,企业应将放弃成本率与银行借款年利率相比,如前者大于后者,则企业付出的代价大,对企业不利。

四、商业信用筹资的优缺点

商业信用产生于商品交换之中,据有关资料统计,这种短期筹资在许多企业中占流动负债的 40% 左右,它是企业重要的短期资金来源。

商业信用筹资的优点主要表现为:

(1) 筹资方便。因为商业信用与商品买卖同时进行,属于一种自然性融资,使用灵活且具有弹性,企业可根据某个时期内所需资金的多少,灵活掌握。而且不需办理手续,一般也不附加条件,使用比较方便。

(2) 限制条件少。商业信用比其他筹资方式宽松,无需担保和抵押,选择余地大。

(3) 成本低。大多数商业信用都是卖方免费提供的,因此与其他筹资方式相比,成本较低。若没有现金折扣,或者企业不放弃现金折扣,以及使用不带息的应付票据,则企业利用商业筹资并不产生筹资成本。

商业信用筹资的缺点主要表现为:

(1) 期限较短。它受生产和商品流转周期的限制,一般只能是短期信用,尤其是应付账款,不利于企业对资金的统筹运用。

(2) 风险大。对应付账款而言,若放弃现金折扣,则需负担较高的成本。对应付票据而言,若不带息,可利用的机会极少,若带息则成本较高。

(3) 在放弃现金折扣时所承担的机会成本高。

第四节　其他短期筹资项目

一、短期融资券

短期融资券是由企业发行的无担保短期本票。短期融资券发源于与商品和劳务交易相关联的商业票据。与商业票据不同的是,短期融资券是一种脱离了商品交易过程的商业票据,是纯粹为了筹措短期资金签发的票据。

(一) 短期融资券的特征

短期融资券市场的健康发展有利于改变直接融资与间接融资比例失调的状况,有利于完善货币政策传导机制,有利于维护金融整体稳定,有利于促进金融市场全面协调可持续发展。

我国的短期融资券具有以下特征:

(1) 发行人。短期融资券的发行人为非金融企业。

(2) 发行对象。融资券不对社会公众发行,只对银行间债券市场的机构投资人发行,在银行间债券市场交易,可以在全国银行间债券市场机构投资人之间流通转让。

(3) 发行方式。融资券发行时由符合条件的金融机构承销,企业自主选择主承销商,企业变更主承销商需报中国人民银行备案;需要组织承销团的,由主承销商组织承销团;企业不得自行销售融资券;承销方式及相关费用由企业和承销机构协商确定。

(4) 发行价格。融资券的发行利率或发行价格由企业和承销机构协商确定。

(5) 发行期限。它是一种短期债券品种,其期限最长不超过365天,发行企业可在上述最长期限内自主确定每期融资券的期限。

(6) 发行规模。企业发行的融资券将实行余额管理,即待偿还的融资券余额不超过企业净资产的40%。

(7) 投资风险。融资券的投资风险由投资人自行承担。

融资券采用实名记账方式在中央国债登记结算有限责任公司登记托管,中央结算公司负责提供有关服务。中国人民银行依法对它的发行、交易、登记、托管、结算、兑付进行监督管理。

(二) 短期融资券的种类

按不同的标准,可对短期融资券作不同的分类。

(1) 按发行方式不同,分为经纪人代销的融资券和直接销售的融资券。

经纪人代销的融资券又称间接销售融资券,它是指先由发行人卖给经纪人,然后由经纪人再卖给投资者的融资券。经纪人主要有银行、投资信托公司、证券公司等。企业委托经纪人发行融资券,要支付一定数额的手续费。

直接销售的融资券是指发行人直接销售给最终投资者的融资券。直接发行融资券的公司通常是指经营金融业务的公司或有附属金融机构的公司,它们有自己的分支网点,有专门的金融人才,因此,有力量自己组织推销工作,从而节省了间接发行时应付给证券公司的手续费。直接销售的融资券目前已占有相当大的比重。

(2) 按发行人的不同,可分为金融企业的融资券和非金融企业的融资券。

金融企业的融资券主要是指由各大公司所属的财务公司、各种投资信托公司、银行控股公司等发行的融资券。这类融资券一般都采用直接发行的方式。

非金融企业的融资券是指没有设立财务公司的工商企业所发行的融资券。这类企业一般规模不大,多数采用间接方式来发行融资券。

(3) 按融资券的发行和流通范围不同,可分为国内融资券和国际融资券。

国内融资券是一国发行者在其国内金融市场上发行的融资券。发行这种融资券一般只要遵循本国法律法规和金融市场惯例即可。

国际融资券是一国发行者在其本国以外的金融市场上发行的融资券。发行这种融资券,必须遵循有关国家和国际金融市场上的惯例。在美国货币市场和欧洲货币市场上,这种国际的短期融资券很多。

(三) 短期融资券筹资的优缺点

1. 短期融资券筹资的优点

短期融资券具有以下优点:

(1) 筹资成本较低。在西方国家,短期融资券的利率加上发行成本,通常要低于银行的同期贷款利率。这是因为在采用短期融资券筹资时,筹资者与投资者直接往来,绕开了银行中介,节省了一笔原应付给银行的筹资费用。但目前我国短期融资券的利率一般要比银行借款利率高,这主要是因为我国短期融资券市场刚刚建立,投资者对短期融资券缺乏了解。随着短期融资券市场的不断完善,短期融资券的利率会逐渐接近银行贷款利率,直到略低于银行贷款利率。

(2) 筹资数额较大。银行一般不会向企业贷放巨额的流动资金借款,比如在西方,商业银行贷给个别公司的最大金额不能超过该公司资本的10%。因而,对于需要巨额资金的企业,短期融资券这一方式尤为适用。

(3) 能够提高企业的信誉。能在货币市场上发行短期融资券的公司都是著名的大公司,因而,一家公司如果能在货币市场上发行自己的短期融资券,就说明该公司的信誉很好。

2. 短期融资券筹资的缺点

短期融资券具有以下缺点:

(1) 风险比较大。短期融资券到期必须归还,一般不会有延期的可能。到期不归还,会产生严重后果。

(2) 弹性比较小。只有当企业的资金需求达到一定数量时才能使用短期融资券,如果数量少,则不宜采用短期融资券方式。另外,短期融资券一般不能提前偿还,即使企业资金比较宽裕,也要等到期才能还款。

(3) 条件比较严格。并不是任何企业都能发行短期融资券。必须是信誉好、实力强、效益高的企业才能使用,而一些小企业或信誉不太好的企业则不能利用短期融资券来筹集资金。

二、经营租赁

(一) 经营租赁的含义

经营租赁又称营业租赁或服务租赁,是融资租赁的对称。经营租赁泛指融资租赁以外的其他一切租赁形式,是由出租人向承租企业提供租赁设备,并提供设备维修保养和人员培训等服务性业务。

经营租赁是由大型生产企业的租赁部或专业租赁公司通过向用户出租本厂产品的一种租赁业务。出租人一般拥有自己的出租物仓库,一旦承租人提出要求,即可直接把设备出租给用户使用,同时,出租人还可为承租人提供设备的保养维修服务。用户按租约缴租金,在租用期满后退还设备。这种租赁方式适用于租赁期较短、技术更新较快的项目,且在租约期内可中止合同,退还设备,不过租金相对要高一些。由于这种方式出租人必须连续多次出租设备才能收回设备的投资并获取利润,故称经营租赁为"非全额清偿"的租赁。

(二) 经营租赁的主要特点

1. 可撤销性

这种租赁是一种可解约的租赁,租赁合同中通常包括取消条款,在合理的条件下,承租人预先通知出租人即可解除租赁合同,承租方可以在合同到期前提前结束与出租方的租赁关系,将租赁物退还出租方。或者要求更换租赁物,以租赁更先进的设备。

2. 租赁期限较短

经营租赁的期限比较短,一般不超过租赁资产寿命的50%。

3. 不转让所有权

承租人不拥有租赁资产的所有权,也不将其作为资产入账,租赁期满资产归还出租人。租赁资产的风险和报酬属于出租人。

4. 不构成承租人的负债

承租人除应付租金外,资产价值不作为其负债处理。

5. 不完全付清性

经营租赁的租金总额一般不足以弥补出租人的租赁物成本并使其获得正常收益。基本租期内,出租人只能从出租中收回设备的部分垫支资本,须通过该项设备以后多次出租给多个承租人使用或在市场上出售,方能补足未收回的那部分设备投资外加其应获得的利润。因此,经营租赁不是全额清偿的租赁。

6. 出租方负责对租赁物的维修和保养

在经营租赁中,租赁机构不仅提供融资便利,还提供维修管理等专门服务,对出租设备的适用性、技术性负责,并承担过时风险,负责购买保险。出租方负责租赁物的维修和保养,所需费用可在租金中计算,也可以分次单独计算。经营租赁的对象主要是技术进步快、用途较广泛或使用具有季节性的物品。

（三）经营租赁的手续

经营租赁是一种双边交易,业务手续比较简单,大致可分为以下几个步骤:

(1) 未来承租人把自己所需租赁的设备名称、规格和型号向租赁机构提出委托。

(2) 租赁机构研究该项委托后,与未来承租人一起磋商租赁设备的租期、租金和支付方式等租赁条款,待谈妥后与未来承租人签订租赁合同。为简化手续,经营租赁的出租人往往将各类待出租设备按不同的租期和支付方式,分别列出固定租赁费率,供承租人选择,承租人只需按固定格式填写一份表格式简单租约。

(3) 出租人交货、收租金并提供出租设备的维修服务。

(4) 出租人到期收回租赁设备。

三、应收票据贴现

（一）应收票据贴现的含义

贴现就是指票据持有人将未到期的票据在背书后送交银行,银行受理后从票据到期值中扣除按银行贴现率计算确定的贴息,然后将余额付给持票人,作为银行对企业的短期贷款。背书的应收票据是此项借款的担保品。

应收票据的背书是指持票人在票据背后签字,签字人称为背书人,背书人对票据的到期付款负连带责任。银行贴现所扣的利息称为银行贴现息,银行贴现时所用利率称为贴现率,票据价值就是票据的到期值,不带息票据的到期值为票据的面值,带息票据的到期值为票据到期时的本金加利息。

应收票据贴现是指企业以未到期应收票据向银行融通资金,银行按票据的应收金额扣除一定期间的贴现利息后,将余额付给企业的筹资行为。

（二）应收票据贴现的类型

应收票据的贴现有带追索权贴现和不带追索权贴现两种情况。

1. 带追索权贴现

所谓追索权,是指企业在转让应收票据的情况下,接受方在应收票据拒付或逾期支付时,向应收票据转让方索取应收金额的权利。带追索权贴现时,贴现企业因背书而在法律上负有连带偿债责任,这种责任可能发生,也可能不发生;可能是部分的,也可能是全部的。

2. 不带追索权贴现

不带追索权贴现时,票据一经贴现,企业将应收票据上的风险(不可收回账款的可能性)和未来经济利益全部转让给银行,企业贴现所得金额与票据账面价值之间的差额,计入当期损益。

目前我国应收票据的贴现一般都带有追索权,按照现行会计制度规定的方法,贴现后直接转销"应收票据"科目,不再单独设置会计科目反映或有负债,而是将这项潜在的债务责任在资产负债表附注中加以说明。

(三) 应收票据贴现的计算

1. 计算应收票据到期值

$$不带息票据到期值 = 面值$$

$$带息票据到期值 = 面值 \times (1 + 利率 \times 期限)$$

票据到期日的确定:可按月计算或按日计算。

按月计算应以到期月份与出票日同一天为票据到期日。

按日计算应从出票日起按实际经过天数扣足计算,习惯上对出票日和到期日只算一天。

2. 计算贴现利息

$$贴现利息 = 到期值 \times 月贴现率 \times 贴现月数$$

或

$$贴现利息 = 到期值 \times 贴现率 \div 360 \times 贴现日数$$

式中,贴现日数 = 票据期限 - 已持有票据期限。按照我国的规定,贴现期按贴现日到汇票到期前一日计算。

3. 计算贴现金额

$$贴现金额 = 到期值 - 贴现利息$$

例 5-8 2021 年 3 月 1 日,甲方从乙方购进材料一批,价款为 200 000 元,合同约定甲方签发并经银行承兑、期限半年的不带息银行承兑汇票。乙方因急需用款,于 7 月 1 日持票向银行申请贴现,贴现率按月息 6‰。试计算贴现利息和贴现实收金额。

解:其计算过程如下:

(1) 票据到期值 = 200 000(元)

(2) 贴现利息 = 200 000 × 6‰ × 2 = 2 400(元)

(3) 贴现实收金额 = 200 000 - 2 400 = 197 600(元)

例 5-9 2021 年 4 月 30 日以 4 月 15 日签发 60 天到期、票面利率为 10%,票据面值为 600 000 元的带息应收票据向银行贴现,贴现率为 16%。试计算贴现利息和贴现实收金额。

解:其计算过程如下:

(1) 票据到期值 = 600 000 + 600 000 × 10% ÷ 360 × 60 = 610 000(元)

贴现天数从贴现日 4 月 30 日至到期日 6 月 14 日,共计 45 天。

(2) 贴现利息 = 610 000 × 16‰ ÷ 360 × 45 = 12 200(元)

(3) 贴现金额 = 610 000 − 12 200 = 597 800(元)

复习思考题

1. 短期筹资有何特点？主要包括哪几种方式？
2. 商业信用条件有哪几种形式？商业信用筹资规模的大小取决于哪些因素？
3. 什么叫信用额度贷款？它与周转信用协议有何区别？
4. 请解释为什么在分期等额偿还贷款方式下,附加利息法的实际利率为名义利率的两倍。
5. 什么是短期融资券？短期融资券筹资的优缺点是什么？
6. 什么是经营租赁？其有什么特点？
7. 商业票据有何优点？它是如何起到"桥梁融资"作用的？

小试牛刀

判断题

1. [2019·真题]如果企业利用应付账款进行筹资而无需支付利息,则可以认为采用这种商业信用形式是没有筹资成本的。（　）

2. [2019·真题]企业利用商业信用筹资比较机动灵活,而且期限较短,不会恶化企业信用水平。（　）

3. [2019·真题]不考虑其他因素的影响,如果债券的票面利率大于市场利率,则债券的期限越长,价值就越低。（　）

4. [2018·真题]一般而言,短期债券融资比长期债券融资成本高。（　）

5. [2018·真题]在银行授予企业的信贷额度内,企业可按需贷款,银行应承担企业在限额内贷款所需资金的全部权利义务。（　）

6. [2017·真题]应付账款是供应商给企业的一种商业信用,采用这种融资方式是没有成本的。（　）

参考答案

第三篇
投资管理

第六章 项目投资管理

学 习 目 标

- 掌握项目投资的含义、特点、内容和一般程序
- 掌握项目投资现金流量的含义与计算方法
- 掌握常用投资评价指标的计算
- 掌握不确定性投资决策方法
- 熟悉长期投资决策指标在不同情况下的具体运用

第一节 项目投资概述

一、项目投资的含义和特点

项目投资(project investment)是指对企业内部生产经营所需要的长期资产的投资,也称为对内长期投资,或者"投资项目分析与评价"。项目投资决策是指企业对长期投资项目进行规划、评价和取舍的过程。相对于短期投资而言,项目投资一般具有投资数额大、投资周期长、投资风险大、变现能力差和不可逆转等特征,因而项目投资决策的正确与否对企业的经营发展有重大的影响。从以上特点可以看出,项目投资对企业非常重要,轻率的投资对企业有害无益。任何项目投资都需要依照科学的程序和方法进行。本节主要阐述项目投资的种类和基本程序。

> **小案例**
>
> 一个关于车位的例子:购买车位,50年使用权,一次性付款90 000元,每年须缴管理费600元,年底支付。租车位,每年租金3 600元,每年年底支付。假定50年中预计无风险收益率为年利率3%。这里购买车位是一个项目投资,其投资数额大、周期长,因而风险大,变现能力也较差;而租车位则属于短期经营决策,投入金额小,流动性好,风险比较小。

二、项目投资的分类

(一) 按投资项目之间的关系分类

1. 独立项目

独立项目(independent projects)是指各项目的决策相互独立,一个项目的接受与否不会对其他项目产生影响。如企业有A、B、C三个投资项目,在资金充足的情况下,三个投资项目只要满足投资决策标准,均可接受,其中某个项目的取舍不会影响其他项目的接受与否。

2. 互斥项目

互斥项目(mutually exclusive projects)是指多个投资项目之间是一种竞争的互相排斥的关系,当其中一个项目被选中时,其他项目就要被淘汰。如企业购买机器设备的决策,有 A、B 两种型号可以选择,如果选择 A 型号,那么就必须放弃 B 型号。

(二)按投资项目的现金流动模式分类

1. 常规投资项目

常规投资项目的现金流量分布呈现出这样一种状态:项目投资初期一般净现金流量表现为流出,以后各年一般表现为流入,项目的净现金流量由负值向正值转换,其正负符号只变换一次。

2. 非常规投资项目

非常规投资项目的现金流量在项目期内,正、负值交错出现,且正、负符号变换在一次以上。

(三)根据投资在生产过程中的作用分类

1. 初创项目

初创项目是在建立新企业时所进行的各种投资项目。它的特点是投入的资金通过建设形成企业化的原始资产,为企业的生产、经营创造必要的条件。

2. 后续项目

后续项目是指为巩固和发展企业再生产所进行的各项投资,主要包括为维持企业简单再生产所进行的更新性投资项目,为实现扩大再生产所进行的追加性投资项目,为调整生产经营方向所进行的转移性投资项目等。

三、项目投资程序

投资是一项具体而复杂的系统工程,通过企业长期的实践经验总结,科学的项目投资决策程序一般可按序时的方法分为事前、事中、事后三个阶段。事前阶段也称投资决策阶段,主要包括投资方案的提出、评价与决策;事中阶段的主要工作是实施投资方案并对其进行监督和控制;事后阶段指在投资项目结束后对投资效果进行的事后审计与评价。

(一)事前阶段:投资项目的决策

投资项目决策阶段是整个投资过程的开始阶段,也是最重要的阶段,此阶段决定了投资项目的性质、资金的流向和投资项目未来的收益能力。

(1)投资项目的提出。产生新的有价值的创意,进而提出投资方案是非常重要的。新创意可以来自公司的各级部门。企业的各级管理人员可以根据企业发展业务的需要提出意向性投资意见,如购买新的生产设备、扩建厂房等,然后由企业的生产、市场和财务等部门的专业人士讨论,提出初步的投资计划。

(2)投资项目的评价。投资项目的评价主要包括:一是由生产、市场以及财务等专家分头预计项目的产量、销量、市场占有率、现金流量等关键指标;二是综合运用各项指标,通过一定的方法,对投资项目进行可行性分析,淘汰不可行的投资项目,对可行的投资项目进行下一步的选择。

(3)投资项目的决策。投资可行性分析后,企业的领导者要根据企业的战略目标,对可行的不同投资项目进行决策选择。在企业的不同阶段,决策选择的依据可能不同,有时依据市场销量,有时依据现金流量,有时依据企业价值。但无论根据何种指标,决策一般分为以下三种情况:接受这个投资项目;拒绝这个项目,不进行投资;退还给项目提出部门,重新调查和修改后再作处理。

(二) 事中阶段:投资项目的实施与监控

一旦选定某个投资项目后,就要积极付诸实施并进行有效的监督和控制。在实施过程中,具体要做好以下工作:①为投资方案筹集资金;②按照拟定的投资方案有计划分步骤地实施投资项目;③对项目的实施进度、工程质量、施工成本等进行控制和监督,确保投资项目如期完成预算任务;④定期进行投资项目的后续分析,将项目实际的现金流和收益与预算进行比较,找出差异并分析原因,提出不同的处理意见,作出是延迟投资、放弃投资还是扩充或缩减投资的决策。

(三) 事后阶段:投资项目的事后审计与评价

投资项目的事后审计主要由公司内部审计机构完成,将投资项目的实际表现与原来的预期进行比较,通过对其差异的分析进一步发现并了解某些关键性问题。

按照审计结果对投资项目进行绩效评价,并据此建立相应的激励制度,以持续提高管理效率。通过对比项目的实际值与预测值,事后审计还可以把责任引进投资预测的过程。需要说明的是,某一项目的实际值和预测值的偏差并不应该作为评价预测者能力的唯一指标,然而,如果持续地产生预测错误,则表明该分析人员的预测技术的确需要改进。

四、投资项目计算期

投资项目计算期是指投资项目从投资建设开始到最终清理结束整个过程的全部时间,即该项目的有效持续时间,如图 6-1 所示。

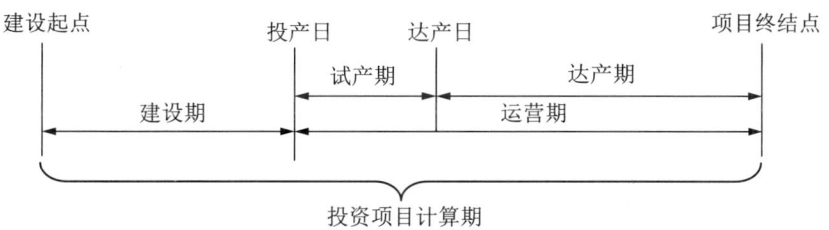

图 6-1 投资项目计算期

投资项目计算期包括建设期和运营期(具体又包括试产期和达产期)。其中建设期是指项目资金正式投入开始到项目建成投产为止所需要的时间。建设期的第一年初称为建设起点(记作第 0 年),建设期的最后一年年末称为投产日(记作第 s 年)。在实践中,通常应参照项目建设的合理工期或项目的建设进度计划合理确定建设期。项目计算期的最后一年年末称为终结点(记作第 n 年),假定项目最终报废或清理均发生在终结点(但更新改造除外)。从投产日到终结点之间的时间间隔称为运营期,又包括试产期和达产期(完全达到设计生产能力)两个阶段。试产期是指项目投入生产,但生产能力尚未完全达到设计能力时的过渡阶段。达产期是指生产运营达到设计预期水平后的时间。运营期一般应根据项目主要设备的经济使用寿命期确定。

项目计算期(n)、建设期(s)和运营期(p)之间存在以下关系:

$$项目计算期(n) = 建设期(s) + 运营期(p) \tag{6-1}$$

$$运营期 = 试产期 + 达产期 \tag{6-2}$$

第二节　现金流量的内容及其估算

在进行投资决策时,需要用特定的指标对备选的投资方案进行可行性分析,而这些指标的计算是以投资项目的现金流量为基础的。因此,评价投资项目可行与否,首先必须确定投资项目的现金流量。

一、投资项目中使用现金流量的原因

现金流量(cash flow),是指一个投资项目使企业现金流入和现金流出的变化数量。现金流量包括现金流入量、现金流出量和现金净流量三个概念。其中,现金流入量是指投资项目所引起现金收入的增加额;现金流出量是指投资项目所引起现金支出的增加额;现金净流量是指一定时期内现金流入量减去现金流出量后的差额。必须注意的是,这里介绍的现金流量,与财务会计现金流量表中所使用的现金流量相比,无论是具体构成内容还是计算口径可能都存在较大差异,不应将它们混为一谈,它不仅包括货币资金的增减变化,还可能包括原材料、机会成本等的增减变化。

之所以要以现金流量作为评价项目经济效益的基础,而不是以净利润或项目收入,主要基于以下几方面的原因:

(一) 从投资项目完整的期限上看,现金(净)流量总额和利润总额一般相等

从一个投资项目完整的期限看,投资者从中能获得多少利润,就应该能够获得多少等额的现金,因此,一般可以用现金流量代替利润来评价投资项目。我们用下面这个简单的例子作个解释。

例 6-1　某个投资项目,需要投资1 000万元,一年建成,使用期限为2年,投入使用后每年可获得现金销售收入1 500万元,支付现金成本500万元,投资项目不考虑残值。下面我们从这个投资项目的完整期限3年分别计算投资者获得的利润总额和现金流量总额,如表6-1所示。

表6-1　利润总额和现金流量的计算　　　　　　　　　　　　　　单位:万元

项　　目	1	2	3	总　　计
投资额	−1 000	0	0	
现金销售收入		1 500	1 500	
现金支付成本		500	500	
折旧		500	500	
利润		500	500	1 000
现金流量总计	−1 000	1 000	1 000	1 000

(二) 现金流量不易操纵,比利润更加客观可靠

利润在各年的分布,受折旧、存货计价、间接费用分配、成本计算方法等会计政策选择的影响,人为操纵可能性大,容易给投资者造成错觉;而现金流量的分布相对客观,不受会计政策选

择的影响,同时考虑了评价项目的机会成本,对投资者评价投资项目而言更为可靠。

(三) 采用现金流量分析,有利于科学地考虑货币时间价值

利润的计算是以 1 年为单位,并不说明利润是在年头还是年尾获得。而作为投资者则是希望能在尽早的时间收回投资,而现金流量则可以清楚地告诉投资者投资是在什么时间收回的。

(四) 在投资分析中,现金流动性比盈亏状况更重要

一个项目能否维持下去,不取决于一定期间是否盈利,而取决于有没有现金用于各种支付。有些时候,投资项目有利润,但由于利润质量等问题,往往缺乏足够现金支持项目持续运转。

二、投资项目的现金流量及其估算

(一) 投资项目现金流量的构成

按照投资项目的投资时间,可以将投资项目引起的现金流量变化分为以下几个部分:

1. 初始现金流量

初始现金流量是指开始投资时候发生的现金流量,一般是指现金的流出,具体包括以下几个部分:

(1) 建设投资。建设投资,是指在项目建设期内所发生的固定资产、无形资产和开办费等各项投资。主要包括投资前费用、设备购置费用与设备安装费用。投资前费用是指正式投资之前为做好各项准备工作而花费的费用。主要包括勘察设计费、技术资料费、土地购入费和其他费用,该项费用总额要在综合考虑以上费用的基础上,合理加以预测。设备购置费用是指为购买投资项目所需各项设备而发生的支出,企业财务人员要根据所需设备的数量、规格、型号、性能、价格水平、运输费用等预测设备购置费的多少。设备安装费用是指为安装各种设备所需的费用。这部分费用主要根据安装设备的多少、安装的难度、安装的工作量、当地安装的收费标准等因素进行预测。这些投资中值得注意的是,固定资产原值(按会计标准)等于固定资产投资加建设期贷款利息,但考虑到建设期资本化利息是个筹资问题,故在投资现金流量估算中不作为现金流出处理。

(2) 营运资金垫支。投资项目建成后,必须垫支一定的营运资金才能投入运营。这部分资金一般到项目寿命终结时才能收回,所以,这种投资视作长期投资而非短期投资。营运资金的垫支可能发生在建设期内,也可能发生在生产经营期内,为简化分析,一般假定发生在建设期的末期(或发生在经营期的初期)。

(3) 其他方面的投资。主要包括与长期投资有关的职工培训费、谈判费、注册费等。

(4) 原有固定资产的变价收入。变价收入主要是指固定资产更新时变卖原有固定资产所得的现金收入。

(5) 不可预见的费用。如设备价格的上涨、出现自然灾害等。

2. 营业现金流量

营业现金流量是指投资项目整个经营期内由于生产经营活动而导致的现金流入和流出,一般以年为单位进行计算。

(1) 营业现金收入。营业现金收入是指项目投产后的生产经营期内实现的销售收入或业务收入。本期发生的赊销额不应计入本期的现金流入,而回收以前时期的赊销额则应计入本期的现金流入。从长期来看,在企业产销规模和商业信用政策比较稳定的情况下,各期营业收入与营业现金收入基本上是平衡的。因为,在形成新的应收账款的同时,旧的应收账款可以收回,所以,为了简化计算,可假定二者相等,不再单独计算。

(2)营业现金支出。营业现金支出又称付现的营运成本,是指在生产经营期内每年发生的用现金支付的成本。它是当年的总成本扣除该年折旧额、无形资产摊销额、开办费摊销额等项目后的差额。虽然这些扣除项目也是总成本的重要组成部分,但是它不需要动用现实的货币资金支付,所以不属于付现的营运成本。

(3)税金支出。税金支出是指生产经营期内企业实际支付的流转税、所得税等税金。

3. 终结现金流量

终结现金流量是指投资项目完结时发生的现金流量。它主要包括:

(1)回收的固定资产残值,是指投资项目的固定资产,在报废处理时所收回的净值。此项现金流入一般发生在项目计算期最后一年的年末,即发生在项目计算期的终结点。

(2)垫支营运资金的回收,是指生产经营期结束时回收的原垫付的全部流动资金,此项现金流入只发生在项目计算期的终结点。

(3)停止使用的土地变价收入等。

(4)项目终结时发生的清理费用。

(二)现金净流量的计算

一定时期内该项目导致的现金流入量减去现金流出量的差额,称为现金净流量(net cash flow,NCF)。根据现金流量不同时期的变化,分别计算项目投资初始期、项目经营期和项目终结期的现金净流量如下:

1. 初始现金净流量的计算

$$初始现金净流量 = 建设投资 + 营运资金垫支 + 其他投资支出 - 原固定资产变价收入 \tag{6-3}$$

以上流出中,建设投资额一定发生,其余视投资项目的具体情况而定。流动资金投资应根据与项目有关的经营期每年流动资产需用额和每年流动负债需用额的差来确定本年营运资金需用额,然后用本年营运资金需用额减去截止上年末的余额确定本年的营运资金增加额。

2. 营业现金净流量的计算

在项目投资决策实务中,营业现金净流量使用的是税后营业现金净流量。税后现金流量的计算有三种方法,即直接法、间接法和税收影响法,具体公式为:

$$直接法:营业现金净流量 = 营业收入 - 付现成本 - 所得税 \tag{6-4}$$

$$间接法:营业现金净流量 = 净利润 + 折旧 \tag{6-5}$$

$$税收影响法:营业现金净流量 = 收入 \times (1-税率) - 付现成本 \times (1-税率) + 折旧 \times 税率 \tag{6-6}$$

上述三个计算公式中,最常用的是公式(6-6),因为企业的所得税是根据企业总利润计算的。在决定某个项目是否投资时,我们往往使用差额分析法确定现金流量,并不知道整个企业的利润及与此有关的所得税,这就妨碍了公式(6-4)和公式(6-5)的使用。

3. 终结现金净流量的计算

$$终结现金净流量 = 固定资产的残值或变价收入 + 营运资金垫支的回收 + 停止使用的土地变价收入 - 清理费 \tag{6-7}$$

下面,我们通过实例来说明具体项目中现金净流量的计算。

例 6-2 某公司准备购入一设备以扩充生产能力,现有甲、乙两个方案可供选择。假设所得税税率为 25%,公司资金成本率为 10%。

甲方案需投资 30 000 元,使用寿命为 5 年,采用直线法计提折旧,5 年后设备无残值,5 年中每年销售收入为 15 000 元,每年付现成本为 5 000 元。

乙方案需投资 40 000 元,使用寿命、折旧方法与甲方案相同,5 年后有残值收入 5 000 元,5 年中每年销售收入为 18 000 元,付现成本第 1 年为 6 000 元,以后随着设备陈旧,逐年将增加修理费 300 元。开始投资时还需垫支营运资金 3 000 元。

要求计算两个方案各年的净现金流量。

解:
(1) 甲方案每年折旧额 = 30 000 ÷ 5 = 6 000(元)
$NCF_0 = -30\,000$(元)
$NCF_{1-5} = 15\,000 - 5\,000 - (15\,000 - 5\,000 - 6\,000) \times 25\% = 9\,000$(元)
(2) 乙方案每年折旧额 = (40 000 - 5 000) ÷ 5 = 7 000(元)
$NCF_0 = -(40\,000 + 3\,000) = -43\,000$(元)
$NCF_1 = 18\,000 - 6\,000 - (18\,000 - 6\,000 - 7\,000) \times 25\% = 10\,750$(元)
$NCF_2 = 18\,000 - 6\,300 - (18\,000 - 6\,300 - 7\,000) \times 25\% = 10\,525$(元)
$NCF_3 = 18\,000 - 6\,600 - (18\,000 - 6\,600 - 7\,000) \times 25\% = 10\,300$(元)
$NCF_4 = 18\,000 - 6\,900 - (18\,000 - 6\,900 - 7\,000) \times 25\% = 10\,075$(元)
$NCF_5 = 18\,000 - 7\,200 - (18\,000 - 7\,200 - 7\,000) \times 25\% + 5\,000 + 3\,000$
    $= 17\,850$(元)

三、所得税和折旧对现金流量的影响

所得税是企业的一种现金流出,它取决于利润大小和税率高低,而利润大小受折旧方法的影响,因此,讨论所得税问题必然会涉及折旧问题。折旧对投资决策产生影响,实际是由所得税引起的。所以,这两个问题要放在一起讨论。

前面已介绍过现金流量的计算公式,在式(6-6)中,将营业现金净流量分为税后收入、税后成本和折旧抵税三部分。

(一)税后成本

如果有人问你,你租的宿舍房租是多少,你一定会很快将你每月付出的租金说出来。如果问一位企业家,他的工厂厂房租金是多少,他的答案会比实际每个月付出的租金要少一些。因为租金是一项可以减免所得税的费用,所以应以税后的基础来观察。凡是可以减免税负的项目,实际支付额并不是真实的成本,而应将因此而减少的所得税考虑进去。

理解: 税后成本是指扣除了所得税影响以后的费用净额。

(二)税后收入

如果有人问你,你每月工资收入是多少,你可能很快回答工资单上的合计数。如果你刚刚出版了一本书,有人问你得到多少稿酬,你的答案比出版社计算的稿酬要少一些。因为通常一本书的稿酬会超过征税的起点,而你的工资可能并不征税。

理解: 由于所得税的作用,企业营业收入的金额有一部分会流出企业,企业实际得到的现金流入是税后收入。

(三)折旧抵税

固定资产折旧对企业来说是一项重要的成本项目,当折旧额增加时,企业的利润会相应减少,从而使企业的所得税减少。

理解:"折旧抵税"是指折旧可以起到减少税负的作用。

下面用一个例子来说明存在所得税的情况下,投资决策的分析方法。

例 6-3 某公司有一台设备,购于 3 年前,现在考虑是否需要更新。该公司所得税税率为 25%,其他有关资料如表 6-2 所示。

表 6-2 某公司设备的有关资料

项 目	旧 设 备	新 设 备
原价/元	60 000	50 000
税法规定残值(10%)	6 000	5 000
税法规定使用年限/年	6	4
已用年限/年	3	0
尚可使用年限/年	4	4
每年操作成本/元	8 600	5 000
两年末大修支出/元	28 000	
最终报废残值/元	7 000	10 000
目前变现价值/元	10 000	
每年折旧额:	(直线法)	(年数总和法)
第一年/元	9 000	18 000
第二年/元	9 000	13 500
第三年/元	9 000	9 000
第四年/元	0	4 500

假设两台设备的生产能力相同,并且未来可使用年限相同,因此可通过比较其现金流出的总现值,判断方案优劣,如表 6-3 所示。更换新设备的现金流出总现值为 46 453.375 元,比继续使用旧设备的现金流出总现值 43 336.50 元要多出 3 116.87 元。因此,继续使用旧设备较好。如果未来的尚可使用年限不同,则需要将总现值转换成平均年成本,然后进行比较。

表 6-3 两种方案优劣的判断   单位:元

项 目	现金流量	时间(年/次)	系数($i=10\%$)	现 值
继续用旧设备:				
旧设备变现价值	−10 000	0	1	−10 000
旧设备变现损失减税	(10 000−33 000)×0.25=−5 750	0	1	−5 750
每年付现操作成本	−8 600×(1−0.25)=−6 450	1～4	3.170	−20 446.5
每年折旧抵税	9 000×0.25=2 250	1～3	2.487	5 595.75
两年末大修成本	−28 000×(1−0.25)=−21 000	2	0.826	−17 346
残值变现收入	7 000	4	0.683	4 781
残值变现净收入纳税	−(7 000−6 000)×0.25=−250	4	0.683	−170.75
合 计				−43 336.5

续 表

项 目	现金流量	时间 (年/次)	系数 ($i=10\%$)	现 值
更换新设备：				
设备投资	$-50\,000$	0	1	$-50\,000$
每年付现操作成本	$-5\,000\times(1-0.25)=-3\,750$	1～4	3.170	$-11\,887.5$
每年折旧抵税：				
第一年	$18\,000\times0.25=4\,500$	1	0.909	$4\,090.5$
第二年	$13\,500\times0.25=3\,375$	2	0.826	$2\,787.75$
第三年	$9\,000\times0.25=2\,250$	3	0.751	$1\,689.75$
第四年	$4\,500\times0.25=1\,125$	4	0.683	768.375
残值收入	$10\,000$	4	0.683	$6\,830$
残值净收入纳税	$-(10\,000-5\,000)\times0.25=-1\,250$	4	0.683	-853.75
合 计				$-46\,574.875$

四、通货膨胀对现金流量的影响

通货膨胀是指因货币供给大于货币实际需求，而引起的一段时间内物价持续而普遍地上涨现象。通货膨胀会导致货币购买力下降，从而影响项目投资价值。通货膨胀对项目投资价值的影响，表现在项目现金流量和贴现率两个方面。实际现金流量、名义现金流量和实际利率的计算公式如下：

$$\text{NCF}_{ts}=(1-T)(R_t-E_t)+TD_t \tag{6-8}$$

$$\text{NCF}_{tm}=\text{NCF}_{ts}\times(1+f)^n \tag{6-9}$$

$$i=(1+I)/(1+f)-1 \tag{6-10}$$

式中，NCF_{ts} 为第 t 年的实际现金净流量；NCF_{tm} 为第 t 年的名义现金净流量；R_t 为第 t 年的现金流入；E_t 为第 t 年的现金流出；D_t 为第 t 年折旧额；f 为通货膨胀率；I 为名义利率；T 为所得税税率。

在通货膨胀情况下，估算投资项目的现金流量现值时应遵循一致性原则，即用名义贴现率对各项的名义现金流量进行折现，或用实际贴现率对实际现金流量进行折现。两种方法计算应该是一致的。

假设某项目初始投资 $3\,000$ 万元，年销售收入和经营成本分别为 $1\,400$ 万元和 400 万元（不变价格）。固定资产在有效使用期 5 年内直线折旧，不计残值，则年折旧额为 600 万元。假设所得税税率为 25%，名义利率为 12%，通货膨胀率为 3%。表 6-4 给出了本项目实际净现金流量和实际贴现率的计算过程。表 6-5 给出了本项目名义净现金流量和名义贴现率的计算过程。

表 6-4 项目实际净现金流量和实际贴现率的计算过程

年 份	0	1	2	3	4	5
初始投资(I_0)/万元	$-3\,000$					
销售收入(R_t)/万元		$1\,400$	$1\,400$	$1\,400$	$1\,400$	$1\,400$
经营成本(E_t)/万元		400	400	400	400	400

续 表

年 份	0	1	2	3	4	5
年折旧额(D_t)/万元		600	600	600	600	600
净现金流量(NCF_{ts})/万元	−3 000	900	900	900	900	900
$PVIF_{8.74\%, n}$	1	0.919 6	0.845 7	0.777 8	0.715 2	0.657 8
净现金流量的现值/万元	−3 000	827.64	761.13	700.02	643.68	592.02

注:实际贴现率 $i = (1+I)/(1+f) - 1 = (1+12\%)/(1+3\%) - 1 \approx 8.74\%$。

表 6-5　项目名义净现金流量和名义贴现率的计算过程

年 份	0	1	2	3	4	5
通货膨胀率/万元		1.03	1.03	1.03	1.03	1.03
净现金流量/万元	−3 000	900×1.03 =927	900×1.03^2 =954.81	900×1.03^3 =983.45	900×1.03^4 =1 012.96	900×1.03^5 =1 043.35
$PVIF_{12\%, n}$/万元	1	0.892 9	0.797 2	0.711 8	0.635 5	0.567 4
NCF_{tm}的现值（按名义利率12%折现）/万元	−3 000	827.72	761.17	700.03	643.74	592.00

表 6-4 和表 6-5 中计算的结果的差异是由于计算误差所造成的。

第三节　项目投资决策的基本方法

一个投资项目是否可行既要考虑经济效益,也要考虑其他非经济因素,如与企业战略是否相符,技术上是否先进等,最后才能作出决策判断。项目投资决策主要是从经济效益角度来评估。其基本方法按是否考虑货币时间价值,分为非贴现(静态)评价法和贴现(动态)评价法两类。

一、非贴现评价法

非贴现评价法是指项目投资评价时不考虑资金时间价值的一类方法,主要包括投资报酬率法和静态投资回收期法等。

(一) 投资报酬率法

投资报酬率(return on investment)法是指生产经营期正常年度平均利润额占投资总额的比率来判断项目优劣的一种决策方法。对生产经营期内各年的利润总额波动幅度较大的项目,应计算年平均利润总额。投资报酬率的计算公式如下:

$$投资报酬率 = \frac{经营期年均利润额}{初始投资额} \qquad (6\text{-}11)$$

例 6-4 某企业拟购买一设备,现有 A、B 两种方案可供选择,假定两个方案的使用年限均为 5 年。预计 A 方案需要投资 30 000 元,在经营期内每年的利润额均为 8 400 元;预计 B 方案需要投资 43 000 元,在经营的 5 年期间利润额分别为 10 000 元、9 820 元、9 640 元、9 460 元和 17 280 元;请分别计算甲乙方案的投资报酬率。

解:甲方案的投资报酬率=8 400÷30 000=0.28

乙方案的投资报酬率=(10 000+9 820+9 640+9 460+17 280)÷5÷43 000≈0.26

因此,甲方案较优。

投资报酬率法的决策规则是:对于独立项目,当投资报酬率≥基准投资报酬率时,项目可行;反之,不可行;对于互斥项目,首先将各项目所计算的投资报酬率与预先确定的基准投资报酬率进行比较,选出各可行项目,然后在各可行项目中,选择投资报酬率最高者。

该方法的优点在于计算简便,便于操作。但缺点在于:没有考虑资金时间价值,没有反映建设期长短及投资时间不同对项目的不同影响;该指标的分子是时期指标,分母是时点指标,因而可比性较差。

毫无疑问,在对单一项目进行评价时,计算出来的投资报酬率高于企业要求的最低报酬率才可行;在对不同投资项目进行比较时,以投资报酬率高的项目为优。

(二) 静态投资回收期法

回收期是指收回原始投资所需要的时间,也就是用每年现金净流量抵偿原始投资所需要的全部时间。静态投资回收期(static payback period),就是不考虑货币时间价值的回收期。静态投资回收期包括两种形式:一种是包括建设期的投资回收期;另一种是不包括建设期的投资回收期。一般说来,回收期越短越好,经验上一般认为少于项目完整期限的 1/2 为宜。

根据项目投资后每年产生的现金净流量是否相等,投资回收期有两种计算方法。

1. 每年净现金流量相等时的回收期计算方法

如果投资后每年的现金净流量相等,则投资回收期按下列公式计算:

$$投资回收期(PP) = \frac{初始投资总额}{每年现金净流量} \tag{6-12}$$

按上述公式计算的投资回收期是不包括建设期的投资回收期。如果要计算包括建设期的投资回收期,则应在上述公式计算结果的基础上再加上建设期。

2. 每年净现金流量不相等时的回收期计算方法

当生产经营期内各年现金净流量不相等时,就不能采用前面介绍的公式进行计算。此种情况下,先计算累计净现金流量,当累计净现金流量为零时,此年限即为投资回收期;当累计净现金流量无法直接找到零时,可利用相邻的正值和负值采用插值法计算回收期(此种方法计算的回收期包括建设期)。

如果投资后每年的现金净流量不相等,则静态投资回收期按下列公式计算:

$$\sum_{t=0}^{PP} NCF_t = 0$$

或:

$$静态投资回收期(PP) = 收回原始投资的前一年(M) + \frac{第\,M\,年尚未收回的投资额}{第(M+1)年的现金净流量} \tag{6-13}$$

理解：投资回收期是一种"盈亏平衡"的计算,因为这意味着如果现金流量按照预期的速度流回,那么到投资回收期的年份,项目就达到盈亏平衡。

例 6-5 以例 6-2 中的资料为例,分别计算甲乙方案的静态投资回收期。

解:甲方案的投资回收期：$30\,000 \div 9\,000 \approx 3.33$(年)

$$乙方案投资回收期 = 4 + \frac{43\,000 - 10\,750 - 10\,525 - 10\,300 - 10\,075}{17\,850} \approx 4.076(年)$$

静态投资回收期法的决策规则是:①对于独立项目,当投资回收期≤基准投资回收期时,项目可行;反之,项目不可行。②对于互斥项目,首先将各项目所计算的投资回收期与预先确定的基准投资回收期进行比较,选出各可行项目。然后在各可行项目中,选择投资回收期最短的项目。

静态投资回收期方法的优点是:方法简单,易于广泛采用;可在一定程度上反映方案的风险程度。一般投资回收期越短,说明投资方案的风险越小,反之,风险越大。

静态投资回收期方法的缺点是:没有考虑货币时间价值因素;没有考虑回收期满后继续发生的净现金流量的变化情况,忽视了投资方案的获利能力。易促使企业接受短期项目,而放弃有战略意义的长期项目。

二、贴现评价法

资金在不同的时间具有不同的价值。贴现评价法是指项目投资评价时考虑资金时间价值的一类方法,贴现评价方法主要有净现值法、现值指数法、内含报酬率法等。

(一)净现值法

净现值(net present value,NPV)是指在项目计算期内按特定的贴现率计算的各年净现金流量现值的代数和。净现值指标的基本计算公式为:

$$净现值(NPV) = \sum_{t=0}^{n} \frac{NCF_t}{(1+i)^t} \tag{6-14}$$

式中,i 为折现率;NCF_t 为第 t 年的现金净流量。

在实践中,贴现率通常可以参考以下几种标准进行选择:①投资项目的资金成本或企业的平均资金成本;②投资项目的机会成本;③行业平均收益率;④投资者希望获得的预期最低报酬率;⑤市场利率;⑥不同阶段采用不同的贴现率。

净现值法的决策规则是:在只有一个备选方案的采纳与否决策中,净现值为正则采纳,意味着该投资项目能够为投资者带来收益;在多个备选方案的互斥选择决策中,应选用净现值是正值且是最大者。

例 6-6 某企业拟建一项固定资产,需投资 100 万元,按直线法计提折旧,使用寿命为 10 年,期末无残值。该项工程于当年投产,预计投产后每年可获利 10 万元。假定该项目的行业基准折现率为 10%。试求其净现值。

解:原始投资额 $NCF_0 = 100$(万元),投产后每年相等的净现金流量 $NCF_{1\sim10} = 10 + 100/10 = 20$(万元)。

所以,运用普通年金的现值公式(参见附录四),计算净现值如下:

$$NPV = -100 + 20(P/A, 10, 10\%) = 22.891(万元)$$

例 6-7 某公司拟购入一台设备,现有三个方案可供选择(互斥方案),各项投资终结时均无残值且采用直线法计提折旧费。假设该项投资必要的投资报酬率为 10%,有关数据如表 6-6 所示,要求用净现值法进行决策。

表 6-6　三个投资方案的有关数据　　　　　　　　　　　单位:元

年　份	A 方案		B 方案		C 方案	
	净收益	现金净流量	净收益	现金净流量	净收益	现金净流量
0		−20 000		−9 000		−12 000
1	1 800	11 800	−1 800	1 200	600	4 600
2	3 240	13 240	3 000	6 000	600	4 600
3			3 000	6 000	600	4 600

解:

$NPV_A = -20\,000 + 11\,800/1.1 + 13\,240/1.1^2 \approx 1\,669$(元)

$NPV_B = -9\,000 + 1\,200/1.1 + 6\,000/1.1^2 + 6\,000/1.1^3 \approx 1\,557$(元)

$NPV_C = -12\,000 + 4\,600/1.1 + 4\,600/1.1^2 + 4\,600/1.1^3 \approx -560$(元)

A、B 两项投资的净现值为正数,说明该方案的报酬率超过 10%,理论上这两个方案是有利的,由于 $NPV_A > NPV_B$,则应选择 A 方案;而 C 方案净现值为负数,说明该方案的报酬率达不到 10%,因而应予放弃。

假设投资项目的原始资本都是借入的,贴现率为借入资金的利息率,当 $NPV > 0$ 时,表明投资项目未来报酬的总现值偿还投资额的本息后仍有剩余,所以,投资方案可行;反之,投资方案不可行。

净现值法有如下优点:①它充分考虑了货币时间价值,不仅估算现金流量的数额,而且还考虑了现金流量的时间;②它能反映投资项目在整个经济年限内,经过折现后总的净收益;③它可以根据需要来改变贴现率,因为项目的经济年限越长,贴现率变动的可能性越大,在计算净现值时,只需改变公式中的分母即可;④与其他方法同时使用时,该种方法决策的准确性较高。但是,该方法也存在一定缺点。由于它是一个绝对指标,当不同投资方案的投资额不相等时,单纯利用这个指标进行评价,结果会发生偏差。所以,还必须同时使用其他指标进行决策。

(二) 现值指数法

现值指数(present value index)又称为获利指数,是项目未来现金净流量的现值与初始投资额现值之比。现值指数法是运用项目现值指数进行评估的决策方法。现值指数的计算公式如下:

现值指数 PI = 项目未来现金净流量的现值(投资收益现值)/初始投资额现值
　　　　　= 1 + 净现值/初始投资额现值　　　　　　　　　　　　　　　(6-15)

现值指数法的决策规则是:①对于独立项目,现值指数≥1,项目可行;反之,不可行。②对于互斥项目,首先选择现值指数≥1 的可行项目,然后在可行项目中选择现值指数最大的那个项目。在当前资金很有限的条件下,该指标比净现值指标更有用。但是,它们都依赖于贴现率,带有主观性。

例 6-8 在例 6-7 中的三个方案的现值指数依次为:

$PI_A = 1 + 1\ 669/20\ 000 = 1.08$

$PI_B = 1 + 1\ 557/9\ 000 = 1.17$

$PI_C = 1 - 560/12\ 000 = 0.95$

A、B 投资方案的现值指数均大于 1,说明其收益超过成本,即投资报酬率超过预定的贴现率。C 项投资方案的现值指数小于 1,说明其投资报酬率没有达到预定的贴现率。在资金很有限的条件下,因 $PI_B > PI_A$,所以 B 方案应是首选方案。

现值指数法的优点是:考虑了时间价值,能够真实地反映投资项目的盈亏程度。由于现值指数可以看成是 1 元初始投资可望获得的现值净收益,是个相对数,它反映了投资的效率,可用于投资额不同的项目的比较。其缺点是:不能直接反映各项目的实际收益率水平。

(三) 内含报酬率法

内含报酬率(internal reward rate),也称为内部收益率(internal rate of return, IRR),是指能够使未来现金流入量现值等于未来现金流出量现值的贴现率,或者说是使投资方案净现值等于零的贴现率。内部收益率法是通过计算使项目投资的净现值等于零时的折现率来评价投资项目的一种决策方法。其计算公式如下:

$$NPV = \sum_{t=0}^{n} \frac{NCF_t}{(1+IRR)^t} = 0 \qquad (6-16)$$

式中,IRR 为内部收益率,NCF_t 为第 t 年的现金净流量。

根据项目投资后每年产生的现金净流量是否相等,内部收益率的计算有两种方法:

1. 投资后各年的现金净流量相等

(1) 计算年金现值系数。

$$(P/A, IRR, n) = 初始投资额 / 年现金净流量$$

(2) 查 1 元年金现值系数表,找出最接近内部收益率的上下两个折现率,r_1 和 r_2。

$$(P/A, r_1, n) = C_1 > C = (P/A, IRR, n)$$

$$(P/A, r_2, n) = C_2 < C = (P/A, IRR, n)$$

(3) 插值法求出内部收益率。

$$IRR = r_1 + \frac{C_1 - C}{C_1 - C_2} \times (r_2 - r_1) \qquad (6-17)$$

2. 投资后各年的现金净流量不等

在这种情况下,可采用逐次测试法来确定内部收益率。其计算方法是:

首先估计一个折现率,用它来计算方案的净现值;如果净现值为正数,说明方案本身内部收益率超过估计的折现率,应提高折现率后进一步测试;如果净现值为负数,说明方案本身的内部收益率低于估计的折现率,应降低折现率后进一步测试。经过多次测试,可依据净现值由

正到负两个相邻的折现率,用插值法算出其近似的内部收益率。其计算公式为:

$$\text{IRR} = r_1 + (r_2 - r_1) \times \frac{|\text{NPV}_1|}{|\text{NPV}_1| + |\text{NPV}_2|} \tag{6-18}$$

式中,r_1 为净现值为正数时的折现率;r_2 为净现值为负数时的折现率;$|\text{NPV}_1|$ 为以 r_1 折现的净现值的绝对值;$|\text{NPV}_2|$ 为以 r_2 折现的净现值的绝对值。

内部收益率法的决策规则是:①对于独立项目,IRR≥基准内部收益率,项目可行;反之,不可行。②对于互斥项目,首先选择 IRR≥基准内部收益率的项目,然后在可行项目中选择 IRR 最大的那个项目。

例 6-9 有一投资项目 A,净现金流量如表 6-7 所示,试计算该项目的内含报酬率。

表 6-7 项目净现金流量　　　　　　　　　　　　　　　　　单位:元

年　份	净现金流量
0	－20 000
1	11 800
2	13 240

内含报酬率的计算通常采用逐步测试法。首先是估计一个贴现率,用它来计算方案的净现值;如果净现值为正数,说明方案本身的报酬率超过估计的贴现率,应提高贴现率作进一步测试;如果反之,则否,一直到净现值为零的贴现率,即为方案本身的贴现率。

根据上述资料,分别采用 18% 和 16% 进行测试。内含报酬率的逐步测试过程如表 6-8 所示。

表 6-8 内含报酬率的逐步测试过程

年　份	净现金流量/元	贴现率=18%		贴现率=16%	
		贴现系数	现值/元	贴现系数	现值/元
0	－20 000	1	－20 000	1	－20 000
1	11 800	0.847	9 995	0.862	10 172
2	13 240	0.718	9 560	0.743	9 837
净现值			－499		9

采用贴现率为 16% 测试,方案的净现值是 9,接近零,可以认为 A 方案的报酬率就是 16%。如果对该测试结果不满意,还可以通过插值法进行改善。

内含报酬率 = 16% + (2% × 9) ÷ (9 + 499) = 16.04%

净现值法和现值指数法虽然考虑了时间价值,可以说明投资方案高于或低于某一特定的投资报酬率,但没有揭示方案本身可以达到的报酬率是多少。而内含报酬率是根据方案的现金流量计算的,为方案本身的投资报酬率。因此,内含报酬率法的优点在于:考虑货币时间价值;能反映投资项目的实际收益率;可用于投资额不同的项目的比较。然而,内含报酬率也存在缺点:由于内含报酬率隐含了再投资的假设,以内含报酬率作为再投资报酬率,具有较大的主观性,一般与实际情况不符;此外,对于非常规方案,内含报酬率可能出现多个 IRR,也可能无解。

(四) 动态投资回收期

动态投资回收期需要将投资引进的未来现金净流量进行贴现,以未来现金净流量的现值等于原始投资额现值时所经历的时间为回收期。

(1) 未来每年现金净流量相等时:

$$(P/A,i,n)=\frac{原始投资额现值}{每年现金净流量} \tag{6-19}$$

计算出年金现值系数后,通过查年金现值系数表,利用插值法,即可推算出回收期 n。

(2) 未来每年现金净流量不相等时:

在这种情况下,应把每年的现金净流量逐一贴现并加总,根据累计现金流量现值来确定回收期。

$$动态投资回收期(PP)=收回原始投资的前一年(M)+\frac{第M年尚未收回的投资额的现值}{第(M+1)年现金净流量的现值} \tag{6-20}$$

与静态投资回收期相比,动态投资回收期考虑了资金的时间价值,但仍然没有考虑回收期以后的现金流量。

三、项目投资决策方法的比较

(一) 非贴现指标与贴现指标的比较

(1) 非贴现指标把不同时点上的现金收入和支出当作毫无差别的资金进行对比,忽略了资金的时间价值因素,这是不科学的。而贴现指标把不同时点收入或支出的现金按统一的贴现率折算到同一时点上,使不同时期的现金具有可比性,这样才能作出正确的投资决策。

(2) 投资回收期、投资报酬率等非贴现指标对寿命不同、资金投入的时间和提供收益的时间不同的投资方案缺乏鉴别能力。而贴现指标则可以通过净现值、内含报酬率和现值指数等指标,有时还可以通过净现值的年均化方法进行综合分析,从而作出正确合理的决策。

(3) 非贴现指标中的投资报酬率、投资回收期等指标,由于没有考虑资金的时间价值,因而,实际上是夸大了项目的盈利水平。而贴现指标中的内含报酬率是以预计的现金流量为基础,考虑了货币的时间价值以后计算出的真实报酬率。

(4) 在运用投资回收期这一指标时,标准回收期是方案取舍的依据。但标准回收期一般都是以经验或主观判断为基础来确定的,缺乏客观依据。而贴现指标中的净现值和内含报酬率等指标实际上都是以企业的资金成本为取舍依据的,任何企业的资金成本都可以通过计算得到;因此,这一取舍标准符合客观实际。

(二) 贴现指标间的相互比较

1. 净现值与内含报酬率的比较

在多数情况下,运用净现值和内含报酬率这两种方法得出的结论是相同的。但在如下两种情况下,有时会产生差异:①初始投资不一致,一个项目的初始投资大于另一个项目的初始投资;②现金流入的时间不一致,一个在最初几年流入的较多,另一个在最后几年流入的较多。尽管是在这两种情况下两者产生了差异,但引起差异的原因是共同的,即两种方法假定中期产生的现金流量进行再投资时,会产生不同的报酬率。净现值法假定产生的现金流入量重新投资会产生相当于企业资金成本的利润率,而内含报酬率法却假定现金流入量重新投资产生的利润率与此项目的特定的内含报酬率相同。

在无资本限量的情况下,净现值法是一个比较好的方法。

2. 净现值与现值指数的比较

由于净现值和现值指数使用的是相同的信息,在评价投资项目的优劣时,它们常常是一致的,但有时也会产生分歧。

只有当初始投资不同时,净现值和现值指数才会产生差异。由于净现值是用各期现金流量现值减初始投资,而现值指数是用现金流量值除以初始投资。因而评价的结果可能会产生不一致。

最高的净现值符合企业的最大利益。也就是说,净现值越高,企业的收益越大。而现值指数只反映投资回收的程度,不反映投资回收的多少。在没有资本限量情况下的互斥选择决策中,应选用净现值较大的投资项目。也就是说,当现值指数与净现值作出不同结论时,应以净现值为准。

总之,在无资本限量的情况下,利用净现值法在所有的投资评价中都能作出正确的决策。而利用内含报酬率和现值指数在采纳与否决策中也能作出正确的决策,但在互斥选择决策中有时会作出错误的决策。因而,在这三种评价方法中,净现值法是最好的评价方法。为什么会得出这样的结论呢?可以用下面例子进行说明。

例 6-10 有 A、B 两个投资项目,它们的初始投资额不等,净现金流量情况如表 6-9 所示。

表 6-9 项目净现金流量情况表

指 标	年 度	A 项目	B 项目
初始投资额/元	0	110 000	10 000
营业现金流量/元	1	50 000	5 050
	2	50 000	5 050
	3	50 000	5 050
NPV		6 100	1 726
IRR		17.28%	24.03%
PI		1.06	1.17
资本成本		14%	14%

从表 6-9 可以看出,对于 A、B 两个项目,如果采用净现值法,则 A 项目要优于 B 项目;如果采用内含报酬率法,则 B 项目优于 A 项目,和前者产生矛盾。再比较净现值法和现值指数法,也有矛盾的出现。

矛盾之所以会出现,其原因就在于:当我们用净现值法对投资项目进行评价时,都假定两个项目的第 1 年和第 2 年的现金流量,在以后的投资项目期限内会产生相同的投资报酬,即资本成本 14%,并且用这个报酬率进行了项目评价;而在内含报酬率法中,假定 A 项目的第 1 年和第 2 年现金流量在以后的项目投资期限内产生 17.28% 的报酬率;而 B 项目第 1 年和第 2 年的现金流量在以后的投资项目期限内将产生 24.03% 的报酬率。

所以在本例中,资本成本是 14% 的情况下,A 项目的投资额虽然较 B 项目大,但是净现值也较B项目高,能够给企业带来更多的财富。因此,A项目要优于B项目。

当资本成本逐渐升高时会怎样呢？可以分别计算不同资本成本情况下的A、B项目净现值,如表6-10所示。

表6-10 不同资本成本情况下A、B项目净现值的比较 单位:元

贴现率	NPV_A	NPV_B
0	40 000	5 150
5	26 150	3 751
10	14 350	2 559
15	4 150	1 529
20	−4 700	635
25	−12 400	−142

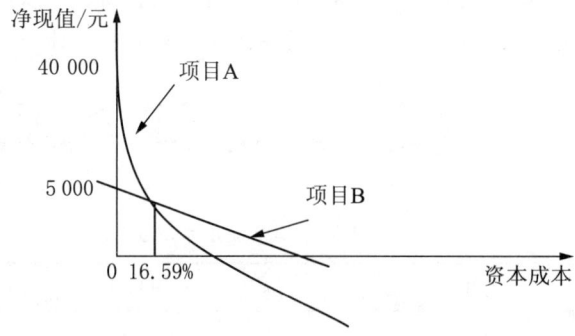

图6-2 净现值和内含报酬率对比图

A、B项目净现值和内含报酬率对比如图6-2所示。从图6-2中可以看出,当资本成本低于16.59%时,A项目净现值大于B项目,A项目优于B项目;当资本成本高于16.59%时,B项目无论净现值还是内含报酬率均大于A项目,所以B项目优于A项目。

所以说,在不同评价指标出现矛盾的情况下,以净现值评价结论为主。

同样可以分析出,净现值法和现值指数法出现矛盾的原因在于初始投资额不同,前者采用减法,后者采用除法。但是基于企业追求最大财富的原因,净现值大者优先。因此,也是以净现值法结论为主。

第四节 投资决策方法的应用

在实践中,长期投资决策所涉及的内容复杂多样,需要将前面讲过的基本方法进行灵活运用。

一、固定资产更新决策

固定资产更新是用新资产替代在经济上和技术上都不宜继续使用的旧资产。对企业来

说,由于科学技术的进步,过时的旧设备往往需要过多的维修费用来维持设备保持正常的生产能力,如果不能及时进行更新换代,很可能导致企业生产成本上升、竞争力下降、市场份额萎缩。在市场竞争激烈的形势下,这显然是很危险的信号。但是对旧设备进行更新,意味着企业需要进行新的长期投资支出。那么,到底是否应该选用对旧设备进行更新呢?对此,应该选用科学方法进行判断。

(一) 新旧设备未来可使用年限相同情况下的投资决策

例 6-11 上好公司有一台 4 年前购入的设备,购置成本为 100 000 元,估计仍然可以使用 6 年。假定该设备已提折旧 40 000 元(直线法),账面余额为 60 000 元,期末无残值。使用这台设备公司可取得年销售收入 200 000 元,每年付现成本为 150 000 元。

现在该公司技术部门了解到市面上出现了一种新兴替代设备,可提高产品质量和产量,于是提议更新设备。已知新设备售价为 220 000 元,估计可使用 6 年,期末残值为 40 000 元,若购入新设备,旧设备可折价 30 000 元,年销售收入提高至 250 000 元,每年还可节约付现成本 10 000 元,若该公司资金成本率为 12%,所得税税率为 25%。试对设备是否应该更新进行决策。

解:在本例中我们需要在新设备和旧设备中间作一个选择,我们可以分别计算两个设备的净现值并进行比较,选择较大者进行决策。当然,出于简便考虑,我们也可以直接计算两个方案的净现金流量的差额来比较两个方案的净现值(NPV)的差额来进行决策。但值得注意的是,当两个方案的净现值都小于零时不能用差量分析法,因为此时它可能会作出错误的决策。

现用"Δ"表示新设备和旧设备相比的净现值差量,如果 $NPV > 0$,则选择新设备,否则继续使用旧设备。

(1)
新设备年折旧 =(220 000 − 40 000)/6 = 30 000(元);
旧设备年折旧 = 60 000/6 = 10 000(元);
Δ 年折旧 = 30 000 − 10 000 = 20 000(元);
(2) Δ 初始投资 = 220 000 − 30 000 − 30 000 × 25% = 182 500(元);
(3) 表 6-11 表示公司由于更新设备而引起的各年营业现金流量的增量。
(4) 表 6-12 表示更新设备和继续使用旧设备两个方案的现金流量的差量。

表 6-11　公司由于更新设备而引起的各年营业现金流量的增量　　　　　　　单位:元

项　　目	1—6 年
Δ 销售收入①	50 000
Δ 付现成本②	−10 000
Δ 折旧额③	20 000
Δ 税前净利 ④ = ① − ② − ③	40 000
Δ 所得税 ⑤ = ④ × 25%	10 000
Δ 税后净利 ⑥ = ④ − ⑤	30 000
Δ 营业净现金流量 ⑦ = ⑥ + ③ = ① − ② − ⑤	50 000

表 6-12　现金流量差量　　　　　　　　　　　　　　　　　　　　　　单位:元

项　目	0	1	2	3	4	5	6
Δ初始投资	−182 500						
Δ营业净现金流量		50 000	50 000	50 000	50 000	50 000	50 000
Δ期末现金流量							40 000
Δ现金流量	−182 500	50 000	50 000	50 000	50 000	50 000	90 000

(5) 计算净现值如下:

$$\Delta NPV = -182\ 500 + 50\ 000 \times (P/A, 12\%, 5) + 90\ 000 \times (P/F, 12\%, 6)$$
$$= -182\ 500 + 50\ 000 \times 4.355\ 3 + 90\ 000 \times 0.506\ 6$$
$$\approx 80\ 859(元)$$

可见使用新设备后,净现值可以增加 80 859 元,所以应该更新旧设备。

如果分别计算两种方案的净现值,然后比较其大小也可以得出同样的结论。

(二) 新旧设备未来可使用年限不相同情况下的投资决策

在上面例子中,假设在固定资产更新决策时,新设备的可使用年限与旧设备的剩余使用年限相等,我们采用差量净现值法进行决策。但在实际生活中更多的情况是,两种方案下的新旧设备使用年限不同,那么在这种情况下,计算净现值显然不合理,因为新旧设备的未来的现金流入即产出并不相同。但是我们可以通过比较新旧设备的年度现金流出(成本),选择成本较小的方案。

例 6-12 某企业有一台旧设备,工程技术人员提出更新要求,设备更新方案对比情况如表 6-13 所示。

表 6-13　设备更新方案对比情况表　　　　　　　　　　　　　　　　单位:元

项　目	旧设备	新设备
原　值	2 200	2 400
预计使用年限	10	10
已经使用年限	4	0
最终残值	200	300
变现价值	600	2 400
年运行成本	700	400

假设该企业要求的最低报酬率为 15%,试进行新旧设备的更新决策。

解:由于没有适当的现金流入,计算净现值或者内含报酬率均不可行。在这种情况下,我们认为年成本较低的方案是好方案。这里的年成本指的是投资方案导致的现金流出的年平均值,我们称之为固定资产的年平均成本。

所以,我们要做的就是计算新旧设备的年平均成本。如果不考虑货币时间价值,它是未来使用年限内现金流出总额和使用年限的比值。如果考虑货币时间价值,它是未来使用年限内现金流出总现值与年金现值系数的比值,即平均每年的现金流出。

1. 不考虑货币时间价值

旧设备年平均成本 = (600 + 700 × 6 − 200)/6 ≈ 767(元)

新设备年平均成本 = (2 400 + 400 × 10 − 300)/10 = 610(元)

新设备的年平均成本小于旧设备年平均成本,所以选择新设备,更新旧设备。

2. 考虑货币时间价值

如果考虑货币时间价值,有三种计算方式:

(1) 计算流出的总现值,然后分摊给每一年:

旧设备年平均成本 $= [600 + 700(P/A, 15\%, 6) - 200(P/F, 15\%, 6)] / (P/A, 15\%, 6)$
$= [600 + 700 \times 3.784 - 200 \times 0.432] / 3.784 \approx 836(元)$

新设备年平均成本 $= [2\,400 + 400(P/A, 15\%, 10) - 300(P/F, 15\%, 10)] / (P/A, 15\%, 10)$
$= [2\,400 + 400 \times 5.019 - 300 \times 0.247] / 5.019 \approx 863(元)$

新设备年平均成本大于旧设备年平均成本,因此选择继续使用旧设备。

(2) 由于各年已经有相等的运行成本,只要将原始投资额和残值摊销到每年,然后求和,也可以得到每年平均的现金流出量。

年平均成本 = 投资摊销 + 运行成本 − 残值摊销

旧设备年平均成本 $= 600/(P/A, 15\%, 6) + 700 - 200/(P/F, 15\%, 6) \approx 836(元)$

新设备年平均成本 $= 2\,400/(P/A, 15\%, 6) + 400 - 300/(P/F, 15\%, 6) \approx 863(元)$

(3) 将残值在原来投资额中扣除,视同每年承担相应的利息,然后与净投资额摊销及年运行成本总计,求出每年的平均成本。

旧设备年平均成本 $= (600 - 200)/(P/A, 15\%, 6) + 200 \times 15\% + 700 \approx 836(元)$

新设备年平均成本 $= (2\,400 - 300)/(P/A, 15\%, 6) + 300 \times 15\% + 400 \approx 863(元)$

使用设备年平均成本法需要注意以下问题:

(1) 年平均成本法就是把继续使用旧设备和购置新设备看成是两个互斥的方案,而不是一个更换设备的特定方案。即从局外人的角度来考察:一个方案是用 600 元购买旧设备,可使用 6 年;另外一个方案是 2 400 元购买新设备,可使用 10 年。在此基础上比较各自的年平均成本谁高谁低,并作出选择。

(2) 年平均成本法的假设前提是将来设备更换时,可以按照原来的年平均成本找到可替代的设备。例如旧设备 6 年后报废时,仍然可以找到使用年平均成本为 836 元的替代设备。如果有证据表示,6 年后可替换设备年平均成本会高于当前的更新设备的市场年成本(863 元),则需要把 6 年后的更新成本纳入分析范围,合并计算当前使用旧设备以及 6 年后更新设备的综合平均成本,然后与当前更新设备的年平均成本比较。这会成为多阶段决策问题。

二、资本限量决策

资本限量决策是指在企业投资资本已定的情况下所进行的投资决策,也就是说,尽管存在很多有利可图的投资项目,但由于无法筹集到足够的资本,只能在已有资本的限制下进行决策。在资本有限量的情况下,决策的原则是使企业获得最大的利益,即将有限的资本投放于一组能使净现值最大的项目组合。这样的项目组合可以通过以下两种方法获取。

(一) 净现值法

净现值法是以已获投资资本为最高限额,并以净现值总额最大为判断标准的最优化决策

方法。该方法的应用步骤如下:

第一步:计算所有项目的净现值,并列出每一项目的初始投资。

第二步:接受所有净现值≥0的项目,如果所有可接受的项目都有足够的资本,则说明资本没有限量,这一过程即可完成。

第三步:在已获投资资本不能满足所有的净现值≥0的投资项目需求的情况下,应将所有的项目在已获投资资本限量内进行各种可能的组合,并计算出各种组合的净现值总额。

第四步:接受净现值总额最大的投资组合为最优组合。

例 6-13 某企业 2020 年面临 5 个投资项目,它们的净现值如表 6-14 所示,已知该企业 2020 年的投资限额为 150 万元,2021 年的投资限额为 100 万元,2022 年的投资限额为 50 万元,基准贴现率为 10%。那么,该企业应怎样安排投资才能获得最大的收益?

表 6-14 投资项目的净现值　　　　　　　　　　　　　　　　　　　　单位:万元

项 目	A	B	C	D	E
投资额	50	40	100	60	30
净现值	12	10	32	18	11

第一步:由于所有项目的净现值均大于零,所以都具有可行性,全部保留。

第二步:2020 年的投资限额为 150 万元,把 5 个项目的投资额在限额内进行各种尽可能接近投资限额的组合,并计算出各种组合的净现值,如表 6-15 所示。

表 6-15 投资项目组合的净现值　　　　　　　　　　　　　　　　　　单位:万元

投资组合	ABD	ABE	AC	ADE	BC	BDE	CE
总投资额	150	120	150	140	140	130	130
净现值	40	33	44	41	42	39	43

由表 6-15 可知,组合 A、C 的净现值最大,为 44 万元,所以在第一个投资年度应选择项目 A、C 进行投资。

第三步:2021 年的投资限额为 100 万元,按第二步的方法把剩余的可选项目进行组合,并计算出各种组合的净现值,如表 6-16 所示。

表 6-16 投资项目组合的净现值　　　　　　　　　　　　　　　　　　单位:万元

投资组合	B、D	B、E	D、E
总投资额	100	70	90
净现值	28	21	29

由表 6-16 可知,组合 D、E 的净现值最大,为 29 万元,所以在第二个投资年度应选择项目 D、E 进行投资。

第四步:2022 年的投资限额为 50 万元,此时仅剩余一个项目 B 未投资,投资额为 40 万元,在该年度的投资限额之内,所以该年度只对项目 B 进行投资,净现值为 10 万元。

最后计算 5 个项目净现值之和:

净现值之和 $= 44 + 29 \times (P/F, 10\%, 1) + 10 \times (P/F, 10\%, 2)$

$\qquad = 44 + 29 \times 0.909\ 1 + 10 \times 0.826\ 4 = 78.627\ 9(万元)$

(二)获利指数法

获利指数法是以各投资项目获利指数的大小进行项目排队,以已获投资资本为最高限额,并以加权平均获利指数为判断标准的最优化决策方法。该方法的应用步骤是:

第一步:计算所有投资项目的获利指数,并列出每一个项目的初始投资。

第二步:接受所有获利指数≥1的项目,并按获利指数的大小进行项目的顺序排队。如果所有可接受的项目都有足够的资本,则说明资本没有限量,这一过程即可完成。

第三步:在已获投资资本不能满足所有获利指数≥1的项目需求的情况下,应对所有项目在资本限量内进行各种可能的组合(未使用资本假设可以保值,其获利指数为1),然后计算出各种最大组合的加权平均获利指数。

第四步:接受加权平均获利指数最大的一组项目。

例 6-14 某公司资本限量为 400 000 元,可供选择的投资项目如表 6-17 所示。

表 6-17 可供选择的投资项目

投资项目	初始投资/元	获利指数	净现值/元
A	300 000	1.5	150 000
B	100 000	1.8	80 000
C	200 000	1.55	110 000
D	150 000	1.67	100 000

解:因为资本限量为 400 000 元,有如表 6-18 所示的投资组合。

表 6-18 投资组合

项目组合	初始投资/元	加权平均获利指数	净现值合计/元
AB	400 000	1.575	230 000
BC	300 000	1.475	190 000
CD	350 000	1.526	210 000
BD	250 000	1.451	180 000

其中:

$$AB\text{ 的加权平均获利指数} = \frac{300\,000}{400\,000} \times 1.5 + \frac{100\,000}{400\,000} \times 1.8$$
$$= 1.125 + 0.45 = 1.575$$

$$BC\text{ 的加权平均获利指数} = \frac{100\,000}{400\,000} \times 1.8 + \frac{200\,000}{400\,000} \times 1.55 + \frac{100\,000}{400\,000} \times 1$$
$$= 0.45 + 0.775 + 0.25 = 1.475$$

$$CD\text{ 的加权平均获利指数} = \frac{200\,000}{400\,000} \times 1.55 + \frac{150\,000}{400\,000} \times 1.67 + \frac{50\,000}{400\,000} \times 1$$
$$= 0.775 + 0.626 + 0.125 = 1.526$$

$$BD\text{ 的加权平均获利指数} = \frac{100\,000}{400\,000} \times 1.8 + \frac{150\,000}{400\,000} \times 1.67 + \frac{150\,000}{400\,000} \times 1$$
$$= 0.45 + 0.626 + 0.375 = 1.451$$

由上述计算可知,最优方案是 AB,因为其净现值最大,加权平均获利指数最高。

三、固定资产经济寿命的判断

通过前面固定资产年平均成本概念,我们很容易发现,固定资产使用初期运行费比较低,以后随着设备逐渐陈旧,性能变差,维护费用、修理费用和能源消耗会逐渐增加。与此同时固定资产价值逐渐减少,资产占用的资金应计利息也会逐渐减少。随着时间的递延,运行成本和持有成本呈反方向变化,两者之和呈马鞍型,这样必然存在一个最经济的使用年限,如图 6-3 所示。

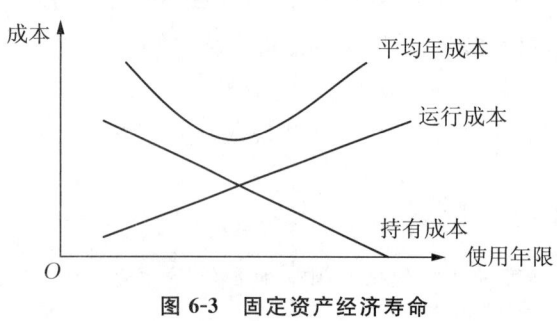

图 6-3 固定资产经济寿命

设:C 为固定资产原值;S_n 为 n 年后固定资产的折余价值;C_t 为第 t 年运行成本;n 为预计使用年限;I 为投资最低报酬率;UAC 为固定资产年平均成本,则:

$$\text{UAC} = \left[C - \frac{S}{(1+i)^n} + \sum_{t=1}^{n} \frac{C_t}{(1+i)^t} \right] \div (P/A, i, n) \quad (6-21)$$

例 6-15 设某资产原值为 1 400 万元,运行成本逐年增加,折余价值逐年下降。固定资产的经济寿命如表 6-19 所示。

表 6-19 固定资产的经济寿命

更新年限	1	2	3	4	5	6	7	8
原值/万元①	1 400	1 400	1 400	1 400	1 400	1 400	1 400	1 400
余值/万元②	1 000	760	600	460	340	240	160	100
贴现系数/万元③($i=8\%$)	0.926	0.857	0.794	0.735	0.681	0.630	0.583	0.541
余值现值/万元④=②×③	926	651	476	338	232	151	93	54
运行成本/万元⑤	200	220	250	290	340	400	450	500
运行成本现值/万元⑥=⑤×③	185	189	199	213	232	252	262	271
更新时运行成本现值/万元⑦=$\sum$⑥	185	374	573	786	1 018	1 270	1 532	1 803
现值总成本/万元⑧=①-④+⑦	659	1 123	1 497	1 848	2 186	2 519	2 839	3 149
年金现值系数⑨($i=8\%$)	0.926	1.783	2.577	3.312	3.399	4.623	5.206	5.749
年平均成本/万元⑩=⑧÷⑨	711.7	629.8	580.9	558.0	643.1	544.9	545.3	547.8

根据表中计算可知,该项资产在使用 6 年后决定更新最为宜。因为此时的年平均成本是 544.9 元,比其他时间更新的年平均成本都要低。6 年是该设备的经济寿命。

四、投资期决策

从开始投资至投资结束投入生产所需要的时间,称为投资期。集中施工力量、交叉作业、加班加点可以缩短工期,可以使投资项目提前竣工,较早投入生产,较早产生现金流入,但采取上述措施往往需要增加投资额。究竟是否应该缩短投资期,应进行认真分析,以判明得失。

在投资期决策中,可以应用前面所讲的差量分析法,根据缩短投资期与正常投资期相比的 Δ 净现金流量来计算 Δ 净现值。如果 Δ 净现值为正,说明缩短投资期有利,如果 Δ 净现值为负数,则说明缩短投资期得不偿失。当然,也可以不采用差量分析法,分别计算正常投资期和缩短投资期的净现值,并加以比较作出决策。采用差量分析法较简单,但是不能完整地表示两个方案的详细信息。

例 6-16 甲公司进行一项投资,正常投资期为三年,每年投资 200 万元,三年共需 600 万元。第四年至第十三年每年现金净流量为 210 万元。如果把投资期缩短为两年,每年需投资 320 万元,两年共投资 640 万元,竣工投产后的项目寿命和每年现金净流量不变。资本成本为 20%。假设寿命终结时无残值,不用垫支营运资金。试分析判断是否应该缩短投资期。

(1) 用差量分析法分析。首先,通过表 6-20 计算缩短投资期和正常投资期相比的 Δ 现金流量。

表 6-20　Δ 现金流量　　　　　　　　　　　　　　　　　　　单位:元

项 目	0	1	2	3	4—12	13
缩短投资期的现金流量	−320	−320	0	210	210	
正常投资期的现金流量	−200	−200	−200	0	210	210
缩短投资期的 Δ 现金流量	120	120	200	210	0	−210

其次,计算 Δ 净现值。

缩短投资期的 Δ 净现值 $= -120 - 120(P/F, 20\%, 1) + 200(P/F, 20\%, 2)$
$\qquad + 210(P/F, 20\%, 3) - 210(P/F, 20\%, 13)$
$\qquad \approx 20.9(万元)$

这表示,缩短投资期可以增加净现值 20.9 万元,所以应该采纳缩短投资期的方案。

(2) 不用差量法分析。首先,计算正常投资时的净现值。

正常投资时的净现值 $= -200 - 200(P/A, 20\%, 2) + 210(P/A, 20\%, 10)(P/F, 20\%, 3)$
$\qquad \approx 4.1(万元)$

其次,计算缩短投资期的净现值。

缩短投资期的净现值 $= -320 - 320(P/F, 20\%, 1) + 210(P/A, 20\%, 10)(P/F, 20\%, 2)$
$\qquad \approx 24.38(万元)$

可以看出,缩短投资期能增加 20.28 万元(24.38−4.1)的净现值,所以应该采用缩短投资期的方案。

第五节　不确定性投资决策

前面在讨论投资决策时,假定现金流量是一定的,避开了现金流量波动的情况,也就是不考虑风险。实际上投资风险充满了不确定性。如果决策面临的不确定性比较小，一般可以忽略其影响，把决策视为确定条件下的决策。如果决策面临的不确定性和风险比较大，那么就应该对其进行计量并在决策时加以考虑。

项目投资的风险分析通常包括决策树法、风险调整贴现率法、肯定当量法和情景分析法等。

一、决策树法

决策树法是在事件发生概率的基础上，使用简单树枝图形，明确地说明投资项目各方案的情况，完整反映决策过程的一种决策方法。决策树法考虑了投资项目未来各年现金流量之间的相互依存关系，运用条件概率和联合概率计算项目的净现值。其计算公式如下：

$$\overline{NPV} = \sum_{n=i}^{n} P_i NPV_i \tag{6-22}$$

式中，$\overline{NPV}$ 为项目投资的期望净现值；NPV_i 为第 i 年净现金流量的净现值；P_i 为第 i 种净现金流量的发生概率。

运用决策树法进行互斥选择投资决策时，应优选期望净现值大的方案；运用决策树法进行选择与否投资决策时，当期望净现值大于零时，方案可以接受，否则拒绝。

例 6-17 某企业有一投资项目，将预计各年现金流量及条件概率分布绘制为决策树如图 6-4 所示；假定资本成本为 6%。问：是否可以接受该投资项目？

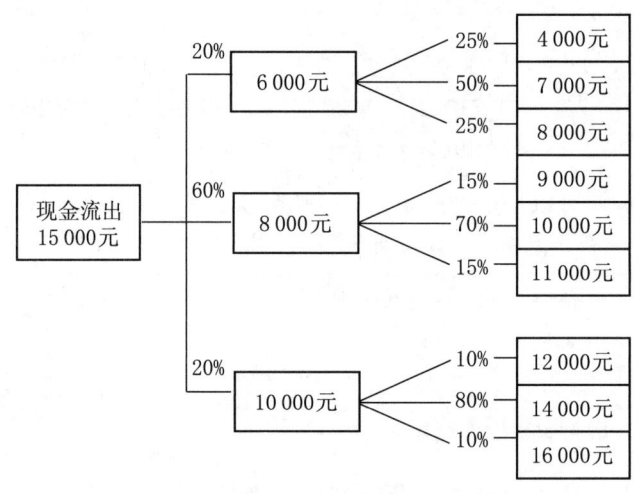

图 6-4 决策树图

解：

（1）各种情况下的净现值分别为：

$$NPV_{4\,000} = \frac{6\,000}{1+6\%} + \frac{4\,000}{(1+6\%)^2} - 15\,000 \approx -5\,779.64(元)$$

$$NPV_{7\,000} = \frac{6\,000}{1+6\%} + \frac{7\,000}{(1+6\%)^2} - 15\,000 \approx -3\,109.65(元)$$

$$NPV_{8\,000} = \frac{6\,000}{1+6\%} + \frac{8\,000}{(1+6\%)^2} - 15\,000 \approx -2\,219.65(元)$$

$$NPV_{9\,000} = \frac{6\,000}{1+6\%} + \frac{9\,000}{(1+6\%)^2} - 15\,000 \approx -1\,329.65(元)$$

$$\text{NPV}_{10\,000} = \frac{8\,000}{1+6\%} + \frac{10\,000}{(1+6\%)^2} - 15\,000 \approx -439.66(元)$$

$$\text{NPV}_{11\,000} = \frac{8\,000}{1+6\%} + \frac{11\,000}{(1+6\%)^2} - 15\,000 \approx 450.34(元)$$

$$\text{NPV}_{12\,000} = \frac{10\,000}{1+6\%} + \frac{12\,000}{(1+6\%)^2} - 15\,000 \approx 1\,340.33(元)$$

$$\text{NPV}_{14\,000} = \frac{10\,000}{1+6\%} + \frac{14\,000}{(1+6\%)^2} - 15\,000 \approx 3\,120.33(元)$$

$$\text{NPV}_{16\,000} = \frac{10\,000}{1+6\%} + \frac{16\,000}{(1+6\%)^2} - 15\,000 \approx 4\,900.32(元)$$

（2）该项目的期望净现值为：

$$\begin{aligned}\overline{\text{NPV}} =& -5\,779.64 \times 20\% \times 25\% - 3\,109.65 \times 20\% \times 50\% \\ & - 2\,219.65 \times 20\% \times 25\% - 1\,329.65 \times 60\% \times 15\% - 439.66 \times 60\% \\ & \times 70\% + 450.34 \times 60\% \times 15\% + 1\,340.33 \times 20\% \times 10\% + 3\,120.33 \\ & \times 20\% \times 80\% + 4\,900.32 \times 20\% \times 10\% \approx -250.66(元)\end{aligned}$$

由于该项目的期望净现值为 -250.66 元，小于零，因此该项目投资不可以接受。

决策树法考虑了投资项目未来各年现金流量之间的相互依存关系，为财务管理人员提供了投资项目未来各年所有可能的现金流量及其概率分布，全面反映了投资项目的风险特征，是较好的风险投资决策方法。但当项目经济年限较长时，未来现金流量的可能性很多，决策树图也十分复杂。

二、风险调整贴现率法

投资项目的风险分析常用的方法是风险调整贴现率法，它是根据项目的风险程度调整贴现率，然后根据调整后的贴现率计算项目的净现值并判断项目是否可行的一种决策方法。其计算公式为：

$$\text{NPV} = \sum_{t=0}^{n} \frac{预期现金流量}{(1+风险调整贴现率)^t} \tag{6-23}$$

风险调整贴现率法应用的主要问题是如何根据项目的风险程度来确定风险调整贴现率。一般有如下几种方法。

（一）运用资本资产定价模型

按照资本资产定价模型，可以计算投资者要求的报酬率应为：

$$投资者要求的报酬率 = 无风险报酬率 + \beta(市场平均报酬率 - 无风险报酬率) \tag{6-24}$$

尽管资本资产定价模型是在有效证券市场中建立的，实物资本市场不可能像证券市场那样有效，但是基本逻辑关系是一样的。因此，项目要求的报酬率也可利用上述公式计算，只是将 β 系数改为项目的 β 系数。

（二）运用风险报酬模型

根据前面章节的讨论，一项投资总的报酬率可以分为两个部分：无风险报酬率和风险报酬

率。因此,投资项目按照风险调整的贴现率可以表述为:

$$\text{风险调整贴现率} = \text{无风险报酬率} + \text{风险报酬系数} \times \text{标准离差率} \tag{6-25}$$

例 6-18 某公司准备上一个新的生产项目,有 A、B 两个方案可供选择。两个方案各年的现金流量及其概率如表 6-21 所示。

表 6-21 A、B 两个方案的现金流量及其概率

年	A 方案		B 方案	
	现金流入/万元	概 率	现金流入/万元	概 率
0	−900	1	−1 000	1
1	500	0.1	500	0.2
	600	0.8	650	0.6
	700	0.1	800	0.2
2	400	0.2	500	0.3
	500	0.6	550	0.4
	600	0.2	700	0.3

假设该公司投资要求的必要报酬率为 10%,已知风险报酬斜率为 0.1。则该公司面临的两个方案的风险调整贴现率是多少?如果按风险调整贴现率法进行决策,则两个方案孰优孰劣?

解:首先,计算两个方案的风险调整贴现率。

(1) A 方案:

$E_1 = 500 \times 0.1 + 600 \times 0.8 + 700 \times 0.1 = 600 (万元)$

$E_2 = 400 \times 0.2 + 500 \times 0.6 + 600 \times 0.2 = 500 (万元)$

$d_1 = \sqrt{(500-600)^2 \times 0.1 + (600-600)^2 \times 0.80 + (700-600)^2 \times 0.1} = 44.72 (万元)$

$d_2 = \sqrt{(400-500)^2 \times 0.2 + (500-500)^2 \times 0.60 + (600-500)^2 \times 0.2} = 63.25 (万元)$

$D = \sqrt{\dfrac{(44.72)^2}{1.1^2} + \dfrac{(63.25)^2}{1.1^4}} = 66.22 (万元)$

$\text{EPV} = \dfrac{600}{1.1} + \dfrac{500}{1.1^2} = 958.68 (万元)$

$Q = 66.22/958.68 = 0.07$

$K(A) = 10\% + 0.1 \times 0.07 = 10.7\%$

(2) B 方案:

$E_1 = 500 \times 0.2 + 650 \times 0.6 + 800 \times 0.2 = 650 (万元)$

$E_2 = 500 \times 0.3 + 550 \times 0.4 + 700 \times 0.3 = 580 (万元)$

$d_1 = \sqrt{(500-650)^2 \times 0.2 + (650-650)^2 \times 0.60 + (800-650)^2 \times 0.2} = 94.87 (万元)$

$d_2 = \sqrt{(500-580)^2 \times 0.3 + (550-580)^2 \times 0.40 + (700-580)^2 \times 0.3} = 81.24 (万元)$

$D = \sqrt{\dfrac{(94.87)^2}{1.1^2} + \dfrac{(81.24)^2}{1.1^4}} = 109.30 (万元)$

$$\text{EPV} = \frac{650}{1.1} + \frac{580}{1.1^2} = 1\,070.25(万元)$$

$Q = 109.30/1\,070.25 = 0.10$

$K(B) = 10\% + 0.1 \times 0.10 = 11\%$

其次,根据风险调整贴现率计算净现值。

$$\text{NPV}_A = \frac{600}{1.107} + \frac{500}{1.107^2} - 900 = 50.02(万元)$$

$$\text{NPV}_B = \frac{650}{1.10} + \frac{580}{1.10^2} - 1\,000 = 70.25(万元)$$

因为 A 方案的净现值和 B 方案的净现值都大于零,所以两个方案均可行,但相对来说,B 方案净现值更大,因此更优。

按照投资风险调整贴现率后,具体的评价方法和无风险时相同。这种方法,对风险大的项目采用较高的贴现率,对风险小的项目采用较低的贴现率,简单明了,易于理解,因此被广泛采用。但它把时间价值和风险价值混在一起,人为地假定风险一年比一年大,这不符合实际。

三、肯定当量法

为了克服风险调整贴现率的缺点,人们提出肯定当量法。这种方法的基本思路是先用一个系数(通常称为肯定当量系数)把有风险的现金流量调整为与之相当的无风险的现金流量,然后以无风险报酬率作为贴现率来计算项目的净现值并判断项目的优劣。其计算公式为:

$$\text{NPV} = \sum_{t=0}^{n} \frac{a_t \text{预期现金流量}}{(1 + 无风险的贴现率)^t} \tag{6-26}$$

式中,a_t 为第 t 年的现金流量的肯定当量系数,它是肯定的现金流量对与之相当的、不肯定的现金流量的比值。在进行评价时,可以根据各年预期现金流量风险的大小选取不同的肯定当量系数。当预期现金流量为确定时,可取 $a_t = 1.00$;当预期现金流量风险很小时,可取 $1.00 > a_t \geqslant 0.80$;当风险一般时,可取 $0.80 > a_t \geqslant 0.40$;当风险很大时,可取 $0.40 > a_t > 0$。

肯定当量系数的选取,一般由有经验的分析人员主观判断确定,这样有可能会因人而异,敢于冒险的分析者会选取较高的系数,而不愿意冒风险的分析者则会选取较低的系数。为了防止决策者偏好或者主观判断不同而造成的决策失误,不少企业根据标准离差率来确定肯定当量系数,因为标准离差率是衡量现金不确定性的一个有效指标。标准离差率和肯定当量系数的经验对照关系如表 6-22 所示。

表 6-22 标准离差率和肯定当量系数的经验对照关系

标准离差率	肯定当量系数	标准离差率	肯定当量系数
0.00~0.07	1	0.33~0.42	0.6
0.08~0.15	0.9	0.43~0.54	0.5
0.16~0.23	0.8	0.55~0.70	0.4
0.24~0.32	0.7	……	……

肯定当量确定后,具体的评价方法与无风险时基本相同。

例 6-19 某公司预期的现金流量和决策人员确定的肯定当量系数如表 6-22 所示,其他资料如例 6-18。要求计算两个方案各年的肯定当量系数,并按肯定当量系数法计算两个方案的净现值并判断方案优劣。

解:首先,计算两个方案的标准离差率,并根据标准离差率确定方案各年的肯定当量系数。

A 方案:

$Q_1 = d_1/E_1 = 44.72/600 \approx 0.07$

$Q_2 = d_2/E_2 = 63.25/500 \approx 0.13$

查表得 $a_{(A1)} = 1$,$a_{(A2)} = 0.9$。

B 方案:

$Q_1 = d_1/E_1 = 94.87/650 \approx 0.15$

$Q_2 = d_2/E_2 = 81.24/580 \approx 0.14$

查表得 $a_{(A1)} = 0.9$,$a_{(A2)} = 0.9$。

其次,根据肯定当量系数计算净现值,并据以判断方案优劣。

$$\text{NPV}_A = \frac{600}{1.1} + \frac{500 \times 0.9}{1.1^2} - 900 \approx 17.36(万元)$$

$$\text{NPV}_B = \frac{650 \times 0.9}{1.1} + \frac{580 \times 0.9}{1.1^2} - 1\,000 \approx -36.78(万元)$$

计算结果说明 A 方案更优。

肯定当量法通过调整现金流量而不是贴现率,来评估项目投资风险,克服了风险调整贴现率法人为夸大远期风险的不足,且易于计算。因此,从理论上讲,它优于风险调整贴现率法。但是,这一方法在操作上也存在一定困难,即如何合理确定现金流量的肯定当量系数。

四、情景分析法

一般来说,衡量一个项目风险的大小,必须同时考虑两方面因素:一是关键变量的敏感程度;二是用概率分布所反映的各变量值的变化幅度。情景分析是对不同情景下项目投资风险状况的分析,情景分析法是通过计算不同情景下所有主要变量同时变动时的净现值,并将其与基础值对比的一种分析方法。通常在情景分析时,至少要设定三种情景:乐观的、悲观的以及最为可能的中间情景。在不同情景下,各种变量的预测值都是按最乐观的估计,因此得到的净现值也是三者中最高的。

情景分析的意义在于,通过计算各种情景下的净现值,可以了解将来项目在实施过程中可能遇到的机遇或威胁。如通过计算悲观情景下的净现值,可以了解将来项目在实施过程中遇到较差的经济环境时可能遭受的最大损失。如果预计在最悲观的情景下,公司整体业绩依然平稳,不会遭受重大损失,则说明该项目的实施不会对公司产生致命的影响,但并不意味着该项目的风险不高。

情景分析的具体分析程序为:①估计各种情景发生的概率;②计算项目投资净现值的期望值、标准差和变异系数;③将项目的变异系数与公司原有资产的变异系数比较,以此评价项目投资风险的大小。

例 6-20 假定永乐公司现有资产的变异系数为 0.8,永乐公司新项目可能面临三种情景:悲观的、正常的和乐观的,这三种情景的发生概率分别为 25%、50%和 25%。试分析在不同的情景下,销量、单价和变动成本率变化对净现值的影响。

解:由于未来新项目面临着三种不同的情景,这三种情景会影响销量、单价和变动成本率相应发生变化,如表 6-23 所示。由此可以得到永乐公司新项目的期望净现值、净现值的标准差和净现值的变异系数。

表 6-23 永乐公司的情景分析

情　景	概率分布	销量/件	单价/元	变动成本率	净现值/元
悲观情景	25%	2 900	230	42%	48 196
正常情景	50%	3 000	250	40%	182 293
乐观情景	25%	3 100	270	38%	328 709

期望值:185 373 元;
标准差:99 224 元;
变异系数:0.54。
平均净现值计算如下:

$$E(\text{NPV}) = \sum_{i=1}^{n}(P_i \times \text{NPV}_i) = 48\,196 \times 25\% + 182\,293 \times 50\% + 328\,709 \times 25\%$$
$$\approx 185\,373(元)$$

净现值的标准差计算如下:

$$\sigma_{\text{NPV}} = \sqrt{(48\,196 - 185\,373)^2 \times 0.25 + (182\,293 - 185\,373)^2 \times 0.50 + (328\,709 - 185\,373)^2 \times 0.25}$$
$$\approx 99\,224(元)$$

将其标准差标准化,得到净现值的变异系数:

$$V_{\text{NPV}} = \frac{\sigma \text{NPV}}{E(\text{NPV})} = \frac{99\,224}{185\,373} \approx 0.54$$

通过计算,可得到净现值的变异系数为 0.54,它小于永乐公司现有资产的变异系数 0.8,表明新项目的风险低于永乐公司资产的平均风险。即使环境转为对公司不利,新项目仍然有正的净现值。但是,如果新项目的变异系数高,风险大,环境变化引起各因素的变化对净现值的影响很大,当环境转为对公司不利时,新项目的实施就会使公司蒙受损失。

当然,情景分析也存在一定的局限性。这主要体现在:

(1) 情景分析尽管考虑了项目投资在各种情景下各变量变动的概率分布,但是从理论上看,一个项目面临的情景有无数种,因此,情景分析的假设(一般只考虑几种)有局限性。

(2) 情景分析中的估计值也不完全符合实际。情景分析假设各变量保持正相关,而实际上,乐观情境中所有变量的估计值不可能全部乐观,即各变量的相关程度不可能都呈正相关。因此,乐观情景下的项目净现值可能是过高的估计,悲观情景下的项目净现值可能是过低的估计。

(3) 无论人们分析了多少情景,所得到的也只是一种可能性。虽然情景分析有助于人们估计项目潜在的风险,但它不能告诉人们项目是否应接受或拒绝。

复习思考题

1. 投资项目的现金流量包括哪些内容？净现金流量应如何计算？
2. 现金流量在估计中应注意哪些问题？所得税与折旧对投资有什么影响？
3. 如果通过事后审计将赔偿责任引入投资项目预测，会对投资活动产生何种影响？
4. 投资决策评价的方法有哪些？各自的优缺点是什么？
5. 试比较说明净现值法和内含报酬率法在投资决策评价上的差异。
6. 你认为应如何看待风险投资分析方法的有效性与局限性？

小试牛刀

单项选择题

1. [2019·真题]某投资项目只有第一年年初产生现金净流出，随后各年均产生现金净流入，且其动态回收期短于项目的寿命期，则该投资项目的净现值（　　）。
   A. 无法判断　　　B. 小于0　　　C. 大于0　　　D. 等于0

2. [2019·真题]如果某投资项目在建设起点一次性投入资金，随后每年都有正的现金净流量，在采用内含报酬率对该项目进行财务可行性评价时，下列说法正确的是（　　）。
   A. 如果内含报酬率大于折现率，则项目净现值大于1
   B. 如果内含报酬率大于折现率，则项目现值指数大于1
   C. 如果内含报酬率小于折现率，则项目现值指数小于0
   D. 如果内含报酬率等于折现率，则项目动态回收期小于项目寿命期

3. [2018·真题]在对某独立投资项目进行财务评价时，下列各项中，并不能根据以判断该项目具有财务可行性的是（　　）。
   A. 以必要报酬率作为折现率计算的项目现值指数大1
   B. 以必要报酬率作为折现率计算的年金净流量大于0
   C. 项目静态投资回收期小于项目寿命期
   D. 以必要报酬率作为折现率计算的项目净现值大于0

4. [2018·真题]下列投资决策方法中，最适用于项目寿命期不同的互斥投资方案决策的是（　　）。
   A. 净现值法　　　B. 静态回收期法　　　C. 年金净流量法　　　D. 动态回收期法

5. [2018·真题]某投资项目需要在第一年年初投资840万元，寿命期为10年，每年可带来营业现金流量180万元，已知按照必要收益率计算的10年期年金现值系数为7.0，则该投资项目的年金净流量为（　　）万元。
   A. 60　　　B. 120　　　C. 96　　　D. 126

6. [2017·真题]某投资项目某年的营业收入为600 000元，付现成本为400 000元，折旧额为100 000元，所得税税率为25%，则该年营业现金净流量为（　　）元。
   A. 250 000　　　B. 175 000　　　C. 75 000　　　D. 100 000

7. [2017·真题]某投资项目各年现金净流量按13%折现时,净现值大于零;按15%折现时,净现值小于零。则该项目的内含报酬率一定是(　　)。

   A. 大于14%　　　B. 小于14%　　　C. 小于13%　　　D. 小于15%

8. [2016·真题]某投资项目需在开始时一次性投资50 000元,其中固定资产投资45 000元、营运资金垫支5 000元,没有建设期。各年营业现金净流量分别为10 000元、12 000元、16 000元、20 000元、21 600元、14 500元。则该项目的静态投资回收期是(　　)年。

   A. 3.35　　　　　B. 3.40　　　　　C. 3.60　　　　　D. 4.00

9. [2016·真题]已知有X和Y两个互斥投资项目,X项目的收益率和风险均大于Y项目的收益率和风险。下列表述中,正确的是(　　)。

   A. 风险追求者会选择X项目　　　B. 风险追求者会选择Y项目
   C. 风险回避者会选择X项目　　　D. 风险回避者会选择Y项目

10. [2015·真题]某公司计划投资建设一条新生产线,投资总额为60万元,预计新生产线投产后每年可为公司新增净利润4万元,生产线的年折旧额为6万元,则该投资的静态回收期为(　　)年。

    A. 5　　　　　　B. 6　　　　　　C. 10　　　　　　D. 15

参考答案

第七章 证券资产投资管理

学习目标

- 了解证券资产的含义和特点
- 理解证券资产投资的目的和风险
- 掌握债券投资价值和投资收益的计算
- 掌握股票投资价值和投资收益的计算
- 掌握基金投资收益的计算
- 熟知各种金融投资的风险

第一节 证券资产投资概述

一、证券资产的含义与特点

证券资产(securities assets)是企业进行金融资产投资所形成的资产。证券投资的对象是金融资产,金融资产是一种以凭证、票据或者合同合约形式存在的权利性资产,如债券、股票、基金及其衍生证券等。

与实体性经营资产相比,证券资产具有以下特点:

(一) 价值虚拟性

证券资产不能脱离实体资产而完全独立存在,但证券资产的价值却不完全由实体资本的现实生产经营活动决定,而是取决于契约性权利所能带来的未来现金流量,是一种未来现金流量折现的资本化价值。

(二) 持有目的多元性

企业将资金投放于证券的目的是多元的。持有短期证券既可以为企业获得高于银行存款利息的收益,又可以随时变现,以满足企业现金需求的增加。持有长期证券既可能是为谋取资本利得即为销售而持有,还可能是为取得对其他企业的控制权而持有。

(三) 可分割性

实体项目投资的经营资产一般具有整体性要求,如购建新的生产能力,往往是厂房、设备、配套流动资产的结合。而证券资产可以分割为一个最小的投资单位,如一股股票、一份债券、一份基金等。证券投资者投放资金数量的弹性就会较大,投放方式就会比较灵活。

(四) 强流动性

证券资产的流动性主要表现在两个方面。一是变现能力强,证券资产往往都是上市证券,一般都有活跃的交易市场可供及时转让;二是持有目的可以相互转换,当企业急需现金时,可以立即将为其他目的而持有的证券资产变现。

（五）高风险性

证券资产是一种虚拟资产，会受到公司风险和市场风险的双重影响，不仅发行证券资产的公司业绩影响着它的投资收益率，而且资本市场的市场平均收益率变化也会给证券资产带来直接的市场风险。

二、证券投资的目的

（一）分散资金投向，降低投资风险

根据投资组合风险分散理论，将资金投资于多个相关程度较低的项目，能够有效地分散投资风险。当某个项目经营不景气而利润下降甚至亏损时，其他项目可能会获取较高的收益，正所谓"东方不亮西方亮"。与对内投资相比，对外证券投资不受地域和经营范围的限制，投资选择面非常广，投资资金的退出和收回也比较容易，是多元化投资的主要方式。

（二）利用闲置资金，增加企业收益

企业在生产经营过程中，由于各种原因有时会出现临时资金闲置、现金结余较多的情况。这些闲置的资金可以投资于债券、股票、基金等有价证券，以谋取债券利息、股利、基金收益、证券买卖差价等收益。

（三）稳定客户关系，保障生产经营

供应和销售是企业生产经营活动的必要环节，也是企业与市场相联系的重要通道。稳定的原材料供应渠道和产品销售客户，是企业开展生产经营活动的基础。为了保持与供销各户良好而稳定的业务关系，可以对业务关系链上主要的供销企业进行投资，通过债权或股权对关联企业的生产经营施加影响和控制，保障本企业的生产经营顺利进行。

（四）提高资产的流动性，增强支付能力

除现金等货币资产外，有价证券投资是企业流动性最强的资产。企业投资适量的有价证券，可以较好地兼顾资产的收益性和流动性。在企业债务到期或遇到好的投资机遇需要支付大量现金时，可以通过变卖有价证券迅速取得大量现金，以保证及时支付。

三、证券投资的风险

证券投资的风险是投资者无法获得预期投资收益的可能性。证券投资的风险包括违约风险、价格风险、购买力风险、变现力风险、再投资风险和破产风险等。

（一）违约风险

违约风险（default risk），是指证券发行者无法按时支付证券利息和偿还本金的可能性。违约风险多发生于收益固定的债券投资中，除财政部发行的国库券外，地方政府和公司发行的证券都或多或少地有违约风险。因此，信用评估机构要对中央政府以外部门发行的证券进行评估，以反映其违约风险的高低。投资人也可以对发行证券企业的偿债能力直接进行分析，来判断企业债券的违约风险。避免违约风险最好的方法是不买质量差的证券。

（二）价格风险

价格风险（price risk），是指由于市场利率上升，而使证券资产价格普遍下跌的可能性。当证券资产持有期间的市场利率上升时，证券资产价格就会下跌，并且，证券资产期限越长，投资者遭受的损失就越大。到期风险附加率就是对投资者承担利率风险的一种补偿，期限越长的证券资产，要求的到期风险附加率就越高。减少利率风险的办法是分散证券的到期日。

(三) 购买力风险

购买力风险(purchasing power risk)，是指由于通货膨胀而使货币购买力下降的风险。在通货膨胀期间，购买力风险是投资者必须考虑的重要因素。当通货膨胀发生时，货币的实际购买能力就会下降，从而使证券资产投资的本金和收益贬值。购买力风险对具有收款权利性质的资产影响很大，债券投资的购买力风险远大于股票投资和实体性资产。因此，如果通货膨胀长期延续，投资人会把资本投向实体性资产，减少通货膨胀损失，以求资产保值。

(四) 流动性风险

流动性风险(liquidity risk)又称变现力风险，是指无法在短期内以合理价格卖掉资产的风险。如果投资人遇到一个更好的投资机会想出售现有资产以便再投资，但在短期内找不到愿意给出合理价格的买主，只能把价格降低或要花较多时间才能找到买主，对投资者来讲就有可能丧失新的投资机会或承受降价带来的损失。在同一证券市场上，各种有价证券的变现能力是不同的，国库券具有一个活跃的市场，在一定程度上可以规避变现力风险。

(五) 再投资风险

再投资风险(reinvestment risk)，是由于市场利率下降所造成的无法通过再投资而实现预期收益的可能性。为了避免长期证券持有期间市场利率上升的价格风险，投资者可能会选择投资短期证券资产，但短期证券资产又会面临市场利率下降的再投资风险。例如，当长期证券的利率为8％，短期证券的利率为6％时，为减少利率风险投资者会选择购买短期证券。在短期证券到期收回现金时，如果市场利率降低到5％，那么投资者只能找到报酬率大约5％的投资机会，不如当初买长期证券，此时仍可获8％的收益。

(六) 破产风险

破产风险(bankruptcy risk)，是指证券资产发行者破产清算时投资者无法收回应得权益的可能性。当证券资产发行者由于经营管理不善而持续亏损、现金周转不畅而无力清偿债务或因其他原因导致难以持续经营时，可能会申请破产保护。破产保护会导致债务清偿的豁免、有限责任的退资，使得投资者无法取得应得的投资收益，甚至无法收回投资的本金。

上述风险中，价格风险、再投资风险和购买力风险属于系统性风险，违约风险、流动性风险、破产风险等归于非系统性风险。一般来说，对于系统性风险的防范，要针对不同的风险类别采取相应的防范措施，最大限度地避免风险对证券价格的不利影响；对于非系统性风险，一方面要通过投资分散化来减少风险，另一方面也要尽量关注企业的发展状况，充分利用各种信息资料，正确分析判断，适时购进或抛出证券，以规避不利影响。

第二节 债券投资管理

一、债券的含义及要素

(一) 债券的含义

债券(bonds)是金融机构及工商企业等社会经济主体，依照法定程序，约定在一定期限内还本付息的有价证券。债券反映债券发行者和持有者之间的债权债务关系。债券发行者有使用借款的权利与到期还本付息的义务。而债券的持有人有要求发行人履行义务的权利，当发行人不履行义务时可以付诸法律。同时，债券也是一种投资手段与融资工具。对发行者而言，通过债券可以融资；对投资者而言，通过债券可以获取投资收益。

(二) 债券的要素

1. 债券面值

债券面值指债券发行时所设定的票面金额。债券到期时，每张债券支付给投资者的本金金额等于票面价值。票面价值可简称为面值。

确定债券面值包括两个方面：①确定债券的发行对象及票面价值的币种。一般来说，在国内发行的债券通常以本国本位币作为面值的计量单位。在国际金融市场筹资时，则通常以债券发行地的货币或以国际上通用的货币为计量标准。②规定债券的票面金额。票面金额对债券的发行成本、发行数量和投资者的分布均有影响，可根据债券的发行对象、市场资金供给情况以及债券发行费用进行综合考虑。目前，我国发行的债券一般是每张面额 100 元。

2. 票面利率

票面利率是债券票面标明的利率，是债券发行人 1 年内向债券持有人发放的利息与票面价值之比。票面利率不同于实际利率和市场利率。实际利率是指按复利计算的一年期利率，票面利率和实际利率的差异取决于债券的计息期和付息方式。市场利率指由资金市场上供求关系决定的利率，市场利率的变动会引起债券价格的变动。因此，票面利率和市场利率的高低对比是决定债券发行价格基础，也是判断投资价值的关键。

3. 债券到期日和付息方式

债券到期日是指偿还债券本金及最后一次利息的日期，意味着债权债务关系的结束。

债券的付息方式是指发行人在债券的有效期间内向债券持有者支付利息的方式。通常债券利的付息方式有一次性付息和分期付息两类。其中，分期付息一般分按年付息、半年付息和按季付息三种方式。付息方式既影响债券发行人的筹资成本，也影响投资者的投资收益。

二、债券价值的估算

债券价值（bond valuation）是指债券未来现金流入量按投资者要求的必要投资收益率进行贴现所得的现值。债券未来的现金流入量主要包括两部分：一是债券利息及利息再投资收益；二是到期收回的面值或中途转让所获得的现金。债券作为一种投资，现金流出是其购买价格，只有债券的价值大于市场价格时才值得购买，才能获取投资收益。因此，债券价值是债券投资决策的主要依据之一。

债券估价的通用模型为：

$$P_b = \sum_{t=1}^{n} \frac{I_t}{(1+r)^t} + \frac{P}{(1+r)^n}$$
$$= I_t \cdot (P/A, r, n) + P_n \cdot (P/F, r, n) \tag{7-1}$$

式中，P_b 为债券的价值；I_t 为第 t 期的利息支付；r 为贴现率，通常选市场利率或投资者要求的必要报酬率；P 为到期收回的面值或中途转让获得的现金；n 为债券持有期限。（若债券的持有人在债券发行时购买，一直持有至债券的到期日，这种情况下，债券持有期限和债券期限相同。除此之外，债券持有期限均小于债券期限，即，若债券的持有人在债券发行时购买但中途转让，或是中途购买持有一段时间后转让，或是中途购买持有至到期日。）

在实务中，根据债券支付利息的时间和支付利息的方式不同，债券的估价模型也有差异。常见的债券估价模型有以下几种：

（一）平息债券价值计算模型——按复利分期计算并支付利息，到期归还本金

平息债券(coupon bond)是指利息在到期时间内平均支付的债券。支付利息的频率可以是一年一次、半年一次或每季度一次等。对债券持有者来说，由于每次获得的债券利息都是相等的，所以，利息收入是一种年金。若假定债券投资者在每期收到利息时能及时重新投资于同一项目，并取得按与本金同等的收益率计算的利息。则平息债券价值的计算模型为：

$$P_b = \sum_{t=1}^{mn} \frac{\frac{i \cdot p_0}{m}}{\left(1+\frac{r}{m}\right)^t} + \frac{P}{(1+r)^{mn}} = I \cdot \left(P/A, \frac{r}{m}, mn\right) + P \cdot \left(P/F, \frac{r}{m}, mn\right) \quad (7-2)$$

式中，P_0 为债券的面值；I 为每期的债券利息；m 为每年支付利息的次数。

例 7-1 某债券面值为 1 000 元，票面利率为 8%，期限为 5 年，假定投资者要求的必要报酬率为 10%，当前债券的市场价格为 923 元，分别计算说明按每年计息和按每半年计息的情况下，该债券是否值得购买？

解：
（1）若每年支付一次利息，则债券的价值为：

$P_b = 80 \times (P/A, 10\%, 5) + 1\,000(P/F, 10\%, 5)$
$\quad = 80 \times 3.790\,8 + 1\,000 \times 0.620\,9 \approx 924.16(元) > 923(元)$

由于债券的价值为 924.16 元，大于市场价格，所以该债券值得购买。

（2）若每半年支付一次利息，则债券的价值为：

$P_b = 40 \times (P/A, 5\%, 10) + 1\,000(P/F, 5\%, 10)$
$\quad = 40 \times 7.721\,7 + 1\,000 \times 0.613\,9 \approx 922.77(元) < 923(元)$

由于债券的价值为 922.77 元，小于市场价格，所以该债券不值得购买。

如果投资者要求的必要报酬率为 6%，分别计算按每一年计息和按每半年计息的情况下，债券的价值各是多少？

每年计息：$P_b = 80 \times (P/A, 6\%, 5) + 1\,000(P/F, 6\%, 5) = 80 \times 4.212\,4 + 1\,000 \times 0.747\,3 = 1\,084.29(元)$

每半年计息：$P_b = 40 \times (P/A, 3\%, 10) + 1\,000(P/F, 3\%, 10) = 40 \times 8.530\,2 + 1\,000 \times 0.744\,1 = 1\,085.31(元)$

如果投资者要求的必要报酬率为 8%，则无论是按每年计息，还是按每半年计息，债券的价值均为 1 000 元（计算过程略）。

（二）纯贴现债券价值计算模型——按单利计算利息，到期一次支付报酬

纯贴现债券(pure discount bonds)是指承兑在未来某一确定日期作某一单笔支付的债券，包括到期一次性还本付息的债券和到期只按面值支付的债券两种情况。后者也称零息债券(zero coupon bonds)，其特点是只标明金额，不标明利率，以低于面值的价格发行。估价公式为如下：

到期一次还本付息：

$$P_b = (I \times n + P_n) \cdot (P/F, r, n) \quad (7-3)$$

到期按面值支付：

$$P_b = P_n \times (P/F, i, n) \tag{7-4}$$

例 7-2 C 企业拟购买 8 年期 A 债券，该债券的面值为 100 元，票面利率 6%，单利计息，到期一次还本付息，当前市场利率为 4%。A 债券的发行价格为多少时，C 企业才能购买？

解：根据公式(7-3)可计算：

$$P_b = [6 \times 8 + 100] \times (P/F, 4\%, 8) = 108.14(元)$$

由计算可知，A 债券价值为 108.14 元，所以，当 A 债券的价格低于 108.14 元时，C 企业才能购买。

例 7-3 B 债券面值为 1 000 元，期限为 3 年，以贴现方式发行，到期按面值偿还，市场利率为 8%。企业在其价格为多少时购买才值得投资？

解：根据公式可计算：

$$V_0 = 1\,000 \times (P/F, 8\%, 3) = 1\,000 \times 0.793\,8 = 793.8(元)$$

该债券的价格只有在低于 793.8 元时，企业才能购买。

（三）永久债券价值计算模型——按复利永远计息

永久债券(perpetual bonds)是指没有到期日，永不停止的定期支付利息的债券。这种债券的价值可以根据永续年金的计算公式计算。

$$P_b = \frac{I}{r} \tag{7-5}$$

小 结

（1）债券的价值主要受到债券面值、票面利率、贴现率、持有期限、计息频率等因素的影响。

（2）债券面值、票面利率与债券价值呈同向变化；贴现率与债券的价值呈反向变化。

（3）当债券接近到期日时，债券的市场价格向其面值回归，即当 n 趋近于 0 时，债券价格 P_b 趋近于债券面值 P_0。

（4）在平息债券价值计算模型中，当票面利率＜贴现率时，债券价值＜票面价值，在这种情况下，债券的持有期限越长，债券的价值越低；当票面利率＞贴现率时，债券价值＞票面价值，在这种情况下，债券的持有期限越长，债券的价值越高。

三、债券投资收益率的估算

债券投资的收益是投资于债券所获得的全部投资报酬，主要来源于利息收益、利息再投资收益和价差收益三个方面。不同类型的债券，因计息方式不同，投资时间不同，其投资收益率的计算方法也有所差异。下面分别介绍短期债券收益率和长期债券收益率的计算方法。

（一）短期债券收益率的计算

短期债券投资者持有期限较短，一般不用考虑资金时间价值因素，只需考虑债券价差及利息收入，将收益额与投资额相比，即可求得债券收益率。其基本计算公式为：

$$债券收益率(i_b) = \frac{年均收益额}{投资额} \times 100\% = \frac{(p_t - p_0 + I_1) \div n}{p_0} \times 100\% \tag{7-6}$$

式中,I_1 为债券持有期间的利息。

例7-4 D公司于2020年8月1日以950元购进面值1 000元的债券500张,债券票面利率为5%,规定每年6月30日付息。公司在取得第一期利息后于2021年7月1日以980元的市价出售此债券。试问:D公司投资该债券的投资收益率为多少?

解:$i_b = \dfrac{(980 - 950 + 1\,000 \times 5\%) \div \dfrac{11}{12}}{950} \times 100\% \approx 9.19\%$

(二) 长期债券收益率的计算

对于长期债券,由于涉及时间比较长,需要考虑资金时间价值。此时,债券的收益率是指债券价值等于债券买价时的贴现率。

理解:长期债券投资收益率的计算实质是内含报酬率法的一种应用,也就是说,债券的收益率是指使债券未来现金流量的现值减去投资额的现值(债券买价)等于0时的折现率。

下面主要分两种情况加以阐述。

(1) 每年等额付息到期还本的债券收益率。

计算债券到期收益率的方法是求解含有贴现率的方程,即求出使债券至到期所得现金流入量的净现值等于零的贴现率。即:

$$购进价格 = 每年利息 \times 年金现值系数 + 面值 \times 复利现值系数$$

$$P_0 = I \times (P/A, i_b, n) + P_n \times (P/F, i_b, n) \tag{7-7}$$

由于无法直接计算收益率,必须采用逐步测试法及内插法来计算。下面举例说明:

例7-5 D公司于2021年6月1日以1 105元价格购买一张面值为1 000元、5年期的债券,其票面利率为8%,每年计算并支付一次。该债券的到期收益率是多少?

解:$1\,105 = 1\,000 \times 8\% \times (P/A, i_b, 5) + 1\,000 \times (P/F, i_b, 5)$

采用逐步测试法求出到期收益率:

① 通过购买价格和债券面值的关系,可以判断该债券的到期收益率一定低于8%。先用 $i_1 = 6\%$ 试算:

$1\,000 \times 8\% \times (P/A, 6\%, 5) + 1\,000 \times (P/F, 6\%, 5) \approx 1\,084.04(元)$

② 由于贴现结果小于1 105元,说明应进一步降低贴现率。用 $i_2 = 5\%$ 试算:

$1\,000 \times 8\% \times (P/A, 5\%, 5) + 1\,000 \times (P/F, 5\%, 5) \approx 1\,129.86(元)$

贴现结果大于1 105元,由此判断,收益率介于5%和6%之间,用内插法计算近似值:

$i_b = 5\% + \dfrac{1\,105 - 1\,129.86}{1\,084.04 - 1\,129.86} \times (6\% - 5\%) = 5.54\%$

逐步测试法相对繁琐,可采用下面的简便算法求得近似结果:

$$i_b = \frac{I + (P_n - P_0)/n}{(P_n + P_0)/2} \times 100\% \tag{7-8}$$

显然,式中的分母是债券投资的平均资金占用额,分子则是每年平均收益。利用到期收益率计算的简便算法计算 D 公司债券的到期收益率,结果如下:

$$i_b = \frac{80 + (1\,000 - 1\,105)/5}{(1\,000 + 1\,105)/2} \times 100\% \approx 5.61\%$$

可见,利用简便算法计算的债券到期收益率和用逐步测试法求得的结果还是比较接近的。在对结果不要求十分准确的情况下,利用简便算法计算债券到期收益率还是能够满足需要的。

(2) 到期一次还本付息的单利债券收益率。

到期一次还本付息债券到期收益率的计算比较简单,只需要求解下列方程:

$$P_0 = (I \times n + P_n) \times (P/F, i_b, n) \tag{7-9}$$

在已知债券购买价格、票面利率、债券面值的情况下,只要通过开方运算便可计算出债券的到期收益率。

例 7-6 F 公司 2017 年 3 月 1 日平价发行面额为 1 000 元的债券,2022 年 3 月 1 日到期,其票面利率为 8%,规定按单利计息,到期一次还本付息。甲投资者于 2017 年 3 月 1 日平价买入此债券,随后银行利率大幅度下调,债券价格大幅上涨。乙投资者于 2020 年 3 月 1 日以 1 280 元的市场价格购进此债券。

要求:分别计算甲投资者和乙投资者投资该债券的到期收益率。

解:

(1) 甲投资者的到期收益率就是下列方程的解:

$$1\,000 = 1\,000 \times (1 + 5 \times 8\%)/(1 + i_b)^5$$

求得:$i_b \approx 6.97\%$。

(2) 乙投资者的到期收益率就是下列方程的解:

$$1\,280 = 1\,000 \times (1 + 5 \times 8\%)/(1 + i_b)^2$$

求得:$i_b \approx 4.58\%$。

从上述计算结果可以看出,由于债券价格大幅上涨,债券投资的到期收益率大幅下降。

第三节 股票投资管理

一、股票投资的含义及目的

(一) 股票投资的含义

股票投资是企业以股票作为投资对象的一种投资方式。股票投资主要分为普通股投资和优先股投资。普通股投资收益是随着企业利润变动而变动的一种股份,即投资收益(股息和分红)不是在购买时约定,而是根据股票发行公司的经营业绩来确定。公司的经营业绩好,普通股的收益就高;反之,若经营业绩差,普通股的收益就低。优先股在分配红利和剩余财产时比普通股具有优先权。优先股股息率事先固定,其股息一般不会根据公司经营情况而增减,而且一般也不能参与公司的分红,但优先股可以先于普通股获得股息。相对优先股投资而言,普通股投资具有股利收入不稳定、价格波动大、投资风险高、投资收益高的特点。

(二) 股票投资的目的

企业进行股票投资的目的主要有两种:

(1) 获取收益。作为一般的证券投资,分散投资于多种股票,获取股利收入及股票买卖差价(投机)。

(2) 获得企业控制权。集中投资于一种股票,例如,通过购买某一企业的大量股票达到控制该企业的目的。

> **拓展　巴菲特股票投资秘籍**
>
> 1. 巴菲特股票投资的六大原则
>
> ①选股原则:寻找超级明星企业;②估值原则:长期现金流量折现;③市场原则:市场是仆人而非向导;④买价原则:安全边际是成功基石;⑤组合原则:集中投资于少数股票;⑥持有原则:长期持有优秀企业股票。
>
> 2. 巴菲特投资理念精华"三要三不要"
>
> (1) 要投资那些始终把股东利益放在首位的企业。巴菲特总是青睐那些经营稳健、讲究诚信、分红回报高的企业,以最大限度地避免股价波动,确保投资的保值和增值。对于那些总想利用配股、增发等途径榨取投资者血汗的企业则一概被拒之门外。
>
> (2) 要投资资源垄断型行业。从巴菲特的投资构成来看,道路、桥梁、煤炭、电力等资源垄断型企业占了相当大的份额。
>
> (3) 要投资易了解、前景好的企业。巴菲特认为凡是投资的股票必须是自己了如指掌,并且具有较好行业前景的企业。不熟悉、前途莫测的企业即使被说得天花乱坠也应毫不动心。
>
> (4) 不要贪婪。1969 年整个华尔街进入了投机的疯狂阶段,面对连创新高的股市,巴菲特却在手中股票涨到 20% 的时候就非常冷静地悉数全抛。
>
> (5) 不要跟风。2000 年,全世界股市出现了所谓的网络概念股,巴菲特却称自己不懂高科技,没法投资。一年后全球就出现了高科技网络股股灾。
>
> (6) 不要投机。巴菲特常说的一句口头禅是:拥有一只股票,期待它下个早晨就上涨是十分愚蠢的。

二、股票价值的估算

股票价值的计算原理类似于债券,即股票的价值等于股票预期获得的未来现金流量的现值。股票未来的现金流入量包括:每股预期股利——股息和红利;出售股票时的变价收益。因为股票的股息和红利都不固定,所以其价值计算方法又不同于债券。常见的估价模型如下:

(一) 短期持有股票的估价模型

在现实生活中,大部分投资者并不准备永久持有某种股票,而是准备在持有一段时期后再转让出售,他们不仅希望得到股利收入,还希望在未来出售股票时从股票价格的上涨中获得好处。于是,投资者获得的未来现金流量就包括两个部分:股利和股票转让收入。这时,股票价值的计算公式为:

$$P_s = \sum_{t=1}^{n} \frac{D_t}{(1+r)^t} + \frac{V_n}{(1+r)^n} \tag{7-10}$$

式中,P_s 为股票的内在价值;D_t 为第 t 年的现金股利;r 为投资者要求的必要报酬率;V_n 为未来出售时预计的股票价格;n 为预计持有股票的期数。

(二) 长期持有股票的基本估价模型

从理论上说,如果股东不中途转让股票,股票投资就没有到期日,投资于股票所得的未来现金流量就只是各期的股利,此时股票估价的基本模型为:

$$P_s = \sum_{t=1}^{\infty} \frac{D_t}{(1+r)^t} \tag{7-11}$$

(三) 长期持有且股利固定的股票估价模型

在投资者长期持有,未来每年股利稳定不变的情况下,投资者未来所获得的股利收入就是一种永续年金。由于优先股是在固定的时间获得固定的股利,并且没有到期日,所以优先股就是这种情况的一个典型例子。其估价模型为:

$$P_s = \frac{D}{r} \tag{7-12}$$

在未来每年股利稳定不变,投资者持有期间很长的情况下,投资者未来所获得的现金流入是一个永续年金,则股票的估价模型同优先股的估价模型。

例 7-7 某投资者持有 A 股票,每年分配每股股利为 2 元,最低报酬率为 20%,试计算股票的价值。

解:$P_s = \dfrac{D}{r} = \dfrac{2}{20\%} = 10(元)$

这表明 A 股票每年给该投资者带来 2 元的收益,在最低报酬率为 20% 的条件下,价值是 10 元。但是,市场上的股票市场价格不一定就是 10 元,还要看投资者对风险的态度,可能高于或低于 10 元。例如,如果市价为 9 元,每年固定股利 2 元,则其预期报酬率为 $K = 2 \div 9 \approx 22.2\%$。可见,市价低于股票价值时,预期报酬率高于最低报酬率,可以购买该股票。

(四) 长期持有且股利固定增长的股票估价模型

一般来说,公司并没有把每年实现的盈余全部作为股利发放出去,留存的收益扩大了公司的资本额,不断增长的资本应当可以创造更多的盈余,进而引起下期股利的增长。如果公司当期的股利为 D_0,期望报酬率为 i,未来各期的股利以固定的增长率 g 呈几何级数增长,此时,股票的估价模型为:

$$P_s = \sum_{t=1}^{\infty} \frac{D_0(1+g)^t}{(1+r)^t} = \frac{D_0(1+g)}{r-g} \tag{7-13}$$

例 7-8 G 公司准备投资购买 A 股票,该股票上年每股股利为 3 元,预计以后每年增长率为 5%,该公司要求的报酬率为 15%,当时的股票价格为 30 元,作出是否投资该股票的决策。

解:股票的内在价值 $P_s = \dfrac{D_0(1+g)}{r-g} = \dfrac{3 \times (1+5\%)}{15\% - 5\%} = 31.5(元)$

股票现在的价格为 30 元,低于其内在价值,应予以投资。

(五) 股利非固定增长模型

在现实生活中,有的公司股利并不是固定的,在一段时间里高速成长,在另一段时间里正常固定成长或固定不变。例如,高科技产业或新型食品业常会经过一段超常成长时期而迈向成熟期。在这种情况下,只有分段计算,才能确定股票的价值。

例 7-9 H公司发行股票,预期公司未来5年高速增长,年增长率为20%。在此以后转为正常增长,年增长率为6%。普通股的最低收益率为15%,最近支付的股利是2元。试计算该公司股票的价值。

解:首先,计算超常成长期间的股利现值,如表7-1所示。

表 7-1 超常成长期间的股利现值

年 份	股利 D_t	复利现值系数 $R=15\%$	现值/元
1	$2\times(1+20\%)=2.4$	0.869 6	2.087
2	$2.4\times(1+20\%)=2.88$	0.756 1	2.178
3	$2.88\times(1+20\%)=3.456$	0.657 5	2.272
4	$3.456\times(1+20\%)=4.147$	0.571 8	2.371
5	$4.147\times(1+20\%)=4.977$	0.497 2	2.475
合 计			11.383

其次,计算正常成长期股利在第5年末的现值:

$$P_s=\frac{D_0(1+g)}{r-g}=\frac{4.977\times(1+6\%)}{15\%-6\%}\approx 58.62(元)$$

最后,计算股票的价值:

$$P_s=11.383+\frac{58.62}{(1+15\%)^5}\approx 40.53(元)$$

> **名人名言**
>
> ① 股票价格低于实质价值,此种股票即存有"安全边际",建议投资人将精力用于辨认价格被低估的股票,而不管整个大盘的表现(本杰明·格雷厄姆)。
>
> ② 价格是你所付出的,价值是你所得到的;买进靠耐心,卖出靠决心;安全边际没有例外,即使对最好的企业也不能出价过高(巴菲特)。

三、股票投资的收益率

与债券投资相同,股票投资的收益也由股利收益、股利再投资收益、转让价差收益三部分构成。并且,只要按货币时间价值的原理计算股票投资收益,就无需单独考虑再投资收益的因素。

(一)股票投资的内部收益率

股票的内部收益率就是股票投资未来现金流量贴现值等于目前购买价格时的贴现率。只有当股票投资的内部收益率高于投资者要求的最低报酬率时,投资者才愿意购买该股票。在前面股票估价的模型中,用股票的购买价格 P_0 代替其内在价值 P_s,运用逐步测试法和内插法就可以近似地计算股票投资的内部收益率。

例 7-10 W 公司目前的股票市价为 10 元,预计下一期每股股利为 0.3 元,该公司股利将以大约 8% 的速度持续增长。该股票的期望报酬率是多少?

解:$i_s = \dfrac{0.3}{10} + 8\% = 11\%$

(二)市盈率决定的收益率

由于预计未来股利的困难,极大地限制了股票价值估价模型的使用。在实务中,可以利用市盈率大致地估计股票投资的内部收益率。

市盈率是股票目前市场价格与每股盈余的比值。它反映了投资者为取得对每股盈余的要求权而愿意支付的代价,即购买价格是每股盈余的倍数。由于股票的价格就是在股票上的投资额,每股盈余则表示在该股票上应当取得的投资收益,那么市盈率的倒数就表示在股票投资上的收益率。用 PE 表示市盈率,那么股票投资的收益率就是:

$$i_s = \dfrac{1}{\text{PE}} = \dfrac{\text{EPS}_0}{P_0} \tag{7-14}$$

式中,EPS_0 为股票的每股收益;P_0 为股票的市场价格。

但是在用市盈率估计股票投资收益的时候,有两个前提:第一,本期的公司盈余全部用来发放股利;第二,股利增长率为零。

四、证券投资组合

(一)证券投资组合的含义及其意义

证券投资组合(investment portfolio)又叫证券组合,是指在进行证券投资时,不是将所有的资金都投向单一的某种证券,而是有选择地投向一组证券。这种同时投资于多种证券的做法称为证券的投资组合。

> **书外人语**
>
> "不要把鸡蛋放在一个篮子里"——这是西班牙人塞万提斯在《堂吉诃德》中的名言。后来这句话被广泛使用到投资领域。利用证券的非完全相关性,通过不同证券的组合实现"保证收益不变的同时,降低投资的风险"或"保证不增加投资风险的同时,提高投资的收益"。

按照投资组合的理论,理想的证券投资组合可以完全消除各证券本身的非系统风险,证券组合只剩下系统性风险,即市场风险。

(二)证券投资组合的风险与报酬

假定有两种风险证券 A 和 B,投资者将 w_A 比重的资金投向 A 证券,将剩余比重 w_B 的资金投向 B 证券。R 和 σ 分别表示证券的投资报酬率和标准离差,并用下标 A 和 B 表示不同的证券,下标 P 表示证券投资组合,则存在以下关系:

证券组合的期望报酬率:

$$E(R_P) = w_A E(R_A) + w_B E(R_B) \tag{7-15}$$

证券组合的方差:

$$\sigma_P^2 = E([R_P - E(R_P)]^2) = (w_A \sigma_A)^2 + 2 w_A w_B \sigma_A \sigma_B \rho_{AB} + (w_B \sigma_B)^2 \tag{7-16}$$

式中，$\rho_{AB} = \dfrac{\sigma_{AB}}{\sigma_A \sigma_B}$ 为 A 和 B 两种证券收益变动的相关系数。若 $\rho_{AB}=0$，表示两种证券的收益完全不相关，即一种证券收益的变动不会引起另外一种证券收益的相关变动；若 $\rho_{AB}=1$，表示两种证券的收益完全正相关，即一种证券的收益变动会引起另一种证券收益的同向同量变化；若 $\rho_{AB}=-1$，表示两种证券的收益完全负相关，即一种证券的收益变动会引起另一种证券收益的反向同量变化。

从式(7-15)和(7-16)可以看出，证券组合的期望报酬率(即收益)是两种证券期望报酬率的加权平均数(权重为该证券的投资比重)，但是证券组合报酬率的标准差(即风险)并不是构成证券组合各证券报酬标准差的加权平均数。为了进一步说明这个问题，需要通过对式(7-16)进行重新整理。

$$\begin{aligned}\sigma_P^2 &= (w_A\sigma_A)^2 + 2w_A w_B \sigma_A \sigma_B \rho_{AB} + (w_B\sigma_B)^2 \\ &= (w_A\sigma_A + w_B\sigma_B)^2 + 2w_A w_B \sigma_A \sigma_B (\rho_{AB}-1)\end{aligned} \qquad (7\text{-}17)$$

从式(7-17)可知，只要 $\rho_{AB} \neq 1$（因为 ρ_{AB} 满足 $-1 \leqslant \rho_{AB} \leqslant 1$），就有 $\sigma_P < w_A\sigma_A + w_B\sigma_B$。这也就表明证券投资组合能降低投资的风险。当两种证券的相关系数从 1 向 -1 变化时，证券组合的风险逐渐降低。当 $\rho_{AB}=1$ 时，证券组合的风险是各证券风险的加权平均；当 $\rho_{AB}=-1$ 时，证券组合的风险最小，要使证券组合的风险降低为 0，还需要调整各证券投资比重 w。

(三) 有效投资组合与资本市场线

1. 有效投资组合

依据马克维茨的理论，证券投资组合在降低收益的同时，风险也可能被降低。因此，投资者总是在寻找有效的投资组合。所谓有效的投资组合就是按既定收益率下风险最小化或既定风险下收益最大化的原则所建立起来的证券组合。

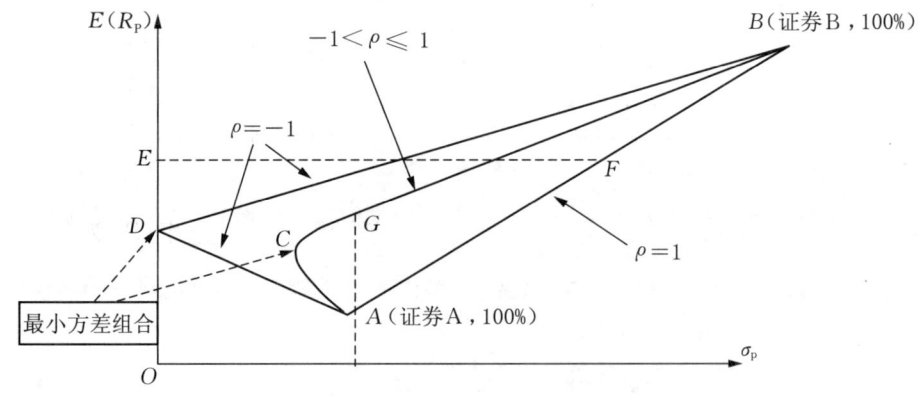

图 7-1　证券投资的有效组合

在图 7-1 中，线段 AB 上的点表示的是当 A 和 B 的收益报酬率相关系数为 1 时的各种投资组合。折线 BDA 表示的 A 和 B 的收益报酬率相关系数为 -1 时的各种投资组合。曲线 BGCA 上所有点表示：当相关系数在 -1 和 $+1$ 之间时，A 和 B 证券所有可能的不同组合；其中点 A 表示 A 证券的投资比重为 100%，点 B 表示 B 证券的投资比重为 100%。显然投资者不会选择 AC 曲线段上的投资组合，因为在这一段上的任意一点，总能在 BGC 曲线段上找到一个风险水平相同而预期收益率更高的其他投资组合。因此曲线 BGC 上的各种投资组合是有效的投资组合,又称曲线 BGC 为投资组合的有效边界。

理解 1:只要相关系数 $\rho<1$,就存在风险分散化效应。相关系数越小,曲线越弯曲,风险分散化效应就越强,组合的风险越小。

理解 2:投资比重相同时,投资组合的报酬率相同,但组合的风险不同。相关系数越小,组合的风险越小。

2. 资本市场线

有效投资组合考虑了风险投资的最优组合边界,但是在资本市场上,除了可以进行风险投资外,还可以投资于无风险资产,如短期国债等。资本市场线(capital market line)是表明有效组合的期望收益率和标准差之间的一种简单的线性关系的一条射线。它是沿着投资组合的有效边界,由风险资产和无风险资产构成的投资组合。

资本市场线主要分析资本市场处于均衡状态下,人们依据证券组合理论进行决策,通过对投资者集体行为的分析,求出所有有效证券和有效证券组合的均衡价格,也称为资本资产定价模型理论,它是在马氏证券组合理论基础上发展起来的,即 CAPM 理论。

资本市场线理论认为,市场处于均衡状态下,即全部资本资产的供给总量必等于其需求总量,好比在一个证券市场中,人们买入全部证券的资产总量必然等于人们卖出全部证券的总量。全部投资者的投资集合,恰好是这巨大的市场证券组合。它应该包括全部上市证券品种,每一品种所占比重应该等于该品种市值占全部证券总市值的比重。由此引申出资本市场均衡的另一层含义,即风险相同的证券和证券组合的预期收益率应该是一致的。这种收益率也可被称为均衡收益率。

进一步分析,既然市场处于均衡状态,那么人们投资证券的组合就应该不仅包括风险证券,还要包括无风险证券。人们通过风险证券和无风险证券的结合,得到一种更完善的有效组合。无风险证券投资可以是购买三个月的短期国库券,或商业银行的定期存款等,这种投资称为无风险贷出。反之,以固定利率借入资金并投入风险证券,则称为无风险借入。无风险借入和贷出使得人们的投资灵活性得到极大提高,有利于风险与收益的最佳搭配组合。资本市场线可用以下公式表达:

$$\overline{R}_P = R_f + \frac{\overline{R}_m - R_f}{V_m} \times V_P \tag{7-18}$$

式中,$\overline{R}_P$ 为在均衡条件下,任一有效证券或有效证券组合的预期收益率;R_f 为市场无风险贷出利率,也是无风险资产的投资点,在此点上,只有收益,而无风险;$\overline{R}_m$ 为市场风险组合的预期收益率;V_m 为市场风险组合的风险度;V_P 为在均衡的条件下,任一有效证券或有效证券组合的风险度。

图 7-2 很好地描述了资本市场线与有效投资组合边界的关系。在图中,曲线 AMC 是风险投资的有效组合边界,RM 是资本市场线,其与有效投资组合边界相切于 M 点。从图中可以看出,风险资产与无风险资产的组合(即直线上的点)由于有效边界上风险资产之间的组合,有效边界与资本市场线的切点 M 是最优的风险资产组合,称为市场组合,直线上其他点即为

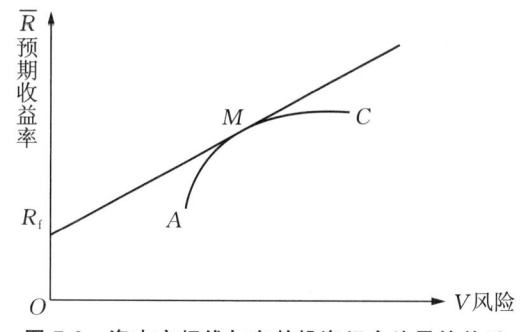

图 7-2 资本市场线与有效投资组合边界的关系

投资者的风险资产与无风险资产之间进行的投资组合。

式(7-18)表示在均衡条件下,任一有效证券或有效证券组合的预期收益率和其风险度呈现出一种线性关系,$\dfrac{\overline{R}_m - R_f}{V_m}$ 是正斜率,R_f 是线性关系的截距。在均衡条件下,任何有效证券和有效证券组合的预期收益率都由两部分组成:一是无风险贷出利率 R_f,这同时又可作为投资者暂时延迟消费所给予的回报,即资金的时间价格或价值;二是附加风险收益率 $\dfrac{\overline{R}_m - R_f}{V_m} \times V_P$,这也可被看作是所有有效证券或有效证券组合的市场风险价格乘以所承受风险的总量,即投资者承受市场风险所获得的报酬。

第四节 基金投资管理

一、投资基金的作用

基金投资是一种间接的证券投资方式。基金管理公司通过发行基金份额,集中投资者的资金,由基金托管人(即具有资格的银行)托管,由基金管理人管理和运用资金,从事股票、债券等金融工具投资,投资收益由原投资者按出资比例分享,投资机构收取一定管理费用的投资工具。其目的是通过集合众多小额投资者的资金进行规模性的专业投资,利用投资组合原理分散投资风险。投资基金具有以下作用。

(一)分散风险,稳定收益

个人投资者能借助基金的规模操作和组合投资,最大限度地分散风险,同时降低投资成本,使收益处于较好的水平。

(二)变现灵活,流动性好

投资基金一般都有专门的柜台交易,或直接在证券交易所挂牌买卖。投资者可以买进后取得收益,也可随时进行买卖套取差价获利。变现灵活,资金流动性很高。

(三)投资多样化,易于变动

国外的投资基金品种很多,如股票基金、债券基金、黄金基金、期权基金等,投资者可根据自己的分析判断决定购买或变换手中的基金品种。如股价上升时,可买入股票基金;一旦认为股市可能下行,即可把手中的股票基金换成其他品种的基金。

(四)享受专业服务,参与国内外的证券投资

设立投资基金的初衷就是为了方便中小投资者的国内外投资。投资基金给投资者提供专业性服务,使投资者购买证券的手续大大减少,也节省投资者用于收集资料、决策判断、买卖操作的大部分精力。投资者还可在不具备国外投资的条件下,通过购买国家基金进行国外投资。

对于发展中国家来说,在证券市场有一定的发展基础上建立投资基金,有利于促进金融商品的结构化改革,激发民众的投资热情;开拓吸引外资的新渠道;有助于证券市场的健康发展。

二、投资基金的类别

投资基金从不同的角度可划分为不同的种类。

(一) 根据组织形态的不同,可分为契约型基金和公司型基金

契约型基金又称为信托型基金,是由受益人、管理人和托管三者作为基金的当事人,由管理人和信托人通过签订信托契约的形式发行受益凭证而设立的一种基金。在契约型基金中,委托人是投资基金的设定人,负责设定、组织基金,发行受益凭证,把所筹资金交由受托人管理,同时进行投资和信托的营运。受托人一般为信托公司或银行,根据信托契约规定,具体办理证券、现金的管理及其他有关的代理业务和核算业务。受益人是基金凭证的持有人,是参加基金投资、享有投资收益分配的投资者。公司型基金是以公司形态组建,以发行股份的方式募集资金,一般投资者购买该公司的股份即成为该公司的股东,凭其持有的基金份额依法享有投资收益。

(二) 根据变现方式的不同,可分为封闭式基金和开放式基金

封闭式基金是指基金的发起人在设立基金时,限定了基金单位的发行总额,筹集到这个总额后,基金即宣告成立,并进行封闭,在一定时期内不再接受新的投资。根据基金单位在交易所上市的办法规定,投资者以后想买卖基金单位都必须经过证券经纪商,并在二级市场上进行竞价交易。开放式基金是指基金发起人在设立基金时,基金单位的总数不固定,可视经营策略和发展需要追加发行。投资者也可以根据市场状况和各自的投资决策,或者要求发行机构按现期净资产值扣除手续费后赎回股份或受益凭证,或者再买入股份或收益凭证,增加基金单位份额的持有比例。

三、基金价值的估算

基金也是一种证券,与其他证券一样,基金的内涵价值也是指在基金投资上所能带来的现金净流量。

(一) 基金价值的内涵

债券的价值取决于债券投资所带来的利息收入和所收回的本金;股票的价值取决于股份公司净利润的稳定性和增长性。这些利息和股利都是未来收取的,也就是说,未来的而不是现在的现金流量决定着债券和股票的价值,而基金的价值取决于目前能给投资者带来的现金流量,这种目前的现金流量用基金的净资产价值来表示。

(二) 基金单位净值

它也称为单位净资产值或单位资产净值,是指某一时点每一基金单位所具有的市场价值,是评价基金业绩最基本和最直观的指标,也是开放型基金申购价格、赎回价格以及封闭型基金上市交易价格确定的重要依据。

$$基金单位净值 = \frac{基金净资产价值总额}{基金单位总份额} \tag{7-19}$$

$$基金净资产价值总额 = 基金资产总额 - 基金负债总额 \tag{7-20}$$

在基金净资产价值的计算中,基金的负债除了以基金名义对外的融资借款外,还包括应付投资者的分红、基金,应付给基金经理公司的首次认购费、经理经费等各项基金费用。相对来说,基金的负债金额是固定的,基金净资产的价值主要取决于基金总资产的价值。这里,基金总资产的价值并不是指资产总额的账面价值,而是指资产总额的市场价值。

(三) 基金的报价

从理论上说,基金的价值决定了基金的价格,基金的交易价格是以基金单位净值为基础,基金单位净值高,基金的交易价格也高。封闭型基金在二级市场上竞价交易,其交易价格由供求关

系和基金业绩决定,围绕着基金单位净值上下波动。开放型基金的柜台交易价格则完全以基金单位净值为基础,通常采用两种报价形式:认购价和赎回价。基金认购价也就是基金经理公司的卖出价,卖出价中的首次认购费是支付给基金经理公司的发行佣金。基金赎回价也就是基金经理公司的买入价,赎回价低于基金单位净值是由于抵扣了基金赎回费,以此提高赎回成本,防止投资者的赎回,保持基金资产的稳定性。收取首次认购费的基金,一般不再收取赎回费。

$$基金认购价 = 基金单位净值 + 首次认购费 \tag{7-21}$$

$$基金赎回价 = 基金单位净值 - 基金赎回费 \tag{7-22}$$

四、基金回报率

基金回报率用以反映基金增值的情况,它通过基金净资产的价值变化来衡量。基金净资产的价值是以市价计量的,基金资产市场价值增加,意味着基金的投资收益增加,基金投资者的权益也随之增加。

$$基金回报率 = \frac{年末持有份数 \times 基金单位净值年末数 - 年初持有份数 \times 基金单位净值年初数}{年初持有份数 \times 基金单位净值年初数} \tag{7-23}$$

式中,"持有份数"是指基金单位的持有份数。如果年末和年初基金单位的持有份数相同,基金收益率就简化为基金单位净值在本年内的变化幅度。

例 7-11 基金 A 在 2020 年 12 月 31 日资产总额为 20 050 万元,负债总额为 50 万元,已售出 1 亿基金单位。要求计算:

(1) 基金 A 在 2021 年 1 月 1 日的基金单位资产净值。

(2) 若 2021 年 1 月 1 日投资者持有基金份数为 2 万份,2021 年 12 月 31 日基金投资者持有份数不变,此时单位净值为 2.5 元,求该基金 2021 年的收益率。

解:
(1) 2021 年 1 月 1 日的基金单位资产净值计算如下:

$$基金单位资产净值 = \frac{20\ 050 - 50}{10\ 000} = 2(元/基金单位)$$

(2) 2021 年基金 A 的收益率计算如下:

$$基金收益率 = \frac{20\ 000 \times 2.5 - 20\ 000 \times 2}{20\ 000 \times 2} = 25\%$$

五、基金投资的策略

投资组合是为了实现基金投资的目标所遵循的基本投资政策,在这个基本政策的前提下,基金投资需要采取一些具体的投资策略,以提高投资效率。

(一) 平均成本投资策略

平均成本投资策略是指在均衡的时间间隔内,按固定的金额分次投资于同一证券,这里的平均成本是指各次购买证券的平均价格。在证券市价高于平均成本时,将分批买进的证券一次性全部抛出以获取利润。事实上,只要投资对象的市价超过平均投资成本,就可以把以前所购买的证券全部抛售,而不必等到投资额度全部用完。

采用平均成本投资策略,能够通过证券持有份数的变化来抵消证券价格的波动。由于每次以固定金额投资于同一证券,当证券价格较低时,所购买的证券份数就多一些,证券价格较高时,所购买的证券份数就少一些,由此来降低购买成本。

平均成本投资策略的实质是分次投资,能避免一次性在高价位上套牢的价格波动风险。这种策略可以应用于对投资组合的重组,当准备更换投资组合时,安全的做法是分次投资,把资金从一个投资对象中逐步退出,分次转移至另一个投资对象中,既能避免原有投资对象的低价位退出,又能防止新投资对象高价位的进入。

但是平均成本投资策略只针对同一投资对象,与其他投资对象的投资不发生关系,不适用于对投资策略的调整。而且,该投资策略在证券价格高于平均成本时就一次性抛售,当证券价格持续上涨时,就会丧失再投资于该证券的机会,无法完成投资额度的计划。

理解:平均价格投资策略实质就是一种投资时间分散化的投资组合。

(二) 固定比重投资策略

固定比重投资策略要求将一笔资金按固定的比例分散投资于各类证券上,使持有的各类证券市价总额达到设定的比重。当由于某个证券市价变动而使投资比例发生变化时,就卖出或买进这种证券,从而保证投资比例能够维持原有的固定比例。这样不仅可以分散投资成本,抵御投资风险,还能见好就收,不至于因某个证券表现欠佳或过度奢望价格会进一步上升而使到手的收益成为泡影,或使投资额大幅度上升。

固定比重投资策略的实质是用一种投资对象的增值利润投资于另一种投资对象。即当某类证券市价上涨时,就补进价格相对较低的其他证券;当该类证券价格下跌较多时,就抛售其他证券以补进该类证券。这样能使基金投资保持低成本状态,也有助于让投资者及时得到现实的既得利益。

固定比重投资策略一般不适用于投资对象长期持续上涨或长期持续下跌的情况。投资对象长期持续上涨,会令基金经理人过早抛售该证券而失去继续获利的机会;投资对象持续下跌,又会使经理人不断抛售其他证券而承担该证券价格继续下跌的风险。

(三) 分级定量投资策略

分级定量投资策略的基本做法是:设定投资对象的价格涨跌等级,价格每上升一个等级就抛售,价格每下降一个等级就购进,每次抛售和购进的数量是相等的。

分级定量投资策略与平均成本投资策略相类似,都是针对同一证券分次进行投资。但还是有明显的区别:

(1) 分级定量投资策略没有投资额度限制,如果投资对象的价位不断下降,按此策略要求只有不断购进,这将会产生资金需求的压力。同时也要求事先应当规划一个购入的最低价位。

(2) 每次购进的数量是相等的,而投资额是不同的。

(3) 平均成本投资策略按移动平均加权方式计算平均购进价位,在当前价位高于平均成本时出售证券;分级定量投资策略按上一次价位决定下一次购进或出售的行动,在当前价位高于上一次价位并达到设定的价位涨跌等级时出售,反之亦然。

(4) 平均成本投资策略的抛售行为往往一次完成,分级定量投资策略的抛售行为往往分次进行。

在分级定量投资策略中,价位涨跌等级间隔的设定是关键因素。等级间隔不易定得过宽,等级间隔过宽则容易失去抛售或购进的机会。

复习思考题

1. 影响投资者必要收益率的三个因素是什么?
2. 如果预期通货膨胀增加,债券市场的到期收益率会发生怎样的变化?债券的价格会发生怎样的变化?
3. 在评价到期收益率变化对证券价格的影响时,为什么距离到期日的时间是一个重要的影响因素?
4. 当普通股不发放现金股利时,用什么方法评估股票的价值?
5. 试述证券投资组合的风险和报酬与证券组合中各个单个证券的风险和报酬之间的关系。
6. 你认为基金作为机构进行投资与单纯的个人投资相比有什么优势?

小试牛刀

单项选择题

1. [2019·真题]根据债券估计基本模型,不考虑其他因素的影响,当市场利率上升时,固定利率债券价值的变化方向是(   )。
   A. 不确定   B. 不变   C. 下降   D. 上升

2. [2019·真题]某公司股票的当前市场价格为10元/股,今年发放的现金股利为0.2元/股($D_0=0.2$),预计未来每年股利增长率为5%,则该股票的内部收益率为(   )。
   A. 7%
   B. 5%
   C. 7.1%
   D. 2%

3. [2018·真题]某ST公司在2018年3月5日,宣布其发行的公司债券本期利息总额为8 980万元,将无法于原定付息日2018年3月9日全额支付,仅能够支付500万元,则该公司债务的投资者面临的风险是(   )。
   A. 价格风险   B. 购买力风险
   C. 变现风险   D. 违约风险

4. [2018·真题]下列各项中,属于证券资产的系统风险的是(   )。
   A. 公司研发风险   B. 破产风险
   C. 再投资风险   D. 违约风险

5. [2017·真题]一般认为,企业利用闲置资金进行债券投资的主要目的是(   )。
   A. 谋取投资收益   B. 增强资产流动性
   C. 控制被投资企业   D. 降低投资风险

6. [2017·真题]某公司当期每股股利为3.30元,预计未来每年以3%的速度增长,假设投资者的必要收益率为8%,则该公司每股股票的价值为(   )元。
   A. 41.25   B. 67.98   C. 66.00   D. 110.00

7. [2017·真题]对债券持有人而言,债券发行人无法按期支付债券利息或偿付本金的风险是(   )。
   A. 流动性风险   B. 系统风险
   C. 违约风险   D. 购买力风险
8. [2016·真题]债券内含报酬率的计算公式中不包含的因素是(   )。
   A. 债券面值   B. 债权期限
   C. 市场利率   D 票面利率

参考答案

第四篇
营运资金与收益分配管理

第八章 营运资金管理

学 习 目 标

- 理解营运资金的含义
- 掌握营运资金管理的原则
- 理解流动负债组合政策
- 理解流动资产组合政策
- 掌握营运资金综合管理政策

第一节 营运资金管理概述

在企业的财务管理中,营运资金管理是为了保证企业生产经营活动的正常进行而实施的财务管理活动,是企业日常财务管理的核心,它关系到企业日常的运营和支付能力。实践证明,许多公司因为营运资金管理出现了问题导致资金周转出现困难,甚至破产倒闭。科学地管理营运资金,可以减少企业资金费用,降低企业的风险,提高企业的效益。

一、营运资金的含义

营运资金(working capital)是用以维持企业日常经营所需要的资金,是企业在再生产过程中占用在流动资产上的资金。营运资金有广义和狭义之分,广义的营运资金又称毛营运资金(gross working capital),是指企业流动资产总额;狭义的营运资金又称净营运资金(net working capital),是指流动资产减去流动负债后的差额。因此,营运资金管理既包括流动资产管理,也包括流动负债管理。前者是对营运资金投资的管理,后者是对营运资金筹资的管理。(流动负债管理在第五章已论述过,流动资产管理方面的知识见第九章。)

由会计的第一等式可知:

$$流动资产 + 长期资产 = 流动负债 + 长期负债 + 所有者权益 \tag{8-1}$$

根据式(8-1)推导可得:

$$\begin{aligned}流动资产 &= 流动负债 + 长期负债 + 所有者权益 - 长期资产\\ &= 流动负债 + 长期筹资净值\end{aligned} \tag{8-2}$$

式(8-2)表明:流动资产投资所需资金的一部分由流动负债支持,另一部分由长期资本支持。尽管流动资产和流动负债都是短期项目,但是绝大多数健康运转的企业的营运资金是正值。

根据式(8-2)推导可得：

$$\text{净营运资金} = \text{流动资产} - \text{流动负债} \\ = \text{长期资本} - \text{长期资产} \quad (8-3)$$

二、营运资金的特点

营运资金一般具有如下特点：

(1) 营运资金的周转具有短期性。企业占用在流动资产上的资金，周转一次所需时间较短，通常会在一年或一个营业周期内变现或收回，对企业影响的时间较短。因此，企业所需的营运资金通常可以用商业信用、短期贷款等筹资方式解决。

(2) 营运资金的实物形态具有易变现性。流动资产中的短期投资、应收账款、存货等一般具有较强的变现能力，当企业出现现金短缺急需资金时，可以变卖这些资产，获得现金。这对应付临时性资金需求具有重要意义。

(3) 营运资金的数量具有波动性。流动资产的数量会随企业内外条件的变化而变化，波动很大。一般情况下，流动资产数量发生变动时，流动负债的数量也会发生相应变动。

(4) 营运资金的实物形态具有变动性和并存性。企业营运资金的实物形态是处于不断的变化之中的，一般是随着企业的供应、生产、销售等经营周期，在现金、原材料、在产品、产成品、应收账款和现金之间顺序转化。同时，各种不同形态的流动资产又是同时存在的。因此，在进行资金管理时，必须在各项流动资产上合理配置资金数额，以促进资金周转顺利进行。

(5) 营运资金的来源具有灵活多样性。通常企业筹集长期资金的方式较少，一般有吸收投资、长期借款、发行债券等几种。而企业筹集营运资金的方式则比较灵活，如可以通过短期借款、商业信用等，还可以通过短期融资券、应交税金、应交利润、应付工资、应付费用、预收账款、票据贴现等形式。

三、营运资金管理的原则

企业的营运资金通常占企业全部资金的很大比重，加上其具有短期性、流动性、波动性及变动性等特点，所以企业的财务经理往往需要花费大量的时间用于营运资金管理。在进行营运资金管理时，须遵循以下原则：

(一) 在客观分析企业生产经营状况的基础上，合理预测流动资金的需要量

企业流动资金的需要量与其经营活动紧密相关。当企业生产和销售量都很高时，流动资产的需求会不断增加，流动负债也会相应增加；而当企业产销量减少时，流动资产和流动负债也会相应减少。因此，财务人员应认真分析企业的经营情况，采用科学合理的方法预测流动资金的需要量，以便合理使用资金，防止流动资金的过剩或不足。

(二) 加速流动资金周转，提高资金的使用效果

前已述及，流动资金的形态是处于不断变动的过程中的。在这一过程中，流动资金的周转速度决定了企业获利能力的高低。流动资产周转越快，意味着企业用较少流动资产实现较多的销售额，流动资产效率也就越高，相应地提高了资金的利用效果。这样，就能用有限的资金，取得最优的经济效益。

(三) 节约资金使用成本

在营运管理中，必须正确处理保证生产经营需要和节约资金使用成本两者之间的关系。要在保证生产经营需要的前提前，尽力降低资金使用成本。一方面，要挖掘资金潜力，加速资

金周转，精打细算地使用资金；另一方面，积极拓展融资渠道，合理配置资源，筹措低成本资金，服务于生产经营。

（四）合理安排流动资产和流动负债之间的比例关系，保证企业有足够的短期偿债能力

一个企业若偿债能力不足，尤其是短期偿债能力不足，不仅会影响企业的信誉和以后的发展，甚至可能直接威胁企业的生存。企业为了保持较好的偿债能力，应不断增加营运资金，提高流动资产的流动性。但如果企业的流动资产太多，流动负债太少，也并不是正常现象，因为这可能是闲置流动资金利用不足所致，甚至是产品或原料的严重积压。因此，在营运资金的管理中，要合理安排流动资产和流动负债的比例关系，保证企业有足够的偿债能力。

四、营运资金管理的基本模式

营运资金管理比较复杂，涉及企业采购、生产、销售和信息处理等多个部门，涵盖了筹资管理、投资管理等方面的内容，与财务管理的各个环节都有着密切的联系。所以企业必须重视营运资金管理工作，合理运用营运资金管理的基本模式。

营运资金管理的基本模式就是制定营运资金管理的策略，包括营运资金筹资组合策略、营运资金投资组合策略、营运资金综合管理策略等具体内容。

第二节 营运资金投资组合策略

一、营运资金投资组合策略决策的依据

营运资金投资组合策略就是要解决在既定的总资产水平下，流动资产与固定资产和无形资产等长期资产之间的比例关系问题。这一比例关系可用流动资产占总资产的百分比来表示。在企业所属行业、规模和利率水平确定的情况下，营运资金投资策略决策的依据就是风险和收益的权衡。

通常在收益方面，流动资产低于固定资产。这是因为大部分流动资产只是为企业日常活动的正常进行提供了必要的条件，它们本身不具有直接的营利能力。

而在风险方面，固定资产投资风险大于流动资产。由于流动资产易变现，其本身价值损失的可能性小。而固定资产作为企业的主要生产手段，除了对不需用的固定资产进行处置外，不到迫不得已时，企业生产经营过程中所使用的固定资产是不会出售的，再加上使用时间长，因此，其变现能力较低。由于流动资产变现能力强，当企业有足够多的流动资产时，一方面可以保证偿还到期债务，另一方面可以增加应付各种意外情况的能力，如材料供应偶然中断，可能会导致企业停工待料，从而给企业带来了损失，如果企业有足够的原材料保险储备，则可以抵御这种风险。但企业持有的流动资产越多，会造成流动资产的闲置，这些资产所产生的收益就越小，进一步会影响到企业的投资报酬率，同时会导致固定资产相对不足，使企业生产能力减少，从而减少企业盈利。因此，持有流动资产所带来的风险的降低是以收益的减少为代价的。

总之，企业应根据自身的具体情况，结合其对风险的态度和收益的偏好程度，作出以企业价值最大化为目标的相应选择。

二、营运资金投资组合策略的基本模式

企业的流动资产数量按其功能可分成两种:一种为正常需要量,是为满足正常的生产经营需要而占用的流动资产;另一种为保险储备量,是为应付意外情况的发生在正常的生产经营需要量以外而储备的流动资产。根据流动资产保险储备量的大小可将营运资金投资组合策略分为以下三种:

(一) 适中型营运资金投资组合策略

适中型(moderate approach)营运资金投资组合策略,是指企业流动资产占总资产的比例比较适中,即在保证正常需要的情况下,再适当增加一定的保险储备。

(二) 保守型营运资金投资组合策略

保守型(conservative approach)营运资金投资组合策略,是指企业流动资产占总资产的比例相对比较大,即企业安排流动资产数量时,在正常生产经营需要量和正常保险储备量的基础上,再加上一部分额外的储备量,以便降低企业的风险。不愿冒险、偏好安全的财务人员常采用此策略。

(三) 激进型营运资金投资组合策略

激进型(relatively aggressive approach)营运资金投资组合策略,是指企业流动资产占总资产的比例相对比较小,企业在安排流动资产数量时,只安排正常生产经营需要量,而不安排或只安排很少的保险储备量,以提高企业的投资报酬率。

不同投资战略下的风险和收益水平也有着明显的不同。在激进战略下,企业将具有较高的获利能力和较高的偿债风险;在保守战略下,企业获利能力较低,但企业的流动性较强,偿债风险较低;在适中战略下,由于流动资产的比例在激进战略和保守战略之间,因此其风险和收益水平也介于两者之间。图 8-1 显示了三类营运资金投资组合策略的内部构成。

图 8-1 三类营运资金投资组合策略的内部构成

三、流动资产内部项目的组合策略

流动资产不同项目之间的变现能力和收益水平也不是相同的。一般情况下,流动资产各项目按变现能力由大到小可排列为:现金、有价证券、应收账款、存货;按收益可能性由大到小的排列则为:存货、应收账款、有价证券、现金。其中现金是非盈利资产,有价证券可通过出售获得一定收入。应收账款和存货中包含了企业潜在的收益,如扩大应收账款可能促进销售,从而增加利润;保持充足存货,有利于减少停工损失,有利于减少缺货损失,有利于企业利润的形

成和实现。

流动资产项目组合策略就是根据流动资产各项目风险和收益的特征,合理确定流动资产内部各项目之间的比例关系。在确定流动资产构成比例时,一般有两种策略:稳健型策略和激进型策略。前者是指不仅提高流动资产在资产总额中的比重,而且在流动资产总量中保持充足的现金和有价证券。这种策略的基本特征是低风险、低收益。后者追求尽可能低的流动资产份额,特别是减少现金和有价证券的保有量,试图通过减少流动资产占用量来提高企业的盈利能力。这种策略的基本特征是高风险、高收益。

流动资产各项目之间应保持什么样的比例,并不存在对所有企业都是最优的单一标准,它随着企业情况的不同而各异。一般情况下,稳健型策略适合于未来收益不确定性较大的企业,而激进型策略适合于未来收益变化较小的企业。

第三节 营运资金筹资组合策略

一、营运资金筹资组合策略的决策依据

营运资金筹资组合策略就是要解决在既定的总资产水平下,流动负债和长期资本筹资的比例关系问题。这一比例关系可由流动负债占总资产的百分比来表示。营运资金筹资组合策略的决策依据就是风险和成本的权衡。

不同期限负债筹资的风险和成本是不同的。通常短期负债属于高风险低成本的负债,而长期负债则属于低风险高成本的负债,其原因是:

(1) 短期负债利率低于长期负债。银行存贷款的时间越长,利率也越高。因此一般情况下,长期资金的利率高于短期资金。

(2) 在企业不需要资金时,仍要支付长期负债的利息。企业取得长期资金,在债务期间内,一般不易提前偿还;如使用短期资金,当企业资金需求减少时,可以逐渐偿还债务,以减少利息支出,从而降低资金使用成本。

(3) 短期负债增加了企业偿债的压力。当企业依靠短期借款进行工程项目的投资等长期项目时,这种压力会更为明显。因为当短期借款到期时,工程可能尚未完工,或即使已经完工,其初期产生的现金流入量也不足以清偿到期的债务。如果企业采用长期借款,则借款到期时,可能工程项目已经投入生产并可以产生大量的现金流入,还款的压力可以适当降低。

(4) 短期负债的成本较长期负债有较大的不确定性。如果企业采取长期债务来融通资金,企业能明确地知道整个资金使用期间的利息成本。但若为短期借款,由于金融市场上的短期资金利息率不稳定,有时甚至在短期内会有较大的波动,因此具有较大的不确定性。

上述四个方面,前两者决定了短期负债成本低,而长期负债成本高;后两者决定了短期负债风险大,而长期负债风险小。

二、营运资金筹资组合策略的基本模式

营运资金筹资组合策略和企业营运资金的投资有着密切的联系,通常,可供企业选择的营运资金筹资组合策略有以下三种:

(一) 适中型营运资金筹资组合策略

流动资产按照投资需求的时间长短,分为临时性流动资产和永久性流动资产(长期性流动资产)两部分。临时性流动资产(temporary current assets)指那些受季节性、周期性影响的流动资产,如季节性存货、销售旺季的应收账款等。永久性流动资产(permanent current assets)是指为了满足企业长期稳定运行,即使企业处于经营淡季也仍然需要保留的、经常占用的一部分最低的产品和原材料储备。

适中型营运资金筹资组合策略是指临时性流动资产所需资金以流动负债(短期资金)来筹集,而永久性流动资产、固定资产、无形资产等长期资产所需资本则由长期负债、自有资本等长期资金来筹集。该策略的基本思想是将所筹集资金的到期日与资金占用的期限长短相配合,以降低企业的财务风险,提高企业的投资效益。但在实务当中,由于资产经营的不确定性,往往达不到资产与负债的完全配合,因此这种策略是一种比较理想的筹资组合策略,如图 8-2 所示。

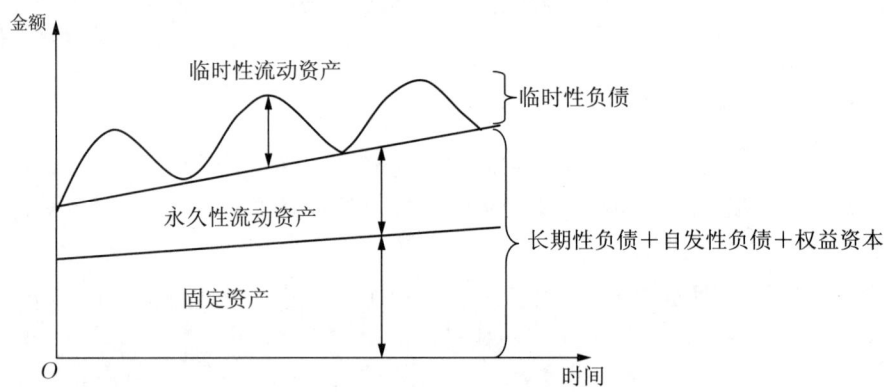

图 8-2　适中型营运资金筹资组合策略

(二) 保守型营运资金筹资组合策略

保守型营运资金筹资组合策略是指全部长期资产以及部分临时性流动资产所需资金由长期资金来筹集,其余部分临时性流动资产由短期资金来筹集。这种低流动负债、高长期负债的筹资组合策略,风险较小,但其资金成本较高,会使企业收益减少,如图 8-3 所示。较为保守的财务人员会使用此种策略。

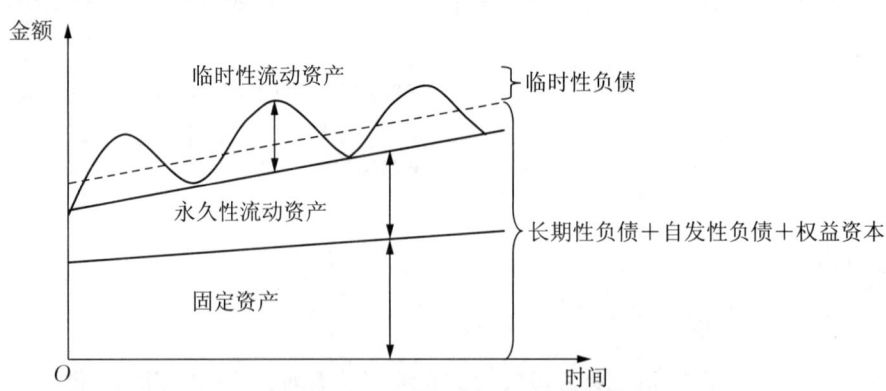

图 8-3　保守型营运资金筹资组合策略

(三)激进型营运资金筹资组合策略

激进型营运资金筹资组合策略是指临时性流动资产和一部分永久性流动资产由流动负债即短期资金来筹集,其余的长期资产则由长期资金来筹集。较极端的一种做法是,有的企业所有的永久性流动资产乃至一部分固定资产所需资本也由流动负债即短期资金来筹集。这种低长期负债、高流动负债的筹资策略,资金成本较低,增加企业收益,但风险比较高,如图 8-4 所示。喜欢冒险的财务人员会使用这种策略。

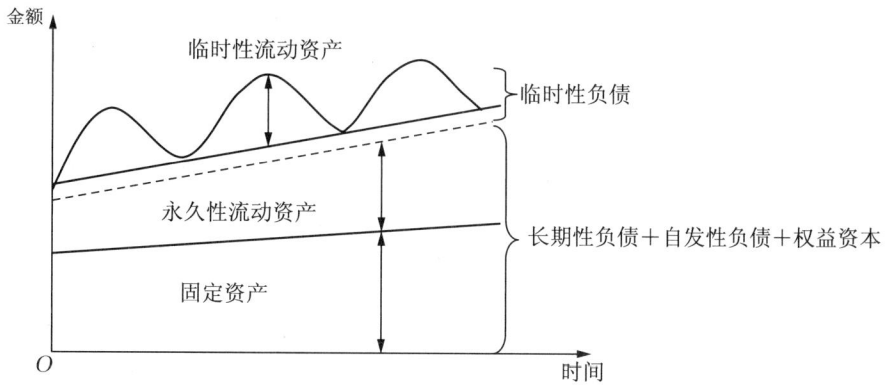

图 8-4 激进型营运资金筹资组合策略

不同的筹资策略下的风险和收益水平也存在着明显的差异。在激进策略下,企业的资金成本低、收益大,但偿债压力大,偿债风险高;在保守策略下,企业的资金成本增加,收益水平下降,偿债压力和风险也相应下降;在适中策略下,由于流动负债比例在激进战略和保守战略之间,因此其风险水平的收益水平也介于两者之间。

例 8-1 假设某公司流动资产为 300 万元,固定资产为 300 万元,股东权益为 200 万元,预计息税前利润为 50 万元。该公司有以下三种筹资方案:

方案 A(激进筹资策略):流动负债 300 万元,长期负债 100 万元;
方案 B(适中筹资策略):流动负债 200 万元,长期负债 200 万元;
方案 C(保守筹资策略):流动负债 100 万元,长期负债 300 万元。
流动负债与长期负债组合策略及分析如表 8-1 所示。

表 8-1 流动负债与长期负债组合策略及分析

序号	项目	A(激进型)	B(适中型)	C(保守型)
1	流动资产/万元	300	300	300
2	固定资产/万元	300	300	300
3	资产总额/万元	600	600	600
4	流动负债(利率6%)/万元	300	200	100
5	长期负债(利率8%)/万元	100	200	300
6	负债总额/万元	400	400	400
7	股东权益/万元	200	200	200
8	负债与股东权益总额/万元	600	600	600

续 表

序号	项目	A(激进型)	B(适中型)	C(保守型)
9	预计息税前利润/万元	50	50	50
10	利息费用/万元 其中:短期负债/万元 长期负债/万元	26 18 8	28 12 16	30 6 24
11	税前利润/万元	24	22	20
12	所得税(税率25%)/万元	6	5.5	5
13	税后利润/万元	18	16.5	15
14	相关指标: 股东权益利润率(13÷7) 净营运资金(1-4) 流动比率(1÷4)	9% 0 100%	8.25% 100 150%	7.5% 200 300%

从盈利角度看,激进型融资策略收益最高,保守型收益最低,适中型介于两者之间。从风险角度看,激进型策略的流动比率为100%,风险最大;保守型策略流动比率为300%,风险最小;适中型策略居于两者之间。

三、流动负债各项目的组合策略

流动负债是由短期借款、应付账款、应付票据等组成的。流动负债不同项目的资金成本和偿还期限是不一样的,它们对风险与收益的影响也有差异。相对来说,短期银行借款的基本特征是低风险、高成本,当企业由于某种原因暂时不能偿还借款时,银行一般不会立即诉诸法律,而是采用提高利率的方法来制约企业。应付账款筹资一般则是低成本、高风险,当达到付款期限时,如果企业不能立即支付,债权人有可能会诉诸法律,如能按期付款,其资金成本较小甚至没有成本。由于法律和结算原因形成的各种应付税款、应付工资、应计费用属于"自然筹资"方式,对于这种负债,企业一般只是加以合理利用。流动负债各项目的组合策略主要是根据生产经营的规律性,合理安排短期银行借款、应付账款、应付票据的期限,即按不同的偿还期限筹措各种短期资金,以保证既能满足生产经营的需要,又能及时清偿各种到期债务。

第四节 营运资金投资与筹资的综合管理

一、营运资金综合管理策略

综合对营运资本投资策略和筹资策略的分析和考察,我们也可以得出如表8-2所示的几种营运资金组合策略。

表 8-2 营运资金组合策略

投资策略 (流动资产比例)	筹资策略(流动负债比例)		
	激进(高)	中庸(一般)	保守(低)
激进(低)	最激进	激进	中庸
中庸(一般)	激进	中庸	保守
保守(高)	中庸	保守	最保守

(一)最激进的营运资本管理策略

企业营运资金的筹资策略和投资策略都十分激进,这种情况下,企业的收益水平最高,但相应的风险水平也最高。

(二)激进的营运资本管理策略

具体有两种情况:①激进的筹资策略和保守的投资策略的组合。②中庸的筹资策略和激进的投资策略的组合。在这种情况下,企业的收益水平较高,相应的风险水平也较高,但程度比最激进的营运资金管理策略要低一些。

(三)中庸的营运资本管理策略

具体又有三种情况:①激进的筹资策略与保守的投资策略的组合;②保守的筹资策略与激进的投资策略的组合;③中庸的筹资策略和中庸的投资策略的组合。在第①和第②两种情况下,流动负债比例以及流动资产比例对风险水平和收益水平的影响具有一种相互抵消的作用,从而使企业的风险水平和收益水平的表现一般。在第③情况下,企业的风险水平和收益水平也均为一般。

(四)保守的营运资本管理策略

具体又有两种情况:①保守的筹资策略与中庸的投资策略的组合;②中庸的筹资策略与保守的投资策略的组合。在这些情况下,企业的收益水平较低,相应的风险水平也较低,但程度比一种最保守的营运资金管理策略要高一些。

(五)最保守的营运资本管理策略

企业营运资金的筹资策略和投资策略均十分保守,在这种情况下,企业的收益水平最低,相应的风险水平也最低。

综合以上讨论,我们得出营运资本管理战略组合特点,见表 8-3。

表 8-3 营运资本管理战略组合特点

不同营运资本管理战略	收益水平	风险水平
最激进	最高	最高
激进	较高	较高
中庸	一般	一般
保守	较低	较低
最保守	最低	最低

不同的营运资本战略组合的选定同样是由企业根据自身的具体情况和外部的理财环境,对风险和收益进行综合权衡后来加以确定。

二、营运资金战略选择的影响因素

除风险和收益的权衡外,在进行营运资本的战略选择时,还必须适当考虑以下一些因素:

(一)行业因素

行业因素是决定营运资本水平的重要因素之一。不同行业的经营内容和经营范围有着明显的差异,从而导致不同行业的流动资产比例、流动负债比例以及流动比率等也存在着明显的差异。这就不能不影响到各行业内企业营运资本战略的选择。

(二)规模因素

规模因素也是决定营运资本水平的重要因素之一。规模大的企业与规模小的企业相比,其流动资产比例可以相对较低,因为规模大的企业有较强的筹资能力,当出现偿债风险时,通常能够迅速筹集到资金,承担风险的能力较强,从而可以使流动资产比例处于一个较低的水平。规模大的企业与规模小的企业相比,还可以有更低的流动负债比例,这是因为大企业在资本市场上筹集长期资金的能力较强,因而对流动负债的依赖程度相对小于中小企业。

(三)利息率因素

利息率的动态变化及长短期资本利息率的静态差异均会对营运资本水平产生明显影响。当利息率较高时,企业倾向于降低流动资产比例,以减少对流动资产的投资,降低利息支出。当长短期资本的利息率相差较小时,企业倾向于降低流动负债比例,以更多地利用长期资金。反之,流动资产比例和流动负债比例则会出现相反的变动趋势。

(四)经营决策因素

企业的各项经营决策对营运资本水平也有着非常明显的影响。这些经营决策主要包括:生产决策、信用策略、股利策略、长期投资决策等。营运资本的战略选择是企业整体战略的一个组成部分,因此,在进行营运资本的战略选择时,必须充分考虑企业其他相关经营战略所可能产生的影响。

复习思考题

1. 什么是营运资金?其特点是什么?
2. 营运资金的管理原则有哪些?
3. 流动负债组合策略有哪几种?各有什么特点?
4. 流动资产组合策略有哪几种?各有什么特点?
5. 营运资金综合管理策略有哪几种?各有什么特点?

小试牛刀

单项选择题

1. [2018·真题]一般而言,营运资金指的是(   )。
   A. 流动资产减去存货的余额
   B. 流动资产减去流动负债的余额
   C. 流动资产减去速动资产后的余额
   D. 流动资产减去货币资金后的余额

2. [2017·真题]某公司资产总额为9 000万元,其中永久性流动资产为2 400万元,波动性流动资产为1 600万元。该公司长期资金来源金额为8 100万元,不考虑其他情形,可以判断该公司的融资策略属于(　　)。

A. 保守融资策略　　　　　　　　　　B. 期限匹配融资策略
C. 风险匹配融资策略　　　　　　　　D. 激进融资策略

3. [2016·真题]下列流动资产融资策略中,收益和风险均较低的是(　　)。

A. 保守融资策略　　　　　　　　　　B. 激进融资策略
C. 产权匹配融资策略　　　　　　　　D. 期限匹配融资策略

4. [2015·真题]某公司用长期资金来源满足全部非流动资产和部分永久性流动资产的需要,而用短期资金来源满足剩余部分永久性流动资产和全部波动性流动资产的需要,则该公司的流动资产融资策略是(　　)。

A. 激进融资策略　　　　　　　　　　B. 保守融资策略
C. 折中融资策略　　　　　　　　　　D. 期限匹配融资策略

5. [2014·真题]某公司在营运资金管理中,为了降低流动资产的持有成本、提高资产的收益性,决定保持一个低水平的流动资产与销售收入比率,据此判断,该公司采取的流动资产投资策略是(　　)。

A. 紧缩的流动资产投资策略　　　　　B. 宽松的流动资产投资策略
C. 匹配的流动资产投资策略　　　　　D. 稳健的流动资产投资策略

参考答案

第九章　流动资产管理

学 习 目 标

- 理解流动资产的含义及其特点
- 掌握最佳现金持有量的计算及现金的日常管理
- 熟悉应收账款信用政策的选择及应收账款的日常控制
- 掌握存货的规划和日常控制技术

第一节　流动资产管理概述

一、流动资产的含义及其特点

流动资产（current assets）是指在 1 年内或超过 1 年的一个营业周期内变现或者运用的资产。流动资产主要包括现金（含各种存款）、短期金融资产投资、应收及预付账款、存货等项目，是公司全部资产中最活跃的部分。

与长期投资、固定资产、无形资产、递延资产等各种非流动资产相比，流动资产具有以下几个特点：

（1）周转速度快。公司投资于流动资产上的资金，周转一次所需要的时间较短，通常会在一年或一个营业周期内收回；而固定资产等非流动资产的价值则需要经过多次转移才能逐步得以收回或补偿，需要较长的变现周期。

（2）变现能力强。流动资产中的现金、银行存款项目本身就可以随时用于支付、偿债等经济业务，其他的短期金融资产投资、存货、应收账款等也能在较短时间内变现。

（3）财务风险小。由于流动资产周转快、变现快，公司拥有较多的流动资产可在一定程度上降低财务风险。但如果公司的流动资产过多，会增加公司的财务负担，影响公司的利润；如果流动资产不足，则资金周转不灵，会影响公司的经营。因此，流动资产持有量的确定实际上就是对收益和风险两者之间的关系进行的权衡与选择。

更多关于流动资产的内容参见本章的流动资产总体水平上的组合政策。

二、流动资产的分类

根据流动资产投资的角度不同，流动资产可做不同的分类：

（1）按流动资产在经营过程中的占用形态，可分为现金、应收及预付款项与存货等。

（2）按流动资产流动性的强弱，可分为速动资产和非速动资产。速动资产主要包括现金、交易性金融资产、应收款；非速动资产主要包括存货、待摊费用等。

（3）按盈利性大小，可分为收益性资产和非收益性资产。收益性资产主要包括存货、短期投资、应收款等;非收益性资产主要包括现金、银行存款、预付账款、待摊费用等。

(4)按时间分类,可分为永久性流动资产和临时性流动资产。

(5)按生产过程中所处的领域不同,可分为生产领域的流动资产和流通领域的流动资产。

(6)按管理方式的不同,可分为定额流动资产和非定额流动资产。

流动资产的管理目标是:合理安排结构,加快周转,实现流动性与收益性双赢的目标。

第二节 现金管理

现金有广义和狭义之分。广义现金是指在生产过程中暂时停留在货币形态的资金,包括库存现金、银行存款、银行本票、银行汇票等。狭义现金仅指库存现金。在财务管理中,现金主要是指广义现金。现金是变现能力最强的非盈利性资产,现金管理的过程就是在现金的流动性与收益性之间进行权衡选择的过程,其目的是在保证企业经营活动现金需要的同时,降低企业闲置的现金数量,提高资金收益率。

一、持有现金的动机

企业持有现金的原因,主要是满足支付性动机、预防性动机和投机性动机。

(一) 支付性动机

支付性动机(payable motive),是指企业为了应付日常支付而持有现金的动机。比如,用于购买原材料、支付工资、交纳税款、支付股利等。企业每天的现金收入和现金支出很少等额发生,保留一定的现金余额可使企业在现金支出大于现金收入时不至于中断交易。企业满足支付动机所持有的现金余额主要取决于企业的销售水平,企业销售扩大,所需现金余额也随之增加。

(二) 预防性动机

预防性动机(precautionary motive),是指企业为了应付紧急情况支付而持有现金的动机。比如,用于政策变化、自然灾害、生产事故等突发事件的应急。由于市场行情的瞬息万变和其他各种不测因素的存在,企业通常难以对未来现金流入量和流出量作出准确的估计和预期。因此,在正常业务活动现金需要量的基础上,追加一定数量的现金余额以应付未来现金流入和流出的随机波动,是企业在确定必要现金持有量时应当考虑的因素。企业为应付紧急情况所持有的现金余额主要取决于以下三个方面:一是企业愿意承担风险的程度;二是企业临时举债能力的强弱;三是企业对现金流量预测的可靠程度。

(三) 投机性动机

投机性动机(speculative motive),是指企业为了抓住各种瞬息即逝的市场机会,获取较大的利益而持有现金的动机。比如,当证券价格剧烈波动时,从事投资活动;当原材料价格大幅度下降时,企业可以及时大量采购。投机动机只是企业确定现金余额时所需考虑的次要因素之一,其持有量的大小往往与企业在金融市场的投资机会及企业对待风险的态度有关。

二、现金管理的目标和内容

(一) 现金管理的目标

现金管理的目标是确定最佳现金持有量,既保证正常需要,又不会出现现金的闲置。即在保证企业生产经营所需现金的同时,节约使用资金,并从暂时闲置的现金中获得最多的利息收入。也可以说,现金的管理就是要在资产的流动性和盈利性之间作出选择协调,以获取最大的长期利润。另外,货币资金具有普遍可接受性的特点,使得货币资金极容易被盗窃、挪用,发生短缺或其他舞弊行为。因此现金管理的另一目的是要保持货币资金的安全完整。

(二) 现金管理的内容

现金管理的内容主要包括以下几个方面:
(1) 编制现金收支计划,以便合理地估计未来的现金需求;
(2) 对日常的现金收支进行控制,力求加速收款,延缓付款;
(3) 用特定的方法确定最佳现金余额。

三、最佳现金持有量决策

(一) 最佳现金持有量决策中的相关成本概念

1. 持有成本

现金持有成本,是指企业因保留一定现金余额而增加的管理费以及丧失再投资收益所产生的机会成本。其中,管理费用具有固定成本的性质,放弃的再投资收益所产生的机会成本属于变动成本,它与现金持有量呈正比例关系。

2. 转换成本

转换成本,是企业用现金购入有价证券以及转让有价证券换取现金时付出的交易费用,即现金同有价证券之间相互转换的成本,如委托买卖佣金、委托手续费、证券过户费、实物交割手续费等。

3. 短缺成本

现金短缺成本,是指因现金持有量不足而又无法及时通过有价证券变现加以补充而给企业造成的损失,包括直接损失与间接损失。现金的短缺成本与现金持有量呈反方向变动关系。

(二) 最佳现金持有量决策

确定最佳现金持有量的模式主要有成本分析模式、存货模式以及随机模式。

1. 成本分析模式

成本分析模式是根据现金有关成本,分析预测其总成本最低时现金持有量的一种方法。运用成本分析模式确定现金最佳持有量,只考虑因持有一定量的现金而产生的机会成本及短缺成本,而不考虑管理费用和转换成本。机会成本可用公式(9-1)计算。

$$机会成本 = 平均现金持有量 \times 有价证券利率(或报酬率) \quad (9\text{-}1)$$

短缺成本与现金持有量呈反方向变动关系。现金的成本与现金持有量之间的关系如图9-1所示。

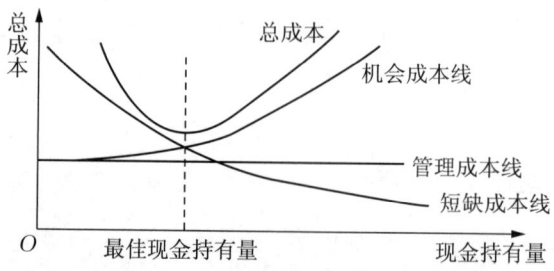

图 9-1 现金的成本与现金持有量之间的关系

从图 9-1 可以看出,各项成本同现金持有量的变动关系不同,使得总成本曲线呈抛物线形,抛物线的最低点,即为成本最低点,该点所对应的现金持有量便是最佳现金持有量,此时总成本最低。

运用成本分析模式确定最佳现金持有量的步骤是:①根据不同现金持有量测算并确定有关成本数值;②按照不同现金持有量及其有关成本资料编制最佳现金持有量测算表;③在测算表中找出总成本最低时的现金持有量,即最佳现金持有量。在这种模式下,最佳现金持有量,就是持有现金而产生的机会成本与短缺成本之和最小时的现金持有量。

例 9-1 某企业现有 A、B、C、D 四种现金持有方案,有关成本资料如表 9-1 所示。

表 9-1 现金持有量方案有关成本资料

项目	方案			
	A	B	C	D
现金持有量/元	100 000	200 000	300 000	400 000
机会成本率	10%	10%	10%	10%
短缺成本/元	48 000	25 000	10 000	8 000

根据表 9-1,可采用成本分析模式编制该企业最佳现金持有量测算表,如表 9-2 所示。

表 9-2 最佳现金持有量测算表　　　　　　　　　　　单位:元

项目	方案			
	A	B	C	D
机会成本	10 000	20 000	30 000	40 000
短缺成本	48 000	25 000	10 000	8 000
总成本	58 000	45 000	40 000	48 000

通过分析比较上表中各方案的总成本可知,C 方案的相关总成本最低,因此企业平均持有 300 000 元的现金时,各方面的总代价最低,300 000 元为现金最佳持有量。

2. 存货模式

存货模式,是将存货经济订货批量模型原理用于确定目标现金持有量,其着眼点也是现金相关成本之和最低。

运用存货模式确定最佳现金持有量时,是以下列假设为前提的:①企业所需要的现金可通过证券变现取得,且证券变现的不确定性很小;②企业预算期内现金需要总量可以预测;③现金的支出过程比较稳定、波动较小,而且每当现金余额降至零时,均通过部分证券变现得以补足;④证券的利率或报酬率以及每次固定性交易费用可以获悉。

利用存货模式计算现金最佳持有量时,对短缺成本不予考虑,只对机会成本和转换成本予以考虑。机会成本和转换成本随着现金持有量的变动而呈现出相反的变动趋向,因而能够使现金管理的机会成本与转换成本之和保持最低的现金持有量,即为最佳现金持有量。

设 T 为一个周期内现金总需求量;F 为每次转换有价证券的成本;Q 为最佳现金持有量(每次证券变现的数量);K 为有价证券利息率(机会成本);TC 为现金管理相关总成本。则:

$$\text{现金管理相关总成本} = \text{持有机会成本} + \text{转换成本} \tag{9-2}$$

即:
$$TC = (Q/2) \times K + (T/Q) \times F$$

现金管理相关总成本与持有机会成本、转换成本的关系如图 9-2 所示。

从图 9-2 可以看出,现金管理的相关总成本与现金持有量呈凹形曲线关系。持有现金的机会成本与证券变现的转换成本相等时,现金管理的相关总成本最低,此时的现金持有量为最佳现金持有量,即:

$$Q = \sqrt{(2TF)/K} \tag{9-3}$$

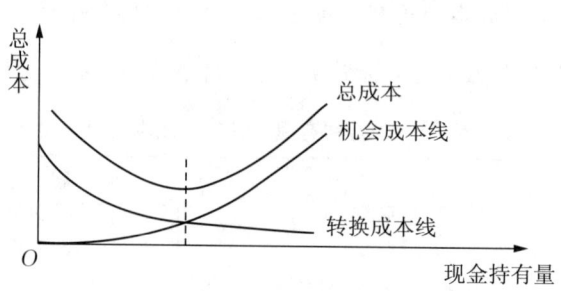

图 9-2 存货模式

将式(9-3)代入总成本计算公式(9-2),计算最低现金管理相关总成本为:

$$TC = \sqrt{2TFK} \tag{9-4}$$

例 9-2 某企业现金收支状况比较稳定,预计全年(按 360 天计算)需要现金 400 万元,现金与有价证券的转换成本为每次 400 元,有价证券的年利率为 8%,则:

最佳现金持有量 $(Q) = \sqrt{2 \times 4\,000\,000 \times \dfrac{400}{8\%}} = 200\,000(元)$

最低现金管理相关总成本 $(TC) = \sqrt{2 \times 4\,000\,000 \times 400 \times 8\%} = 16\,000(元)$

其中:

转换成本 $= (4\,000\,000 \div 200\,000) \times 400 = 8\,000(元)$;

持有机会成本 $= (200\,000 \div 2) \times 8\% = 8\,000(元)$;

有价证券交易次数 $= 4\,000\,000 / 200\,000 = 20(次)$;

有价证券交易间隔期 $= 360 \div 20 = 18(天)$。

3. 随机模式

随机模式是在现金需求量难以预知的情况下进行现金持有量控制的方法。对企业来说,现金需求量往往波动大且难以预知,但企业可以根据历史经验和现实需要,测算出一个现金持有量的控制范围,即制定出现金持有量的上限和下限,将现金量控制在上下限之内。随机模式如图 9-3 所示。

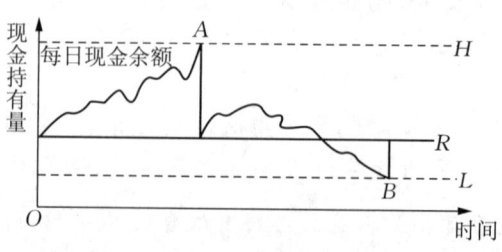

图 9-3 随机模式

图 9-3 中，虚线 H 为现金存量的上限，虚线 L 为现金存量的下限，实线 R 为最优现金回归线。从图中可以看出，企业的现金存量(表现为现金每日余额)是随机波动的，当其达到 A 点时，即达到了现金控制量的上限，企业应当应用现金购买有价证券，使现金持有量回落到现金目标控制线(R 线)的水平；当现金存量降低至 B 点时，即达到了现金控制的下限，企业则应转让有价证券换回现金，使其存量回升至现金返回线水平。现金存量在上下限之间的波动属于控制范围内的变化，是合理的，不予理会。以上关系中上限 H、目标控制线 R 可按下列公式计算：

$$R = \sqrt[3]{3b\delta^2/4i} + L \tag{9-5}$$

$$H = 3R - 2L \tag{9-6}$$

式中，b 为每次有价证券的转换成本；i 为有价证券的日利息率；δ 为预期每日现金余额变化的标准差(可根据历史资料测算)。下限 L 的确定，则要受到企业每日的最低现金需要、管理人员的风险承受倾向等因素的影响。

例 9-3 假定百安公司有价证券的年利率为 10%，每次有价证券的转换成本为 40 元，公司的现金最低持有量为 3 000 元，根据历史资料分析出现余额波动的标准差为 600 元，假设公司现有现金 20 000 元。现金目标控制线 R、现金控制上限 H 的计算如下：

$$R = \sqrt[3]{(3 \times 40 \times 600^2) \Big/ 4 \times \frac{10\%}{360}} + 3\,000 = 3\,014(元)$$

$$H = 3R - 2L = 3 \times 3\,014 - 2 \times 3\,000 = 3\,042(元)$$

这样，当公司的现金余额达到 3 042 元时，即应以 28 元(3 042 元－3 014 元)投资于有价证券，使现金持有量回落到 3 014 元；当公司的现金余额降至 3 000 元时，则应转让 14 元的有价证券，使现金持有量回升为 3 014 元，如图 9-4 所示。

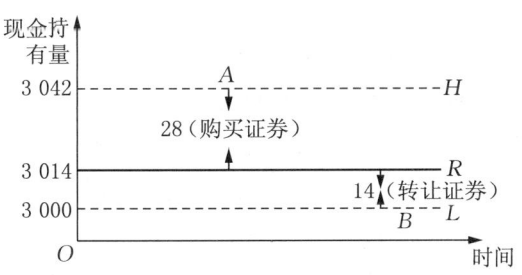

图 9-4 随机模式应用示意图

随机模式建立在企业的现金未来需求总量和收支不可预测的前提下，因此，计算出来的现金持有量比较保守。

企业在确定最佳现金持有量的基础上，可以调剂现金余缺。现金余缺是指计划期现金期末余额与最佳现金余额(又称理想现金余额)相比后的差额。如果期末现金余额大于最佳现金余额，说明现金有多余，应设法进行投资或偿还债务；如果期末现金余额小于最佳现金余额，则说明现金短缺，应进行筹资予以补充。期末现金余缺的计算公式为：

现金余缺＝期末现金余额－最佳现金余额
　　　　＝期初现金余额＋(现金收入－现金支出)－最佳现金余额
　　　　＝期初现金余额＋净现金流量－最佳现金流量 (9-7)

四、现金收支计划的编制

现金收支计划是预计未来一定时期企业现金的收支状况,并进行现金平衡的计划,是企业财务管理的一个重要工具。在现金全额收支法下,现金计划包括以下几个部分:

(一)现金收入

现金收入包括营业现金收入和其他现金收入两部分。

(1)营业现金收入的主体部分是产品销售收入,其数字可从销售计划中取得。财务人员根据销售计划资料编制现金计划时,应注意以下两点:①必须把现销和赊销分开,并单独分析赊销的收款时间和金额;②必须考虑企业收账中可能出现的有关因素,如现金折扣、销货退回、坏账损失等。

(2)其他现金收入通常有设备租赁收入、证券投资的利息收入、股利收入等。

(二)现金支出

(1)营业现金支出,主要有材料采购支出、工资支出和其他支出。

(2)其他现金支出,主要包括固定资产投资支出、偿还债务的本金和利息支出、所得税支出、股利支出或上缴利润等。

(三)净现金流量

净现金流量是指现金收入与现金支出的差额。可按下式计算:

$$\begin{aligned}净现金流量 &= 现金收入 - 现金支出 \\ &= (营业现金收入 + 其他现金收入) - (营业现金支出 + 其他现金支出)\end{aligned} \tag{9-8}$$

(四)现金余缺

现金余缺是指计划期现金期末余额与最佳现金余额(又称理想现金余额)相比后的差额。现金余缺额的计算公式为:

$$\begin{aligned}现金余缺额 &= 期末现金余额 - 最佳现金余额 \\ &= (期初现金余额 + 现金收入 - 现金支出) - 最佳现金余额 \\ &= 期初现金余额 \pm 净现金流量 - 最佳现金余额\end{aligned} \tag{9-9}$$

现金余缺调整的方式有两种:一是利用借款调整现金余缺,二是利用有价证券调整现金余缺。如果期末现金余额大于最佳现金余额,说明现金有多余,应设法进行投资或归还债务;如果期末现金余额小于最佳现金余额,则说明现金短缺,应进行筹资予以补足。

五、现金日常控制的方法

(一)加速现金收款

企业账款的收回包括三个阶段:客户开出支票、企业收到支票、银行清算支票。企业账款收回的时间包括支票邮寄时间、支票在企业停留时间以及支票结算的时间。为加速现金收款必须满足如下要求:①减少顾客付款的邮寄时间;②减少企业收到顾客开来支票与支票兑现之间的时间;③加速资金存入自己往来银行的过程。为达到以上要求,可采用以下措施:

1. 集中银行

集中银行是指通过设立多个收款中心来代替通常在公司总部设立的单一收款中心,以加速账款回收的一种方法。其目的是缩短从顾客寄出账款到现金收入企业账户这一过程的时间。

具体做法是：

（1）企业以服务地区和各销售区的账单数量为判断依据，在收款额比较集中的地区设立若干收款中心，并指定一个收款中心（通常是设在公司总部所在地的收款中心）的账户为集中银行。

（2）公司通知客户将货款送到最近的收款中心，客户收到账单后直接汇款给当地收款中心，而不必送到公司总部所在地的收款中心。

（3）收款中心将每天收到的货款存到当地银行，然后再把多余的现金从地方银行汇入集中银行——公司开立的主要存款账户的商业银行。

2. 锁箱系统

锁箱系统（lockbox plan）是通过在各主要城市租用专门的邮政信箱，以缩短从收到顾客付款到存入当地银行的时间的一种现金管理办法。

采用锁箱系统的具体做法是：

（1）在业务比较集中的地区租用当地加锁的专用邮政信箱，并开立分行存款户。

（2）通知顾客把付款邮寄到指定的邮政信箱。

（3）授权公司邮政信箱所在地的开户行，每天收取邮政信箱的汇款并存入公司账户，然后将扣除补偿余额以后的现金及一切附带资料定期送往公司总部。这就免除了公司办理收账、货款存入银行的一切手续。

3. 其他方法

除以上两种方法外，还有一些加速收现的方法。例如，对于金额较大的货款可采用电汇、直接派人前往收取支票并送存银行的方法，以加速收款；公司对于各银行之间以及公司内部各单位之间现金往来也要严加控制，以防有过多的现金闲置在各部门之间；减少不必要的银行账户等方法加快现金回收。

（二）控制支出

现金支出管理的主要任务是尽可能延缓现金的支出时间，当然企业应根据风险和收益的权衡原则，选用适当的方法延期支付款项，否则延期支付账款带来的收益可能会远远低于由此而遭受的损失。延期支付款项的方法有以下几种：

1. 利用现金浮游量

现金浮游量（net float）是指企业存款账户上存款余额和银行账簿上企业存款账户余额之间的差额。这是由于凭证传递上的时间差所形成的"企业已付而银行未付"的未达账项。企业应合理预测现金浮游量，有效利用时间差，提高现金的使用效率。

2. 推迟应付款的支付

推迟应付款是指企业在不影响信誉的前提下，充分运用供货方所提供的信用优惠，尽可能地推迟应付款的支付期。

3. 采用汇票付款

在使用支票付款时，只要受票人将支票存入银行，付款人就要无条件付款。但汇票须经承兑，这样就有可能合法地延期付款。

4. 改进工资支付模式

企业可以为支付工资专门设立一个工资账户，通过银行向职工支付工资。企业预测出企业全部员工工资存入银行工资账户后被陆续取出的时间和各时间段工资被取出的比例，每月企业可按照预测的结果将员工工资存入工资账户,而不必足额支付全部工资,结余款项可用于其他投资。

5. 其他延期支付款项的方法

(1) 透支。企业利用银行向企业提供的信用进行透支,其限额由银行和企业共同商定。

(2) 使用零余额账户。即企业与银行合作,保持一个主账户和一系列子账户。企业只在主账户保持一定的安全储备,而在一系列子账户不需要保持安全储备。当从某个子账户签发的支票需要现金时,所需要的资金立即从主账户划拨过来,从而使更多的资金可以留作他用。

(3) 争取现金流出与现金流入同步。

第三节　应收账款管理

应收账款(accounts receivable)是企业因对外销售商品、提供劳务而应向客户单位收取的款项。应收账款的存在,一方面可增加销售收入,另一方面又因形成应收账款而增加经营风险。应收账款管理的基本目标是:在发挥应收账款强化竞争、扩大销售功能的同时,尽可能降低投资的机会成本、坏账损失与管理成本,最大限度地发挥应收账款投资的效益。

一、应收账款的功能和成本

(一) 应收账款的功能

应收账款的功能是指应收账款在企业的生产经营活动中的作用,主要表现在以下几个方面:

1. 促进销售

在激烈竞争的市场经济中,采用赊销方式,为客户提供商业信用,可以扩大产品销售,提高产品的市场占有率。通常为客户提供的商业信用是不收取利息的,所以,对于接受商业信用的企业来说,实际上等于得到一笔无息贷款,这对客户具有极大的吸引力。与现销方式相比,客户更愿意购买采用赊销方式企业的产品。因此,应收账款具有促销的功能。

2. 减少存货

赊销的同时,企业库存的商品数量自然会有所减少,加快了企业存货的周转速度。一般来讲,企业的应收账款所发生的相关费用与存货的仓储、保管费用相比相对较少。因此,企业通过赊销的方式,将产品销售出去,资产由存货形态转化为应收账款形态,这样可以节约企业的支出费用。

(二) 应收账款的成本

1. 机会成本

机会成本是指资金由于投放在应收账款上而不能用于其他投资时所丧失的收益。其数量可按下列步骤计算:

(1) 计算应收账款周转次数。

$$应收账款周转次数 = 日历天数 \div 应收账款周转天数 \quad (9\text{-}10)$$

(2) 计算应收账款平均余额。

$$应收账款平均余额 = 赊销收入净额 \div 应收账款周转次数 \qquad (9-11)$$

(3) 计算维持赊销业务所需要的资金。

$$\begin{aligned}维持赊销业务所需要的资金 &= 应收账款平均余额 \times 变动成本 \div 销售收入 \\ &= 应收账款平均余额 \times 变动成本率\end{aligned} \qquad (9-12)$$

(4) 计算应收账款的机会成本。

$$应收账款的机会成本 = 维持赊销业务所需要的资金数量 \times 资金成本率 \qquad (9-13)$$

上式中资金成本率一般可按有价证券利息率计算。

2. 管理成本

管理成本是指企业对应收账款进行管理而耗费的开支,是应收账款成本的重要组成部分,主要包括对客户的资信调查费用、应收账款账簿记录费用、收账费用以及其他费用。

3. 坏账成本

坏账成本是指应收账款因某些原因无法收回而给应收账款持有企业带来的损失。

二、应收账款的信用政策

应收账款赊销的效果好坏,依赖于企业的应收账款管理的信用政策。信用政策(credit policy)的内容主要包括信用标准、信用条件和收账政策三个方面。

(一) 信用标准

信用标准(credit standards),是指顾客获得企业的交易信用所应具备的条件,通常以预期的坏账损失率来表示。它表明企业可接受的信用风险水平。因此,企业在确定信用标准之前,必须对客户进行全面的资信调查与分析。对客户的资信调查,目前比较常见的方法是利用"5C"系统来评估和分析。

(1) 信用品质(character)。信用品质是指客户的信誉,即履行偿债义务的可能性。企业必须设法了解客户过去的付款记录,看其是否有按期如数付款的一贯做法,及与其他供货企业的关系是否良好。这一点经常被视为评价客户信用的首要因素。

(2) 能力(capacity)。能力是指客户的偿债能力,即其流动资产的数量和质量以及与流动负债的比例。客户的流动资产越多,其转换为现金以支付款项的能力越强。同时,还应该注意客户流动资产的质量,看是否有存货过多、过少或质量下降,影响其变现能力和支付能力的情况。

(3) 资本(capital)。资本指客户的财务实力和财务状况。

(4) 抵押(collateral)。抵押指客户拒绝付款或无力支付款项时被用作抵押的资产。这对于不知底细或信用状况存有争议的客户尤为重要。一旦收不到这些客户的款项,便以抵押品抵补。如果这些顾客提供足够的抵押,就可以考虑向他们提供相应的信用。

(5) 条件(conditions)。条件是指可能影响顾客付款能力的经济环境。比如,万一出现经济不景气,会对顾客的付款产生什么影响,顾客会如何做等,这需要了解顾客在过去困难时期的付款历史。

当然,除了对客户的资信调查以外,企业在确定信用标准时,也受企业自身条件的限制。一般而言,如果企业信用标准过高,将使许多客户因信用品质达不到设定的标准被拒之门外,其结果尽管有利于降低违约风险及收账费用,但是会影响企业市场竞争能力的提高和销售收入的扩大。相反,如果企业采用较低的信用标准,虽然有利于企业扩大销售,提高市场竞争能力和市场占有率,但同时也会导致坏账损失风险加大和收账费用的增加。为此,企业应在成本与收益比较原则的基础上,确定适宜的信用标准。

例 9-4 万德公司原来的信用标准是只对预计坏账 5% 以下的客户提供商业信用。其销售产品的边际贡献率为 20%,同期有价证券的利息率为年利率 10%。公司拟修改原来的信用标准,为了扩大销售,决定降低信用标准,有关资料如表 9-3 所示。

表 9-3 两种不同信用标准下的有关资料

项目	原方案	新方案
信用标准(预计坏账损失率)	5%	7.5%
赊销收入净额/元	100 000	150 000
应收账款的平均收账期/天	45	75
应收账款的管理成本/元	1 000	1 200

根据表 9-3,计算两种信用标准对利润的影响,结果如表 9-4 所示。

表 9-4 两种不同信用标准对利润的影响 单位:元

项目	原方案	新方案	差异
边际贡献	100 000×20%=20 000	150 000×20%=30 000	10 000
应收账款的机会成本	100 000×45×80%×10%/360 =1 000	150 000×75×80%×10%/360 =2 500	1 500
应收账款的管理成本	1 000	1 200	200
坏账成本	100 000×5%=5 000	150 000×7.5%=11 250	6 250
应收账款成本总额	7 000	14 950	7 950
净收益	13 000	15 050	2 050

从表 9-4 可知,选择原方案,可实现收益 13 000 元,而选择新方案,可增加收益 2 050 元,显然应该选择改变原有方案,而采用新方案。

(二)信用条件

信用条件(Credit Terms)包括信用期限、折扣期限和折扣率等内容。

1. 信用期限

信用期限(Credit Period)是指企业允许客户从购货到支付货款的时间间隔。企业产品销售量与信用期限之间存在着一定的依存关系。通常,延长信用期限,可以在一定程度上扩大销售量,从而增加毛利。但不适当地延长信用期限,会给企业带来不良后果:一是使平均收账期延长,引起机会成本增加;二是引起坏账损失和收账费用的增加。因此,企业是否给客户延长信用期限,应视延长信用期限增加的边际收入是否大于增加的边际成本而定。

例 9-5 环海公司现采用 30 天付款的信用政策,公司财务主管拟将信用期限放宽到 60 天,仍按发票金额付款不给予折扣,假设资本成本率为 15%,相关数据如表 9-5 所示。

表 9-5　环海公司信用政策相关数据　　　　　　　金额单位:万元

项　　目	信　用　期	
	信用期 30 天	信用期 60 天
销售量/万件	200	240
销售额(单价:50 元/件)	10 000	12 000
销售成本		
变动成本(单位变动成本:40 元/件)	8 000	9 600
固定成本	1 000	1 000
发生的收账费用	60	80
发生的坏账损失	100	180

在分析时,应先计算放宽信用期限得到的收益,然后计算增加的成本,最后根据两者比较得出的结果作出判断。

(1) 收益的增加。

收益的增加＝销售量的增加×单位边际贡献
$$=(240-200)\times(50-40)=400(万元)$$

(2) 应收账款的机会成本增加。

变动成本率＝$40\div 50=80\%$

30 天信用期限应收账款的机会成本＝$10\,000\div 360\times 30\times 80\%\times 15\%=100$(万元)

60 天信用期限应收账款的机会成本＝$12\,000\div 360\times 60\times 80\%\times 15\%=240$(万元)

应收账款的机会成本增加＝140(万元)

(3) 收账费用和坏账损失增加。

收账费用增加＝$80-60=20$(万元)

坏账损失增加＝$180-100=80$(万元)

(4) 改变信用期限税前损益。

收益增加－成本费用增加＝$400-(140+20+80)=160$(万元)

由于收益的增加大于成本的增加,故应采用 60 天信用期。

2. 折扣期限和折扣率

延长信用期限会增加应收账款占用的时间和金额。许多企业为了加速资金周转,及时收回货款,减少坏账损失,往往在延长信用期限的同时,采用一定的优惠措施。即在规定的时间内提前偿付货款的客户可按销售收入的一定比率享受折扣。

企业究竟应当核定多长的现金折扣期限,以及给予客户多大程度的现金折扣优惠,必须将信用期限及加速收款所得到的收益与付出的现金折扣成本结合起来考察。另外,企业还可以根据需要,采取阶段性的现金折扣期与不同的现金折扣率。

例 9-6　沿用上例,假定该公司在放宽信用期限的同时,为了吸引顾客尽早付款,提出了(2/30,N/60)的现金折扣条件,估计会有一半的顾客(按 60 天信用期所能实现的销售量计算)将享受现金折扣优惠。

(1) 收益的增加。

收益的增加＝销售量的增加×单位边际贡献＝(240－200)×(50－40)＝400(万元)

(2) 应收账款的机会成本增加。

变动成本率＝40÷50＝80%

30 天信用期限应收账款的机会成本＝$\frac{12\,000}{360}$×30×80%×15%＝120(万元)

提供现金折扣后的应收账款的平均收款期＝30×50%＋60×50%＝45(天)

提供现金折扣的应收账款的机会成本＝$\frac{10\,000}{360}$×45×80%×15%＝150(万元)

应收账款的机会成本增加＝150－120＝30(万元)

(3) 收账费用和坏账损失增加。

收账费用增加＝80－60＝20(万元)

坏账损失增加＝180－100＝80(万元)

(4) 估计现金折扣成本的变化。

现金折扣成本增加＝新的销售水平×新的现金折扣率×享受现金折扣的顾客比例
　　　　　　　　－旧的销售水平×旧的现金折扣率×享受现金折扣的顾客比例
　　　　　　＝12 000×2%×50%－10 000×0×0＝120(万元)

(5) 改变现金折扣后的税前损益。

收益增加－成本费用增加＝400－(30＋20＋80＋120)＝150(万元)

由于收益的增加大于成本的增加,故应采用 60 天信用期。由于可增加税前收益,故应当放宽信用期限,并提供现金折扣。

(三) 收账政策

收账政策(collection policy)是指企业针对客户违反信用条件,拖欠甚至拒付账款所采取的收账策略与措施。

在企业向客户提供商业信用时,必须考虑三个问题:其一,客户是否会拖欠或拒付账款,程度如何;其二,怎样最大限度地防止客户拖欠账款;其三,一旦账款遭到拖欠甚至拒付,企业应采取怎样的对策。前两个问题主要靠信用调查和严格的信用审批制度,第三个问题则必须通过制订完善的收账方针,采取有效的收账措施予以解决。

当账款被客户拖欠或拒付时,企业应当首先分析现有的信用标准及信用审批制度是否存在纰漏,然后重新对违约客户的资信等级进行调查、评价。将信用品质恶劣的客户从信用名单中删除,对其所拖欠的款项可先通过信函、电信或者派员前往等方式进行催收,态度可以渐加强硬,并提出警告。当这些措施无效时,可考虑通过法院裁决。为了提高诉讼效果,可以与其他经常被该客户拖欠或拒付账款的企业联合向法院起诉,以增强该客户信用品质不佳的证据力度。对于信用记录一向正常的客户,在去电、去函的基础上,不妨派人与客户直接进行协商和沟通,既可密切相互间的关系,又有助于较为理想地解决账款拖欠问题,并且一旦将来彼此关系置换时,也有一个缓冲的余地。当然,如果双方无法取得谅解,也只能付诸法律进行最后裁决。

除上述收账政策外,有些国家还兴起了一种新的收账代理业务,即企业可以委托收账代理机构催收账款。

一般而言,企业加强收账管理,及早收回货款,可以减少坏账损失,减少应收账款上的资金占用,但会增加收账费用。因此,制订收账政策就是要在增加收账费用与减少坏账损失、减少应收账款机会成本之间进行权衡,若前者小于后者,则说明制订的收账政策是可取的。

例 9-7 黄河公司的年赊销收入为 720 万元,平均收账期为 60 天,坏账损失为赊销额的 10%,年收账费用为 5 万元。该公司认为通过增加收账人员等措施,可以使平均收账期降为 50 天,坏账损失降为赊销额的 7%。假设公司的资金成本率为 6%,变动成本率为 50%。要求:计算为使上述变更经济上合理,新增收账费用的上限(每年按 360 天计算)。

分析:如果新方案的相关成本低于原方案的相关成本,则新方案可行,这时应该保证新增收账费用不得超过最高限度。

原方案总成本=应收账款平均余额×变动成本率×资金成本率+赊销额×原坏账损失率+原收账费用=720×(60÷360)×50%×6%+720×10%+5=80.6(万元)

要使新方案可行,则:

新方案的成本=720×(50÷360)×50%×6%+720×7%+5+新增收账费用,该新方案的成本应该小于等于80.6万元,即新增收账费用应该小于等于22.2万元。

第四节 存 货 管 理

存货(inventory)是指企业在日常活动中持有以备出售的产成品或商品、处在生产过程中的在产品、在生产过程或提供劳务过程中耗用的材料和物料等。存货管理的目标就是要通过存货的规划、存货的日常管理等手段,在充分发挥存货功能的前提条件下,不断降低存货成本,以最低的存货成本保障企业生产经营的顺利进行。

一、存货的功能和成本

(一) 存货的功能
存货的功能是指存货在生产经营过程中所发挥的作用。具体表现在以下几个方面:

1. 保证企业生产经营活动正常进行

存货是保证企业生产经营活动顺利进行的前提条件。对于生产性企业而言,生产所必需的存货主要有各种原材料、燃料、低值易耗品、在产品、外购商品、协作件、自制半成品等。这些存货很难在数量和时间上保持绝对的平衡,因此如果没有一定的存货,一旦某个环节出现问题,就会影响到企业正常的生产经营活动。

2. 适应市场变化

一定数量的存货储备能够增加企业在生产和销售方面的应变能力。当市场需求量突然增加时,如果企业有适量的材料和产成品存货,就能及时地满足市场变化的需要,抓住增产增收的机遇,为企业创利。

3. 降低成本

(1) 降低进货成本。采购总成本取决于企业采购物资的单价和采购次数。一般采购批量大,可以获得价格上的折扣就多,进价成本就低;同时,在采购总量一定的情况下,采购批量越大,采购次数就越少,采购费用就降低。由于采购批量直接决定着存货的数量,因此,可以说适量的存货能够降低采购成本。

(2) 维持均衡生产,降低产品成本。有的企业生产的产品属于季节性需求的产品,有的企业产品的需求很不稳定。如果企业根据需求状况的高低来组织生产,就会造成生产的不均衡。忙时,机器设备要超负荷运转,职工得加班加点,闲时生产能力又得不到充分地利用,这样都会使生产成本提高。

4. 防止意外

企业在采购、运输、生产和销售的过程中,都可能发生一些意外情况,如原材料延误到货、生产设备故障、自然灾害等。保持必要的存货保险储备,可以避免和减少意外事件的损失。

(二) 存货的成本

存货的成本是企业持有存货付出的代价。与存货相关的成本主要有以下三种。

1. 进货成本

进货成本主要由存货的进价和进货费用构成,通常用 TC_a 来表示。其中,进价又称采购成本,是指存货本身的价值,等于采购单价与采购数量的乘积。若年需要量用 D 表示,单价用 U 表示,于是采购成本为 DU。在物价不变且无采购数量折扣时,采购成本属于决策无关成本。进货费用又称订货成本,是指企业为组织进货而开支的费用。进货费用有一部分与订货次数有关,如差旅费、邮寄费等,这类变动性进货费用属于决策的相关成本;另一部分与订货次数无关,如常设采购机构的基本开支等,这类固定性进货费用则属于决策的无关成本,用 F_1 表示。每次订货的变动成本用 K 表示;订货次数等于存货年需要量 D 与每次进货量 Q 之商。订货成本的计算公式为:

$$\text{订货成本} = \frac{D}{Q}K + F_1 \tag{9-14}$$

$$\text{进货成本} = \text{采购成本} + \text{订货成本}$$

$$TC_a = F_1 + \frac{D}{Q}K + DU \tag{9-15}$$

2. 储存成本

储存成本,即企业为持有存货而发生的费用,包括存货占用资金的机会成本、仓储费用、保险费用、存货破损和变质损失等等,通常用 TC_c 来表示。

储存成本可以按照与储存数额的关系分为变动性储存成本和固定性储存成本两类。其中,固定性储存成本与存货储存数额的多少没有直接联系,如仓库折旧费、仓库职工的固定月工资等,常用 F_2 来表示,这类成本属于决策的无关成本;而变动性储存成本则与存货储存数额成正比例变动关系,如存货资金的应计利息、存货的破损和变质损失、存货的保险费等等,其单位成本通常用 K_c 表示。这类成本属于决策的相关成本。

$$\text{储存成本} = \text{储存固定成本} + \text{储存变动成本}$$

$$TC_c = F_2 + K_c \frac{Q}{2} \tag{9-16}$$

3. 缺货成本

缺货成本,是指因存货不足而给企业造成的停产损失、延误发货的信誉损失及丧失销售机会的损失等。缺货成本通常用 TC_s 表示。

如果以 TC 来表示储存存货的总成本,它的计算公式为:

$$TC = TC_a + TC_c + TC_s = F_1 + \frac{D}{Q}K + DU + F_2 + K_c\frac{Q}{2} + TC_s \tag{9-17}$$

二、存货的规划

存货的规划是一种对存货进行事前控制的方法,它能优化企业物资存量结构,降低资金占用,节约使用资金。

(一)经济订货规划

经济订货规划,又称经济订货决策,是指对企业在计划期内某种材料物资或商品的订货进行合理规划,包括确定经济订货批量、经济采购次数、经济采购期限,以降低存货总成本的一种方法。

1. 经济订货批量的确定

经济进货批量(economic order quantity)是指能够使一定时期存货的相关总成本达到最低点的进货数量。

(1) 经济进货批量基本模型的假设前提。经济进货批量基本模型以如下假设为前提:①企业一定时期的进货总量可以较为准确地予以预测;②存货的耗用或者销售比较均衡;③存货的价格稳定,且不存在数量折扣,进货日期完全由企业自行决定,并且每当存货量降为零时,下批存货均能马上一次到位;④仓储条件及所需现金不受限制;⑤不允许出现缺货情形;⑥所需存货市场供应充足,不会因买不到所需存货而影响其他方面;⑦货物能集中到货,而不是陆续入库。

(2) 经济进货批量基本模型。由于企业不允许缺货,即每当存货数量降至零时,下一批订货便会随即全部购入,故不存在缺货成本。此时与存货订购批量、批次直接相关的就只有进货费用和储存成本两项。则有:

存货相关总成本 = 相关进货费用 + 相关存储成本

$$TC = \frac{D}{Q}K + K_c\frac{Q}{2} \tag{9-18}$$

存货相关总成本与相关进货费用与相关储存成本的关系,如图 9-5 所示。

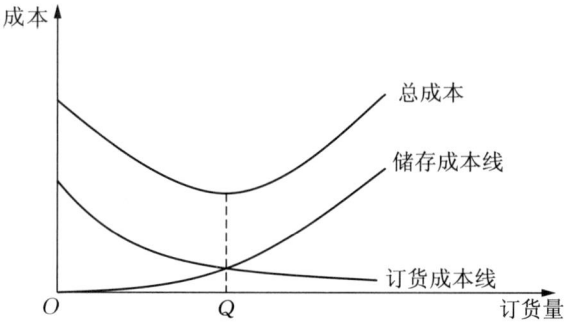

图 9-5 存货成本关系图

从图 9-5 可以看出,当相关进货费用与相关储存成本相等时,存货相关总成本最低,此时的进货批量就是经济进货批量。

$$经济进货批量(Q)=\sqrt{2DK/K_c} \tag{9-19}$$

$$经济进货批量的存货相关总成本(TC)=\sqrt{2DKK_c} \tag{9-20}$$

$$经济进货批量平均占用资金(W)=UQ/2=U\sqrt{DK/2K_c} \tag{9-21}$$

$$年度最佳进货批次(N)=D/Q=\sqrt{DK_c/2K} \tag{9-22}$$

例 9-8 某企业每年需耗用甲材料 360 000 千克,该材料的单位采购成本 100 元,单位年储存成本 4 元,平均每次进货费用 200 元,则:

$$Q=\sqrt{2\times 360\,000\times \frac{200}{4}}=6\,000(千克)$$

$$TC=\sqrt{2\times 360\,000\times 200\times 4}=24\,000(元)$$

$$W=100\times \frac{6\,000}{2}=300\,000(元)$$

$$N=\frac{360\,000}{6\,000}=60(次)$$

上述计算表明,当进货批量为 6 000 千克时,进货费用与储存成本总额最低。

2. 经济订货批量模型的扩展

经济订货量的基本模型是在前述假设条件下建立的,但是实际生活中能够满足这些假设条件的情况十分罕见。为使模型更接近于实际情况,具有较高的可行性,需要逐一放宽条件改进模型。

(1)存在数量折扣的经济订货批量模型。有数量折扣时,不同的采购批量的采购单价就不同,这时买价就成为了"相关成本",在确定经济采购批量时应予以考虑。数量折扣对订货批量的影响如图 9-6 所示。

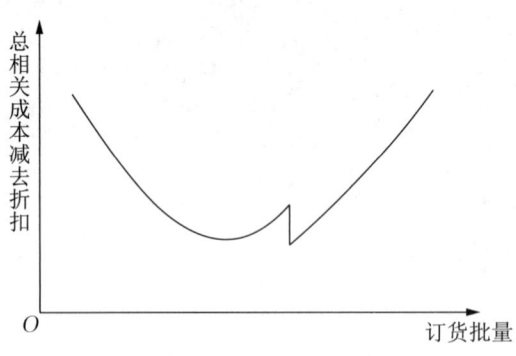

图 9-6 数量折扣对订货批量的影响

在有数量折扣的条件下,确定经济订货批量的具体步骤为:①按基本模型计算经济订货批量,然后按相应的价格计算经济订货批量下的总成本;②在高于经济订货批量的方向,分别计算可享受数量折扣的不同范围段的下限的总成本;③将以上计算的总成本进行比较,选择总成本最低的采购批量,即为经济采购批量。

(2) 允许缺货时的经济订货批量模型。在允许缺货的情况下,经济订货批量是指能够使进货成本、储存成本和缺货成本总和最低的订货批量。

$$\text{允许缺货时的经济订货批量} = \sqrt{2 \times \frac{\text{一定时期存货需要总量} \times \text{平均每次进货费用}}{\text{一定时期单位存货储存成本}} \times \frac{\text{一定时期单位存货储存成本} + \text{一定时期单位存货缺货成本}}{\text{一定时期单位存货缺货成本}}} \tag{9-23}$$

$$\text{平均缺货量} = \text{允许缺货时的经济进货批量} \times \frac{\text{一定时期单位存货储存成本}}{\text{一定时期单位存货储存成本} + \text{一定时期单位存货缺货成本}} \tag{9-24}$$

(3) 存货陆续供应和使用的经济订货批量模型。在建立基本订货批量模型时,是假设存货一次全部入库。但在实务中,由于存货是陆续耗用的,所以各批存货也可能陆续供应、陆续入库,在这种情况下,经济订货批量的计算公式如下:

$$\text{存货陆续供应和使用的经济订货批量} = \sqrt{\frac{2 \times \text{每次订货变动成本} \times \text{一定时期存货的需要量}}{\text{一定时期单位存货储存成本}} \times \frac{\text{每日送货量}}{\text{每日送货量} - \text{每日耗用量}}} \tag{9-25}$$

3. 再订货点和保险储备

(1) 再订货点。一般情况下,企业的存货不能做到随时补充,因此不能等存货用光再去订货,而需要在没有用完时提前订货。再订货点是指发出订货指令时尚存的原材料数量。再订货点(R)的数量是交货时间(L)和每日平均需要量(d)的乘积:

$$R = L \times d \tag{9-26}$$

在例 9-8 中,假设企业订货日至到货日的时间差为 10 天,每日存货的需要量为 75 千克(3 000÷40),那么:

$R = L \times d = 10 \times 75 = 750(千克)$

即企业在尚有存货 750 千克时,就应该发出订单订货,等到下批订货送到企业时(再次发出订货单 10 天后),原有存货刚好用完。此时,有关存货的每次订货批量、订货次数、订货时间间隔等并无变化,与瞬时补充相同。

(2) 保险储备。保险储备是指为防止耗用量突然增加或交货延期等意外情况而进行的储备。其计算公式为:

$$\text{保险储备量} = \frac{1}{2} \times \left(\text{预计每天的最大耗用量} \times \text{预计最长的订货提前期} - \text{平均每天的正常耗用量} \times \text{订货提前期} \right) \tag{9-27}$$

例 9-9 A 企业平均每天正常耗用甲材料 10 千克,订货提前期为 10 天,预计每天最大耗用量为 12 千克,预计最长订货提前期为 15 天,则保险储备量为:

$\text{保险储备量} = \frac{1}{2} \times (12 \times 15 - 10 \times 10) = 40(千克)$

(二) 存货资金定额的核定

1. 储备资金定额的核定

储备资金是占用在原材料、辅助材料、燃料、修理用备件、低值易耗品等存货项目上的资金。

由于原材料占用资金在储备资金中占有绝大比重，因而储备资金定额的核定主要是指原材料资金定额的核定。

原材料资金是指企业从用货币资金购买各种原材料开始，直到把它们投入生产为止的整个过程中所占用的资金。原材料资金定额，在一般情况下按照原材料品种核定；对于量大、价高的主要原材料应按照规格核定；对于数量少、品种多的原材料，则可按照类别加以核定。

原材料资金定额可通过式(9-28)计算：

$$原材料资金定额 = 原材料每日平均耗用量 \times 原材料计划价格 \times 原材料资金定额日数 \tag{9-28}$$

原材料每日平均耗用量，是根据计划期原材料耗用量与计划期日数确定的。

原材料计划价格，应包括买价、运输费、装卸费、保险费、运输途中的合理损耗、入库前的加工整理及挑选费用等。

原材料资金定额日数，是指从企业支付原材料价款起，直到将原材料投入生产为止这一过程中资金占用的日数，包括在途日数、验收日数、应计供应间隔日数、整理准备日数和保险日数。

2. 生产资金定额的核定

在产品资金是指从原材料投入生产开始，直到产品制成入库为止的整个过程中所占用的资金(这里在产品资金就广义而言，其中包括自制半成品资金)。在产品资金定额，应当按照各种产品分别核定。

在产品资金定额可通过式(9-29)计算：

$$在产品资金定额 = 产品每日平均产量 \times 产品单位计划工厂成本 \times 在产品成本系数 \times 生产周期 \tag{9-29}$$

计划期某种产品的每日平均产量，一般可以直接根据生产计划的计划产量求得。

某种产品的单位计划工厂成本，可从成本计划中求得。

在产品生产过程中，有些费用是生产开始时一次发生的，而有些费用在生产过程中是分次或逐渐发生的。因此，在核定在产品资金定额时，不能按产品的单位计划工厂成本全额计算，而应按一定的比率予以压缩，这个比率就是在产品成本系数。在产品成本系数确定的主要方法有以下几种：

(1) 生产周期较短，生产费用(主要是原材料等费用)的发生不规则，但可以确定每日生产费用发生额的产品，可以根据在产品费用逐日递增情况，按照下列计算公式核定：

$$在产品成本系数 = \frac{生产周期中每天费用累计数的合计数}{产品单位计划工厂成本 \times 生产周期} \times 100\% \tag{9-30}$$

(2) 生产一开始就投入大量的费用，随后陆续均衡地投入其余费用的产品，可采用下列计算公式核定：

$$\text{在产品成本系数} = \frac{\text{生产过程} - \text{开始投入的费用} \times 100\% + \text{随后陆续投入的费用} \times 50\%}{\text{产品单价计划工厂成本}} \times 100\%$$
(9-31)

（3）生产过程比较复杂、原材料分次投入生产的产品，对于这种产品应先按生产阶段分别计算在产品成本系数，然后计算各阶段的资金定额或者计算综合的在产品成本系数，最后求得在产品资金定额。

3. 产成品资金定额的核定

产成品资金是指产品制成入库，直到销售，取得货款或结算贷款为止的整个过程中所占用的资金。产成品资金定额，应当按照各种产品分别核定。

产成品资金定额可通过式(9-32)计算：

$$\text{产成品资金定额} = \text{产品每日平均产量} \times \text{产品单位计划工厂成本} \times \text{产成品资金定额日数}$$
(9-32)

计划期某种产品的每日平均产量，可根据生产计划的计划产量确定，也要根据生产逐季增长的企业、季节性生产的企业以及生产均衡的企业分别确定。

计划期某种产品的单位计划工厂成本，可以根据成本计划取得。

产成品资金定额日数，指产品自制成入库，直到销售，取得货款或结算贷款为止所占用资金的日数，包括产成品储存日数、发运日数和结算日数。

三、存货的日常控制技术

存货的日常控制是指在日常生产经营过程中，按照存货计划的要求，对存货的使用和周转情况进行的组织、调节和监督。存货控制的方法主要有如下几种：

（一）ABC 分类管理

ABC 分类管理就是按照一定的标准，将企业的存货划分为 A、B、C 三类，分别实行分品种重点管理、分类别一般控制和按总额灵活掌握的存货管理方法。

企业存货品种繁多，尤其是大中型企业的存货往往多达上万种甚至数十万种。实际上，不同的存货对企业财务目标的实现具有不同的作用。有的存货尽管品种数量很少，但金额巨大，如果管理不善，将给企业造成极大的损失。相反，有的存货虽然品种数量繁多，但金额微小，即使管理当中出现一些问题，也不至于对企业产生较大的影响。因此，无论是从能力还是经济角度，企业均不可能也没有必要对所有存货不分巨细地严加管理。ABC 分类管理正是基于这一考虑而提出的，其目的在于使企业分清主次，突出重点，以提高存货资金管理的整体效果。

1. 存货 ABC 分类的标准

ABC 分类的标准主要有两个：一是金额标准；二是品种数量标准。其中金额标准是最基本的，品种数量标准仅作为参考。A 类存货的特点是金额巨大，但品种数量较少；B 类存货金额一般，品种数量相对较多；C 类存货品种数量繁多，但价值金额却很小。

2. ABC 三类存货的具体划分

具体过程可以分三个步骤（有条件的可通过计算机进行）：

（1）列示企业全部存货的明细表，并计算出每种存货的价值总额及占全部存货金额的

百分比;

(2) 按照金额标志由大到小进行排序并累加金额百分比;

(3) 当金额百分比累加到 70% 左右时,以上存货视为 A 类存货;百分比介于 70%～90% 之间的存货视为 B 类存货;其余则为 C 类存货。

把存货划分成 A、B、C 三大类,目的是对存货占用资金进行有效的管理。A 类存货种类虽少,但占用的资金多,应集中主要力量管理,对其经济批量要进行认真规划,对收入、发出要进行严格控制;C 类存货虽然种类繁多,但占用的资金不多,不必耗费大量人力、物力、财力去管,这类存货的经济批量可凭经验确定,不必花费大量时间和精力去进行规划和控制;B 类存货介于 A 类和 C 类之间,也应给予相当的重视,但不必像 A 类那样进行非常严格的控制。

(二) 及时生产的存货系统

及时生产系统(just-in-time system,JIT),是指通过合理规划企业的产供销过程,使从原材料采购到产成品销售每个环节都能紧密衔接,减少制造过程中不增加价值的作业,减少库存,消除浪费,从而降低成本,提高产品质量,最终实现企业效益最大化。

1. 及时生产的存货系统的基本原理

及时生产的存货系统的基本原理是:只有在使用之前才从供应商处进货,从而将原材料或配件的库存数量减少到最小;只有在出现需求或接到订单时才开始生产,从而避免产成品的库存。及时生产的存货系统要求企业在生产经营的需要与材料物资的供应之间实现同步,使物资传送与作业加工速度处于同一节拍,最终将存货降低到最小限度,甚至零库存。

2. 及时生产的存货系统的优缺点

及时生产的存货系统的优点是:降低库存成本;减少从订货到交货的加工等待时间,提高生产效率;降低废品率、再加工和担保成本。但及时生产的存货系统要求企业内外部全面协调与配合,一旦供应链破坏,或企业不能在很短的时间内根据客户需求调整生产,企业生产经营的稳定性将会受到影响,经营风险加大。此外,为了保证能够按合同约定频繁小量配送,供应商可能要求额外加价,企业因此丧失了从其他供应商那里获得更低价格的机会收益。

(三) 存货的归口分级管理

存货的归口分级管理是加强存货日常管理的一种重要办法,主要包括存货资金归口管理和存货资金分级管理两方面的内容。

1. 存货资金归口管理

存货资金归口管理是根据使用资金和管理资金相结合、物资管理与资金管理相结合的原则,每项资金由哪个部门使用,就归哪个部门管理。比如,原材料、燃料、包装物等资金归供应部门管理;在产品和自制半成品归生产部门管理;产成品归销售部门管理;工具所占用的资金归工具部门管理;修理备用件所占用的资金归设备动力部门管理。

2. 存货资金分级管理

存货资金分级管理是指在资金归口管理的基础上,将资金计划指标层层分解,并落实到班组、小组或个人。具体分解过程为:原材料资金计划指标可分配给供应计划、材料采购、仓库保管、整理准备等各业务组管理;在产品资金计划指标可分配给各车间半成品库管理;成品资金计划指标可以分配给销售、仓库保管、成品发运等各业务组管理。

复习思考题

1. 什么叫流动资产？流动资产有什么特点？
2. 现金的持有动机包括哪些？现金管理的目标是什么？
3. 应收账款的功能和成本分别是什么？
4. 应收账款的信用政策包括哪些内容？如何制订科学的信用政策？
5. 什么是经济订货量？如何确定经济订货量？
6. 如何实施对现金、应收账款、存货的日常管理？

小试牛刀

单项选择题

1. [2019·真题]某公司采用随机模型计算得出目标现金余额为 200 万元，最低限额为 120 万元，则根据该模型计算的现金上限为（　　）万元。
   A. 360　　　　　B. 320　　　　　C. 240　　　　　D. 280

2. [2019·真题]某公司全年（360 天）材料采购量预计为 7 200 吨，假定材料日耗均衡，从订货到送达正常需要 3 天，鉴于延迟交货会产生较大损失，公司按照延误天数 2 天建立保险储备。不考虑其他因素，材料再订货点为（　　）吨。
   A. 40　　　　　B. 80　　　　　C. 60　　　　　D. 100

3. [2019·真题]在利用成本模型进行最佳现金持有量决策时，下列成本因素中没有考虑在内的是（　　）。
   A. 交易成本　　B. 短缺成本　　C. 管理成本　　D. 机会成本

4. [2019·真题]企业在销售旺季为方便客户，提供商业信用而持有更多现金，该现金持有动机主要表现为（　　）。
   A. 投机性需求　　　　　　　　B. 投资性需求
   C. 交易性需求　　　　　　　　D. 预防性需求

5. [2019·真题]某公司设立一项偿债基金项目连续 10 年每年年末存入 500 万元第 10 年年末可以一次性获取 9 000 万元，已知(F/A, 8%, 10) = 14.487, (F/A, 10%, 10) = 15.937, (F/A, 12%, 10) = 17.549, (F/A, 14%, 10) = 19.337, (F/A, 16%, 10) = 21.321，则该基金的收益率介于（　　）。
   A. 12%～14%　　　　　　　　B. 14%～16%
   C. 10%～12%　　　　　　　　D. 8%～10%

6. [2019·真题]股利无关论认为股利分配对公司市场价值不产生影响，下列关于股利无关论的假设表述错误的是（　　）。
   A. 不存在个人或企业所得税　　B. 不存在资本增值
   C. 投资决策不受股利分配影响　D. 不存在股票筹资费用

7. [2018·真题]关于现金周转期的计算,下列公式正确的是( )。
   A. 现金周转期=存货周转期+应收账款周转期+应付账款周转期
   B. 现金周转期=应收账款周转期+应付账款周转期−存货周转期
   C. 现金周转期=存货周转期+应收账款周转期−应付账款周转期
   D. 现金周转期=存货周转期+应付账款周转期−应收账款周转期

8. [2018·真题]下列各项因素中,不影响存货经济订货批量计算结果的是( )。
   A. 单位变动储存成本   B. 保险储备
   C. 存货年需要量   D. 每次订货变动成本

9. [2017·真题]企业将资金投放于应收账款而放弃其他投资项目就会丧失这些投资项目可能带来的收益,则该收益是( )。
   A. 应收账款的管理成本   B. 应收账款的机会成本
   C. 应收账款的坏账成本   D. 应收账款的短缺成本

10. [2017·真题]下列关于存货保险储备的表述中,正确的是( )。
    A. 较低的保险储备可降低存货缺货成本
    B. 保险储备的多少取决于经济订货量的大小
    C. 最佳保险储备能使缺货损失和保险储备的储存成本之和达到最低
    D. 较高的保险储备可降低存货储备成本

11. [2017·真题]某公司全年需要零配件72 000件,假设一年按360天计算,按经济订货基本模型计算的最佳订货量为9 000件,订货日至到货日的时间为3天,公司确定的保险储备为1 000件,则再订货点为( )件。
    A. 1 600   B. 4 000   C. 600   D. 1 075

12. [2016·真题]某企业根据现金持有量随机模型进行现金管理,已知现金最低持有量为15万元,现金余额回归线为80万元,如果公司现有现金220万元,此时应当投资于有价证券的金额是( )万元。
    A. 65   B. 205   C. 140   D. 95

参考答案

第十章　收益分配管理

学 习 目 标

- 熟知收益分配的原则和顺序
- 掌握销售预测的分析方法
- 掌握产品定价方法
- 理解成本管理的几种方法
- 掌握股利政策的四种类型及应用
- 熟知影响股利支付的因素
- 掌握股票股利、股票回购与股票分割的特点及区别

第一节　收益分配管理概述

收益分配管理是对企业收益与分配的主要活动及其形成的财务关系的组织与调节,是企业将一定时期内所创造的经营成果合理地在企业内、外部各利益相关者之间进行有效分配的过程。企业的收益分配有广义和狭义两种概念。广义的收益分配是指对企业的收入和收益总额进行分配的过程。狭义的收益分配则是指对企业净利润的分配过程。本章所述的收益分配是指广义的收益分配。

一、收益分配管理的意义

收益分配管理作为现代企业财务管理的重要内容之一,对于维护企业与各相关利益主体的财务管理、提升企业价值具有重要意义。

(一) 收益分配集中体现了企业所有者、经营者与职工之间的利益关系

企业所有者是企业权益资金的提供者,按照谁出资、谁受益的原则,其投资收益应当通过企业的收益分配来实现,获得投资收益的多少取决于企业盈利状况及利润分配政策。企业的债权人在向企业投入资金的同时也承担了一定的风险,因此,企业在进行收益分配时,除了按时支付到期本金、利息外,也要考虑债权人未偿付本息的保障程度,否则将在一定程度上削弱企业的偿债能力,从而降低企业的财务弹性。职工是价值的创造者,是企业收入和利润的源泉,合理的薪资支付以及各种福利的提供,可以提高职工的工作热情,为企业创造更多价值。总之,为了正确、合理地处理好企业各方利益相关者的需求,就必须对企业所实现的收益进行合理分配。

(二) 收益分配是企业再生产的条件

企业在生产经营过程中所投入的各类资金,随着生产经营活动的进行不断地发生消耗和

转移,形成成本费用,最终构成商品价值的一部分。销售收入的取得,为企业成本费用的补偿提供了前提,为企业简单再生产的正常进行创造了条件。通过收益分配,企业能形成一部分自行安排的资金,可以增强企业生产经营的财力,有利于企业适应市场需要扩大再生产。

(三) 收益分配是企业优化资本结构的重要措施

留存收益是企业重要的权益资金来源,收益分配的多少,影响企业积累的多少,从而影响权益与负债的比例,即资本结构。企业价值最大化的目标要求企业的资本结构最优,因而收益分配便成了优化资本结构、降低资本成本的重要措施。

(四) 收益分配是国家建设资金的重要来源之一

在企业正常的生产经营活动中,职工不仅为自己创造了价值,还为社会创造了一定的价值,即利润。除了满足企业自身的生产经营性积累外,通过收益分配,国家财政也能够集中一部分企业利润,由国家有计划地分配使用,实现国家政治职能和经济职能,发展能源、交通和原材料基础工业,为社会经济的发展创造良好条件。

二、收益分配管理的内容

由会计等式"收入－成本费用＝利润"可以看出,收益分配管理主要包括三个方面的内容:一是对企业收入取得的管理,二是对为取得收入而发生的资源耗费进行控制,三是收入补偿成本费用后的余额进行合理分配。

(一) 收入管理

收入包括产品销售收入、劳务收入、利息收入、租金收入、股利收入等多方面的内容。其中,销售收入是企业收入最主要的组成部分,它是指企业在日常经营活动中,由于销售产品、提供劳务等所形成的货币收入,是企业能够持续经营的基本条件。企业的再生产过程包括供应、生产和销售三个相互联系的阶段,企业只有把生产出来的产品及时销售出去,取得销售收入,才能对生产耗费进行补偿,进而保证再生产过程的继续进行。

(二) 纳税管理

纳税是企业收入分配过程中的重要环节,是企业收益在国家和企业之间的分配。纳税管理的主要内容是纳税筹划,即在合理合法的前提下,对企业经济交易或事项进行事先规划以减少应纳税额或延迟纳税,实现企业的财务目标。

(三) 成本费用管理

成本费用是商品价值中所耗费的生产资料的价值和劳动者必要劳动所创造的价值之和,在数量上表现为企业的资金耗费。收入必须首先弥补成本费用,才可以保证企业简单再生产的继续进行。企业加强成本费用管理对于提高经营效率、增加企业收益具有重要意义。

(四) 利润分配管理

利润分配是狭义的收益分配。利润是指收入弥补成本费用后的余额。由于成本费用包括的内容与表现的形式不同,利润所包含的内容与形式也有一定的区别。若成本费用不包括利息和所得税,则利润表现为息税前利润;若成本费用包括利息而不包括所得税,则利润表现为利润总额;若成本费用包括了利息和所得税,则利润表现为净利润。

三、收益分配管理的原则

收益分配涉及国家、企业、投资者、职工等利益相关者群体的利益关系,也涉及企业长远利益与近期利益、局部利益的协调。企业的收益分配须遵循以下原则:

(一) 依法分配原则

企业收益分配必须依法进行,这是正确处理各方面利益关系的关键。企业实现了利润后,首先应依照所得税法的规定缴纳企业所得税,以保证国家的利益,尽自己的法定义务;其次应按照国家颁布的相关法规,如《公司法》、《企业财务通则》以及各行业财务制度的规定,按顺序、项目和比例依法进行税后利润的分配,以维护相关者的利益。

(二) 分配与积累并重原则

企业通过经营活动赚取收益,既要保证企业简单再生产的持续进行,又要不断积累企业扩大再生产的财力基础。恰当处理分配与积累之间的关系,留存一部分净收益以供未来分配之需,能够增强企业抵抗风险的能力,同时,也可以提高企业经营的稳定性与安全性。

(三) 兼顾各方利益原则

企业的收益分配必须兼顾各方面的利益。企业是经济社会的基本单元,企业的收益分配涉及国家、企业股东、债权人、职工等多方面的利益。正确处理它们之间的关系,协调其矛盾,对企业的生存、发展是至关重要的。企业在进行收益分配时,应当统筹兼顾,维护各利益相关者的合法权益。

(四) 投资与收入对等原则

企业进行收入分配应当体现"谁投资谁受益"、收入大小与投资比例相对等的原则。这是正确处理投资者利益关系的关键。企业在向投资者分配收入时,应本着平等一致的原则,按照投资者投资额的比例进行分配,不允许任何一方随意多分多占,以从根本上实现收入分配中的公开、公平和公正,保护投资者的利益。但是,公司章程或协议明确规定出资比例与收入分配比例不致的除外。

第二节 收 入 管 理

销售收入是企业收入的主体,故本节主要介绍销售收入的管理。销售收入是企业的主要财务指标,加强企业销售收入的管理对于加速资金周转,维持简单再生产和扩大再生产具有重要的经济意义。销售收入大小的制约因素主要是产品的销售数量和销售价格,因此,企业在经营管理过程中一定要做好销售预测分析以及销售定价管理。

一、销售预测分析

销售预测(sales forecasting)是指通过市场调查,以有关的历史资料和各种信息为基础,运用科学的预测方法或管理人员的实际经验,对企业产品在计划期间的销售量或销售额作出预计或估量的过程。企业在进行销售预测时,应充分研究和分析企业产品销售的相关资料,如产品价格、产品质量、售后服务、推销方法等。此外,对企业所处的市场环境、物价指数、市场占有率及经济发展趋势等情况也应进行研究分析。

销售预测的方法有很多种,主要包括定性分析法和定量分析法。

(一) 定性分析法

定性分析法(qualitative analysis method),即非数量分析法,是指由专业人员根据实际经验,对预测对象的未来情况及发展趋势作出预测的一种分析方法。它一般适用于预测对象的历史资料不完备或无法进行定量分析时,主要包括推销员判断法、专家判断法和产品寿命周期分析法。

1. 推销员判断法

推销员判断法,又称意见汇集法,是由企业的推销人员根据他们的调查,将各个顾客或各类顾客对特定预测对象的销售预测值填入卡片或表格,然后由销售部门经理对此进行综合分析以完成预测销售任务的一种方法。

采用此法进行销售预测所需的时间短、费用低、比较实用。但这种方法是建立在假定推销人员都能够向企业反映真实情况的基础上,而推销人员的素质各异,他们对形势的估计有可能过于乐观或悲观,从而干扰预测结论。

2. 专家判断法

专家判断法,是由见识广博、知识丰富的经济专家根据他们多年的实践经验和判断能力对特定产品的未来销售量进行判断和预测的一种方法。这里的"专家"是指本企业或同行企业的高级领导人、销售部门经理以及其他外界专家等,但不包括推销员和顾客。具体有以下三种形式:

(1) 个别专家意见汇集法,即分别向每位专家征求对本企业产品未来销售情况的个人意见,然后将这些意见再加以综合分析,确定预测值。用这种方法可以集中各方面专家从不同的角度反映意见,故比推销员判断法更准确;但由于每个专家占有的资料有限,因此也不可避免地带有片面性。

(2) 专家小组法,即将专家分成小组,分别以小组为单位判断预测,再进行综合论证的方法。此法在预测过程中,能够发挥专家的集体智慧,互相启发,但采用此法预测小组的预测结论常常会受到个别权威专家的影响,客观性较下面将谈到的德尔菲法差。

(3) 德尔菲法,又称函询调查法,它采用函询的方式,征求各方面专家的意见,各专家在互不通气的情况下,根据自己的观点和方法进行预测,然后由企业把各个专家的意见汇集在一起,通过不记名方式反馈给各位专家,请他们参考别人的意见修正本人原来的判断,如此反复数次,最终确定预测结果。

3. 产品寿命周期分析法

产品寿命周期分析法就是利用产品销售量在不同寿命周期阶段上的变化趋势,进行销售预测的一种定性分析方法,它是对其他预测分析方法的补充。产品寿命周期是指产品从投入市场到退出市场所经历的时间,一般要经过推广期、成长期、成熟期和衰退期四个阶段。判断产品所处的寿命周期阶段,可根据销售增长率指标进行。一般地,推广期增长率不稳定,成长期增长率最大,成熟期增长率稳定,衰退期增长率为负数。

(二) 定量分析法

定量分析法(quantitative analysis method),也称数量分析法,是指在预测对象有关资料完备的基础上,运用一定的数学方法,建立预测模型,作出预测。它一般包括趋势预测分析法和因果预测分析法两大类。

1. 趋势预测分析法

趋势预测分析法主要包括算术平均法、加权平均法、移动平均法和指数平滑法等。

(1) 算术平均法,即将若干历史时期的实际销售量或销售额作为样本值,求出其算术平均数,并将该平均数作为下期销售量的预测值。算术平均法适用于每月销售量波动不大的产品的销售预测。其计算公式为:

$$Y = \frac{\sum X_i}{n} \qquad (10\text{-}1)$$

式中，Y 为预测值；X_i 为第 i 期的实际销售量；n 为期数。

例 10-1 某公司 2013—2020 年的产品销售量如表 10-1 所示。请根据表 10-1 中的数据计算该公司 2021 年的销售量。

表 10-1 某公司 2013—2020 年的产品销售量

年 度	2013	2014	2015	2016	2017	2018	2019	2020
销售量/件	3 250	3 300	3 150	3 350	3 450	3 500	3 400	3 600

根据算术平均法的计算公式，用算术平均法预测公司 2021 年的预测销售量为：

$$\text{预测销售量} Y = \frac{\sum X_i}{n} = \frac{(3\,250 + 3\,300 + 3\,150 + 3\,350 + 3\,450 + 3\,500 + 3\,400 + 3\,600)}{8}$$
$$= 3\,375(\text{吨})$$

(2) 加权平均法，同样是将若干历史时期的实际销售量或销售额作为样本值，将各个样本值按照一定的权数计算得出加权平均数，并将该平均数作为下期销售量的预测值。一般地，由于市场变化较大，离预测期越近的样本值对其影响越大，而离预测期越远的则影响越小，所以权数的选取应遵循"近大远小"的原则。其计算公式为：

$$Y = \sum_{i=1}^{n} W_i X_i \qquad (10\text{-}2)$$

式中，Y 为预测值；W_i 为第 i 期的权数（$0 < W_i \leqslant W_{i+1}$，且 $\sum W_i = 1$）；X_i 第 i 期的实际销售量；n 为期数。

加权平均法较算术平均法更为合理，计算也较方便，因而在实践中应用较多。

例 10-2 沿用例 10-1 中的资料，假设 2013—2020 年各期销售量和权数如表 10-2 所示。

表 10-2 2013—2020 年各期销售量及权数

年 度	2013	2014	2015	2016	2017	2018	2019	2020
销售量/件	3 250	3 300	3 150	3 350	3 450	3 500	3 400	3 600
权 数	0.04	0.06	0.08	0.12	0.14	0.16	0.18	0.22

根据加权平均法的计算公式，公司 2021 年的预测销售量为：

$$Y = \sum_{i=1}^{n} W_i X_i = 3\,250 \times 0.04 + 3\,300 \times 0.06 + 3\,150 \times 0.08 + 3\,350 \times 0.12 + 3\,450 \times 0.14$$
$$+ 3\,500 \times 0.16 + 3\,400 \times 0.18 + 3\,600 \times 0.22 = 3\,429(\text{吨})$$

(3) 移动平均法，是从 n 期的时间数列销售量中选取 m 期（m 数值固定，且 $m < n/2$）数据作为样本值，求其 m 期的算术平均数，并不断向后移动计算观测其平均值，以最后一个 m 期的平均数作为未来第 $n+1$ 期销售预测值的一种方法。这种方法假设预测值主要受最近 m

期销售量的影响,其计算公式为:

$$Y_{n+1} = \frac{X_{n-(m-1)} + X_{n-(m-2)} + \cdots + X_{n-1} + X_n}{m} \tag{10-3}$$

为了使预测值更能反映销售量变化的趋势,可以对上述结果按趋势值进行修正,其计算公式为:

$$\bar{Y}_{n+1} = Y_{n+1} + (Y_{n+1} - Y_n) \tag{10-4}$$

由于移动平均法只选用了 n 期数据中的最后 m 期作为计算依据,故而代表性较差。此法适用于销售量略有波动的产品预测。

例 10-3 沿用例 10-2 中的资料,假定公司预测前期(2021 年)的预测销售量为 3 475 吨,要求分别用移动平均法和修正的移动平均法预测公司 2022 年的销售量(假设样本期为 3 期)。

① 根据移动平均法的计算公式,公司 2022 年的预测销售量为:

$$Y_{n+1} = \frac{X_{n-(m-1)} + X_{n-(m-2)} + \cdots + X_{n-1} + X_n}{m} = \frac{3\,500 + 3\,400 + 3\,600}{3} = 3\,500(吨)$$

② 根据修正的移动平均法计算公式,公司 2020 年的预测销售量为:

$$\bar{Y}_{n+1} = Y_{n+1} + (Y_{n+1} - Y_n) = 3\,500 + (3\,500 - 3\,475) = 3\,525(吨)$$

(4) 指数平滑法,实质上是一种加权平均法,是以事先确定的平滑指数 a 及 $(1-a)$ 作为权数进行加权计算,预测销售量的一种方法,其计算公式为:

$$Y_{n+1} = \alpha X_n + (1 - \alpha) Y_n \tag{10-5}$$

式中,Y_{n+1} 未来第 $n+1$ 期的预测值;Y_n 为第 n 期预测值,即预测前期的预测值;X_n 为第 n 期的实际销售量,即预测前期的实际销售量;α 为平滑指数;n 为期数。

一般地,平滑指数的取值通常在 0.3~0.7 之间,其取值大小决定了前期实际值与预测值对本期预测值的影响。采用较大的平滑指数,预测值可以反映样本值新近的变化趋势;采用较小的平滑指数,则反映了样本值变动的长期趋势。因此,在销售量波动较大或进行短期预测时,可选择较大的平滑指数;在销售量波动较小或进行长期预测时,可选择较小的平滑指数。

该方法运用比较灵活,适用范围较广,但在平滑指数的选择上具有一定的主观随意性。

例 10-4 沿用例 10-1 中,2021 年实际销售量为 3 600 吨,原预测销售量为 3 475 吨,平滑系数为 0.4。要求用指数平滑法预测公司 2022 年的销售量。

$$Y_{n+1} = \alpha X_n + (1-\alpha) Y_n = 0.4 \times 3\,600 + (1-0.4) \times 3\,475 = 3\,525(吨)$$

2. 因果预测分析法

因果预测分析法是指分析影响产品销售量(因变量)的相关因素(自变量)以及它们之间的函数关系,并利用这种函数关系进行产品销售预测的方法。因果预测分析法最常用的是回归分析法。

回归直线法,也称一元回归分析法。它假定影响预测对象销售量的因素只有一个,根据直线方程 $y = a + bx$,按照最小二乘法原理,确定常数项 a 和 b,来确定一条误差最小的、能正确反映自变量 x 和因变量 y 之间关系的直线,结合自变量 X 的取值,即可求出预测销售量 Y 的值。其基本计算原理参照第三章第三节资金需要量的预测中的资金习性预测。

二、销售定价管理

销售价格是指在调查分析的基础上,选用不同价格策略和合适的产品定价方法,为销售的产品制定的出厂价。产品定价不仅影响产品的边际贡献,而且影响产品的销售数量与市场地位,从而对企业收入产生复杂而直接的影响。单价水平过高,导致销售量降低,如果达不到保本点,企业就会亏损;单价水平过低,虽然会起到促销作用,但单位毛利降低,使企业的盈利水平下降。因此,产品销售价格的高低,价格策略运用的恰当与否,都会影响到企业正常的生产经营活动,甚至影响到企业的生存和发展。

(一) 产品定价方法

产品定价方法主要包括以成本为基础的定价方法和以市场需求为基础的定价方法两大类。

1. 以成本为基础的定价方法

以成本为基础的定价方法,就是要在成本得以补偿后,企业还可以获得合理的利润的定价方法。

企业成本范畴基本上有三种成本可以作为定价基础,即变动成本、制造成本和完全成本。

变动成本是指在特定的业务量范围内,其总额会随业务量的变动而变动的成本。变动成本可以作为增量产量的定价依据,但不能作为一般产品的定价依据。

制造成本是指企业为生产产品或提供劳务等发生的直接费用支出,一般包括直接材料、直接人工和制造费用。由于它不包括各种期间费用,因此不能正确反映企业产品的真实价值消耗和转移。利用制造成本定价不利于企业简单再生产的继续进行。

完全成本是指企业为生产、销售一定种类和数量的产品所发生和费用总额,包括制造成本和管理费用、销售费用及财务费用等各种期间费用。在完全成本基础上制定价格,既可以保证企业简单再生产的正常进行,又可以使劳动者为社会劳动所创造的价值得以全部实现。因此,当前产品定价的基础,仍然是产品的完全成本。

(1) 完全成本加成定价法(full cost-plus pricing),是在完全成本的基础上,加合理利润来定价的方法。在工业企业一般是根据成本利润率来确定合理利润,而在商业企业一般则是根据销售利润率来确定合理利润。在考虑税金的情况下,有关计算公式为:

① 成本利润率定价法:

$$成本利润率 = \frac{预计利润总额}{预计成本总额} \times 100\% \qquad (10\text{-}6)$$

$$单位产品价格 = \frac{单位成本 \times (1 + 成本利润率)}{1 - 适用税率} \qquad (10\text{-}7)$$

② 销售利润率定价法:

$$销售利润率 = \frac{预计利润总额}{预计销售总额} \times 100\% \qquad (10\text{-}8)$$

$$单位产品价格 = \frac{单位成本}{1 - 销售利润率 - 适用税率} \qquad (10\text{-}9)$$

式中,单位成本是指单位完全成本,可以用单位制造成本加上单位产品负担的期间费用来确定。

例 10-5 某企业生产 A 产品,预计单位产品的制造成本为 100 元,计划销售 10 000

件，计划期的期间费用总额为 1 000 000 元，该产品适用的消费税税率为 5%，成本利润率必须达到 20%，根据上述资料，运用完全成本加成定价法测算的单位 A 产品的价格应为：

$$单位成本 = 100 + \frac{1\,000\,000}{10\,000} = 200（元）$$

$$单位 A 产品价格 = \frac{200 \times (1 + 20\%)}{(1 - 5\%)} = 252.63（元）$$

完全成本加成定价法可以保证全部生产耗费得到补偿，但它很难适应市场需求的变化，往往导致定价过高或过低。并且，当企业生产多种产品时，间接费用难以准确分摊，从而会导致定价不准确。

（2）保本点定价法（break even point pricing），是指以企业总成本与总收入保持平衡为依据来确定价格的一种方法。采用这一方法确定的价格是最低销售价格。其计算公式为：

$$单位产品价格 = \frac{单位固定成本 + 单位变动成本}{(1 - 适用税率)} = \frac{单位完全成本}{(1 - 适用税率)} \quad (10\text{-}10)$$

例 10-6　某企业生产 B 产品，本期计划销售量为 10 000 件，应负担的固定成本总额为 250 000 元，单位产品变动成本为 75 元，适用的消费税税率为 5%，根据上述资料，运用保本点定价法测算的单位 B 产品的价格应为：

$$单位成本 = 75 + \frac{250\,000}{10\,000} = 100（元）$$

$$单位价格 = \frac{100}{(1 - 5\%)} = 105.26（元）$$

（3）目标利润法（target-return pricing），目标利润是指企业在预定时期内应实现的利润水平。目标利润定价法是根据预期目标利润和产品销售量、产品成本、适用税率等因素来确定产品销售价格的方法。其计算公式为：

$$单位产品价格 = \frac{目标利润总额 + 完全成本总额}{产品销售量 \times (1 - 适用税率)} = \frac{单位目标利润 + 单位完全成本}{(1 - 适用税率)}$$

$$(10\text{-}11)$$

例 10-7　某企业生产 C 产品，本期计划销售量为 12 000 件，目标利润总额为 240 000 元，完全成本总额为 500 000 元，适用的消费税税率为 5%，根据上述资料，运用目标利润法测算的单位 C 产品的价格应为：

$$单位 C 产品价格 = \frac{240\,000 + 500\,000}{12\,000 \times (1 - 5\%)} \approx 65（元）$$

（4）变动成本定价法（variable cost-plus pricing），是指企业在生产能力有剩余的情况下增加生产一定数量的产品所应分担的成本。这些增加的产品可以不负担企业的固定成本，只负担变动成本。在确定价格时产品成本仅以变动成本计算。此处所指变动成本是指完全变动成本，包括变动制造成本和变动期间费用，其计算公式为：

$$单位产品价格 = \frac{单位变动成本 \times (1 + 成本利润率)}{(1 - 适用税率)} \quad (10\text{-}12)$$

例 10-8 某企业生产 D 产品,设计生产能力为 12 000 件,计划生产 10 000 件,预计单位产品的变动成本为 190 元,计划期的固定成本费用总额为 950 000 元,该产品适用的消费税税率为 5%,成本利润率必须达到 20%。假定本年度接到一额外订单,订购 1 000 件 D 产品,单价 300 元。请问:该企业计划内产品单位价格是多少?是否应接受这一额外订单?

根据上述资料,企业计划内生产的产品价格为:

$$单位完全成本 = 190 + \frac{950\ 000}{10\ 000} = 285(元)$$

$$计划内产品的单位价格 = \frac{285 \times (1+20\%)}{1-5\%} = 360(元)$$

追加生产 1 000 件的变动成本为 190 元,则:

$$计划外单位产品价格 = \frac{190 \times (1+20\%)}{(1-5\%)} = 240(元)$$

因为额外订单单价高于其按变动成本计算的价格,故应接受这一额外订单。

2. 以市场需求为基础的定价方法

以成本为基础的定价方法,主要关注企业的成本状况而不考虑市场需求状况,因而运用这种方法制定的产品价格不一定满足企业销售收入或利润最大化的要求。最优价格应是企业取得最大销售收入或利润时的价格。以市场需求为基础的定价方法可以契合这一要求,主要有需求价格弹性系数定价法和边际分析定价法等。

(1) 需求价格弹性系数定价法。产品在市场上的供求变动关系,实质上体现在价格的刺激和制约作用上。需求增大导致价格上升,刺激企业生产;而需求减小,则会引起价格下降,从而制约了企业的生产规模。从另一个角度看,企业也可以根据这种关系,通过价格的升降来作用于市场需求。在其他条件不变的情况下,某种产品的需求量随其价格的升降而变动的程度,就是需求价格弹性系数。其计算公式为:

$$E = \frac{\Delta Q/Q_0}{\Delta P/P_0} \tag{10-13}$$

式中,E 为某种产品的需求价格弹性系数;ΔP 为价格变动量;ΔQ 为需求变动量;P_0 为基期单位产品价格;Q_0 为基期需求量。

运用需求价格弹性系数确定产品的销售价格时,其基本计算公式为:

$$P = \frac{P_0 Q_0^\alpha}{Q^\alpha} \tag{10-14}$$

式中,P 为单位产品价格;Q 为预计销售数量;α 为需求价格弹性系数绝对值的倒数,即 $\alpha = \frac{1}{|E|}$;E 为需求价格弹性系数。

例 10-9 某企业生产销售戊产品,2012 年前三个季度中,实际销售价格和销售数量如下表 10-3 所示。若企业在第四季度要完成 4 000 件的销售任务,那么销售价格应为多少?

表 10-3　产品实际销售价格和销售量

项　　目	第一季度	第二季度	第三季度
销售价格/元	750	800	780
销售数量/件	3 859	3 378	3 558

根据上述资料,产品的销售价格的计算过程为:

$$E_1 = \frac{(3\ 378 - 3\ 859)/3\ 859}{(800 - 750)/750} \approx -1.87$$

$$E_2 = \frac{(3\ 558 - 3\ 378)/3\ 378}{(780 - 800)/800} \approx -2.13$$

$$E = \frac{E_1 + E_2}{2} = \frac{-1.87 - 2.13}{2} = -2$$

$$P = \frac{780 \times 3\ 558^{1/2}}{4\ 000^{1/2}} \approx 735.64(元)$$

即第四季度要完成 4 000 件的销售任务,其单位产品的销售价格为 735.64 元。

(2) 边际分析定价法,是指基于微分极值原理,通过分析不同价格与销售量组合下的产品边际收入、边际成本和边际利润之间的关系,进行定价决策的一种定量分析方法。

边际是指每增加或减少一个单位所带来的差异。那么,产品边际收入、边际成本和边际利润就是指销售量每增加或减少一个单位所形成的收入、成本和利润的差额。按照微分极值原理,如果利润函数的一阶导数等于零,即边际利润等于零,边际收入等于边际成本,那么,利润将达到最大值。此时的价格就是最优销售价格。

当收入函数和成本函数均可微时,直接对利润函数求一阶导数,即可得到最优售价;当收入函数或成本函数为离散型函数时,可以通过列表法,分别计算各种价格与销售量组合下的边际利润,那么,在边际利润大于或等于零的组合中,边际利润最小时的价格就是最优售价。

(二) 价格运用策略

企业之间的竞争在很大程度上表现为企业产品在市场上的竞争。市场占有率的大小是衡量产品市场竞争能力的主要指标。除了提升产品质量之外,根据具体情况合理运用不同的价格策略,可以有效地提高产品的市场占有率和企业的竞争能力。其中,主要的价格运用策略有以下几种:

1. 折让定价策略

折让定价策略是指在一定条件下,以降低产品的销售价格来刺激购买者,从而达到扩大产品销售量的目的。价格的折让主要表现是价格折扣,一般表现为单价折扣、数量折扣、现金折扣、推广折扣和季节性折扣等形式。单价折扣,是指给予所有购买者以价格折扣;数量折扣,即按照购买者购买数量的多少所给予的价格折扣;现金折扣,即按照购买者付款期限长短所给予的价格折扣;推广折扣,是指企业为了鼓励中间商帮助推销本企业产品而给予的价格优惠;季节折扣,是企业为鼓励购买者购买季节性商品所给予的价格优惠。

2. 心理定价策略

心理定价策略是指针对购买者的心理特点而采取的一种定价策略,主要有声望定价、尾数定价、双位定价和高位定价等。声望定价,是指企业按照其产品在市场上的知名度和在消费者中的信任程度来制定产品价格的一种方法。通常声望越高,价格越高;尾数定价,即在制定产品价格时,价格的尾数取接近整数的小数(如 99.8 元)或带有一定谐音的数(如 148 元)等;双位定价,是指在向市场以挂牌价格销售时,采用两种不同的标价来促销的一种定价方法,如某产品标明"原价 158 元,现促销价 99 元";高位定价,即根据消费者"价高质优"的心理特点实行高标价促销的方法。

3. 组合定价策略

产品组合定价策略是指处理本企业各种产品之间价格关系的策略。它根据相关产品在市场竞争中的不同情况,使互补产品价格有高有低,或使组合售价优惠。对于具有互补关系的相关产品,可以采取降低部分产品价格而提高互补产品价格,以促进销售,提高整体利润,如便宜的整车与高价的配件等。对于具有配套关系的相关产品,可以对组合购买进行优惠,比如西服套装中的上衣和裤子等。组合定价策略可以扩大销售量、节约流通费用,有利于企业整体效益的提高。

4. 寿命周期定价策略

每种产品都会有自身的产品生命周期,因此商家自身必须在变化的市场中调整战略。寿命周期定价策略是根据产品从进入市场到退出市场的生命周期,分阶段确定不同价格的定价策略。产品在市场中的寿命周期一般分为推广期、成长期、成熟期和衰退期。推广期产品需要获得消费者的认同,进一步占有市场,应采取低价促销策略;成长期的产品有了一定的知名度,销售量稳步上升,可以采用中等价格;成熟期的产品市场知名度处于最佳状态,可以采用高价促销,但由于市场需求接近饱和,竞争激烈,定价时必须考虑竞争者的情况,以保持现有市场销售量;衰退期的产品市场竞争力下降,销售量下滑,应该降价促销或维持现价并辅之以折扣等其他手段,同时,积极开发新产品,保持企业的市场竞争优势。

第三节 成本费用管理

成本费用是企业生产经营过程中资金消耗的反映,可以理解为企业为取得预期收益而发生的各项支出,主要包括制造成本和期间费用等。成本费用是衡量企业内部运行效率的重要指标,在收入一定的情况下,它直接决定了公司的盈利水平。成本费用指标在促进企业提高经营管理水平、降低生产经营中的劳动耗费方面起着十分重要的作用。

成本费用管理是指企业对在生产经营过程中全部费用的发生和产品成本的形成所进行的计划、控制、核算、分析和考核等一系列科学管理工作的总称。加强成本费用管理,具有重要意义。它既是企业提高经营管理水平的重要因素,也是企业增加盈利的要求,并且为企业抵抗内外压力,求得生存发展提供了可靠保障。主要的成本费用管理模式有成本归口分级管理、标准成本管理、作业成本管理和质量成本管理等。

一、成本归口分级管理

成本归口分级管理,又称成本管理责任制,它是在企业总部(如厂部)的集中领导下,按照费用发生的情况,将成本计划指标进行分解,并分别下达到有关部门、车间(或分部)和班组,以便明确责任,把成本管理纳入岗位责任制。其目的是要进行全过程、全员性的成本费用管理,使成本费用管理人员监测企业生产经营过程中的成本消耗，同时，使生产技术人员参与企业的成本费用管理。

成本归口分级管理可以分为成本的归口管理和分级管理两个部分。其中，成本的归口管理主要是指将企业成本与费用预算指标进行分解，按照其所发生的地点和人员进行归口，具体落实到每一个责任人，将成本与费用预算指标作为控制标准，把成本费用管理工作建立在广泛的群众基础上，实现全员性成本费用管理。成本的分级管理主要是指按企业的生产组织形式，从上到下依靠各级、各部门的密切配合来进行成本费用管理。一般分为三级，即厂部、车间和班组，同时开展企业的成本费用管理。

成本归口管理和分级管理是密切联系、相辅相成的。在企业分为厂部、车间和班组三级的情况下，各级成本费用管理的权责和内容概括如下。

（一）厂部的成本费用管理

厂部主要是负责全厂的成本费用指标，并将其分解归口到有关部门去，随时进行调节和控制。其成本费用管理的主要内容有：制定和组织全厂成本管理制度；进行成本预测分析，编制成本计划；加强成本控制，核算产品成本，编制成本报表；综合分析、考核全厂成本计划的完成情况；组织和指导各车间、部门开展成本管理工作。

厂部对成本费用的管理是在厂长（经理）领导下，通过财务部门进行的。同时，要按照各职能部门的分工和生产费用的发生地点，分解、落实各职能部门归口管理的成本指标，并在此基础上确定各分管部门的责任、权限和管理内容。

（二）车间的成本费用管理

车间的成本管理处于企业成本与费用管理的中心环节，是成本控制的重点。其主要工作有：根据厂部下达的成本计划或费用指标，编制车间成本或节约措施计划；根据厂部批准的车间成本计划，向各班组下达有关消耗指标和费用指标；组织车间成本核算，按计划控制车间生产费用；检查和分析车间成本计划和班组有关指标的完成情况，不断提高车间成本管理水平。

车间成本费用管理工作，是在车间主任直接领导下，由车间成本组或成本核算员负责组织执行的。在车间内部也应实行归口管理，即按照生产费用的内容，规定各有关职能人员分管费用的职责。

以前，车间一般只进行费用核算或成本核算，但随着车间管理职能的加强，近几年来不少企业已把车间列作企业内部的利润核算单位，或者将某些重要的车间单独设置为分厂，实行单独核算。

（三）班组的成本费用管理

班组是车间具体活动的执行者，在成本费用管理上主要遵循"干什么，用什么，就管什么"的原则，调动直接生产人员来参与成本费用的控制，从加工的工序或工艺过程中节约费用消耗，达到有效控制成本费用的目的。其成本费用管理的主要内容有：讨论全厂和车间的成本费用计划，拟订班组各项消耗定额和费用计划；根据消耗定额和费用计划，控制班组所发生的各种消耗和费用开支；核算班组负责执行的计划指标，并及时公布；检查、分析消耗定额和费用指标的执行情况等。

班组成本费用管理，是在班组长领导下，由工人核算员负责组织执行的，并要与其他工人管理员密切配合，共同努力，以降低生产消耗。

二、标准成本管理

标准成本，是指通过调查分析、运用技术测定等方法制定的，在有效经营条件下所能达到的目标成本。标准成本主要用来控制成本开支，衡量实际工作效率。

标准成本管理，又称标准成本控制，是以标准成本为基础，将实际成本与标准成本进行对比，揭示成本差异形成的原因和责任，进而采取措施，对成本进行有效控制的管理方法。标准成本管理以标准成本的确定作为起点，通过差异的计算、分析等得出结论性报告，然后据以采取有效措施，巩固成绩或克服不足。

（一）标准成本的确定

企业在确定标准成本时，可以根据自身的技术条件和经营水平，在以下类型中进行选择：

一是理想标准成本，这是一种理论标准，它是指在现有条件下所能达到的最优成本水平，即在生产过程无浪费、机器无故障、人员无闲置、产品无废品的假设条件下制定的成本标准。

二是正常标准成本，是指在正常情况下，企业经过努力可以达到的成本标准，这一标准考虑了生产过程中不可避免的损失、故障和偏差等。

通常来说，正常标准成本大于理想标准成本。由于理想标准成本要求异常严格，一般很难达到，而正常标准成本具有客观性、现实性和激励性等特点，所以，正常标准成本在实践中得到广泛应用。

产品成本由直接材料、直接人工和制造费用三个项目组成。无论是确定哪一个项目的标准成本，都需要分别确定其用量标准和价格标准，两者的乘积就是每一成本项目的标准成本，将各项目的标准成本汇总，即得到单位产品的标准成本。其计算公式为：

$$单位产品的标准成本=直接材料标准成本+直接人工标准成本+制造费用标准成本$$

$$=\sum(用量标准 \times 价格标准) \tag{10-15}$$

1. 直接材料标准成本的制定

单位产品耗用的直接材料的标准成本是由材料的价格标准和用量标准来确定的。

材料的价格标准通常采用企业编制的计划价格，它通常是以订货合同的价格为基础，并考虑到未来物价、供求等各种变动因素后按材料种类分别计算的。一般由财务部门和采购部门等共同制定。

材料的用量标准是指在现有生产技术条件下，生产单位产品所需的材料数量。它包括构成产品实体的材料和有助于产品形成的材料，以及生产过程中必要的损耗和难以避免的损失所耗用的材料。材料的用量标准一般应根据科学的统计调查，以技术分析为基础计算确定。

在制定直接材料标准成本时，其基本程序是：首先，区分直接材料的种类；其次，逐一确定它们在单位产品中的标准用量和标准价格；再次，按照种类分别计算各种直接材料的标准成本；最后，汇总得出单位产品的直接材料标准成本。其计算公式是：

$$直接材料标准成本=材料价格标准 \times 材料用量标准 \tag{10-16}$$

例 10-10 假定某企业 A 产品耗用甲、乙、丙三种直接材料，其直接材料标准成本的计算如表 10-4 所示。

表 10-4　A 产品直接材料标准成本的计算

项　　目	标　　　　准		
	甲材料	乙材料	丙材料
价格标准①	45 元/千克	15 元/千克	30 元/千克
用量标准②	3 千克/件	6 千克/件	9 千克/件
标准成本③=②×①	135 元/件	90 元/件	270 元/件
单位产品直接材料标准成本④=∑③	495 元		

2. 直接人工标准成本的制定

直接人工是由直接人工的价格和直接人工用量两项标准决定的。

直接人工的价格标准就是标准工资率，它通常由劳动工资部门根据用工情况制定。当采用计时工资时，标准工资率就是单位标准工资率，是由标准工资总额与标准总工时的商来确定的，即：

$$\text{标准工资率} = \frac{\text{标准工资总额}}{\text{标准总工时}} \tag{10-17}$$

人工用量标准，即工时用量标准，它是指现有的生产技术条件下，生产单位产品所耗用的必要的工作时间，包括对产品直接加工工时、必要的间歇或停工工时以及不可避免的废次品所耗用的工时等。一般由生产技术部门、劳动工资部门等运用特定的技术测定方法和分析统计资料后确定。

因此，直接人工标准成本 = 标准工资率 × 工时用量标准

例 10-11　沿用例 10-10 中的资料，A 产品直接人工标准成本的计算如表 10-5 所示。

表 10-5　A 产品直接人工标准成本的计算

项　目	标　准	项　目	标　准
月标准总工时①	15 600 小时	单位产品工时用量标准④	1.5 小时/件
月标准总工资②	168 480 元	直接人工标准成本⑤=④×③	16.2 元/件
标准工资率③=②÷①	10.8 元/小时		

3. 制造费用标准成本的制定

制造费用的标准成本是由制造费用价格标准和制造费用用量标准两项因素决定的。

制造费用价格标准，即制造费用的分配率标准。其计算公式为：

$$\text{制造费用分配率标准} = \frac{\text{标准制造费用总额}}{\text{标准总工时}} \tag{10-18}$$

制造费用的用量标准，即工时用量标准，其含义与直接人工用量标准相同。

因此，制造费用标准成本 = 制造费用分配率标准 × 工时用量标准

成本按照其性态分为变动成本和固定成本。前者随着产量的变动而变动；后者相对固定，不随产量波动。所以，制定费用标准时，也应分别制定变动制造费用和固定制造费用的成本标准。

例 10-12 沿用例 10-10 中的资料，A 产品制造费用标准成本的计算如表 10-6 所示。

表 10-6 A 产品制造费用标准成本的计算

项目		标　　准
工　　时	月标准总工时 ①	15 600 小时
	单位产品工时标准 ②	1.5 小时/件
变动制造费用	标准变动制造费用总额 ③	56 160 元
	标准变动制造费用分配率 ④ = ③÷①	3.6 元/小时
	变动制造费用标准成本 ⑤ = ②×④	5.4 元/件
固定制造费用	标准固定制造费用总额 ⑥	187 200 元
	标准固定制造费用分配率 ⑦ = ⑥÷①	12 元/小时
	固定制造费用标准成本 ⑧ = ②×⑦	18 元/件
单位产品制造费用标准成本 ⑨ = ⑤ + ⑧		23.4 元

（二）成本差异的计算及分析

在标准成本管理模式下，成本差异是指一定时期生产一定数量的产品所发生的实际成本与相关的标准成本之间的差额。凡实际成本大于标准成本的称为超支差异；凡实际成本小于标准成本的则称为节约差异。

从标准成本的制定过程可以看出，任何一项费用的标准成本都是由用量标准和价格标准两个因素决定的，因此，差异分析就应该从这两个方面进行。实际产量下的总差异的计算公式为：

$$
\begin{aligned}
总差异 &= 实际价格 \times 实际用量 - 标准价格 \times 标准用量 \\
&= (实际价格 \times 实际用量 - 标准价格 \times 实际用量) \\
&\quad + (标准价格 \times 实际用量 - 标准价格 \times 标准用量) \\
&= (实际价格 - 标准价格) \times 实际用量 + 标准价格 \\
&\quad \times (实际用量 - 标准用量) \\
&= 价格差异 + 用量差异
\end{aligned}
\tag{10-19}
$$

其中，

$$价格差异 = (实际价格 - 标准价格) \times 实际用量 \tag{10-20}$$

$$用量差异 = 标准价格 \times (实际用量 - 标准用量) \tag{10-21}$$

成本差异的具体计算例题，详见本书第十一章财务分析中例 11-2。

（相关链接：成本差异的具体计算分析可以参看本教材财务分析章节的因素分析法应用。）

三、作业成本管理

作业是指在一个组织内为了某一目的而进行的耗费资源的工作，它是作业成本计算系统中最小的成本归集单元。作业贯穿产品生产经营的全过程，从产品设计、原材采购、生产加工，直至产品的发运销售。在这一过程中，每个环节、每道工序都可以视为一项作业。

作业成本法（Activity-Based Costing，ABC），是对传统成本计算方法的改进，主要表现在采用多重分配标准分配制造费用的技术变革上。随着成本计算方法的完善,它也开始兼顾对制造费用和销售费用的分析,以及对价值链成本的分析,并将成本分析的结果应用到战略管理中,从而形成了作业成本管理。

在作业成本法下,对于直接费用的确认和分配与传统的成本计算方法一样,而间接费用的分配对象则不再是产品,而是作业活动,成本分配时,首先根据作业中心对资源的耗费情况,将资源耗费的成本(即间接费用)分配到作业中心去,然后再将上述分配至作业中心的成本,按照各自的成本动因,依据作业的耗用数量分配到各产品。作业成本法很好地克服了传统成本方法中间接费用责任划分不清的缺点,使以往一些不可控的间接费用变为可控,这样可以更好地发挥决策、计划和控制的作用,以促进作业管理和成本控制水平的不断提高。

(相关链接:作业成本管理的具体内容可以参看相关的成本管理方面的教材。)

四、质量成本管理

质量成本(cost of quality,COQ),是指企业将产品质量保持在规定的标准上而需支出的费用,以及因未达到规定的质量标准而发生的损失之和。

(一)质量成本的内容

一般按发生原因的不同,将质量成本划分为:

(1)预防成本,即为了防止产生不合格品与质量故障而发生的各项费用。

(2)检验成本,即为检查和评定产品质量、工作质量、工序质量、管理质量是否满足规定要求和标准所需的费用。

(3)内部缺陷成本,即产品交客户前由于自身的缺陷造成的损失以及处理故障所支出的费用之和,包括废品损失、返修费用、材料损失、复检费用以及因质量事故造成的停工损失和事故处理费用等。

(4)外部缺陷成本,即产品交客户后,因产品质量缺陷引起的一切损失费用,包括退货损失、保修费用、降价处理损失、赔偿损失及违反合同损失等。

(5)外部质量保证成本,即为提供客户要求的客观证据所支付的费用。

(二)质量成本控制的内容

质量成本管理,又称质量成本控制,是指根据预定的质量成本目标,对实际工作中发生的所有质量成本,进行指导、限制和监督,及时发现问题,及时采取有效措施,或不断推广先进经验,以促进产品质量成本不断下降,取得最佳经济效益而实施的一种管理行为。实施质量成本控制,可以在产品质量、成本和经济效益二者之间寻求一个相对平衡,正确核算质量成本,是质量成本控制的中心环节,主要包括以下四项内容:

1. 树立质量成本导向的思想

这种质量经营理念是"不考虑成本,就不能给质量下定义;搞好质量管理,成本管理才成为成本管理;真正进行质量成本管理,质量管理的效果就会逐步提高;不赚钱的质量,就不是质量;质量管理要控制成本"。质量的关键是适用性。从产品适用性来讲,其质量标准应包含性能、寿命、可靠性、安全性和经济性五个方面的指标。不顾消费者的真实需求,盲目追求高精度、高性能、价格昂贵,并不一定会令顾客满意。质量必须给用户带来价值,即产品的功能、效用能够满足用户的使用需求,达到一定的用户满意度。

2. 确定质量成本目标

企业在确定质量成本目标时,既要考虑节约开支,降低质量成本,又要处理好质量成本与质量、功能等方面的关系,通过质量成本效益分析,结合企业的具体条件,寻求质量成本的最佳值。现代质量成本管理以零缺陷为目标,倡导全面质量管理,要求将不符合质量要求的产品降低到零。同时,强调顾客愿意接受增加价值的作业并支付其相应成本,但拒绝接受非增值作业以及支付其相应成本。因此,因产品交付用户前后出现缺陷导致的非增值作业,应予以避免。预防作业可视为增值作业,而一部分的检验作业如质量审计,是预防作业所必需的,应视为增值作业,应予以保留。

3. 确定产品的设计质量水平

确定产品的设计质量水平,就是要找出质量变化与价格、功能、成本、收益(利润)之间的关系。一般而言,随着产品设计质量水平由低至高,价格和成本亦随之提高,但由于价格增长幅度更大,企业的收益呈上升趋势。当质量水平达到一定高度后,再提高质量水平,成本增长幅度就会超过价格,企业收益反而呈下降趋势。企业收益曲线出现拐点时的质量水平,就是理论上的最佳产品设计质量水平。企业在实际确定质量水平时,不仅要进行经济分析,而且要慎重考虑消费者的需要、本企业的技术条件、设备能力、工人及技术人员的技术水平、营销能力等等。

4. 确定产品使用寿命周期的最佳质量水平

产品使用寿命周期是一个产品从研制、设计、制造、流通、使用到报废为止的整个过程。在寿命周期中每一个阶段耗费的费用,构成产品寿命周期的总成本,它可大致分为生产成本和使用成本两大部分。生产成本包括设计、制造、外协等,与产品质量水平成正比,产品出厂以后的成本计入使用成本,主要包括运转费用、维修费用、停工损失、折旧费、转卖和更新损失等费用,与产品质量水平成反比。生产成本与使用成本之和为最小值时的质量水平,就是产品使用寿命周期的最佳质量水平。

第四节 利润分配管理

一、利润分配的顺序

利润分配必须按法定程序进行,依据我国《公司法》、《企业财务通则》等法律法规的规定,企业实现的净利润应当按下列顺序进行分配:

(1) 弥补以前年度亏损。根据现行法律法规的规定,企业发生年度亏损,可以用下一年度的税前利润弥补;下一年度税前利润不足弥补时,可以在五年内延续弥补;延续五年仍未弥补的亏损,用税后利润弥补。

(2) 提取10%法定公积金。经计算有本年累计盈利的,按本年净利润抵减年初累计亏损后的余额,计提10%比例的法定公积金,累计提取的公积金总额达到注册资本50%时,可以不再提取。公积金属于公司的留存收益,从性质上看属于股东权益。公积金可以用于弥补亏损、扩大生产经营或者转增公司资本,但转增公司资本后,所留存的法定公积金不得低于转增前公司注册资本的25%。

(3) 提取任意公积金。企业提取法定公积金后,企业章程对提取任意公积金有规定的,可按企业章程的规定提取;企业章程没有规定的,可以根据股东(大)会决议的比例提取。法定公积金和任意公积金都是公司从税后利润中提取的积累资本,是公司用于防范和抵御风险,提高经营能力的重要资本来源。

(4) 向投资者分配利润。企业应当按照"同股同权、同股同利"的原则,向投资者分配利润。企业以前年度未分配的利润,可以并入本年度利润一并进行分配。企业需要拿出多大比例的净利润用于向投资者分配,除了要有足够的累计盈余外,还要考虑企业盈余的稳定性、投资机会、债务需要和举债能力等因素,尤其是发放现金股利(利润),需要重点考虑企业的现金流量状况。

需要特别说明的是,按照现行制度规定,股份有限公司依法回购后暂未转让或者注销的股份,不得参与利润分配;在弥补企业以前年度亏损和提取法定公积金之前,不得向投资者分配利润。《公司法》规定:"公司股东会、股东大会或者董事会违反规定,在公司弥补亏损和提取法定公积金之前向股东分配利润的,股东必须将违反规定分配的利润退还公司"。

二、股利基本理论

在利润分配实践中,我们常常会问以下一些问题:为什么公司会支付股利?公司应支付多少股利,即如何确定现金股利与留存收益之间的比例?发放股利是否会影响公司的价值?股东喜欢高股利还是低股利?长期以来,许多学者对这些问题进行了大量的研究,从不同的角度提出了不同的观点,从而形成了不同的股利理论。股利理论就是研究股利分配与公司价值、股票价格之间的关系,探讨公司应当如何制订股利政策的基本理论。根据对股利分配与公司价值、股票价格之间关系的认识不同,股利理论可以分为两大派别:股利无关理论和股利相关理论。

(一) 股利无关理论

股利无关理论(dividend irrelevance theory)认为,公司的股利政策不会对公司的价值产生任何影响。该理论是由美国财务学专家米勒(Miller)和莫迪利亚尼(Modigliani)于1961年在他们的著名论文《股利政策、增长和股票价值》中首先提出的,因此,这一理论也被称为MM理论。MM理论的基本假定是完美资本市场理论,完美资本市场存在的条件包括四个方面的内容。

(1) 资本市场具有强式效率性。所谓强式效率性是指股票的现行市价已经反映了所有已公开或未公开的信息,任何人、甚至掌握内部信息的内部人也无法在股市上赚取超额报酬。(有效资本市场的理论参见第二章的相关内容。)

(2) 证券交易瞬间完成,没有筹资费用(包括股票发行和交易费用)。证券的发行和买卖等交易活动不存在经纪人费用、交易税和其他交易成本。

(3) 不存在个人和公司所得税。在利润分配与不分配或资本利得与股利之间均不存在税负差异。

(4) 公司的投资决策与股利决策是彼此独立的。根据这一假设,在公司既定的投资决策下,对于新投资项目所需筹资,无论采取内部融资还是外部融资,都不会改变公司的经营风险。由于理性投资者对公司的风险和报酬都有合理的预期,在公司经营风险不变的情况下,投资者的必要投资报酬率即股权资本的资本成本也不会改变,因此,公司的风险水平以及由风险水平所决定的投资者必要报酬率均不会受股利政策变化的影响,公司价值是以投资者必要报酬率为折现率对公司未来收益的折现值。根据这一假设,在计算公司价值时所用的折现率即投资者必要报酬率,不受公司股利分配的影响。

在这些假设条件基础上,MM理论认为,投资者不会关心公司股利的分配情况,公司的股票价格完全由公司投资方案和获利能力决定。在公司有较好的投资机会的情况下,如果股利分配得较少,留利较多,公司的股票价格会上升,投资者可以通过出售股票换取现金来自制股利。如果股利分配得较多,留利较少,投资者获得现金后会寻求新的投资机会,而公司仍可以顺利地筹集到新的资金。所以,股票价格与公司的股利政策是无关的。MM 理论认为,在完美资本市场的条件下,股利完全取决于投资项目需用盈余后的剩余,投资者对于盈利的留存或发放股利毫无偏好。

在股利无关论者看来,在完美资本市场条件下,由于存在套利活动,投资者对于企业留存较多的利润用于再投资,还是发放较多的股利并无偏好,他们可以通过套利自动补偿损失。既然投资者不关心股利的分配,企业的价值就完全由投资项目的盈利能力与风险水平所决定,企业的股利政策不影响企业的价值,即股利政策不会对公司的股票价格产生任何影响。

(二)股利相关理论

股利相关论(dividend relevance theory)认为,现实中不存在股利无关论提出的完全市场条件,公司的股利分配对公司的市场价值有影响。其代表性观点主要有:

1. "在手之鸟"理论

该理论的主要代表人物是迈伦·戈登(Myron Gordon)和约翰·林特(John Linter)。1962 年,戈登在传统理论基础上提出了著名的"戈登模型",模型认为公司价值等于以投资者要求的必要报酬率为折现率对未来股利的折现值。该理论认为,对投资者来说,现金股利是"抓在手中的鸟",是实在的,而公司留利则是"躲在林中的鸟",随时都可能飞走。也就是说,用留存收益投资带给投资者的收益具有很大的不确定性,并且投资风险将随着时间的推移而进一步加大。既然现在的留利并不一定转化为未来的股利,那么,在投资者看来,公司股利支付率越高,分配的股利越多,就会消除投资者心中对公司未来盈利风险的担忧,投资者所要求的必要投资报酬率也会降低,因而公司价值和股票价格就会上升。反之,较低的股利支付率则会使公司价值和股票价格下降。所以,根据这一理论进行股利决策,公司就应提高股利支付率,进行高派现。投资者更愿意购买能支付较高股利的公司股票。这一理论用西方一句谚语来形容就是"双鸟在林,不如一鸟在手"。

由于戈登等学者的理论贡献,使"在手之鸟"理论广为流行。但是,也有些学者对这种理论提出批评,他们指出"在手之鸟"理论混淆了投资决策和股利政策对公司风险的不同影响,认为资本利得的风险高于股利的风险是不符合实际情况的,并将这一理论称为"在手之鸟谬论"。这些批评者认为,用留存收益再投资形成的资本利得的风险取决于公司的投资决策,与股利支付率高低无关。在投资决策一定的情况下,公司如何分配利润并不会改变公司的投资风险。股东在收到现金股利后,仍然可以根据自己的风险报酬偏好进行再投资。例如,他们可以用现金股利重新购买公司发行的新股来进行再投资。因此,投资者所承担的风险最终是由公司的投资决策所决定的,而不会受股利政策影响。

2. 信号传递理论

该理论认为,股利政策与股票价格是相关的,股票的市价是由企业的经营状况和盈利能力确定的,虽然企业的财务报表可以反映其盈利情况,但报表受人为因素的影响较大,容易形成粉饰以至假象。因此,从长远的观点看,能增强和提高投资者对企业信心的则是企业实际发放的股利。企业的股利是以盈利为基础的,是实际盈利的最终体现。这是无法通过对财务报表的粉饰来达到的。在信息不对称的情况下,公司可以通过股利政策向市场传递有关公司未来盈利能力的信息。一般说来，高质量的公司往往愿意通过相对较高的股利支付率把自己同低质量的公司区别开来，以吸引更多的投资者。对市场上的投资者来说，股利政策的差异或许是反映公司质量差异的极有价值的信号，如果公司连续保持较为稳定的股利支付率，那么，投资者就可能对公司未来的盈利能力与现金流量抱有较为乐观的态度。也就是说，上市公司通过高派现向市场传递较好前景的消息，该公司的股票价格就会上涨，而如果某一公司改变了长期以来比较稳定的股利政策，这就等于给投资者传递了企业收益情况发生变化的信息，从而会影响到股票的价格。当股利下降时，可能给投资者传递公司经营状况变坏的信息，该公司股票的价格就会下跌。

不过，公司以支付现金股利的方式向市场传递信息，通常也要付出较为高昂的代价。包括：①较高的所得税负担；②一旦公司因分派现金股利造成现金流量短缺，就有可能被迫重返资本市场发行新股，摊薄每股收益，对公司的市场价值产生不利影响；③如果公司因分派现金股利造成投资不足，并丧失有利的投资机会，还会产生一定的机会成本。

3. 税收差别理论

股利无关论的一个重要假设是现金股利和资本利得没有所得税的差异。实际上，两者的所得税税率经常是不同的。一般来说，股利收入的所得税税率要高于资本利得的所得税税率。由于不对称税率的存在，股利政策就会影响公司价值和股票价格。研究税率差异对公司价值及股利政策影响的股利理论被称为税收差别理论，其代表人物主要有利森伯格尔(Lizenberger)和拉马斯瓦米(Ramaswamy)。税收差别理论认为，由于股利收入的所得税税率通常都高于资本利得的所得税税率，这种差异会对股东财富产生不同影响。出于避税的考虑，投资者更偏爱低股利政策，公司实行较低的股利支付率政策可以为股东带来税收利益，有利于增加股东财富，促进股票价格上涨，而高股利支付率政策将导致股票价格下跌。除了税率上的差异，股利收入和资本利得的纳税时间也不同，股利收入在收到股利时纳税，而资本利得只有在出售股票获取收益时才纳税，这样，资本利得的所得税是延迟到将来才缴纳，股东可以获得货币时间价值的好处。但是，股东出售股票自制股利时会发生交易成本，这会抵消其税收利益。所以，对于那些希望定期获取现金收益和享受较低税率的投资者而言，高现金股利仍然是较好的选择。

我国现行税法规定，股东获得公司派发的现金股利需要按照 20% 的税率缴纳个人所得税，由公司在支付股利时代扣代缴。2015 年 9 月财政部、国家税务总局、证监会发布了《关于上市公司股息红利差别化个人所得税政策有关问题的通知》(财税〔2015〕101 号)，规定个人从公开发行和转让市场取得的上市公司股票，持股期限超过 1 年的，股息红利暂免征收个人所得额。

个人从公开发行和转让市场取得的上市公司股票，持股期限在 1 个月以内(含 1 个月)的，其股息红利所得全额计入应纳税所得额；持股期限在 1 个月以上至 1 年(含 1 年)的，暂减按 50% 计入应纳税所得额；上述所得统一适用 20% 的税率计征个人所得税。

从上述规定可以看出，持股期限在 1 个月以内(含 1 个月)的，实际税率为 20%；持股期限在 1 个月以上至 1 年(含 1 年)的，实际税率为 10%。以此鼓励居民进行长期投资。但是，目前股东出售股票获得的资本利得收益，只需支付交易费用和印花税，不必缴纳个人所得税。所以，从税收的角度来看，在我国，公司向股东分派高额现金股利对股东是不利的。

例 10-13 A 公司目前股票价格 40 元，未来一年的期望报酬率为 25%，那么一年后预期股票价格应为 50 元 [40×(1+25%)]。现行的股利所得税税率为 10%，资本利得免缴所得税。以下两种不同的股利政策对股东的收益会产生不同的影响。

(1) 不支付股利，利润全部留作留存收益；
(2) 一年后每股支付 5 元的现金股利。

两种股利政策股东收益的比较如表 10-7 所示。

表 10-7 A 公司两种股利政策股东投资收益的比较

项 目	第一种股利政策	第二种股利政策
目前股票价格/(元/股)	40	40
1 年后预期价格/(元/股)	50	50
每股股利/元	0	5
税后每股股利/元	0	4.5
除息后股票价格/(元/股)	50	45
资本利得/元	10	5
股东收益/元	10	9.5
股东的投资报酬率	25%	23.75%

从表 10-7 分析可见，第二种股利政策将导致股东收益下降。假设股东要求税后的必要投资收益率为 25%，那么，公司采用第一种股利政策时，股票价格应为 40 元；而公司若采用第二种股利政策，会使其股票价格下降为 39.6 元。其计算过程为：

$$P=\frac{45+4.5}{1+25\%}=39.6(元)$$

因此，在其他条件相同的情况下，如果公司采用第二种股利政策，由于税收的差异，将导致公司股票价格下跌。

由于税收差异的存在，股利政策可以产生顾客效应。税收差别理论认为投资者可根据偏好不同分为不同的类型，每种类型的投资者都偏好某种特定的股利政策，并喜欢购买采用符合其偏好政策的公司股票，这就是顾客效应。顾客效应在许多方面都有所表现，例如表现在资本结构政策上，有的投资者偏爱高杠杆政策，有的投资者则偏爱低杠杆政策。顾客效应表现在股利政策上，就是有些投资者喜欢高股利支付率政策，而有些投资者则喜欢低股利支付率政策。米勒和莫迪利亚尼在研究税收差异对股利政策的影响时就已注意到顾客效应的存在，他们发现低税率等级的投资者往往持有高股利公司的股票。因此，MM 理论认为公司有动机采取适当的股利政策，以最大限度地减少股东的税收。

产生顾客效应的一个重要原因是不同的投资者具有不同的边际税率。在美国，不同收入的投资者的个人所得税税率会有很大的差异，个人所得税的边际税率从 15% 到 39.6% 不等，年收入越高的投资者适用的所得税税率越高，而低收入的投资者适用的所得税税率较低，甚至免缴所得税。正是因为投资者的边际税率等级不同，导致他们对股利政策表现出不同的偏好。大量经验数据证明，投资者根据各自不同的税率等级自然分成偏好高股利政策的顾客和偏好低股利政策的顾客。高收入的投资者希望公司少支付现金股利或不支付现金股利，而将利润作为留存收益进行再投资,以提高股票的价格,即使将来需要现金,出售股票获得的资本利得收益也比现在收到股利收入所缴的个人所得税要少;低收入的投资者以及享受免税优惠的养老基金等机构投资者则喜欢公司支付较高的现金股利,一方面是因为他们可以免缴所得税或适用税率较低,另一方面是这些投资者更希望保持较高的资本流动性。例如一些退休的投资者就希望公司支付较高且稳定的现金股利,以便他们安排正常的生活支出。

由于顾客效应的存在,任何股利政策都不可能满足所有投资者的要求,特定的股利政策只能吸引特定类型的投资者。采用高股利支付率政策,可以吸引低边际税率等级的追随者;采用低股利支付率政策,可以吸引高边际税率等级的追随者。当公司改变股利政策时,就会吸引喜欢这一股利政策的投资者购买其股票,而另一类不喜欢这一股利政策的投资者就会出售其股票。当购买数量大于出售数量时,公司股价就会上涨,反之就会下跌,直至市场达到均衡状态。

4. 代理理论

现代企业理论认为,企业是一组契约关系的联结。契约关系的各方成为企业的利益相关者,各利益相关者之间的利益和目标并不完全一致,在信息不对称的情况下,企业各利益相关者之间形成诸多的委托—代理关系。代理问题会降低企业的效率,增加企业的成本,这种成本在经济学上称为代理成本。在股份有限公司中,股东作为公司的投资者并不直接参与公司的经营管理活动,而聘用经理从事经营管理活动,这样在股东和经理之间便形成了委托—代理关系。由于股东和管理者之间存在利益冲突,股东为避免自身利益损失,就要监督和约束管理者的行为,势必导致代理成本的发生。代理理论认为,公司分配现金股利可以有效地降低代理成本,提高公司价值。

代理理论认为股利政策有助于缓解管理者与股东之间,以及股东与债权人之间的冲突,相当于是协调股东与管理者之间代理关系的一种约束机制。股利政策对管理者的约束作用体现在两个方面:①从投资角度看,当企业存在大量自由现金流量时,管理者通过股利发放,使公司账面上的现金减少,管理者进行非理性投资的可能就会减少,这样,不仅减少了因过度投资而浪费资源的可能,而且有助于减少管理者潜在的代理成本,从而增加企业价值,它解释了股利增加与股价变动正相关的现象。②从融资角度看,企业发放股利会导致企业的现金减少,可能会使管理者的营运资金短缺,因派现减少了内部融资,将迫使上市公司进入资本市场寻求外部融资,而要顺利融资,企业必须是资金供应者信赖的,这也将促使管理者努力经营。这样,一方面使得公司可以经常接受资本市场的有效监督,通过加强资本市场的监督而减少代理成本;另一方面,再次发行股票不仅为外部投资者凭借股份结构的变化对"内部人"进行控制提供了可能,而且公司的每股税后盈利被摊薄,公司要维持较高的股利支付率,则需要付出更大的努力。这一分析有助于解释公司保持稳定股利政策的现象。因此,高水平股利支付政策将有助于降低企业的代理成本,但同时也增加了企业的外部融资成本和股东税负的增加。因此,在实践中,需要在降低代理成本与增加筹资成本和税负之间权衡,以制订出最符合股东利益的股利政策。

三、股利政策的类型

股利政策(dividend policy)受多种因素的影响,并且不同的股利政策也会对公司的股票价格产生不同的影响。股利政策的制定,要兼顾投资者、债权人、经营者、职工及政府的各方利益,同时兼顾企业长短期发展需要。常用的股利政策主要有以下几种类型:剩余股利政策、固定或稳定增长股利政策、固定股利支付率股利政策和低正常股利加额外股利的股利政策。

(一) 剩余股利政策

所谓剩余股利政策(residual dividend policy),就是在企业确定的最佳资本结构下,税后净利润首先要满足投资的要求,然后若有剩余再用于分配股利。在最佳的资本结构下,企业的加权平均资本成本是最低的,公司的价值也是最大的,这是一种投资优先的股利政策。采用剩余股利政策的先决条件是企业必须有良好的投资机会,并且该投资机会的预计报酬率要高于股东要求的必要报酬率,这样才能为股东所接受。

剩余股利政策依据的是股利无关论。在制订股利政策时,企业的投资机会和资金成本是两个重要的因素。在企业有良好的投资机会时,为了降低资金成本,企业通常会采用剩余股利政策。剩余股利政策是 MM 理论在股利政策实务上的具体应用。根据 MM 理论,企业都有一个最佳资本结构,在最佳资本结构下企业的综合资金成本最低,企业才可能实现股东财富最大化的理财目标。因此,股利政策要符合最佳资本结构的要求,如果股利政策破坏了最佳资本结构,就不能取得使公司的综合资金成本达到最低的效果。

实行剩余股利政策,一般应按以下步骤来决定股利的分配额:
(1) 根据选定的最佳投资方案,确定投资所需的资金数额;
(2) 按照企业的目标资本结构,确定投资需要增加的股东权益资本数额;
(3) 税后净利润首先最大限度地用于满足投资需要增加的股东权益资本数额;
(4) 满足投资需要后的剩余部分用于向股东分配股利。

例 10-14 某公司 2021 年度净利润为 8 000 万元,公司目标资本结构是:公司全部资金来源中自有资金占 60%,借入资金占 40%。该资本结构也是其下一年度的目标资本结构(即最佳资本结构)。2022 年度投资计划所需资金 7 000 万元,该公司拟采用剩余股利政策。那么,该公司应该如何利用内部融资?分配的股利是多少?

对于投资需要的 7 000 万元资金,公司可以有多种融资方法。在采用剩余股利政策时,首先要利用留存利润的内部融资方式,具体分析如下:
(1) 确定公司投资所需的资金数额。
2022 年度投资计划所需资金为 7 000 万元。
(2) 按照目标资本结构的要求,确定投资需要增加的股东权益资本数额。
公司 2022 年需要增加的股东权益资本的数额 = 7 000 × 60% = 4 200(万元)。
(3) 税后净利润首先应最大限度地用于满足投资需要增加的股东权益资本数额。
公司 2021 年度净利润为 8 000 万元,可将其中的 4 200 万元用于投资。
(4) 按照剩余股利政策的要求,确定向投资者分配的股利数额。
公司 2021 年度可向投资者分配股利的数额为 8 000 − 4 200 = 3 800(万元)。

剩余股利政策的优点是有利于优化资本结构,降低综合资本成本,实现企业价值的长期最大化。其缺陷表现在使股利发放额每年随投资机会和盈利水平的波动而波动,不利于投资者安排收入与支出,也不利于公司树立良好的形象。剩余股利政策一般适用于公司初创阶段和衰退阶段。

(二) 固定或稳定增长股利政策

固定或稳定增长股利政策(stable dividend policy)是指公司将每年派发的股利固定在某一特定水平或是在此基础上维持某一固定比率逐年稳定增长。公司只有在确信未来的盈利增长不会发生逆转时,才会宣布实施固定或稳定增长的股利政策。采用固定或稳定增长股利政策的理论依据是股利重要理论和股利相关理论。近年来,为了避免通货膨胀对股东收益的影响,最终达到吸引投资的目的,很多公司开始实行稳定增长的股利政策。即为了避免股利的实际波动,公司在支付某一固定股利的基础上,还制订了一个目标股利增长率,依据公司的盈利水平按目标股利增长率逐步提高公司的股利支付水平。实施这种股利政策的理由是:

(1) 股利政策能向投资者传递重要的信息。如果公司支付的股利固定或稳定增长,就说明该公司的经营业绩比较稳定,经营风险较小,这样可使投资者要求的股票必要报酬率降低,有利于股票价格上升;如果公司的股利政策不稳定,股利忽高忽低,这就给投资者传递企业经营不稳定的信息,从而导致投资者对风险的担心,会使投资者要求的股票必要报酬率提高,进而使股票价格下降。

(2) 固定或稳定增长的股利政策有利于投资者有规律地安排股利收入和支出,特别是那些希望每期能有固定收入的投资者更欢迎这种股利政策。

(3) 如果公司确定一个稳定的股利增长率,这样实际上是传递给投资者该公司经营业绩稳定增长的信息,可以降低投资者对该公司风险的担心,从而使股票价格上升。

(4) 为了维持固定或稳定增长的股利水平,有时可能会使某些投资方案延期,或者使公司资本结构暂时偏离目标资本结构,或者要通过发行新股来筹集资金,尽管这样可能会延误投资时机,使资金成本上升,但是持固定或稳定增长股利政策观点者仍然认为这要比减发股利或降低股利增长率有利得多。因为突然降低股利,会使投资者认为公司经营出现困难,可能使股票价格快速下跌,这对公司更为不利。

尽管这种股利政策有其股利稳定的优点,但是固定或稳定增长股利政策使公司股利支付与公司盈利相脱离,造成投资的风险与投资的收益不对称,也可能给公司造成较大的财务压力,尤其是在公司净利润下降或现金紧张时,公司为了保证股利的照常支付,容易导致公司资金短缺,财务状况恶化。一般来说,公司确定的固定股利额不应太高,要留有余地,以免公司陷入无力支付的被动局面。固定或稳定增长股利政策一般适用于经营比较稳定或正处于成长期、信誉一般的企业。

(三) 固定股利支付率股利政策

固定股利支付率股利政策(constant payout ratio policy)是一种变动的股利政策。固定股利支付率股利政策是指企业确定一个股利占盈余的比率,作为股利支付率,企业每年都从净利润中按固定的股利支付率发放股利。这一股利政策使企业的股利支付与企业的盈利状况密切相关,盈利状况好,则每股股利额就增加,盈利状况不好,则每股股利额就下降,股利随经营业绩"水涨船高",以体现多盈多分、少盈少分、不盈不分的原则。这种股利政策不会给公司造成较大财务负担,但其股利可能变动较大,传递给投资者该公司经营不稳定的信息,容易使股票价格产生较大波动,同时公司每年按固定比例从净利润中支付股利,缺乏财务弹性。而且,确定合理的固定股利支付率难度也很大。有人认为,这种股利政策不可能使公司价值达到最大,所以反对这种股利政策。但在实践中,许多公司都有一个长期稳定的目标股利支付率,虽然实际股利支付率可能会偏离这个目标股利支付率,但基本上都是在一定的范围内变动,不会相差太大。固定股利支付率股利政策只适用于稳定发展的公司和公司财务状况较稳定的发展阶段。

(四) 低正常股利加额外股利的股利政策

低正常股利加额外股利的股利政策是一种介于固定股利政策和变动股利政策之间的折中股利政策。这种股利政策每期都支付稳定的、较低的正常股利额,当企业盈利较多时,再根据实际情况发放额外股利。这种股利政策的优点是：股利政策具有较大的灵活性，既可以维持股利一定的稳定性，又有利于使企业的资本结构达到目标资本结构，使灵活性与稳定性较好地结合，因而被许多企业所采用。低正常股利加额外股利政策也有一定的缺点，如股利派发仍然缺乏稳定性。如果公司较长时期一直发放额外股利，股东就会误认为这是正常股利，一旦取消，容易给投资者造成公司财务状况逆转的负面影响，从而导致股价下跌。

四、股利分配方案的确定

(一) 公司股利分配政策的选择

股利政策不仅会影响股东的利益，也会影响公司的正常运营以及未来的发展。对于上市公司来说，股息还显示了公司经营的关键信息，其意义更为重大。因此，制定适当的股利政策就显得尤为重要。

但是，对企业而言，股利政策的选择并不是一成不变的，企业可根据其所处的发展阶段，综合考虑所面临的各方面具体影响因素来进行选择，以保证企业的总体目标的实现。公司在不同发展阶段所采用的股利政策如表 10-8 所示。

表 10-8 公司在不同发展阶段所采用的股利政策

公司发展阶段	特　点	适用的股利政策
初创阶段	公司经营风险高，有投资需求但融资能力差	剩余股利政策
快速发展阶段	公司快速发展，需要持续追加投资	低正常股利加额外股利的股利政策
稳定增长阶段	公司业务稳定增长，投资需求减少，净现金流入量增加，每股净收益呈上升趋势	固定或稳定增长股利政策
成熟阶段	产品市场趋于饱和，公司盈利水平稳定，并积累了一定的资金	固定股利支付率股利政策
衰退阶段	公司业务锐减，获利能力与现金获得能力下降	剩余股利政策

(二) 确定股利支付水平

股利支付水平通常用股利支付率来衡量。股利支付率是当年发放股利与当年净利润之比，或每股股利除以每股收益。股利支付率的制订往往使公司处于两难的境地。所有有关股利的讨论都在一定程度上被指责为是一种"两面律师"(Two-handed Lawyer)问题。不幸的是，股利政策的任何合理处理看起来都像是一个"两面律师"。一方面，有很多很好的理由支持公司派发高股利；另一方面，也有很多很好的理由支持公司派发低股利。那么影响股利支付水平的相关因素有哪些？

1. 法律因素

为了保护债权人和股东的利益，我国法律如《公司法》、《证券法》等都对公司的股利分配进行了一定的限制。影响公司股利政策的主要法律因素有资本保全约束、资本积累约束、偿债能力约束和超额累积利润约束。

(1) 资本保全约束。资本保全约束是指为了保护投资者的利益而作出的法律限制。股份公司发放的股利或投资分红不得来源于原始投资（或股本），只能用当期利润或留存利润来分配股利，不能用公司出售股票而募集的资本发放股利，这样是为了保全公司的股东权益资本，以维护债权人的利益。

(2) 资本积累约束。这一规定要求股份公司在分配股利之前,企业以前年度的亏损全部弥补完之后,应当按法定的程序先提取各种公积金,一般要贯彻无利不分的原则,这也是为了增强企业抵御风险的能力,维护投资者的利益。我国有关法律法规规定,股份公司应按税后利润提取10%的法定盈余公积金,并且鼓励企业在分配普通股股利之前提取任意盈余公积金。

(3) 偿债能力约束。偿债能力是指企业按时足额偿付各种到期债务的能力。如果当期没有足够的现金派发股利,则不能保证公司在短期债务到期的时候有足够的偿还能力,这就规定企业在分配股利时,必须保持较强的偿债能力。企业分配股利时,不能只看损益表上的净利润的数额,还必须考虑到企业的现金是否充足。

(4) 超额累积利润约束。这是为了防止股东避税,我国法律目前对此尚未作出规定。股东获得的收益包括两部分:一部分是持有期间获得的股利;另一部分为资本利得,是指将来卖出的时候卖出价和原来买入价的差额收益。由于投资者接受股利缴纳的所得税要高于进行股票交易的资本利得所缴纳的税金,所以许多公司通过累积利润使股价上涨的方式来帮助股东避税,西方国家在法律上明确规定公司不得超额累积利润,当公司留存收益超过法律认可的水平时将被加征额外的税款。

2. 公司自身因素

公司自身因素对股利政策的影响是指股份公司出于长期发展与短期经营的需要,考虑公司内部的各种因素及其面临的各种环境、机会对其股利政策产生的影响。它主要包括现金流量、举债能力、投资机会、资金成本、盈余稳定状况等。

(1) 现金流量。公司在分配现金股利时,必须考虑到现金流量以及资产的流动性,过多地分配现金股利会减少公司的现金持有量,减缓资产的流动性,影响未来的支付能力,甚至可能会出现财务困难。

(2) 举债能力。公司在分配现金股利时,应当考虑到自身的举债能力。如果举债能力较强,在企业缺乏资金时,能够较容易地在资本市场上筹集到资金,则可采取比较宽松的股利政策,有可能较多地分派股利;如果举债能力较差,就应当采取比较紧缩的股利政策,少发放现金股利,保留较多的留存收益。

(3) 投资机会。在企业有良好的投资机会时,就应当考虑少发放现金股利,增加留存利润,用于再投资,这样可以加速企业的发展,增加企业未来的收益。这种股利政策往往也易于为股东所接受。在企业没有良好的投资机会时,往往倾向于多发放现金股利。

(4) 资金成本。资金成本是企业选择筹资方式的基本依据。留存利润是企业内部筹资的一种重要方式,它比发行新股或举借外债成本要低,从这个方面来考虑,公司应当支付较低的股利。

(5) 盈余稳定状况。公司能否获得长期稳定的盈余,是其股利决策的重要基础。盈余稳定的公司相对能支付较高的股利;对于盈余不稳定的公司来讲,可采用低股利政策,这样可以减少因盈余下降而造成的股利无法支付、股价下降的风险,还可有更多的盈余用来投资。

3. 股东因素

公司制定的股利政策必须经过股东大会决议通过才能实施,股东对公司股利政策具有举足轻重的影响。影响股利政策的股东因素主要有以下几方面:控制权考虑、避税考虑、稳定收入考虑和规避风险考虑。

(1) 控制权考虑。公司的股利支付率越高,保留盈余必然越少,这就意味着将来发行新股的可能性加大,而发行新股会稀释公司的控制权,因此有的大股东持股比例较高,对公司拥有一定的控制权,他们出于对公司控制权可能被稀释的担心,往往倾向于公司少分配现金股利,多留存利润。

(2) 避税考虑。按照税法的规定,政府对企业征收企业所得税以后,还要对自然人股东分得的股息、红利征收个人所得税。各国的税率有所不同,有的国家个人所得税采用累进税率,边际税率很高,因此,高收入阶层的股东为了避税往往反对公司发放过多的现金股利,而低收入阶层的股东因个人税负较轻,可能会欢迎公司多分红利。

按照我国税法规定,股东从公司分得的股息和红利应缴纳个人所得税,而对股票交易所得,目前还没有开征个人所得税。因而,对股东来说,股票价格上涨获得的收益比分得股息、红利更具吸引力。

(3) 稳定收入考虑。有的股东依赖于公司发放的现金股利来维持生活。如一些退休者,他们往往要求公司能够定期支付稳定的现金股利,反对公司留利过多。

(4) 规避风险考虑。有些股东认为通过增加留存收益引起股价上涨而获得的资本利得是有很大风险的,而目前所得股利是比较确定的,即便股利较少,也比未来不确定的资本利得要好得多,出于这种规避风险的考虑,股东希望公司派发较多的现金股利。

4. 其他影响因素

(1) 行业因素。不同行业的股利支付率存在系统性差异。调查研究显示,成熟行业的股利支付率通常比新兴行业的高;公共事业的公司大多数实行高股利支付率政策,而高科技行业的公司股利支付率通常较低。这说明了股利政策有明显的行业特征。可能的原因为:投资机会在行业内是相似的,而不同行业之间则存在差异。

(2) 债务契约因素。债务契约是指债权人为了保护自身的利益,防止企业过多发放股利,影响其偿债能力,增加债务风险,而以契约的形式限制企业现金股利的分配。这种限制通常包括:规定每股股利的最高限额;规定未来股息只能用贷款协议签订以后的新增收益来支付,而不能动用签订协议之前的留存利润;规定企业的流动比率、利息保障倍数低于一定标准时,不得分配现金股利等。

(3) 通货膨胀因素。通货膨胀会使货币的购买力下降,并由此导致在固定资产实物更新的时候,公司折旧基金不足以购置新的固定资产。由于通货膨胀计提的累计折旧不足以对固定资产进行更新,公司要考虑留用一定的利润以弥补折旧基金的不足。这样,就在很大程度上限制了股利的发放。因此,在通货膨胀时期,企业一般采取偏紧的利润分配政策。

(三) 确定股利支付方式

股份有限企业支付股利的形式有现金股利、股票股利、财产股利和负债股利,其中最基本的是现金股利和股票股利,财产股利和负债股利实际上是现金股利的替代方式,这两种股利支付方式在实务中很少使用。

1. 现金股利

现金股利(cash dividends)是指股份有限公司以现金的形式发放给股东的股利,也称"红利"或"股息"。现金股利是股份有限公司最常用的股利分配形式。企业发放现金股利的次数和金额主要取决于企业的股利政策和经营业绩等因素。西方国家的许多公司按季度发放现金股利,我国公司一般半年或一年发放一次现金股利。现金股利的发放会对股票价格产生直接影响,在股票除息日之后,一般来说股票价格会下跌。例如某公司宣布发放每股1元的现金股利,如果除息日的前一个交易日的收盘价为18元/股,则除息日股票除权后的价格应为17元/股。由于现金股利是从公司实现的净利润中支付给股东的,所以现金股利的发放将同时减少公司资产负债表上的留存收益和现金,这就要求企业发放现金股利时,必须具备两个基本条件:第一,企业要有足够的未指明用途的留存收益(未分配利润);第二,企业要有足够的现金。而充足的现金往往会成为公司发放现金股利的主要制约因素。

2. 股票股利

股票股利(stock dividends)是指企业以增发股票的形式发放的股利,按股东股份的比例发放,我国实务中通常也称其为"红股"、"送股"。它不会引起企业资产的流出或负债的增加,而只涉及股东权益内部结构的调整(详细介绍见本节第五部分内容)。

3. 财产股利

财产股利(property dividends)是指企业用现金以外的其他资产分配股利。常见的形式是用企业持有的其他企业的股票、债券等有价证券来发放股利。由于有价证券的流动性和安全性仅次于现金,而获利性却高于现金,因而投资者比较乐于接受。从企业角度来讲,以有价证券形式发放股利的好处在于可以使企业保持发放股利的良好记录同时又不会造成其现金的短缺。

4. 负债股利

负债股利(liability dividends)是指企业通过向股东负债的形式来代替股利发放。负债股利的具体形式有两种:本企业发行的企业债券和本企业开出的带息应付票据,因此也称票据股利(scrip dividends)。对股东来说,负债股利尽管还不是货币收入,但是可通过债券或带息票据的利息给予补偿。对企业来说,如果近期现金不足,那么支付负债股利往往较为理想,因为可以推迟现金支出的时间。

(四) 确定股利发放日期

股份有限企业分配股利必须遵循法定的程序,先由董事会提出分配预案,然后提交股东大会决议。股东大会决议通过分配预案之后,向股东宣布发放股利的方案,并确定股权登记日、除息日和股利支付日等。由于股票可以自由买卖,企业股东经常变换,为了确定股利的享有人,股份有限企业向股东支付股利,需规定几个特定的日期。这些特定日期按惯例包括:

1. 股利宣告日

股利宣告日(declaration date)是指股东大会决议通过并由董事会将股利支付情况予以公告的日期。

2. 股权登记日

股权登记日(holder-of-record date)是指有权领取本期股利的股东资格登记截止日期,只有在股权登记日这一天在企业股东名册上有名的股东,才有权分享股利。证券交易所的中央清算登记系统为股权登记提供了很大的方便,一般在营业结束的当天即可打印出股东名册。

3. 除权日、除息日

如前所述,企业向股东支付股利的主要形式有股票股利和现金股利。当企业发放股票股利时,流通在外的股数增多,但发放股票股利前后,企业整体价值不变,所以每股价值就会下降;当企业发放现金股利后,为使发放前后的价格一致,就必须将股票的价格按照现金股利予以同等金额的下降。这种因发放股票股利而向下调整股价就是除权,因发放现金股利而向下调整股价就是除息。

除权日(或除息日)(ex-dividend date),就是指领取股利的权利与股票相互分离的日期。在除权日(或除息日)之前的股票交易都是含有股利的,从除权日(或除息日)起,股票交易将不再含有股利,卖者仍可享有股利。也就是说,在除权日(或除息日)之前买入股票的投资者将获得当期股利,而在除权日(或除息日)当日或之后买入股票的投资者将不能获得当期股利。通常除权日(或除息日)在股权登记日的下一个交易日。

4. 股利支付日

股利支付日(payment date)是指企业向股东正式支付股利的日期。在这一天,公司通过邮寄等方式将股利支付给股东。目前公司可以通过中央结算登记系统将股利直接打入股东在证券公司开立的保证金账户。

五、股票股利、股票分割与股票回购

(一) 股票股利

股票股利形式是指公司以股票形式发放的股利,即按股东股份的比例发放股票,以此作为股利的一种形式。可以用于发放股票股利的,除了当年的可供分配的利润外,还有公司的盈余公积金和资本公积金。发放股票股利时,一般按股权登记日的股东持股比例来分派,将股东大会决定用于分配的资本公积金、盈余公积金和可供分配的利润转成股本,并通过中央结算登记系统按比例增加各个股东的持股数量。

股票股利并没有改变公司账面的股东权益总额,同时也没有改变股东的持股结构,它不会引起公司资产的流出或负债的增加,只涉及股东权益内部结构的调整。但是,会增加市场上流通的股票数量。因此,发放股票股利后,若盈利总额不变,会由于普通股股数增加而引起每股盈余和每股市价下降,但又由于股东所持股份的比例不变,每位股东所持股票的市场价值总额仍保持不变。一般来说,如果不考虑股票市价的波动,发放股票股利后的股票价格,应当按发放的股票股利的比例相应下降。

例 10-15 某公司发行在外的普通股股数为 8 000 万股,每股面值为 1 元,每股市价为 8 元。现决定发放 10%的股票股利,即每 10 股派 1 股。该公司发放股票股利前后的股东权益结构如表 10-9 所示。

表 10-9 公司发放股票股利前后的股东权益结构

项 目	发放股票股利前	发放股票股利后
净利润/万元	1 600	1 600
股本:		
股份数/万股	8 000	8 800
每股面值/元	1	1
资本公积/万元	1 500	1 500
盈余公积/万元	2 500	2 500
未分配利润/万元	3 000	2 200
股东权益合计/万元	15 000	15 000
每股收益/(元/股)	0.2	0.182
每股市价/万元	8	7.27
企业价值/万元	64 000	64 000

由表 10-9 可以看出,公司发放 10%的股票股利,即发放的股票股利 800 万股,随着股利的发放,未分配利润中有 800 万元的资金要转移到股本账户中,因而普通股股本由原来的 8 000 万元增加到 8 800 万元,未分配利润的余额由 3 000 万元减少至 2 200 万元,但该公司的

股东权益总额并未发生变化,仍为 15 000 万元。另外,发放股票股利前,每股收益 = 1 600÷8 000 = 0.2(元),企业价值 = 8×8 000 = 64 000(万元);发放股票股利后,每股收益 = 1 600÷8 800 = 0.181 8(元),每股市价 = 8÷(1+10%) = 7.272 7(元),企业价值 = 7.272 7×8 800 = 64 000(万元),企业股票市值不变。同时由于股票股利派发前后每一位股东的持股比例也不发生变化,所以每一位股东所持有的股票市值也不会发生变化。

尽管股票股利不直接增加股东的财富,也不增加公司的价值,但对股东和公司都有特殊的意义。

股票股利对股东具有以下意义:①如果公司在发放股票股利后发放现金股利,股东会因所持股数的增加而得到更多的现金;②有时公司发放股票股利后其股价并不成比例下降,一般在发放少量股票股利(如 2% 至 3%)后,大体不会立即引起股价的变化,这可使股东得到股票价值相对上升的好处;③发放股票股利通常由成长中的公司所为,因此,投资者往往认为发放股票股利预示着公司将会有较大发展,利润将大幅度增长,足以抵消增发股票带来的消极影响;④在股东需要现金时,还可以将分得的股票股利出售,有些国家税法规定出售股票所需缴纳的资本利得税率比收到现金股利所需缴纳的所得税税率低,这使得股东可以从中获得纳税上的好处。

股票股利对公司具有以下意义:①发放股票股利可使股东分享公司的盈余而无须分配现金,这使公司留存了大量现金,便于进行再投资,同时减少筹资费用,有利于公司长期发展;②在盈余和现金股利不变的情况下,发放股票股利可以降低每股市价,从而吸引更多的投资者;③发放股票股利往往会向社会传递公司将会继续发展的信息,从而提高投资者对公司的信心,在一定程度上稳定股票价格。但在某些情况下,发放股票股利也会被认为是公司资金周转不灵的征兆,从而降低投资者对公司的信心,加剧股价的下跌。而且,发放股票股利的费用比发放现金股利的费用大,在一定程度上会增加公司负担。

(二) 股票分割

1. 股票分割的含义及其动机

股票分割(stock split)又称为股票拆细,即将面额较大的股票换成面额较小的股票的行为。股票分割对公司的资本结构和股东权益不会产生任何影响,一般只会使发行在外的股票总数增加,从而引起每股面值降低,并由此导致每股收益和每股市价下跌,但公司价值不变,股东权益总额、权益各项目的金额及其相互间的比例也不会改变。股票分割不属于某种股利方式,但其所产生的效应与发放股票股利相近。

一般来说,公司进行股票分割主要有以下动机:

(1) 通过股票分割使公司股票价格降低。有些公司股票价格过高,一些中小投资者由于资金的限制不愿意购买高价股票,这样使高价股票的流动性受到影响。股票分割后,公司股票数量增加,股价降低,股票在市场上的交易会更加活跃,从而促进股票流通和交易。

(2) 股票分割可向股票市场和广大投资者传递公司业绩好、利润高、潜力大的信息,有利于增强投资者对公司的信心。一般来说,处于成长阶段的中小公司,由于业绩的快速增长,股价会不断上涨,此时公司进行股票分割,实际上表明公司未来业绩仍会保持良好的增长趋势,这种信息的传递会引起股票价格上涨。

2. 股票分割与股票股利的比较

对于公司来说,进行股票分割与发放股票股利都属于股本扩张政策,两者都会使公司股票数量增加、股票价格降低,并且都不会增加公司价值和股东财富。从这方面来看,股票分割与股票股利是十分相似的,但两者也存在以下差异:

（1）股票分割降低了股票面值，而发放股票股利不会改变股票面值。这主要是因为股票分割是股本重新分拆，将原来的股本细分为更多的股份，因而每股面值会相应成比例降低，而股票股利是公司用实现的净利润向股东无偿分派股票，股票面值不会降低。

（2）会计处理不同。股票分割不会影响到资产负债表中股东权益各项金额的变化，只是股票面值降低，股票股数增加，因而股本的金额不会变化，资本公积和留存利润的金额也不会变化。发放股票股利，公司应将股东权益中的留存利润的金额按照发放股票股利面值总数转为股本，因而股本的金额相应增加，留存利润相应减少。

我国股份有限公司发行的普通股一般面值为1元，所以通常不进行股票分割。在实践中，我国公司常采用资本公积转增股本和发放股票股利的方式进行股本扩张，基本能够与股票分割达到同样的目的。

下面举例说明股份公司如何通过资本公积转增股本和发放股票股利实现股本的扩张。

例 10-16 某公司是一家科技创新企业，近年来公司营业收入和利润都快速增长，2021年度资产负债表如表10-10所示。由于该公司目前股票价格已经达到70元/股，影响到股票在市场上的流动性。为了提高股票对中小投资者的吸引力，改善股票流动性，公司决定增加股本总额，以使股票价格降低，现有两种备选方案。

表 10-10 资产负债表　　　　　　　　　　　　　单位：万元

资　产	金　额	负债与股东权益	金　额
流动资产	40 000	负债	
		流动负债	7 500
		长期负债	22 500
		负债总额	30 000
非流动资产	60 000	股东权益	
		股本（每股面值10元，1 000万股）	10 000
		资本公积	25 000
		盈余公积	15 000
		未分配利润	20 000
		股东权益总额	70 000
总资产	100 000	负债与股东权益总额	100 000

方案一：按照1∶2的比例实施股票分割。

方案二：实施每10股用资本公积转增6股，并派发4股股票股利的股利分配方案。

实施方案一后的资产负债表如表10-11所示，经过股票分割之后，A公司的股票股数增加到2 000万股，股票面值降为5元，但资产负债表中的股本仍然为10 000万元，其他各项金额也不变，股票分割后股票价格会降到35元/股；实施方案二后的资产负债表如表10-12所示，经过资本公积转增股本，资本公积减至19 000万元，派发股票股利后未分配利润减至16 000万元，股本总额则增加到20 000万元，股票股数增加到2 000万股，股票面值仍然是10元/股，实施方案二后股票价格也会降到35元/股。由此可见，两个方案最终达到的效果基本相同，但资产负债表中股东权益的各项目金额会发生不同的变化。

表 10-11　实施方案一后的资产负债表　　　　　　　　单位：万元

资产	金额	负债与股东权益	金额
流动资产	40 000	负债	
		流动负债	7 500
		长期负债	22 500
		负债总额	30 000
非流动资产	60 000	股东权益	
		股本（每股面值 5 元，2 000 万股）	10 000
		资本公积	25 000
		盈余公积	15 000
		未分配利润	20 000
		股东权益总额	70 000
总资产	100 000	负债与股东权益总额	100 000

表 10-12　实施方案二后的资产负债表　　　　　　　　单位：万元

资产	金额	负债与股东权益	金额
流动资产	40 000	负债	
		流动负债	7 500
		长期负债	22 500
		负债总额	30 000
非流动资产	60 000	股东权益	
		股本（每股面值 10 元，2 000 万股）	20 000
		资本公积	19 000
		盈余公积	15 000
		未分配利润	16 000
		股东权益总额	70 000
总资产	100 000	负债与股东权益总额	100 000

从前面的计算和分析可以看出，股票分割和发放股票股利非常接近，所以在实践中一般要根据证券管理部门的具体规定对两者加以区分。尽管股票分割和发放股票股利都能达到降低公司股价的目的，但一般来讲，只有在公司股价暴涨且预期难以下降时，才采用股票分割的办法。若公司股价上涨幅度不大，则往往通过发放股票股利的办法来维持其股价在理想的范围之内。相反，若公司认为股票价格偏低，为提高股价，也可以采取反分割的措施。反分割又称为股票合并，与股票分割相反，即将数股面额较小的股票合并为一股面额较大的股票，其结果将减少流通在外的股数，提高每股收益，每股的市价也将上升。

（三）股票回购

1. 股票回购的含义

股票回购（stock repurchase）是股份公司出资购回本公司发行在外的股票，将其作为库藏股或进行注销的行为。公司回购的股票可以注销，以减少公司的股本总额，也可以作为库藏股,公司持有的库藏股可以在将来出售或者用于实施股权激励计划。公司持有本公司的库藏股通常不能超过一定期限,这是为了避免公司管理层利用库藏股操纵每股利润或股票价格,库藏股也不能享有与普通股相同的权利,例如没有投票权和分派股利的权利。

股票回购常被看作对股东的一种特殊回报方式,但与发放现金股利还是存在差异的。公司通过股票回购减少了流通在外的普通股股数,从而使每股利润增加,股票价格也随之上涨,可为股东带来资本利得收益。如果不存在个人所得税和交易成本,股票回购和发放现金股利对股东财富的影响并无差异。但是,通常情况下,资本利得所得税税率要低于股利所得税税率,这样公司回购股票可以为股东规避部分税负,为股东带来税收利益。但是,现金股利毕竟是公司对股东一种长期稳定的回报方式,而股票回购不能经常采用,只在公司拥有大量闲置现金的情况下才能偶尔为之。

我国《公司法》规定,公司只有在以下四种情况下才能回购本公司的股份:一是减少公司注册资本;二是与持有本公司股份的其他企业合并;三是将股份奖励给本公司职工;四是股东因对股东大会作出的公司合并、分立决议持异议,要求公司收购其股份。公司因第一种情况收购本公司股份的,应当自收购之日起十日内注销;属于第二、四种情形的,应当在六个月内转让或者注销。公司因奖励职工回购股份的,不得超过本公司已发行股份总额的 5%,用于收购的资金应当从公司的税后利润中支出,所收购的股份应当在一年内转让给职工。可见,我国法规并不允许公司拥有西方实务中常见的库藏股。

2. 股票回购的动机

公司进行股票回购的主要动机在理论上有多种解释,信号理论、税差理论、代理理论和公司控制权市场理论等主流财务理论都对股票回购动因作出了各自的解释。

(1) 传递股价被低估信号。由于外部投资者与公司管理层之间存在信息不对称,两者对股票价值的认识可能会存在较大差异。当资本市场低迷时,公司的股价就有可能被低估。如果管理层认为本公司股票被严重低估时,公司就可以通过股票回购行为来传递这种信号,从而促使公司股价上涨。实际上,公司的股票回购公告发布之后,通常会令股票价格上涨。例如,美国联合通用器材公司利用股票回购作为现金股利政策,在 1975 至 1986 年约十年的时间里使公司股价从每股 4 美元一直飙升到每股 35.5 美元。

(2) 为股东避税。前已述及,由于资本利得与现金股利存在税率差异,现金股利的税率通常高于资本利得的税率,公司为了减少股东缴纳的个人所得税,可以用股票回购的方式代替发放现金股利,从而为股东带来税收利益。

(3) 减少公司自由现金流量。当公司存在过多的自由现金流量的情况下,公司可以通过股票回购的方式将现金分配给股东。股票回购可以使公司流通在外的股票数量减少,由于每股利润增加,在市盈率不变的情况下,股价会上涨,股东所持有的股票总市值会增加,这等于向股东分配了现金。此外,由于公司的自由现金流量减少,也降低了公司的代理成本。

(4) 反收购。当公司的股票被低估时,就有可能成为被并购的目标,从而对现有股东的控制权产生威胁。为了维护原有股东对公司的控制权,预防或抵制敌意并购,公司可以通过股票回购方式,减少流通在外的股票股数,提高股票价格。实证研究表明,当公司成为被收购目标的风险越大时,就越有可能回购股票。例如,为了避免收购,1989 年和 1994 年埃克森石油公司分别动用 150 亿美元和 170 亿美元回购本公司股票。

3. 股票回购的方式

公司进行股票回购主要可以通过以下四种方式进行:

（1）公开市场回购。公开市场回购是指上市公司在证券市场上按照股票市场价格回购本公司的股票。通常公司回购股票时都会有最高限价，回购股票的数量也有明确的限定。通过公开市场回购的方式回购股票，很容易导致股票价格上涨，从而增加了回购成本。一般来说，当公司回购股票的目标已经达到的情况下，就可以停止回购。根据我国证监会 2005 年发布的《上市公司回购社会公众股份管理办法（试行）》的规定，上市公司可以采用证券交易所集中竞价交易方式回购股票，但须履行信息披露义务。如在回购股份期间，应当在每个月的前三个交易日内公告截至上月末的回购进展情况，并且当回购股份占公司总股本的比例每增加 1％时，应当在两个交易日内进行公告。

（2）要约回购。要约回购是指公司通过公开向股东发出回购股票的要约来实现股票回购计划。要约回购价格一般高于市场价格。在公司公告要约回购之后的限定期限内，股东可自愿决定是否按要约价格将持有的股票出售给公司。如果股东愿意出售的股数多于公司计划回购的股数，公司可以自行决定购买部分或全部股票。通常，在公司回购股票的数量较大时，可采用要约回购方式。根据《上市公司回购社会公众股份管理办法（试行）》的规定，上市公司采用要约回购方式回购股票，其要约价格不得低于回购报告书公告前三十个交易日股票每日加权平均价的算术平均值，并且要约期限不得少于三十日，不得超过六十日。

（3）协议回购。协议回购是指公司与特定的股东私下签订购买协议回购其持有的股票。协议回购方式通常作为公开市场回购方式的补充。采用这种方式，公司必须公开披露股票回购的目的、数量等信息，并保证回购价格公平，以避免公司向特定股东进行利益输送，侵害其他股东利益。协议回购方式回购股票的价格通常低于当前市场价格，并且一次回购股票的数量较大，作为大宗交易在场外进行。

（4）转换回购。转换回购是指公司用债券或者优先股代替现金回购普通股的股票回购方式。采取转换回购方式，公司不必支付大量的现金，对于现金流量不十分充足的公司而言，这是一种可选的回购方式，而且采用这种回购方式还可以起到调整资本结构的作用。但是，由于债券或优先股的流动性比普通股要差，采用转换回购方式时，可能需要支付一定的溢价，因此提高了股票回购成本。

复习思考题

1. 销售定性预测方法中的专家小组法和德尔菲法有何不同？
2. 边际分析定价法的最优售价如何确定？
3. 质量成本包括哪些具体成本内容？
4. 简要说明公司的利润分配程序。
5. 结合我国上市公司的实际情况，分析公司在确定股利政策时是否存在代理问题。依据代理理论，公司应如何安排股利政策？
6. 简要说明股票股利的发放对公司的意义。
7. 与现金股利相比，股票股利对公司的财务影响有何不同？
8. 股票股利和股票分割有何不同？对公司价值有何影响？
9. 股票回购的主要动机有哪些？

小试牛刀

单项选择题

1. [2019·真题]股票股利与股票分割都将增加股份数量,二者的主要差别在于是否改变公司的( )。
   A. 资产总额 B. 股东权益总额 C. 股东持股比例 D. 股东权益的内部结构

2. [2019·真题]某公司2019年第四季度预算生产量为100万件,单位变动制造费用为3元/件,固定制造费用总额为10万元(含折旧费2万元),除折旧费外,其余均为付现费用,则2019年第四季度制造费用的现金支出预算为( )万元。
   A. 308 B. 312 C. 288 D. 292

3. [2019·真题]股利无关论认为股利分配对公司市场价值不产生影响,下列关于股利无关论的假设表述错误的是( )。
   A. 不存在个人或企业所得税
   B. 不存在资本增值
   C. 投资决策不受股利分配影响
   D. 不存在股票筹资费用

4. [2019·真题]某公司生产并销售单产品,适用的销售税税率为5%,本期计划销量80 000件,公司产销平衡,完全成本总额为360 000元,公司将目标利润定为400 000元,则单位产品价格为( )元。
   A. 5 B. 9.5 C. 10 D. 4.5

5. [2019·真题]如果某公司以所持有的其他公司的有价证券作为股利发给本公司股东,则该股利支付方式属于( )。
   A. 负债股利 B. 财产股利 C. 股票股利 D. 现金股利

6. [2018·真题]有种观点认为,企业支付高现金股利可以减少管理者对自由现金流量的支配,从而在一定程度上抑制管理者的在职消费,持这种观点的股利分配理论是( )。
   A. "手中鸟"理论 B. 信号传递理论 C. 所得税差异理论 D. 代理理论

7. [2018·真题]下列各项中,有利于保持企业最优资本结构的是( )。
   A. 剩余股利政策
   B. 固定或稳定增长的股利政策
   C. 固定股利支付率政策
   D. 低正常股利加额外股利政策

8. [2018·真题]下列各项中,以市场需求为基础的定价方法是( )。
   A. 保本点定价法
   B. 目标利润法
   C. 边际分析定价法
   D. 全部成本费用加成定价法

9. [2018·真题]在生产能力有剩余的情况下,下列各项成本中,适合作为增量产品定价基础的是( )。
   A. 全部成本 B. 固定成本 C. 制造成本 D. 变动成本

10. [2017·真题]下列股利理论中,支持"低现金股利有助于实现股东利益最大化目标"观点的是( )。
    A. 信号传递理论 B. "一鸟在手"理论 C. 代理理论 D. 所得税差异理论

参考答案

第五篇
财务分析与公司并购

第十一章 财务分析

学 习 目 标

- 了解财务分析的目的和资料依据
- 了解国内外有关财务指标的标准值或趋向平均值
- 能够运用比率分析法对企业的偿债能力、营运能力、获利能力和发展能力进行分析
- 熟悉财务预警分析方法
- 掌握企业财务趋势分析方法和综合分析方法
- 熟知财务管理的其他基本原理

第一节 财务分析概述

一、财务分析的目的

财务分析(financial analysis)是指以财务报表和其他资料为依据和起点,采用专门方法,系统地分析和评价企业过去和现在的财务状况、经营业绩、现金流量以及未来发展趋势的过程。通过财务分析可以将大量的报表数据转换成对特定决策有用的信息,以减少决策的不确定性。

财务分析的目的因财务分析主体和财务分析服务对象的不同而不同,它分为财务分析总体目的和财务分析主体目的两大层次。

(一) 财务分析总体目的

财务分析的总体目的,是从财务分析的总要求出发,对财务分析对象作出全面、总括性的分析和评价。财务分析的总体目的分为以下三大方面:

(1) 考核企业的经营成果、经营目标或预算的完成情况,总结经验,找出问题;
(2) 揭示和评价企业的财务状况及能力,提出改进的措施,为企业的发展提供参考;
(3) 预测企业未来的报酬和风险,为企业现有及潜在的相关者提供决策依据。

(二) 财务分析主体目的

财务分析主体目的是根据不同财务分析主体进行财务分析所要达到的目的。财务分析主体包括:投资者、经营者、债权人、供应商、政府、中介机构、雇员和工会等。

(1) 基于企业投资者的财务分析的目的。企业的投资者包括企业的所有者和潜在投资者。他们进行财务分析的根本目的是要分析其投入企业的资本是否得到保值增值。分析投资者资本保值和增值的关键看企业的盈利能力。因为只有企业生产经营赚钱,所有者的资本才能增值。当然,投资者仅关心盈利能力还不够,他们还要分析企业的权益结构、支付能力及营运状况,因为企业资本的正常运作要靠资产运营、现金流动作支撑。因此,企业所有者进行财

务分析,要从分析评价企业经营业绩入手,发现存在的问题,通过行使股东权利,提出建设性意见,力求使自己投入的资本价值得到不断的增加。

(2) 基于企业经营者的财务分析的目的。企业经营者主要指企业的厂长(经理)以及各分厂、部门、车间等的管理人员。企业经营者进行财务分析的目的具有综合性和多面性。首先,他们关心企业的盈利能力,包括盈利的结果、原因及过程。其次,他们关心企业的资产周转状况,要对企业的资产结构进行分析,对营运状况与效率进行分析。再次,他们关心企业的偿债能力,要对企业的经营风险与财务风险进行分析,对支付能力与偿债能力进行分析等。通过这些分析,及时发现生产经营中存在的问题与不足,并采取有效措施予以解决,使企业的盈利能力不断增加,可持续发展能力不断增强。

(3) 基于企业债权者的财务分析的目的。企业债权者包括企业借款的银行及其他有关的金融机构、供货单位、购买企业债券的单位与个人等。从债权人角度进行财务分析的主要目的是看其对企业的借款或其他债权是否能及时、足额收回,他们着重分析企业偿债能力的大小、企业的信用状况,看企业的收益状况与风险程度是否相适应,同时还要分析企业的盈利能力,因为只有企业不断盈利,他们才有收回债权的资金来源。

(4) 其他财务分析主体的分析目的。其他财务分析主体或服务对象,主要指与企业经营有关的企业单位和国家行政管理与监督部门。与企业经营有关的企业单位主要指企业产品的购买者等。他们对企业进行财务分析的主要目的在于搞清企业的生产经营状况和信用状况,防止企业销售过程出现虚假行为,给他们造成不必要的损失。国家行政管理与监督部门主要指工商、物价、财政、税务以及审计等部门。他们进行财务分析的目的主要有三点:一是监督检查党和国家的各项经济政策、法规、制度在企业单位的执行情况;二是分析企业财务会计信息和财务分析报告的真实性、准确性和可靠性;三是分析企业是否足额上缴了各种税费,考察企业业对国家和社会的贡献有多大。

二、财务分析的资料来源

进行财务分析,不仅要对企业财务活动的过程进行剖析,而且要对企业财务活动的结果进行剖析,由此可见,财务分析的资料来自企业财务活动的过程资料和企业财务活动的结果资料两大方面。

(一) 生产经营过程的经济信息

企业的生产经营过程以工业企业最为典型。工业企业通过吸收投资、取得借款等方式筹集资金后,就进入了正常的生产经营过程,其经济活动可以分为供应、生产和销售三个主要阶段。与供产销经营活动关联的一切经济数据都是财务分析的基础数据。财务分析人员收集这些经济数据,可进行各项专题分析,包括:货币资金专题分析、应收账款专题分析、存货专题分析、投资专题分析、固定资产专题分析、其他长期资产专题分析、流动负债专题分析、长期负债专题分析、收入专题分析、成本费用专题分析、利润专题分析、所有者权益专题分析、筹资专题分析、绩效专题分析、预测专题分析等[①]。

(二) 会计报表的综合信息

会计报表是以日常核算资料为依据,总括地反映会计主体在一定时期的财务状况、经营成果和理财过程的报告文件,是会计核算的最终产品。会计报表反映企业生产经营的综合信息。

---

① 朱学义、李文美、刘建勇、朱亮峰:《财务分析教程》,北京大学出版社 2009 年版。

对会计报表进行分析,是企业的财务综合分析,包括:偿债能力分析、盈利能力分析、营运能力分析、发展能力分析等。

会计报表按照报送对象分为对外报表和对内报表。对内报表是指为了企业内部经济管理需要而编制的会计报表。对内报表主要是成本报表,包括产品生产成本表、主要产品单位成本表、制造费用明细表、各种期间费用明细表等。对外会计报表是指企业向外部报表使用者编报的具有通用格式的会计报表,又称财务会计报表。

主要包括资产负债表、利润表、现金流量表三大基本报表,以及所有者权益变动表和财务报表附表。三大对外报表是财务分析的主要资料依据。其中,资产负债表(balance sheet)是反映企业某一时日财务状况的报表,通过该报表可以获悉企业资产结构和资金来源的构成,了解企业的资金从哪里来,又用到哪里去,进而盘算企业的"家底"。利润表(income statement)是反映企业一定时期盈利情况的报表,通过该报表可以计算企业赚没赚到钱,所获取利润的来龙去脉,进而揭示企业"质地"的好坏。现金流量表(statement of cash flows)是反映企业一定时期现金流量增减情况的报表,通过报该表可以计算所赚的钱流没流进企业的口袋,了解企业现金流动的路线,进而诊断企业的"健康状况"。表 11-1、表 11-2 和表 11-3 是夏宇工厂 2019 年的三张基本报表,所有者权益变动表和财务报表附表略。

表 11-1 资产负债表

编制单位:夏宇工厂　　　　　　2019 年 12 月 31 日　　　　　　　　　　　　单位:元

资产	期末余额	上年年末余额	负债和所有者权益	期末余额	上年年末余额
流动资产:			流动负债:		
货币资金	690 445	256 500	短期借款	495 000	384 400
交易性金融资产	203 000	535 000	交易性金融负债		
衍生金融资产			衍生金融负债		
应收票据	103 662	20 500	应付票据	175 500	
应收账款	262 730	558 320	应付账款	293 100	489 000
应收款项融资			预收款项		
预付款项	598		合同负债		
其他应收款	6 309	1 800	应付职工薪酬	93 653	86 200
存货	1 456 488	1 200 600	应交税费	83 648	95 900
合同资产			其他应付款	156 800	262 100
持有待售资产			持有待售负债		
一年内到期的非流动资产			一年内到期的非流动负债	30 000	369 641
其他流动资产	10 912	10 480	其他流动负债		
流动资产合计	2 734 144	2 583 200	流动负债合计	1 327 701	1 687 241

续 表

资产	期末余额	上年年末余额	负债和所有者权益	期末余额	上年年末余额
非流动资产:			非流动负债:		
债权投资	107 970		长期借款	693 031	627 031
其他债权投资			应付债券	128 166	120 328
长期应收款			其中:优先股		
长期股权投资	154 600	154 600	永续股		
其他权益工具投资			租赁负债		
其他非流动金融投资			长期应付款		
投资性房地产			预计负债		
固定资产	2 551 263	2 474 000	递延所得税负债	13 200	
在建工程	143 791	135 000	其他非流动负债		
生产性生物资产			非流动负债合计	834 397	747 359
油气资产			负债合计	2 162 098	2 434 600
使用权资产			所有者权益		
无形资产	126 855	135 400	实收资本	2 814 000	2 814 000
开发支出			其他权益工具		
商誉			资本公积	67 600	23 000
长期待摊费用	74 240	87 500	减:库存股		
递延所得税资产			其他综合收益		
其他非流动资产			专项储备		
非流动资产合计	3 158 719	2 986 500	盈余公积	205 090	98 910
			未分配利润	644 075	199 190
			所有者权益合计	3 730 765	3 135 100
资产总计	5 892 863	5 569 700	负债和所有者权益合计	5 892 863	5 569 700

表 11-2 利润表

编制单位:夏宇工厂　　　　　　　2019 年 12 月　　　　　　　　　　　　单位:元

项　　目	本期金额	上期金额
一、营业收入	7 298 385	
减:营业成本	5 274 893	
税金及附加	41 756	
销售费用	204 663	
管理费用	664 155	
研发费用	31 000	
财务费用	149 045	
其中:利息费用	150 045	
利息收入	1 000	
加:其他收益		
投资收益(损失以"—"号填列)	51 233	
其中:对联营企业和合营企业的投资收益	8 233	
以摊余成本计量的金融资产终止确认收益(损失以"—"号填列)		
净敞口套期收益(损失以"—"号填列)		
公允价值变动收益(损失以"—"号填列)		
信用减值损失(损失以"—"号填列)		
资产减值损失(损失以"—"号填列)		
资产处置收益(损失以"—"号填列)		
二、营业利润(亏损以"—"号填列)	984 106	
加:营业外收入	39 950	
减:营业外支出	80 236	
三、利润总额(亏损以"—"号填列)	943 820	
减:所得税费用	235 955	
四、净利润(净亏损以"—"号填列)	707 865	
五、每股收益		
(一)基本每股收益		
(二)稀释每股收益		

表 11-3　现金流量表

编制单位:夏宇工厂　　　　　　　2019 年度　　　　　　　　　　　单位:元

项　　目	本期金额	上期金额
一、经营活动产生的现金流量		
销售商品、提供劳务收到的现金	8 737 294	
收到的税费返还		
收到其他与经营活动有关的现金	96 890	
经营活动现金流入小计	8 834 184	
购买商品、接受劳务支付的现金	5 919 307	
支付给职工以及为职工支付的现金	611 370	
支付的各项税费	672 052	
支付其他与经营活动有关的现金	637 511	
经营活动现金流出小计	7 840 240	
经营活动产生的现金流量净额	993 944	
二、投资活动产生的现金流量		
收回投资收到的现金	704 800	
取得投资收益收到的现金	6 040	
处置固定资产、无形资产和其他长期资产收回的现金净额	149 200	
处置子公司及其他营业单位收到的现金净额		
收到其他与投资活动有关的现金	2 150	
投资活动现金流入小计	862 190	
购建固定资产、无形资产和其他长期资产支付的现金	418 574	
投资支付的现金	438 077	
取得子公司及其他营业单位支付的现金净额		
支付其他与投资活动有关的现金		
投资活动现金流出小计	856 651	
投资活动产生的现金流量净额	5 539	
三、筹资活动产生的现金流量		
吸收投资收到的现金		
取得借款收到的现金	310 600	
收到其他与筹资活动有关的现金	20 000	

续 表

项　　　目	本期金额	上期金额
筹资活动现金流入小计	330 600	
偿还债务支付的现金	569 641	
分配股利、利润或偿付利息支付的现金	310 257	
支付其他与筹资活动有关的现金	16 240	
筹资活动现金流出小计	896 138	
筹资活动产生的现金流量净额	−565 538	
四、汇率变动对现金及现金等价物影响		
五、现金及现金等价物净增加额	433 945	
加：期初现金及现金等价物余额	256 500	
六、期末现金及现金等价物余额	690 445	

以上三张报表从不同的视角为企业内外部信息使用者描绘了企业财务状况和经营成果的轮廓。在这里，可以对三张报表作一个形象的比喻，资产负债表披露的是企业的"底子"，利润表代表的是企业的"面子"，现金流量表反映的是企业真正过的"日子"。资产负债表是静态报表，最容易被粉饰；利润表是动态报表，企业最想粉饰；现金流量表也是动态报表，最难且不必粉饰。因此，要了解企业真实的财务状况，既不能孤立地看单一的报表，也不能只看报表的表面联系，而应该通过一定的技术方法将三个报表结合起来进行深入全面的分析。

三、财务分析的基本方法

财务分析的基本方法主要有比较分析法、比率分析法、百分比分析法、因素分析法、财务综合分析法等，其中，比较分析法是最基本的，比率分析法和百分比分析法不能离开比较分析法单独使用。

（一）比较分析法

比较分析法（method of comparative analysis），亦称对比分析法，是将两个或两个以上有内在联系的、可比的指标进行比较而揭示数量差异的一种方法。一般说来，数量上的差异反映了经营管理工作中存在的差距。比较法的重要作用在于揭示客观存在的差距，帮助人们发现问题，挖掘潜力改进工作。比较分析法是各种分析方法的基础，是最基本的分析方法。不仅各种绝对数可以比较，而且各种比率或百分数也可以比较。

比较分析法按比较对象不同可分为纵向比较法、横向比较法和预算差异比较法。纵向比较法是将企业的实际数据与"历史标准"进行对比，历史标准可以是上期或前几期的实际数额，或者是企业该指标的历史最高水平。横向比较法是将企业的实际数据与"同类企业标准"进行对比，同类企业标准可以是同行业该指标的平均值、先进企业或竞争对手该指标的实际数据。预算差异比较法是将企业的实际数据与"计划标准"进行对比，计划标准是指该指标的计划或预算数。通过纵向比较，可以反映企业在不同时期的发展变化情况；通过横向比较可以发现企业的优势和不足；通过预算差异比较法可以揭示某指标计划的执行情况。

(二) 比率分析法

比率分析法(method of ratio analysis)是将两个或两个以上具有内在联系的项目指标进行对比求出比率来进行分析的一种方法。它是比较分析法的发展形式。按不同的分析目的,比率分析法有以下三种用法:

1. 趋势比率分析

趋势比率分析是将几个时期的同类指标进行对比,借以揭示增减变动趋势的一种分析方法。反映趋势的指标通常有发展速度和增长速度两种。发展速度等于报告期指标数值除以基期指标数值得出。发展速度按不同要求有定基发展速度和环比发展速度。增长速度等于增长量除以基期指标数值得出,或等于发展速度减去100%得出。现举例予以说明。

例 11-1 某企业将四年销售收入及发展速度整理为销售收入动态表,如表11-4所示。

表 11-4　销售收入动态表

年　份	2018 年	2019 年	2020 年	2021 年
销售收入/万元	100	110	118	124
定基发展速度		110%	118%	124%
环比发展速度		110%	107.27%	105.08%

表 11-4 中指标计算过程如下:

(1) 2021 年销售收入定期发展速度 $=124\div 100\times 100\%=124\%$;

(2) 2021 年销售收入环比发展速度 $=124\div 118\times 100\%\approx 105.08\%$;

(3) 2021 年销售收入比 2016 年增长百分率 $=(124-100)\div 100\times 100\%=24\%$,或 $=124\%-100\%=24\%$;

(4) 2018 年至 2021 年销售收入平均发展速度(%) $=\sqrt[3]{124\div 100}\approx 107.43\%$,或 $=\sqrt[3]{110\%\times 107.27\%\times 105.08\%}\approx 107.43\%$;

(5) 2018 年至 2021 年销售收入平均发展速度(%) $=107.43\%-100\%=7.43\%$(也称平均递增速度)。

2. 结构比率分析

结构比率分析是计算一个经济指标各个组成部分占总体的比重,借以分析指标的内部结构及其变化,从而掌握经济活动特点和变化趋势的分析方法。例如,企业资产总额 40 万元,其中,流动资产 18 万元,则流动资产的结构比率(比重)为 45%(18÷40×100%)。

3. 相关比率分析

相关比率分析是指用两个性质不同但又相关的数据相互对比求出比率进行分析的一种方法。这些比率涉及企业经营管理各个方面,大致分为以下几类:流动资产状况和短期偿债能力指标;长期偿债能力指标;盈利能力指标;营运能力指标;发展能力指标。

(三) 因素分析法

因素分析法(method of factor analysis),是依据分析指标与其影响因素之间的关系,按照一定的程序和方法,确定各因素对分析指标差异影响程度的一种技术方法。因素分析法,亦称"因素替换法",包括"连锁(环)替代法"、"差额分析法"两种,是将某综合指标分解为相互联系的若干因素,然后顺序地替换各项因素而测定出各因素差异对综合指标影响程度的方法。这种方法的计算程序是:先确定分析对象,计算出总的差异;然后按组成因素建立关系式;再以计划数或上期数为基础,用实际数逐个替代,计算出各个因素的影响额度;最后汇总各个因素变动差异,检查是否和总差异(分析对象)一致。现举例予以说明。

例 11-2 某企业生产某产品的直接材料耗用情况如表 11-5 所示。

表 11-5　某产品直接材料耗用情况表

项　目	计　划	实　际	差　异
① 产品产量/件	20	22	+2
② 每件产品消耗材料/千克	59	55	−4
③ 每千克材料单价/元	120	130	+10
④ 产品材料费＝①×②×③/元	141 600	157 300	15 700

(1) 分析对象(总差异)＝157 300−141 600＝15 700 元(超支)。
(2) 建立关系式。
产品材料费＝产品产量×产品单位材料消耗量×材料单价
(3) 逐个替代。
① 材料计划费＝20×59×120＝141 600(元)
② 第一次替代后材料费＝22×59×120＝155 760(元)
③ 第二次替代后材料费＝22×55×120＝145 200(元)
④ 第三次替代后材料费＝22×55×130＝157 300(元)
(4) 确定各因素变动影响额度。
产量变动影响材料费＝②−①＝155 760−141 600＝14 160(元)
单耗变动影响材料费＝③−②＝145 200−155 760＝−10 560(元)
单价变动影响材料费＝④−③＝157 300−145 200＝12 100(元)
综合各因素影响总额＝①+②+③＝15 700(元)

差额分析法是因素分析法的一种简化形式,它是利用各个因素的实际数与基准数或目标值之间的差额,来顺序替代各指标的计划值,直接计算各因素对总括指标变动的影响程度。
① 产量变动影响材料费＝(22−20)×59×120＝14 160(元)
② 单耗变动影响材料费＝22×(55−59)×120＝−10 560(元)
③ 单价变动影响材料费＝22×55×(130−120)＝12 100(元)
④ 综合各因素影响总额＝①+②+③＝15 700(元)

从以上分析中可见,产量增加使产品材料费增加 14 160 元,这是正常性增加;产品单位材料消耗量降低,使产品材料费减少 10 560 元,这是生产部门的成绩;材料单价提高,使产品材料费增加 12 100 元,这种不利差异应由材料采购供应部门负责,需进一步查找具体原因。

采用因素替代法,可以衡量各项因素影响程度的大小,分清原因和责任,但这种分析方法存在着一定的假定性。一般替代顺序原则为:先数量指标,后质量指标,先主导因素,后从属因素。替代顺序一旦变换,将得出不同的结果;同时,在逐个因素替代时,是假定一个因素变动,其他因素不变。事实上往往多种因素同时起作用。因此,在实际运用这种方法时,还要深入实际进一步调查研究,才能得出客观的分析结论。

(四) 财务综合分析法
财务综合分析法的种类很多,包括杜邦财务分析法、沃尔评分分析法、能力指标综合分析法、资本绩效综合分析法、经济效益综合分析法等。本章后述内容重点介绍杜邦财务分析法、沃尔评分分析法。

四、财务分析的局限性及应注意的问题

(一) 财务分析的局限性

1. 财务报表本身的局限性

财务报表是会计核算的最终产物。会计核算按《会计准则》的要求进行，则财务报表提供的是在国家统一规范口径下的报表数据，这些数据虽然较全面地反映了企业的财务状况和经营成果，但不能认为完全揭示了企业的全部实际情况。尤其是下列情况更暴露了财务报表本身的局限性。

一是以币值不变为前提。除特殊情况外，大部分资产以历史成本计量，这不仅忽视了通货膨胀对会计信息质量的影响，而且忽略了技术水平、供求关系等因素对持有资产价值的影响。

二是稳健原则要求预计损失而不预计收益。这就有可能导致夸大费用、少计收益和资产，不能反映企业利润的真实水平。

三是以货币计量为前提。不反映非货币形态的能力、信誉、资源的价值，分析起来显得不够全面。

2. 报表的真实性问题

保证会计凭证、账簿、报表的真实性，是《会计法》及其他会计法规文件的基本要求。但在实际工作中，会计造假行为仍然频频出现。财务分析通常是假定报表是真实的，只有根据真实的财务报表，才能得出正确的分析结论。如果财务报表不真实，分析的结论就不可靠。

3. 会计政策的不同选择问题

会计人员在选择会计政策时有充分的自主权，如《会计准则》允许对同一会计事项的处理使用几种不同规则和程序。但是，会计政策的不同选择会影响会计信息的可比性。例如，折旧方法的选择、存货计价方法的选择、所得税费用的确认方法等，如果采用了前后不一致的会计政策，就会得出不同的会计信息。

4. 基础数据比较的局限性

会计人员在进行比较分析时，需要选择比较的对象数据作为评价本企业当期实际数据的参考标准，包括选择本企业历史数据、同行业数据和计划预算数据等。例如，趋势分析法是以本企业历史数据作为比较的基础。历史数据只能代表过去。企业当前的效益比过去提高了，不一定说明企业已取得了良好的效果，因为社会环境的变化和进步同样会影响企业财务数据的变化。同样，企业的财务计划或预算如果不完全符合企业的实际，以此作比较也是不可靠的。又如，企业进行横向比较时通常要使用同行业标准。同行业的平均数，是一个行业趋向水平，对企业的发展有一定的指导作用，但它并不一定就代表了所有企业。同行业的劳动密集型企业与资本密集型企业放在一起比较就是不合理的。如果选一组有代表性的企业求其平均数作为同业标准，会比整个行业平均数更好。近年来，更重视以竞争对手的数据作为分析基础。有的企业实行多种经营，没有明确的行业归属，同业对比就更困难。

(二) 财务分析应注意的问题

1. 对财务报表数据进行补充分析

财务分析人员在对会计报表进行分析时，要充分利用会计报表附注信息进行补充，如分析偿债能力时，要考虑会计报表附注中披露的或有负债信息等，以此作为偿债能力的附加指标。

财务分析人员在分析以历史成本为基础的财务指标时,应考虑物价变动的影响因素。财务分析人员还要向有关部门或人员调查非货币性的经济信息,以此作为财务分析的补充。财务分析人员不要机械地遵循所谓的标准,要善于利用"例外管理"原则进行特定性分析。

2. 要以现金流分析为核心

我国 2007 年 1 月 1 日起实施的新的《企业财务通则》第十一条规定:"企业应当建立财务预算管理制度,以现金流为核心,按照实现企业价值最大化等财务目标的要求,对资金筹集、资产营运、成本控制、收益分配、重组清算等财务活动,实施全面预算管理。"传统的财务分析往往以权责发生制为基础,忽略现金流量的核心作用。要把传统的分析方法与现金流量的分析方法结合,正确评价企业的偿债能力、融资能力、股利分派能力等,同时分析评价企业的现金流量与到期债务、企业资产与负债的适配性。

3. 要以会计职业判断为基点

同样,进行财务分析时,会计人员的职业判断很重要。例如,在对会计财务报表进行真实性分析时,财务分析人员应用的职业判断是:①判断财务报告是否规范。不规范的报告,其真实性也应受到怀疑。②判断财务报告是否有遗漏。遗漏是违背充分披露原则的。③判断分析数据是否反常是否存在财务数据偏离企业常规数据太大,同时偏离行业平均数据太大的现象。④判断审计报告的意见是否可靠。因为审计舞弊同样也会造成会计信息不真实。

4. 要加强会计执业制度的建设

企业提供的会计报表应该经会计师事务所审计签署意见后才能对外公布。完善注册会计师管理体制和执业制度的建设对于加强会计报表的审查监督、确保信息的真实可靠十分必要。要建立按企业机制和注册会计师行业特点运行的新的会计师事务管理体制,从制度上保证注册会计师独立性和公正性,确保财务分析基础数据的客观性。

第二节 基本财务比率的计算及分析

一、短期偿债能力分析

短期偿债能力分析也称短期债权人的分析(analysis by short-term creditors),是指对偿还短期债务能力的分析与评价。由于流动资产是在一年内可以变现的资产,而流动负债是一年内需要用现金来偿还的债务,因此,可通过分析各种流动资产与流动负债之间的关系来判断企业的短期偿债能力,一个企业短期偿债能力的大小主要取决于流动负债的数量、流动资产的数量和质量。

短期偿债能力是企业的任何相关利益者都非常关心的一个问题。对企业管理者来说,短期偿债能力的强弱意味着企业承受财务风险的能力大小;对投资者来说,短期偿债能力的强弱意味着企业盈利能力的高低和投资机会的多少;对企业的债权人来说,企业短期偿债能力的强弱意味着本金与利息能否按期收回;对企业的供应商和消费者来说,企业短期偿债能力的强弱意味着企业履行合同能力的强弱。评价企业短期偿债能力主要用以下财务指标。

(一) 营运资金

营运资金(working capital),是企业持有的在生产经营周转过程中可自主支配的流动资金数额,在数量上,它等于流动资产减去流动负债后的净额。

当营运资金为正数时,说明企业有营运资金,表明企业有能力偿还短期负债,营运资金越多,偿还能力越强。因此,短期债权人希望企业的营运资金越多越好,这样可以减少借债的风险。然而,从企业的角度看,营运资金过多,说明企业利用外来资金扩大经营规模的潜力没有充分发挥,失去了扩大经营、获取更多利润的机会。究竟营运资金保持多少才算合理?目前还没有一个统一的标准。企业分析营运资金状况时,往往将当期营运资金与往期营运资金比较,与同行业规模相近的企业比较,作出客观的评价。

当营运资金为负数时,说明企业将短期债务资金用于购买固定资产、进行非流动资产投资等方面,企业资产流动性差。此时,企业可能处于极为不利的境地,不仅正常的生产经营活动难以维持,各种短期债务难以偿还,而且重新举借债务也会受到种种限制。从这点讲,企业营运资金状况的分析,也称为短期信用分析。

例 11-3 根据表 11-1 资产负债表,夏宇工厂年初流动资产为 2 583 200 元、流动负债为 1 687 241 元,年末流动资产为 2 734 144 元、流动负债为 1 327 701 元,年末资产总额为 5 892 863 元。则:

年初营运资金 = 2 583 200 − 1 687 241 = 895 959(元)

年末营运资金 = 2 734 144 − 1 327 701 = 1 406 443(元)

全年平均营运资金 = (895 959 + 1 406 443) ÷ 2 = 1 151 201(元)

说明:会计人员利用各月资料计算全年平均营运资金。报表的外部使用者,因得不到每月资料,只得采用年初数、年末数简单平均的方法计算,大多数情况下利用年末数计算。下述其他指标也有类似情况,到时不再赘述。

计算结果表明,夏宇工厂年末营运资金比年初增加 510 484 元(1 406 443 − 895 959),表明企业日常经营资金有保障,短期偿债能力增强。

计算营运资金,尚不足以对不同企业之间进行比较和评价。为了对不同行业、不同企业营运资金状况作客观的分析比较,还要计算营运资金比率。其计算公式如下:

$$\text{营运资金比率} = \frac{\text{营运资金}}{\text{资产总额}} \times 100\% = \frac{\text{流动资产} - \text{流动负债}}{\text{资产总额}} \times 100\% \qquad (11\text{-}1)$$

在例 11-3 中,营运资金比率 = $\frac{1\,406\,443}{5\,892\,863} \times 100\% \approx 23.9\%$。

(二) 流动比率

流动比率(Current Ratio)是流动资产总额对流动负债总额的比例。其计算公式如下:

$$\text{流动比率} = \frac{\text{流动资产}}{\text{流动负债}} \qquad (11\text{-}2)$$

在例 11-3 中,流动比率 = $\frac{2\,734\,144}{1\,327\,701} \approx 2.06$。

流动比率是反映企业短期债务由可变现流动资产来偿还的能力。该比率表示每一元流动负债有多少流动资产作保证。该比率高,说明企业短期偿债能力强。按照西方企业的经验,一般认为该比率应维持 2∶1,才足以表明企业财务状况稳妥可靠。当然,这只是一个经验数据,理论上还未得到证明。因此,分析一个企业的流动比率时,要同企业历史水平、同行业平均流动比率进行比较,分析其合理性。

夏宇工厂本年流动比率大于 2 且高于上年流动比率,表明该厂的财务状况是可靠的。流动比率高,虽能总体说明企业财务状况的稳定性,但不一定就合理。在工业企业流动资产中,占用额最高的是存货,其次是应收账款。这就有可能是由于存货积压或滞销、客户拖欠货款等原因造成流动资产增高。因此,分析流动比率的同时要分析存货和应收账款的资金占用情况和周转情况,这两者的周转速度是影响流动比率的主要因素。从表 11-1 资料看,夏宇工厂当年年末存货 1 456 488 元比去年末 1 200 600 元增加 255 888 元(上升 21.3%),应收账款下降 297 270 元(560 000 − 262 730),其中,应进一步检查分析存货是否积压。

(三)速动比率

流动比率用来评价流动资产总体变现能力时,是假定企业全部流动资产都用作偿还流动负债。其实,企业并不是全部流动资产都可以立即变现来偿还流动负债的,如存货的变现时间就较长并且还可能存在存货成本与合理市价相差悬殊的问题,因此,还需要计算速动比率。速动比率(quick ratio)是速动资产与流动负债的比率。速动资产是指企业货币资金和其他能快速变现的流动资产,包括货币资金、交易性金融资产、应收票据、应收账款、其他应收款等。在会计实际工作中,财务制度规定采用简化的办法计算速动资产,即速动资产等于流动资产扣除存货后的余额。速动比率的计算公式如下:

$$速动比率 = \frac{速动资产}{流动负债} = \frac{流动资产 - 存货}{流动负债} \tag{11-3}$$

例 11-4 在表 11-1 中,速动比率 $= \dfrac{2\,734\,144 - 1\,456\,488}{1\,327\,701} \approx 0.96$。

速动比率表示每一元流动负债有多少可立即变现的流动资产作保证。此指标数值越大,说明企业近期偿债能力越大。在西方国家,一般认为,速动比率大于 1 较为理想。这种看法是出于这样的认识:流动资产中变现能力最差的存货金额,通常占流动资产的一半,剩下的流动性大的资产至少要等于流动负债,企业短期偿债能力才有保证。然而,不同行业的速动比率是有很大差别的。比如,大量现金销售的商店,几乎没有应收账款,速动资产数额小,速动比率低于 1 是正常的。相反,一些应收账款较多的企业,速动比率可能要大于 1。夏宇工厂本年速动比率为 0.96,表明该厂近期偿债能力基本接近理想水平。

由于速动资产与流动负债之比表现出来的是流动性的纯度,因而速动比率又叫酸性试验比率。

正确评价速动比率的高低,要同全国同行业平均水平和先进水平比较。

2019 年全国国有企业速动比率标准值如表 11-6 所示。

表 11-6 2019 年全国国有企业速动比率标准值

项　目	大型企业	中型企业	小型企业	全行业
优秀值	1.452	1.263	1.565	1.349
良好值	1.181	0.949	1.265	0.982
平均值	0.775	0.743	0.890	0.750

数据来源:2020 年国务院国资委统计评价局编制的《企业绩效评价标准值》,经济科学出版社出版。

从表 11-6 计算结果可见,我国全部国有企业 2019 年速动比率全行业优秀值为 1.349、良好值为 0.982、平均值为 0.750。

(四) 现金比率

现金比率(cash ratio)是货币资金与交易性金融资产(亦称短期证券)之和除以流动负债的比值。其计算公式如下：

$$现金比率 = \frac{货币资金 + 交易性金融资产}{流动负债} \tag{11-4}$$

例 11-5 在表 11-1 中，现金比率 $= \frac{690\,445 + 203\,000}{1\,327\,701} \approx 0.67$。

现金比率表示每一元流动负债有多少现款即刻支付。它的作用是表明企业在最坏的情况下即刻偿债能力如何。它适用于那些应收账款和存货变现都存在问题的企业。在美国，一般认为该比率在 0.5 以上为好。

现金比率高说明企业即刻变现能力强。如果这个指标很高，也不一定是好事。它可能反映企业不善于充分利用现金资源，没有把现金投入经营以赚取更多的利润。

夏宇工厂本年末现金比率为 0.67，如果该厂并不需要立即投放扩大生产能力的资金，这个比率偏高，表明该厂没有充分利用现金去创造更大的效益。

(五) 现金流动负债比率

现金流动负债比率(operating cash flows/current debt ratio)是企业全年经营活动产生的现金净流量与流动负债的比率。其计算公式如下：

$$现金流动负债比率 = \frac{年经营现金净流量}{年末流动负债} \times 100\% \tag{11-5}$$

例 11-6 根据表 11-1 和表 11-3 中的数据，现金流动负债比率 $= \frac{993\,944}{1\,327\,701} \times 100\% \approx 74.9\%$。

计算结果表明，夏宇工厂每 100 元流动负债中在本年度有 74.9 元经营活动现金净流量作保证。

评价现金流动负债比率的高低，要同全国同行业平均水平和先进水平比较。

2019 年全国国有企业现金流动负债比率标准值如表 11-7 所示。

表 11-7 2019 年全国国有企业现金流动负债比率标准值

项目	大型企业	中型企业	小型企业	全行业
优秀值	28.5%	24.5%	17.9%	22.9%
良好值	21.7%	15.9%	9.9%	16.1%
平均值	12.0%	4.6%	1.4%	6.6%

数据来源：2020 年国务院国资委统计评价局编制的《企业绩效评价标准值》，经济科学出版社出版。

从表 11-7 可见，我国全部国有企业 2019 年现金流动负债比率全行业优秀值为 22.9%、良好值为 16.1%、平均值为 6.6%。由此可见，夏宇工厂的短期偿债能力较强。

二、长期偿债能力分析

企业的长期偿债能力分析(analysis by long-term creditors)，主要是确定企业偿还长期债务本金和利息的能力。评价长期偿债能力的主要指标有以下几种：

（一）资产负债率

资产负债率，亦称举债经营比率或负债比率(debt ratio)，是负债总额与资产总额的比率。其计算公式如下：

$$资产负债率 = \frac{负债总额}{资产总额} \times 100\% \tag{11-6}$$

例 11-7 在表 11-1 中，资产负债率 $= \frac{2\,162\,098}{5\,892\,863} \times 100\% \approx 36.7\%$。

资产负债率表示企业每百元资产中有多少负债。夏宇工厂每 100 元资产中有 36.7 元是负债。评价资产负债率高低有以下三种观点：

（1）债权人评价观。从债权人角度看，资产负债率反映企业利用债权人提供资金的程度，此比率越低越好。因为这个指标的倒数，表示企业每元负债有多少资产作保证。当企业破产清算时，企业资产变现价值很难达到账面价值，资产对负债的数值越大，债权人的权益保证程度越高。据夏宇工厂实例计算，本年年末每元负债有 2.73 元（5 892 863 ÷ 2 162 098）资产作保证，债权人放款的安全程度高。

（2）投资者评价观。从投资者角度看，企业利用举债筹措的资金和利用投资者投入的资金，在经营中发挥的作用相同。当企业全部资金的收益率超过了借入款项的利率，则资产负债率越大越好。因为此时投资者得到超过借款利率的利润会加大。反之，当全部资金收益率低于借入款项的利率，则资产负债率越低越好。因为此时支付超过全部资金收益率以上的利息，要用投资者所得的利润份额来弥补。

（3）国家纳税观。从国家看，企业负债的利息允许在所得税税前扣除，企业负债越大，所得税扣除的利息就越多，国家收取的所得税就越少，所以，国家要限制企业的资产负债率。世界上许多国家都对自有资本（所有者权益）与负债的比例作了限定，一般都不得超过 1∶3，即投资者投入 1 元，借债不得超过 3 元，即资产负债率不得超过 75%。如果超过限定比例，称为"资本弱化"，即自有资本不足，在计算所得税时，其超额利息不得在所得税前扣除。我国目前尚未对资产负债率作出限定，只是规定了企业创立时必须保证的最低注册资金，其实质也是对"资本弱化比例"的最低限定。

综上所述，由于对资产负债率有不同的评价观，会计理论界认为企业也确实存在着最优的"资本结构"，但要有许多假设条件，而这些假设条件又很难与企业的实际相符，即实际工作中较难找到一个最佳的资产负债率。因此，评价资产负债率的好坏要依靠国内外经验数据得出较恰当的评价标准。

2019 年全国国有企业资产负债率标准值如表 11-8 所示。

表 11-8　2019 年全国国有企业资产负债率标准值

项　目	大型企业	中型企业	小型企业	全行业
优秀值	48.6%	48.6%	48.6%	48.6%
良好值	53.6%	53.6%	53.6%	53.6%
平均值	63.6%	63.6%	63.6%	63.6%

数据来源：2020 年国务院国资委统计评价局编制的《企业绩效评价标准值》，经济科学出版社出版。

表 11-8 表明,全部国有企业 2019 年全行业资产负债率秀值为 48.6%、良好值为 53.6%、平均值为 63.6%。国际上一般公认资产负债率为 60%。

(二) 已获利息倍数

已获利息倍数,也称为利息保障倍数(time interest earned ratio),是指企业收益(息税前利润)与利息费用的比率。其计算公式如下:

$$已获利息倍数 = \frac{利润总额 + 利息支出}{利息支出} = \frac{息税前利润总额}{利息支出} \quad (11\text{-}7)$$

式中,利润总额包括净利润和所得税;利息支出为支付给债权人的全部利息,包括计入"财务费用"账户中的利息支出和计入固定资产价值的利息支出。

例 11-8 根据表 11-2 和有关账簿资料,夏宇工厂全年利润总额为 943 820 元,全年利息费用为 301 000 元,其中,计入"财务费用"账户的利息支出为 150 045 元,计入固定资产价值的利息支出为 150 955 元,则:

$$已获利息倍数 = \frac{943\,820 + 301\,000}{301\,000} \approx 4.13$$

已获利息倍数表明企业获得的收益是支付债务利息的多少倍。获息倍数越大,偿付利息的能力越充足。从长远看,该指标至少要大于 1,否则便不能举债经营。当然,在短期内,有些企业已获利息保障倍数低于 1 时仍能支付利息,这是因为当期有些不支付现金的费用(如折旧费等)在计算利润总额时作了扣除。评价企业已获利息倍数应和本企业不同年度之间、不同企业之间、企业与同行业平均水平之间的该指标进行对比。对一个企业而言,往往要计算连续五个会计年度的已获利息保障倍数,才能确定其偿债能力的稳定性。而估计企业长期偿债能力时,通常又选择最低指标年度的数据为标准,因为不论年景好坏,企业总要偿付大约同量的债务,指标最低年份的情况,保证了最低的偿债能力,它是最保守,但最靠得住的评价方法。

国际上通常认为已获利息倍数应在 3 以上,表明企业具有可靠的付息能力。

2019 年全国国有企业已获利息倍数标准值如表 11-9 所示。

表 11-9 2019 年全国国有企业已获利息倍数标准值

项 目	大型企业	中型企业	小型企业	全行业
优秀值	6.3	5.1	4.4	5.6
良好值	4.5	3.9	3.3	4.2
平均值	2.9	2.5	2.2	2.9

数据来源:2020 年国务院国资委统计评价局编制的《企业绩效评价标准值》,经济科学出版社出版。

表 11-9 表明,全国国有企业 2019 年已获利息保障倍数优秀值为 5.6、良好值为 4.2、平均值为 2.9。可见,夏宇工厂的已获利息保障倍数达到了全国国有企业的良好水平。

(三) 产权比率

产权比率(equity ratio)是负债总额与所有者权益总额的比率。其计算公式如下:

$$产权比率 = \frac{负债总额}{所有者权益} \times 100\% \quad (11\text{-}8)$$

例 11-9 在表 11-1 中,产权比率 $= \dfrac{2\ 162\ 098}{3\ 730\ 765} \times 100\% \approx 58.0\%$。

产权比率反映债权人提供的资本与投资者提供的资本的相对关系:

首先,从分子对分母看,它表明债权人提供的资本是投资者提供的资本的多少倍。夏宇工厂本年末借债资金是投资者资金的 0.58 倍。产权比率小于 1,表明企业的财务结构较稳定,但不能一概而论。从投资者看,在经济繁荣时期,多借债,投资者可以获得额外的利润,遇上通货膨胀加剧时,多借债可以把损失和风险转嫁给债权人;在经济萎缩时期,少借债可以减少利息负担和财务风险。产权比率高,是高风险、高报酬的财务结构;产权比率低,是低风险、低报酬的财务结构。

其次,从分母对分子看,它表明投资者投入 100 元资金,债权人提供多少资金,反映了债权人资金得到所有者权益的保障程度。《中华人民共和国企业破产法》第 113 条规定,破产财产在优先清偿破产费用和共益债务后,依照下列顺序清偿:①破产人所欠职工的工资和医疗伤残补助、抚恤费用,所欠的应当划入职工个人账户的基本养老保险、基本医疗保险费用,以及法律、行政法规规定应当支付给职工的补偿金;②破产人欠缴的除前项规定以外的社会保险费用和破产人所欠税款;③普通破产债权。破产财产不足以清偿同一顺序的清偿要求的,按照比例分配。破产企业的董事、监事和高级管理人员的工资按照该企业职工的平均工资计算。虽然企业清算时债权人的索赔权排在投资者前面,但是如果产权比率过高,清算财产时不一定能使债权人足额收回其债权。例如,企业有 100 万元资产,其中负债 80 万元,产权(即所有者权益) 20 万元,产权比率为 400%(80÷20)。当企业破产清算时,100 万元资产变现价值只有 70 万元(假定),付清理费 6 万元,还剩 64 万元还债,致使 16 万元债(80-64)不能偿付。可见,产权比率过高,债权人利益难以保证。因此,从企业长期偿债能力看,产权比率越低越好,一般认为小于 100% 时财务结构较为稳妥。

产权比率和资产负债率有共同的经济意义,分析时应注意两个指标的互补作用。

(四)有形净值债务率

有形净值债务率(debt-to-tangible assets ratio)是负债总额与有形净值的比率。资产减去负债后的余额为净资产数额,也就是所有者权益;资产减去无形资产等于有形资产,则有形净值是所有者权益减去无形资产后的余额。有形净值债务率的计算公式如下:

$$\text{有形净值债务率} = \frac{\text{负债总额}}{\text{所有者权益} - \text{无形资产余额}} \times 100\% \tag{11-9}$$

例 11-10 在表 11-1 中,有形净值债务率 $= \dfrac{2\ 162\ 098}{3\ 730\ 765 - 126\ 855} \times 100\% \approx 60.0\%$。

有形净值债务率实质上是产权比率的延伸,其不同点在于分母扣除了会计账上结余的无形资产价值。这是因为无形资产是不能用来抵偿债务的,企业清算时真正用于还债的只能是有形资产的变现价值。因此,有形净值债务率比产权比率更谨慎、更保守地反映了债权人利益受到所有者权益的有效保障程度。从长期偿债能力讲,此比率越低越好。

(五)或有负债比率

或有负债是指过去的交易或者事项形成的潜在义务,其存在须通过未来不确定事项的发生或不发生予以证实;或过去的交易或者事项形成的现时义务,履行该义务不是很可能导致经济利益流出企业或该义务的金额不能可靠计量。企业在分析偿债能力时,不仅要分析现实债务能否偿还,还要对未来潜在的债务作充分估计,为抵御各种可能出现的风险留有资金准备。

或有负债比率(contingent liabilities ratio)是或有负债与所有者权益之间的比率。其计算公式如下：

$$或有负债比率 = \frac{或有负债总额}{所有者权益总额} \times 100\% \quad (11\text{-}10)$$

$$或有负债总额 = 已贴现商业承兑汇票金额 + 对外担保金额 + \begin{array}{c}未决诉讼、未决仲裁金额\\(除贴现与担保引起的诉讼仲裁)\end{array} + 其他或有负债金额 \quad (11\text{-}11)$$

2019年全国国有企业或有负债比率标准值如表11-10所示。

表11-10　2019年全国国有企业或有负债比率标准值

项目	大型企业	中型企业	小型企业	全行业
优秀值	0.2	0.3%	0.4%	0.2%
良好值	1.4	1.8%	1.8%	1.5%
平均值	5.3	4.7%	5.6%	4.8%

数据来源：2020年国务院国资委统计评价局编制的《企业绩效评价标准值》，经济科学出版社出版。

三、盈利能力分析

反映企业盈利能力(Profitability)的指标很多，主要有下列几种：

(一) 总资产利润率

总资产利润率(reture on total asset, ROTA)是企业利润总额与平均资产总额的比率。其计算公式如下：

$$总资产利润率 = \frac{利润总额}{平均资产总额} \times 100\% \quad (11\text{-}12)$$

例 11-11　根据表11-1和表11-2的数据，资产利润率 $= \frac{943\,820}{(5\,569\,700 + 5\,892\,863) \div 2} \times 100\% \approx 16.47\%$。

计算表明，该厂每百元资产可提供16.47元利润。该指标应同我国全部国有及规模以上非国有工业企业的平均水平进行比较，如表11-11所示。

表11-11　全部国有及规模以上非国有工业企业2015—2018年总资产利润率计算表

项目	2016	2017	2018	2019	四年累计
① 利润总额/亿元	12 324.3	17 215.5	18 583.1	65 799.0	113 921.9
② 资产总额/亿元	417 704.2	439 622.9	439 908.8	1 205 868.9	2 503 105
③ 总资产利润率=①/②	2.95%	3.92%	4.22%	5.46%	4.55%

数据来源于2019—2020年《中国统计年鉴》。

(二) 资产净利率

资产净利率也称资产收益率(return on assets, ROA)，是企业净利润与平均资产总额的比率。其计算公式如下：

$$资产净利率 = \frac{净利润}{平均资产总额} \times 100\% \quad (11\text{-}13)$$

例 11-12 根据表 11-1 和表 11-2 中的数据，资产净利率 $= \frac{707\,865}{5\,731\,282} \times 100\% \approx 12.35\%$。

计算表明，该厂每百元资产提供 12.35 元的净利润。

(三) 资本金利润率

资本金利润率是指企业的利润总额与资本金总额的比率。其计算公式如下：

$$资本金利润率 = \frac{利润总额}{平均实收资本} \times 100\% \quad (11\text{-}14)$$

例 11-13 根据表 11-1 和表 11-2 中的数据，资本金利润率 $= \frac{943\,820}{2\,814\,000} \times 100\% \approx 33.54\%$。

计算表明，该厂每百元资本金提供 33.54 元的利润总额。

(四) 资本收益率

资本收益率是指企业的净利润与平均资本的比率。它是反映企业运用投资者投入资本获得收益能力的指标。其计算公式如下：

$$\begin{aligned}资本收益率 &= \frac{净利润}{平均资本} \times 100\% \\ &= \frac{净利润}{平均实收资本 + 平均资(股)本溢价} \times 100\% \end{aligned} \quad (11\text{-}15)$$

例 11-14 根据表 11-1 和表 11-2 中的数据，资本收益率 $= \frac{707\,865}{2\,814\,000} \times 100\% \approx 25.16\%$。

公式中，平均实收资本＝(期初实收资本＋期末实收资本)÷2；平均资本溢价或平均股本溢价根据"资本公积——资本溢价或股本溢价"明细账户期初与期末余额之和求平均计算。

计算表明，夏宇工厂每百元资本(该厂"资本公积——资本溢价"账户无余额)提供 12.35 元的净利润。

(五) 净资产收益率

净资产收益率，又称自有资本利润率(return on equity, ROE)，是企业净利润与净资产的比率。其计算公式如下：

$$净资产收益率 = \frac{净利润}{平均净资产} \times 100\% \quad (11\text{-}16)$$

例 11-15 根据表 11-1 和表 11-2 中的数据，净资产收益率 $= \frac{707\,865}{(3\,135\,100 + 3\,730\,765) \div 2} \times 100\% \approx 20.62\%$。

计算结果表明，该厂每百元净资产获得净利润 20.62 元。

(六) 总资产报酬率

总资产报酬率，是企业息税前利润与平均资产总额的比率。其计算公式如下：

$$总资产报酬率 = \frac{息税前利润}{平均资产总额} \times 100\%$$

$$= \frac{利润总额 + 利息支出}{(期初资产总额 + 期末资产总额) \div 2} \times 100\% \tag{11-17}$$

例 11-16 根据表 11-1 和表 11-2 中的数据,总资产报酬率 $= \dfrac{943\ 820 + 301\ 000}{(5\ 569\ 700 + 5\ 892\ 863) \div 2} \times 100\% \approx 21.72\%$。

公式中"利息支出"包括计入"财务费用"账户的利息支出为 150 045 元和计入固定资产价值的利息支出 150 955 元。

计算结果表明,该厂每百元资产总额创造收益 21.72 元。

(七)营业收入净利率

营业收入净利率,原称销售净利率(reture on sales,ROS),是净利润与营业收入的比率。其计算公式如下:

$$营业收入净利率 = \frac{净利润}{营业收入} \times 100\% \tag{11-18}$$

例 11-17 在表 11-2 中,营业收入净利率 $= \dfrac{707\ 865}{7\ 298\ 385} \times 100\% \approx 9.70\%$。

计算结果表明,该厂每百元营业收入能够获得 9.70 元的利润。

(八)成本费用利润率

成本费用利润率是一定期内实现的利润总额与成本费用总额的比率。计算公式如下:

$$成本费用利润率 = \frac{利润总额}{成本费用总额} \times 100\%$$

$$= \frac{利润总额}{营业成本 + 税金及附加 + 销售费用 + 管理费用 + 研发费用 + 财务费用} \times 100\% \tag{11-19}$$

例 11-18 在表 11-2 中,

$$成本费用利润率 = \frac{943\ 820}{5\ 274\ 893 + 41\ 756 + 204\ 663 + 664\ 155 + 31\ 000 + 149\ 045} \times 100\%$$
$$= 14.83\%$$

计算结果表明,该厂每百元耗费创造利润 14.83 元。

(九)盈余现金保障倍数

盈余现金保障倍数是企业一定时期内盈余净额(净利润)所含有的经营活动现金净流量,即净利润含"金"量。此指标越高,说明企业净利润现金保障力度越强;此指标越低,说明企业净利润很少或没有多少现金作保障,证明企业大量赊销款未能收回。其计算公式如下:

$$盈余现金保障倍数 = \frac{经营现金净流量}{净利润} \tag{11-20}$$

例 11-19 根据表 11-2 和表 11-3 中的数据,盈余现金保障倍数 $= \dfrac{993\ 944}{707\ 865} \approx 1.40$。

计算结果表明,该厂每一元净利润有 1.40 元的经营现金净流量作保障。

需要说明的是,母公司(控股公司)计算该指标时,由于编制合并利润表中的"净利润"包括"归属于母公司所有者的净利润"和"少数股东损益"两部分,同时,编制合并现金流量表工作底稿时,"将母公司和所有子公司的个别现金流量表各项目的数据全部都过入同一合并工作底稿"[①],即母公司合并现金流量表中"经营活动产生的现金流量净额"也包括少数股东的现金流量在内。因此,母公司盈余保障倍数的计算公式如下:

$$盈余现金保障倍数 = \frac{经营现金净流量}{净利润 + 少数股东损益} \qquad (11-21)$$

(十) 基本每股收益

基本每股收益(earnings per share)是上市公司专门计算的指标之一,是归属于普通股东的当期净利润与当期发行在外普通股股数的比值。当期发行在外普通股股数是公司发行在外的普通股份的加权平均数。基本每股收益的计算公式如下:

$$基本每股收益 = \frac{归属于普通股股东的当期净利润}{当期发行在外普通股的加权平均数} \qquad (11-22)$$

$$当期发行在外普通股的加权平均股数 = 期初发行在外普通股股数 + 当期新发行普通股股数 \times \frac{已发行时间}{报告期时间} - 当期回购普通股股数 \times \frac{已回购时间}{报告期时间} \qquad (11-23)$$

公式中"时间"一般按天数计算,但在不影响计算结果的前提下,也可简化按月份计算。

(十一) 每股股利

每股股利(dividends per share, DPS)是上市公司普通股现金股利总额与年末普通股总数的比例。其计算公式如下:

$$每股股利 = \frac{普通股现金流量总额}{年末普通股总数} \qquad (11-24)$$

(十二) 每股净资产

每股净资产是上市公司年末股东权益与年末普通股总数的比例。其计算公式如下:

$$每股净资产 = \frac{年末股东权益}{年末普通股总数} \qquad (11-25)$$

(十三) 市盈率

市盈率(price/earning ratio)是上市公司普通股每股市价与普通股每股收益的比例。其计算公式如下:

$$市盈率 = \frac{普通股每股市价}{普通股每股收益} \qquad (11-26)$$

公式中"普通股每股收益"就是上述"基本每股收益"。市盈率反映了投资者为获取企业利润的要求权所愿付出的代价,发展前景较好的企业市盈率较高;反之,市盈率较低。按照西方比较发达和完善的股票市场规律,一般认为,正常的市盈率应为5~20倍。

(十四) 市净率

市净率(price-to-book ratio)是上市公司普通股每股市价与普通股每股净资产的比例。其

---

① 财政部会计司编写组:《企业会计准则讲解:2006》,人民出版社2007年版,第555页。

计算公式如下：

$$市净率 = \frac{普通股每股市价}{普通股每股净资产} \qquad (11\text{-}27)$$

市净率用来评价企业资产质量，反映企业发展的潜在能力。

（十五）股利收益率

股利收益率是普通股每股股利与普通股每股市价的比例。其计算公式如下：

$$股利收益率 = \frac{普通股每股股利}{普通股每股市价} \qquad (11\text{-}28)$$

2019 年全国国有企业盈利能力主要指标的标准值如表 11-12 所示。

表 11-12　2019 年全国国有企业盈利能力主要指标的标准值

项目	大型企业	中型企业	小型企业	全行业
一、净资产收益率				
优秀值	13.5%	11.9%	8.9%	11.8%
良好值	10.5%	9.2%	6.6%	8.8%
平均值	6.8%	5.3%	4.2%	5.8%
二、总资产报酬率				
优秀值	8.7%	7.4%	6.2%	7.6%
良好值	7.2%	5.2%	4.7%	5.7%
平均值	4.3%	3.1%	3.0%	3.8%
三、营业收入利润率				
优秀值	18.4%	20.1%	15.8%	18.1%
良好值	12.6%	13.4%	10.2%	11.1%
平均值	5.5%	6.2%	4.0%	5.8%
四、盈余现金保障倍数				
优秀值	11.8	12.7	10.9	11.6
良好值	6.3	5.8	5.4	5.9
平均值	1.8	1.4	1.0	1.7
五、成本费用利润率				
优秀值	12.8%	14.4%	10.8%	12.8%
良好值	9.8%	10.6%	6.8%	9.5%
平均值	6.3%	6.3%	4.2%	6.0%
六、资本收益率				
优秀值	14.5%	13.5%	9.5%	12.5%
良好值	10.9%	9.7%	6.7%	9.3%
平均值	6.6%	5.8%	4.3%	6.6%

数据来源：2020 年国务院国资委统计评价局编制的《企业绩效评价标准值》，经济科学出版社出版。

四、营运能力分析

营运能力是指企业生产经营资金周转速度所反映出来的资金利用效率,以及人力资源科学管理所反映出来的劳动效率。企业生产经营资金周转速度越快,表明企业资金利用的效果越好,企业管理人员的经营能力越强。反映营运能力的指标主要有两类:一是生产资料运营效率,通过各项资产周转能力指标来体现,包括应收账款周转率、存货周转率、流动资产周转率、固定资产周转率、总资产周转率等。二是人力资源的运营能力,通过劳动效率指标来体现。

(一) 应收账款周转率

企业外部人员计算评价企业应收账款周转率(accounts receivable turnover rate),用企业一定时期内营业收入净额与应收账款平均余额两个指标计算。其计算公式如下:

$$应收账款周转率 = \frac{计算期营业收入}{应收账款平均余额} \tag{11-29}$$

例 11-20 根据表 11-1 和表 11-2 中的数据,应收账款周转率 $= \frac{7\ 298\ 385}{(558\ 320 + 262\ 730) \div 2} \approx 17.77(次)$。

应收账款周转天数的计算公式如下:

$$\begin{aligned}应收账款周转天数 &= \frac{应收账款平均余额 \times 计算期天数}{计算期营业收入} \\ &= \frac{计算期天数}{应收账款周转率}\end{aligned} \tag{11-30}$$

夏宇工厂的应收账款周转天数 $= \frac{360}{17.77} \approx 21(天)$

(二) 存货周转率

存货周转率(inventory turnover rate)是一定时期内营业成本与平均存货之间的比例。其计算公式如下:

$$存货周转率 = \frac{营业成本}{平均存货余额} \tag{11-31}$$

例 11-21 根据表 11-1 和表 11-2 中的数据,存货周转率 $= \frac{5\ 274\ 893}{(1\ 200\ 600 + 1\ 456\ 488) \div 2} \approx 3.97(次)$。

存货周转天数的计算公式如下:

$$\begin{aligned}存货周转天数 &= \frac{平均存货余额 \times 计算期天数}{计算期营业成本} \\ &= \frac{计算期天数}{存货周转率}\end{aligned} \tag{11-32}$$

$$夏宇工厂的存货周转天数 = \frac{360}{3.97} \approx 91(天)$$

计算结果表明,夏宇工厂年度内拥有的存货周转了3.97次。存货周转速度越快,反映企业存货转换为现金或应收账款的速度越快,存货占用资金越低,企业变现能力越强,资金流动性越好。

存货周转速度除了用周转次数表示,还可用周转天数表示。夏宇工厂存货周转天数为91天。它表明,该厂从购入存货到售出存货,收回垫支在存货上的资金平均花了91天。存货周转天数越少,反映周转速度越快。

(三)流动资产周转率

流动资产周转率(current assets turnover rate)是一定时期内营业收入与流动资产平均余额的比例。其计算公式如下:

$$流动资产周转率 = \frac{计算期营业收入}{流动资产平均余额} \tag{11-33}$$

例 11-22 根据表11-1和表11-2中的数据,流动资产周转率 $= \frac{7\,298\,385}{(2\,583\,200 + 2\,734\,144) \div 2} \approx 2.74$(次)。

流动资产周转天数的计算公式如下:

$$流动资产周转天数 = \frac{流动资产平均余额 \times 计算期天数}{计算期营业收入}$$
$$= \frac{计算期天数}{流动资产周转率} \tag{11-34}$$

$$夏宇工厂的流动资产周转天数 = \frac{360}{2.74} \approx 132(天)$$

计算结果表明,夏宇工厂流动资产周转率为2.74次,流动资产周转天数为132天。它表明该厂垫支在流动资产的资金平均132天收回一次。

(四)固定资产周转率

固定资产周转率(fixed assets turnover rate)是一定时期内营业收入与固定资产平均净值的比例。其计算公式如下:

$$固定资产周转率 = \frac{计算期营业收入}{固定资产平均余额} \tag{11-35}$$

例 11-23 根据表11-1和表11-2中的数据,固定资产周转率 $= \frac{7\,298\,385}{(2\,474\,000 + 2\,551\,263) \div 2} \approx 2.91$(次)。

(五)总资产周转率

总资产周转率(total assets turnover rate)是一定时期内营业收入与平均资产总额的比

例。其计算公式如下：

$$总资产周转率 = \frac{计算期营业收入}{平均资产总额} \tag{11-36}$$

例 11-24 根据表 11-1 和表 11-2 中的数据，总资产周转率 $= \frac{7\ 298\ 385}{(5\ 569\ 700 + 5\ 892\ 863) \div 2} \approx$ 1.27（次）。

计算结果表明，该厂总资产上的资金当年周转了 1.27 次，或每元资产在一年内创造了 1.27 元的营业收入。总资产周转率也称投资周转率。

（六）不良资产比率

不良资产是指企业按会计准则规定计提的资产减值准备、应提未提和应摊未摊的潜亏（资金）挂账、尚未处理的资产损失。潜亏挂账是指不确认可能发生的损失，导致账面资本价值的虚计和本期利润的虚增。例如，低转产品成本、高估存货、投资损失不冲销、不良债权长期挂账、少提不提折旧、少计负债、重大或有负债及有关损失挂账等。尚未处理的资产损失是指企业各项待处理或尚未处理的资产损失净额，如待处理固定资产损失、长期投资损失、无形资产损失、在建工程损失、委托贷款损失、存货损失（包括企业购进或生产的呆滞积压物资等）。

银行的不良资产主要是指不良贷款，俗称呆（坏）账。也就是说，银行发放的贷款不能按预先约定的期限、利率收回本金和利息。不良贷款包括逾期贷款（到期未还的贷款）、呆滞贷款（逾期两年以上的贷款）和呆账贷款（需要核销的收不回的贷款）三种情况。其他还包括房地产等不动产组合。

不良资产是不能参与企业正常资金周转的资产。分析企业的不良资产，是要分析不良资产占全部资产的比率，即不良资产率。其计算公式如下：

$$不良资产率 = \frac{年末不良资产总额}{资产总额 + 资产减值准备余额} \times 100\% \tag{11-37}$$

$$\begin{matrix}年末不良 \\ 资产总额\end{matrix} = \begin{matrix}资产减值 \\ 准备余额\end{matrix} + \begin{matrix}应提未提和应摊 \\ 未摊的潜亏挂账\end{matrix} + \begin{matrix}未处理 \\ 资产损失\end{matrix} \tag{11-38}$$

（七）资产现金回收率

资产现金回收率是经营活动产生的现金流量净额与平均资产总额的比例。其含义是：企业一定时期内每占用百元资产回收了多少经营现金净流量。其计算公式如下：

$$资产现金回收率 = \frac{经营现金净流量}{平均资产总额} \times 100\% \tag{11-39}$$

例 11-25 根据表 11-1 和表 11-4 中的数据，资产现金回收率 $= \frac{993\ 944}{(5\ 569\ 700 + 5\ 892\ 863) \div 2} \times 100\% = 17.34\%$。

计算结果表明，该厂每百元资产总额在一年内回收了经营活动现金净流量 17.34 元。

2019 年全国国有企业营运能力指标的标准值如表 11-13 所示。

表 11-13　2019 年全国国有企业营运能力指标的标准值

项目	大型企业	中型企业	小型企业	全行业
一、应收账款周转率				
优秀值	25.0	25.0	19.6	21.6
良好值	17.4	16.1	10.9	12.2
平均值	9.4	6.2	5.3	7.7
二、存货周转率				
优秀值	46.2	16.2	17.2	17.7
良好值	12.5	8.7	9.4	11.2
平均值	5.0	3.6	1.9	4.5
三、流动资产周转率				
优秀值	2.6	3.4	2.4	2.6
良好值	1.6	2.4	1.4	1.5
平均值	1.2	1.2	0.7	1.1
四、总资产周转率				
优秀值	1.4	1.5	1.8	1.6
良好值	0.9	1.0	1.2	1.0
平均值	0.4	0.6	0.5	0.5
五、资产现金回收率				
优秀值	21.4%	19.1%	17.7%	20.7%
良好值	13.6%	11.5%	8.7%	9.0%
平均值	5.2%	3.3%	1.3%	2.9%
六、不良资产比率				
优秀值	0.1%	0.2%	0.3%	0.2%
良好值	0.3%	0.6%	1.0%	0.8%
平均值	0.8%	2.0%	2.8%	2.5%

数据来源：2020 年国务院国资委统计评价局编制的《企业绩效评价标准值》，经济科学出版社出版。

五、发展能力分析

发展能力是指企业未来年度的发展前景及潜力。反映企业发展能力的指标主要有：营业收入增长率、总资产增长率、资本积累率、资本保值增值率、营业利润增长率、技术投入比率、三年营业收入平均增长率、三年利润平均增长率和三年资本平均增长率等。

(一) 营业收入增长率

营业收入增长率是本年营业收入增长额与上年营业收入总额的比率。其计算公式如下：

$$营业收入增长率 = \frac{本年营业收入增长额}{上年营业收入总额} \times 100\% \qquad (11\text{-}40)$$

(二) 总资产增长率

总资产增长率是本年总资产增长额与年初资产总额的比率。其计算公式如下：

$$总资产增长率 = \frac{本年总资产增长额}{年初资产总额} \times 100\%$$

$$= \frac{年末资产总额 - 年初资产总额}{年初资产总额} \times 100\% \quad (11\text{-}41)$$

(三) 资本积累率

资本积累率是本年所有者权益增长额与年初所有者权益的比率。其计算公式如下：

$$资本积累率 = \frac{本年所有者权益增长额}{年初所有者权益} \times 100\% \quad (11\text{-}42)$$

(四) 资本保值增值率

资本保值增值率是指企业本年主观因素努力增加的所有者权益与年初所有者权益总额的比率。其计算公式如下：

$$资本保值增值率 = \frac{扣除客观因素后的年末所有者权益}{年初所有者权益总额} \times 100\% \quad (11\text{-}43)$$

(五) 营业利润增长率

营业利润增长率是本年营业利润增长额与上年营业利润总额的比率。其计算公式如下：

$$营业利润增长率 = \frac{本年营业利润增长额}{上年营业利润总额} \times 100\% \quad (11\text{-}44)$$

(六) 技术投入比率

技术投入比率是本年科技支出合计与本年营业收入总额的比率。其计算公式如下：

$$技术投入比率 = \frac{本年科技支出合计}{本年营业收入总额} \times 100\% \quad (11\text{-}45)$$

(七) 三年营业收入平均增长率

三年营业收入平均增长率的计算公式如下：

$$三年营业收入平均增长率 = \left(\sqrt[3]{\frac{本年营业收入}{三年前营业收入}} - 1\right) \times 100\% \quad (11\text{-}46)$$

(八) 三年利润平均增长率

三年利润平均增长率的计算公式如下：

$$三年利润平均增长率 = \left(\sqrt[3]{\frac{本年利润总额}{三年前利润总额}} - 1\right) \times 100\% \quad (11\text{-}47)$$

(九) 三年资本平均增长率

三年资本平均增长率的计算公式如下：

$$三年资本平均增长率 = \left(\sqrt[3]{\frac{年末所有者权益}{三年前年末所有者权益}} - 1\right) \times 100\% \quad (11\text{-}48)$$

2019年全国国有企业发展能力指标标准值如表11-14所示。

表11-14　2019年全国国有企业发展能力指标标准值

项　目	大型企业	中型企业	小型企业	全行业
一、营业收入增长率				
优秀值	24.0%	23.0%	20.1%	19.0%
良好值	17.2%	15.9%	14.1%	12.1%
平均值	9.4%	9.2%	6.8%	6.9%
二、总资产增长率				
优秀值	16.4%	20.4%	21.4%	18.3%
良好值	13.0%	15.3%	14.2%	14.8%
平均值	7.2%	9.9%	6.9%	9.5%
三、资本积累率				
优秀值	38.0%	41.7%	29.6%	32.1%
良好值	25.4%	24.6%	16.3%	17.7%
平均值	10.3%	8.9%	6.9%	8.1%
四、资本保值增值率				
优秀值	114.1%	112.2%	107.8%	111.2%
良好值	110.5%	108.4%	105.6%	107.8%
平均值	106.4%	105.1%	103.0%	104.9%
五、营业利润增长率				
优秀值	21.6%	24.3%	21.4%	18.1%
良好值	14.6%	17.3%	12.9%	11.1%
平均值	9.6%	10.7%	5.9%	6.0%
六、技术投入比率				
优秀值	4.2%	3.1%	1.9%	3.6%
良好值	2.9%	2.3%	1.7%	2.6%
平均值	2.6%	2.0%	1.4%	2.1%

数据来源：2020年国务院国资委统计评价局编制的《企业绩效评价标准值》，经济科学出版社出版。

第三节　财务预警分析

一、财务预警分析的含义

所谓财务预警分析，就是通过对企业财务报表及相关经营资料的分析，利用数据化管理方式和财务数据，将企业已面临的危险情况预先告知企业经营者和其他利益关系人，并分析企业发生财务危机的可能原因和企业财务运营体系中隐藏的问题,以提前做好防范措施的财务分析系统。

二、财务预警分析的模型

通常运用的财务预警分析模型有两个:单变量预警模型和多变量预警模型。

(一) 单变量预警模型

单变量预警模型(single variable model)是使用单一财务变量对企业财务失败风险进行预测的模型。主要有威廉·比弗(William Beaver)于1966年提出的单变量预警模型。他通过对1954至1964年间大量失败企业和成功企业的比较研究,对14种财务比率进行取舍,最终得出可以有效预测财务失败的比率依次为:

(1) 债务保障率=现金流量÷债务总额。
(2) 资产负债率=负债总额÷资产总额。
(3) 资产收益率=净收益÷资产总额。
(4) 资产安全率=资产变现率-资产负债率。

Beaver认为,首先是债务保障率能够最好地判定企业的财务状况(误判率最低);其次是资产负债率,且离失败日越近,误判率越低。但各比率判断准确率在不同的情况下会有所差异,所以在实际应用中往往使用一组财务比率,而不是一个比率,这样才能取得良好的预测效果。

运用上述比率对企业财务危机预警分析的局限性有:一是尽管可以判别企业是否处于财务危机之中,但不能判别企业是否可能破产,以及预测何时破产;二是单变量比率分析的结论可能会受到通货膨胀的影响;三是当企业出现财务困难时,管理当局往往会采用粉饰财务报表的方法来掩盖真实的财务状况,使财务危机的预警失去作用。

(二) 多变量预警模型

多变量预警模型(various variable model)是从整个企业角度、运用多种财务比率来检查其财务状况有无呈现不稳定的现象,进而预测其是否存在财务危机的模型。这一方法给人们进行企业财务危机的预警分析提供了新的思路。但由于每个国家的经济环境不同,其分析模型和结果都会有所差异。其中,最有代表性的是美国纽约大学的教授爱德华·奥尔特曼(Edward Altman),他是第一个使用鉴别分析(discrimination analysis)研究企业失败预警的人。1968年,奥尔特曼选取了1946至1965年间的33家破产的和正常经营的公司,使用了22个财务比率来分析公司潜在的失败危机。他利用逐步多元鉴别分析(MDA),逐步粹取五种最具共同预测能力的财务比率,建立起了一个类似回归方程式的鉴别函数——Z计分法模式。其表达式如下:

$$Z = 0.012X_1 + 0.014X_2 + 0.033X_3 + 0.006X_4 + 0.999X_5 \tag{11-49}$$

式中,Z 为判别函数值;

$X_1 = $(营运资金÷资产总额)×100;
$X_2 = $(留存收益÷资产总额)×100;
$X_3 = $(息税前利润÷资产总额)×100;
$X_4 = $(普通股及优先股市场价值总额÷负债账面价值总额)×100;
$X_5 = $(销售收入÷资产总额)。

一般 Z 值越低,企业越有可能发生破产。爱德华·奥尔特曼还提出了判断企业破产的临界值:

若 $Z \leqslant 1.81$,企业存在很大的破产危险;

若 $Z \geqslant 3$,企业发生破产的可能性极小;

若 Z 在 1.81 至 2.99 之间,企业破产不确定;

若 $Z = 2.675$,企业破产与不破产的概率各为 50%。

该模型实际上是通过五个变量(五种财务比率),将反映企业偿债能力的指标(X_1、X_4)、获利能力的指标(X_2、X_3)和运营能力的指标(X_5)有机联系起来,综合分析预测企业财务失败或破产的可能性。奥尔特曼在 1968 年用上述模型进行验证时,所选取的 33 家破产企业中有 31 家判别出破产,所选取的 33 家非破产企业中有 32 家判别出非破产,预测一年内破产的准确率在 90% 以上,预测两年内破产的准确率在 80% 以上,但预测期变长,准确率有所降低,如用五年前的数据预测,只有 36% 的企业破产。

1977 年,奥尔特曼等人又补充运用了来自银行数据的"贷款呆账损失"和"贷款利率"两个指标,1983 年他在他著的《企业财务危机》一书中对原来的模型作了改进。后来,世界上许多研究人员对多变量模型都作出了新的贡献。到目前为止,Z 计分法模型仍然占据着主导地位。

例 11-26 夏宇工厂 2019 年有关财务危机的预警数据根据表 11-1、表 11-2 整理如表 11-15 所示:

表 11-15　　夏宇工厂有关财务危机预警数据表

2019 年 12 月 31 日　　　　　　　　　　　　　　　　　　　　　　单位:元

项　目	金　额	项　目	金　额	
流动资产	2 734 144	流动负债	1 327 701	
		非流动负债	834 397	
		实收资本	2 814 000	市场价值 3 000 000
		资本公积	67 600	
资产总额	5 892 863	盈余公积	205 090	
平均资产总额	5 731 282	未分配利润	644 075	
营业收入	7 298 385	利润总额	943 820	
利息费用	150 045			

注:总利息支出 = 计入财务费用利息支出 150 045 元 + 计入固定资产价值的利息支出 150 955 元。

根据表 11-15 计算有关指标如下:

(1) X_1 =(营运资金÷资产总额)×100

　　　 =[(流动资产 2 734 144 − 流动负债 1 327 701)÷资产总额 5 892 863]×100

　　　 = 23.867

(2) X_2 =(留存收益÷资产总额)×100

　　　 =[(盈余公积 205 090 + 未分配利润 644 075)÷资产总额 5 892 863]×100

　　　 = 14.41

(3) X_3 =(息税前利润÷平时资产总额)×100

　　　 =[(利润总额 943 820 + 利息支出 301 000)÷平均资产总额 5 731 282]×100

　　　 = 21.72

(4) X_4 =（普通股及优先股市场价值总额÷负债账面价值总额）×100
   =[资本的市场价值 3 000 000÷（流动负债 1 327 701+非流动负债 834 397）]×100
   =138.75

(5) X_5 = 销售收入 ÷ 平均资产总额
   = 7 298 385 ÷ 5 731 282
   = 1.273 4

(6) $Z = 0.012X_1 + 0.014X_2 + 0.033X_3 + 0.006X_4 + 0.999X_5$
   = 0.012×23.867+0.014×14.41+0.033×21.72+0.006×138.75+0.999×1.273 4
   = 3.309 5

计算结果表明，夏宇工厂 2019 年 12 月 31 日破产预警值 Z 为 3.309 5，大于 3，发生破产的可能性极小。

第四节 财务状况的趋势分析与综合分析

一、财务状况的趋势分析

（一）财务状况趋势分析的含义

财务状况的趋势分析，亦称指数分析，是将连续多年的会计报表中的某些重要项目数据集中在一起，同基年相应数据作比较，进而揭示出财务比率变动趋势的分析方法。

企业在进行趋势分析时，选择的财务比率可以是单项财务比率，如应收账款增长率、存货增长率、流动资产增长率、总资产增长率、营业收入增长率、利润总额增长率等，也可以是一组或一类财务比率，如反映偿债能力的财务比率、反映营运能力的财务比率、反映盈利能力的财务比率等。

（二）财务状况趋势分析的应用实例

例 11-27 夏宇工厂 2015 年至 2019 年主要财务比率如表 11-16 所示，要求对其偿债能力、营运能力及盈利能力的变化趋势进行分析。

表 11-16 夏宇工厂 2015 年至 2019 年主要财务比率

财 务 比 率	2015 年	2016 年	2017 年	2018 年	2019 年
① 流动比率	1.49	1.50	1.52	1.53	2.06
② 速动比率	0.88	0.87	0.84	0.82	0.96
③ 资产负债率	32.01%	36.59%	40.30%	43.71%	36.7%
④ 应收账款周转率/次	12.56	13.21	13.92	12.95	17.77
⑤ 存货周转率/次	4.98	4.85	4.31	3.65	3.97
⑥ 营业收入净利率	9.07%	9.20%	9.62%	9.51%	9.70%
⑦ 销售毛利率	26.21%	25.75%	27.23%	26.94%	27.73%
⑧ 净资产收益率	16.51%	16.92%	18.44%	20.61%	20.62%

1. 偿债能力变动趋势分析

利用表 11-16 中偿债能力财务指标——流动比率、速动比率、资产负债率进行如下分析：

(1) 流动比率反映了企业运用流动资产偿还流动负债的能力。该比率过低，意味着企业的短期支付能力不足，可能捉襟见肘，难以如期偿还债务；而该比率过高，则表明企业资金没有得到充分利用，影响到资金的使用效率。夏宇工厂 2015 年至 2019 年的流动比率一直呈增加趋势，直至 2019 年大于 2，说明夏宇工厂短期偿债能力较好，已达到了一定的安全性。

(2) 速动比率反映了企业对各种日常经营债务支付能力的迅速性，表明企业的即时支付能力。在西方国家，一般认为速动比率大于 1，说明企业近期偿债能力强。但我国全部国有企业速动比率的优秀值为 1.45，较好值为 1.09，平均值为 0.77，夏宇工厂 5 年来均超过全部国有企业的平均值 0.77，说明夏宇工厂近期偿债能力较强。需要指出的是，夏宇工厂近 5 年的速动比率虽然大于 0.77，但前四年即 2015 年至 2018 年一直呈下降趋势，直到 2019 年才有所提高。这是由于夏宇工厂的存货占用水平过高所导致的，所以夏宇工厂的变现能力和短期偿债能力将主要取决于其存货的变现能力。

(3) 资产负债率反映了企业的长期偿债能力。夏宇工厂的资产负债率近 5 年内一直低于 50%，说明该厂保持着较低的负债水平，可以适度举债，实现更为合理的资本结构，以利于公司经营规模的扩大。与此同时应注意到，夏宇工厂的资产负债率前 4 年呈持续增长趋势，到了第 5 年有所下降。通过分析该厂的盈利水平，我们认为，夏宇工厂的负债经营水平在近两三年内应保持逐年提高的态势，这有利于增加负债效应，当然超过了 50% 又要防止出现财务风险。

2. 营运能力变动趋势分析

利用表 11-16 中营运能力财务指标——存货周转率、应收账款周转率进行如下分析：

一般而言，存货周转率越高，表明企业的存货管理水平越好、效率越高。夏宇工厂近 5 年内的存货周转率都比较低，并且基本上处于逐年下降的趋势，2019 年已下降到 3.97 次，说明该厂的存货管理存在很大问题，应予以重视，采取积极有效的措施降低存货占用水平，提高存货的周转速度。

夏宇工厂应收账款周转率自 2015 年至 2019 年基本上呈提高趋势，虽然在 2018 年有所降低，这是由于应收账款的增加所致，但 2019 年已经扭转了这一现象，应收账款周转率升到 17.77 次。一般而言，应收账款周转率越高，表明企业在应收账款上占用的资金越少，体现出企业应收账款管理质量越高。当然，该比率过高，意味着企业的销售政策过严，对企业的发展也不利，故应对此作进一步分析。

3. 盈利能力变动趋势分析

利用表 11-16 中盈利能力财务指标——销售净利率、销售毛利率、净资产收益率进行如下分析：

(1) 夏宇工厂销售毛利率在五年内基本上处于较平稳增长趋势，说明夏宇工厂在扩大销售收入的同时，注意控制了产品成本的增长。如果出现销售成本的增长速度大于收入的增长速度时，毛利的增长就会相对减小，销售毛利率就会下降，管理人员对此要有清醒的认识。

(2) 夏宇工厂销售净利率在 2015 年至 2019 年基本上呈逐年提高趋势，仅 2018 年比上年略有下降，这和销售毛利率的变化有关系。另外，企业的净利润还与销售费用、管理费用、财务费用、营业外收支等项目的变动有关，应进一步加以分析。

(3) 净资产收益率反映了股东投资的收益水平。夏宇工厂的净资产收益率在 2015 年至

2018年一直呈增长趋势,说明夏宇工厂投资者的收益水平在不断提高。由于净资产收益率是一个综合的指标,如果企业的净利润下降导致净资产收益率下降,这不是一种好的现象,可能有其他多方面的原因,应作进一步分析。

二、沃尔比重评分法

(一)沃尔比重评分法的含义及其原理

美国财务学家亚历山大·沃尔1928年出版的《信用晴雨表研究》和《财务报表比率分析》中提出了信用能力指数的概念,他选择了七个财务比率(即流动比率、产权比率、固定资产比率、存货周转率、应收账款周转率、固定资产周转率和自有资金周转率),分别给定各指标的比重,然后确定标准比率(以行业平均数为基础),将实际比率与标准比率相比,得出相对比率,将此相对比率与各指标比重相乘,得出总评分,以此来评价企业的财务状况。因此,沃尔比重评分法(Walter weight method)是指将选定的财务比率用线性关系结合起来,并分别给定各自的分数比重,然后通过与标准比率进行比较,确定各项指标的得分及总体指标的累计分数,从而对企业的信用水平作出评价的方法。它的原理就是把若干个财务比率用线性关系结合起来,对选中的财务比率给定其在总评价中的比重(比重总和为100),然后确定标准比率,并与实际比率相比较,评出每项指标的得分,最后得出总评分。

(二)沃尔比重评分法的基本步骤

(1) 选择评价指标并分配指标权重。沃尔评分法选择的七个财务比率及其权重是:流动比率(权重25%)、产权比率(权重25%)、固定资产比率(权重15%)、存货周转率(权重10%)、应收账款周转率(权重10%)、固定资产周转率(权重10%)和自有资金周转率(权重5%),权重总分为100分。

(2) 确定各项比率指标的标准值。即各该指标在企业现时条件下的最优值。流动比率(标准比率2.00)、净资产对负债比率(标准比率1.50)、固定资产比率(标准比率2.50)、存货周转率(标准比率8)、应收账款周转率(标准比率6)、固定资产周转率(标准比率4)和自有资金周转率(标准比率3)。

(3) 计算企业在一定时期各项比率指标的实际值。具体指标计算公式如下:
① 流动比率=流动资产÷流动负债
② 净资产对负债比率=净资产÷负债
③ 固定资产比率=资产÷固定资产
④ 存货周转率=销售成本或营业成本÷存货
⑤ 应收账款周转率=销售额或营业收入÷应收账款
⑥ 固定资产周转率=销售额或营业收入÷固定资产
⑦ 自有资金周转率=销售额或营业收入÷净资产

(4) 计算实际得分。其计算公式如下:

$$实际评分 = \sum (某指标实际比率 \div 该指标标准比率) \times 该指标权重分数$$

(三)沃尔比重评分法的实际应用

例11-28 夏宇工厂2017.12.31至2019.12.31资产负债表、2018年至2019年利润表分别如表11-17、表11-18所示。

表 11-17　夏宇工厂 2017.12.31 至 2019.12.31 资产负债表(简表)　　　　单位:元

项　目	2017.12.31 ①	2018.12.31 ②	2019.12.31 ③	2018 平均余额 ④=(①+②)÷2	2019 平均余额 ⑤=(②+③)÷2
流动资产:					
货币资金	237 612	256 500	690 445	247 056	473 473
交易性金融资产	214 100	535 000	203 000	374 550	369 000
应收款项	560 350	580 620	373 299	570 485	476 960
存货	1 422 888	1 200 600	1 456 488	1 311 744	1 328 544
其他流动资产	380	10 480	10 912	5 430	10 696
流动资产合计	2 435 330	2 583 200	2 734 144	2 509 265	2 658 672
非流动资产:					
债权投资			107 970		53 985
长期股权投资	154 600	154 600	154 600	154 600	154 600
固定资产	2 519 600	2 474 000	2 551 263	2 496 800	2 512 632
在建工程	130 000	135 000	129 500	132 500	132 250
工程物资	17 470		14 291	8 735	7 146
无形资产	123 900	135 400	126 855	129 650	131 128
长期待摊费用	77 500	87 500	74 240	82 500	80 870
非流动资产合计	3 023 070	2 986 500	3 158 719	3 004 785	3 072 610
资产总计	5 458 400	5 569 700	5 892 863	5 514 050	5 731 282
流动负债合计	929 151	1 687 241	1 327 701	1 308 196	1 507 471
负债合计	2 544 500	2 434 600	2 162 098	2 489 550	2 298 349
所有者权益合计	2 913 900	3 135 100	3 730 765	3 024 500	3 432 933

表 11-18　夏宇工厂 2018 年至 2019 年利润表(简表)　　　　单位:元

项　目	2018 年金额	2019 年金额
一、营业收入	6 554 600	7 298 385
减:营业成本	4 789 000	5 274 893
税金及附加	37 400	41 756
销售费用	202 000	204 663
管理费用	625 000	664 155
研发费用	30 000	31 000
财务费用	39 000	149 045
资产减值损失		
加:公允价值变动收益(损失以"—"号填列)		
投资收益(损失以"—"号填列)	47 500	51 233

续 表

项　　目	2018 年金额	2019 年金额
二、营业利润（亏损以"－"号填列）	879 700	984 106
加：营业外收入	20 000	39 950
减：营业外支出	68 700	80 236
其中：非流动资产处置损失		
三、利润总额（亏损总额以"－"号填列）	831 000	943 820
减：所得税费用	207 750	235 955
四、净利润（净亏损以"－"号填列）	623 250	707 865

要求 1：根据上述表 11-17、表 11-18 计算下列各项指标：

2019 年平均流动比率＝平均流动资产÷平均流动负债＝2 658 672÷1 507 471＝1.76
2019 年平均净资产对负债比率＝平均净资产÷平均负债＝3 432 933÷2 298 349＝1.49
2019 年平均固定资产比率＝平均资产÷平均固定资产＝5 731 282÷2 512 632＝2.28
2019 年存货周转率＝营业成本÷平均存货＝5 274 893÷1 328 544＝3.97
2019 年应收账款周转率＝营业收入÷平均应收账款＝7 298 385÷410 525＝17.78
2019 年固定资产周转率＝营业收入÷平均固定资产＝7 298 385÷2 512 632＝2.90
2019 年末自有资金周转率＝营业收入÷平均净资产＝7 298 385÷3 432 933＝2.13

要求 2：计算实际分数。沃尔比重评分法的实际分数的计算公式为：

$$实际分数＝实际值÷标准值×权重$$

将上述计算结果填入表 11-19，采用沃尔评分法计算实际分数。

表 11-19　夏宇工厂 2019 年采用沃尔评分法计算的实际分数表

财 务 比 率	比重 ①	标准比率 ②	实际比率 ③	相对比率 ④＝③÷②	评　分 ⑤＝①×④
1. 流动比率	25	2.00	1.76	0.88	22.00
2. 净资产/负债	25	1.50	1.49	0.99	24.75
3. 资产/固定资产	15	2.50	2.28	0.91	13.65
4. 销售成本/存货	10	8	3.97	0.50	5.00
5. 销售额/应收账款	10	6	17.78	2.96	29.6
6. 销售额/固定资产	10	4	2.9	0.73	7.3
7. 销售额/净资产	5	3	2.13	0.71	3.55
合　　计	100				105.85

计算结果表明，夏宇工厂2019年采用沃尔评分法计算的实际分数为105.85分，超过标准分数(100分)5.85分，财务绩效较好。

三、杜邦分析体系

(一) 杜邦分析体系简介

杜邦分析体系(DuPont analysis)是利用各个主要财务指标间的内在关系，对企业综合经营理财及经济效益进行系统分析评价的方法。它由美国杜邦公司最先设计和使用，故称杜邦财务分析体系。

杜邦分析体系的特点是将若干反映企业盈利状况、财务状况和营运状况的比率按其内在联系有机结合起来，形成一个完整的指标体系，并最终通过净资产收益率这一核心指标来体现。净资产收益率指标是反映所有者权益价值的指标。以该指标为核心展开一系列分析，能更好地为所有者权益最大化服务。杜邦财务分析体系由以下两大层次组成：

1. 第一层次——核心指标展开层次

$$\text{净资产收益率} = \frac{\text{净利润}}{\text{净资产}} = \frac{\text{净利润}}{\text{总资产}} \times \frac{\text{总资产}}{\text{净资产}} = \text{总资产净利率} \times \text{权益乘数} \quad (11\text{-}50)$$

$$= \frac{\text{净利润}}{\text{营业收入}} \times \frac{\text{营业收入}}{\text{总资产}} \times \frac{\text{总资产}}{\text{净资产}} = \text{营业收入净利率} \times \text{总资产周转率} \times \text{权益乘数} \quad (11\text{-}51)$$

(1) 公式(11-50)的含义。公式(11-50)从总资产净利率和权益乘数两个方面反映净资产收益率。总资产净利率，亦称总资产收益率，是反映企业总资产盈利能力的指标。权益乘数，亦称业主权益乘数，或权益系数，它是总资产对净资产的倍数。净资产，又称所有者权益，则权益乘数就是总资产对所有者权益的倍数，反映所有者权益与资产、负债之间的关系。这三者关系通过以下公式揭示企业的基本财务状况：

$$\text{权益乘数} = \frac{\text{总资产}}{\text{净资产}} = 1 \div \frac{\text{净资产}}{\text{总资产}} = 1 \div \frac{\text{总资产} - \text{负债}}{\text{总资产}} = 1 \div (1 - \text{资产负债率}) \quad (11\text{-}52)$$

(2) 公式(11-51)的含义。公式(11-51)从营业收入净利率、总资产周转率和权益乘数三个方面反映净资产收益率。营业收入净利率，亦称销售净利率，是反映企业收入盈利能力的指标。总资产周转率是反映企业总资产营运能力(状况)的指标。公式(11-51)表明，企业的净资产收益率由企业的收入盈利能力、资产营运能力和基本财务状况决定。

2. 第二层次——分解指标扩展层次

利用上述公式(11-51)对"营业收入净利率"和"总资产周转率"两个指标进行全面分解，充分揭示企业盈利能力、营运能力的深层次原因。

(1) 营业收入净利率的分解。其中，净利润的计算公式如下：

净利润 = 营业收入 − 营业成本 − 税金及附加 − 销售费用 − 管理费用 − 研发费用 − 财务费用 ± 公允价值变动损益 + 投资收益 ± 营业外收支净额 − 所得税费用

$$营业收入净利率 = \frac{净利润}{营业收入} = \frac{营业收入-成本-税附-三费及研发费用-损益-所得税费用}{营业收入}$$
(11-53)

上述公式(11-53)揭示了营业净利率影响因素有:营业收入成本率、营业收入税附率、营业收入三费及研发费用、营业收入损益率、营业收入所得税费用率。

(2) 总资产周转率的分解。总资产分为流动资产和非流动资产两大类。其分解计算公式如下:

$$总资产周转率 = \frac{营业收入}{总资产} = \frac{营业收入}{流动资产+非流动资产}$$
(11-54)

流动资产=现金+应收款项+存货,其中,现金=货币资金+交易性金融资产

非流动资产=非流动资产投资+固定资产+无形资产+长期待摊费用+其他长期资产

上述公式(11-54)揭示了总资产周转率影响因素有:流动资产的占用水平及其周转速度、非流动资产的占用水平及其周转速度。如果进一步分解,总资产周转率受现金周转率、应收款项周转率、存货周转率、固定资产周转率等因素的影响。

以上杜邦财务分析体系可通过图11-1加以体现。

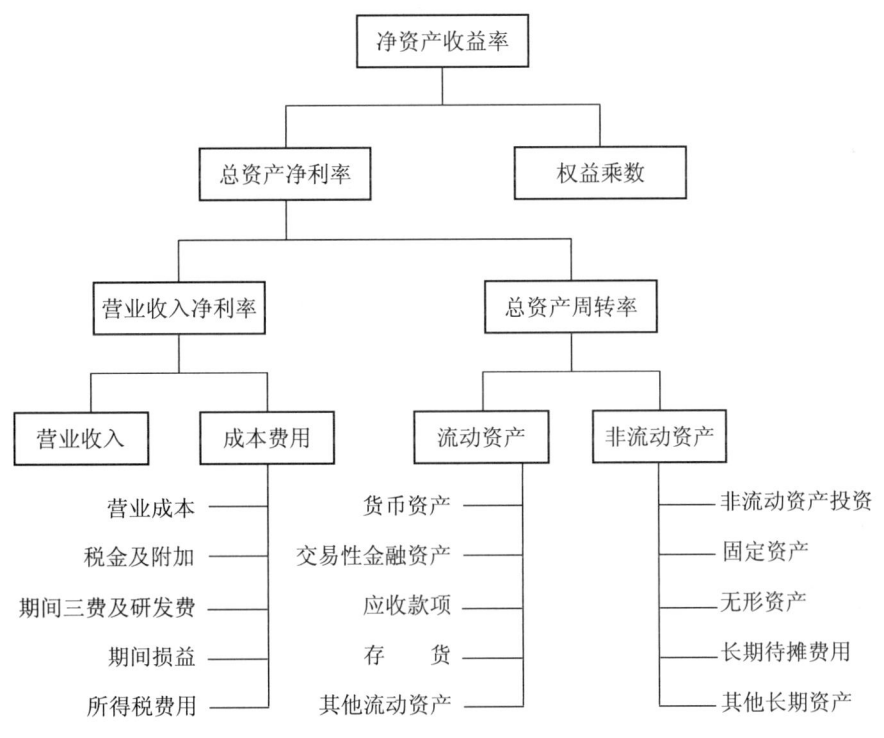

图 11-1 杜邦财务分析体系图

(二) 杜邦财务分析体系应用实例

例 11-29 根据表 11-1、表 11-2 和表 11-3,可绘制夏宇工厂 2019 年杜邦财务分析体系

框架图,如图 11-2 所示:

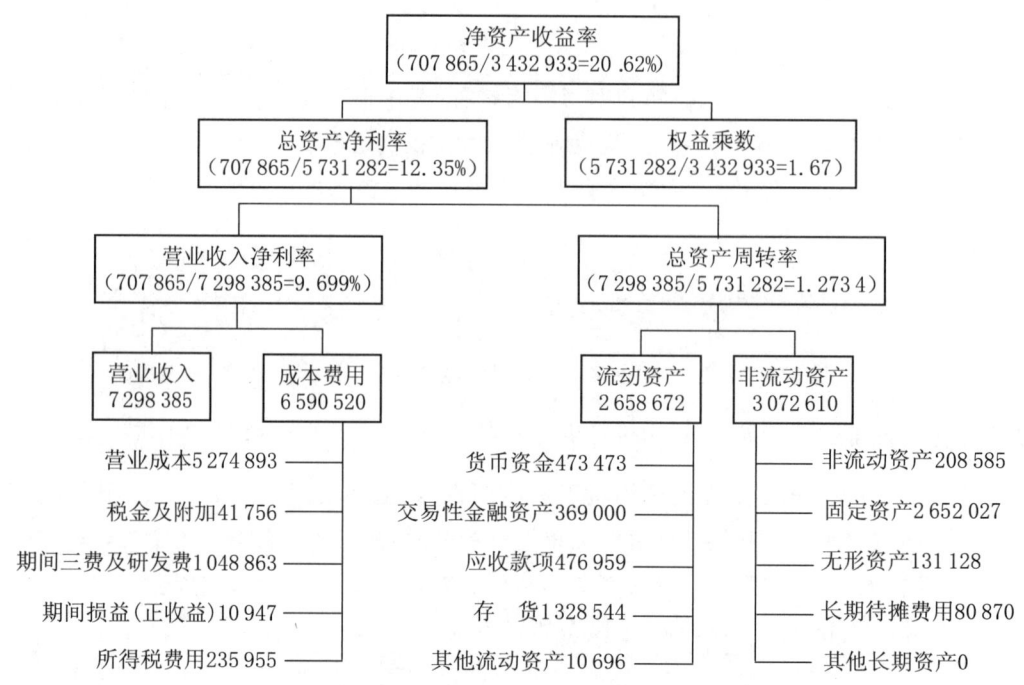

图 11-2 夏宇工厂 2019 年杜邦财务分析体系框架图(单位:元)

表 11-20 夏宇工厂 2018 年、2019 年净利润各项目金额变动表 单位:元

项 目	2018 年	2019 年	2019 年比 2018 年增减
营业收入	6 554 600	7 298 385	743 785
营业成本	4 789 000	5 274 893	485 893
税金及附加	37 400	41 756	4 356
销售费用	202 000	204 663	2 663
管理费用	625 000	664 155	39 155
研发费用	30 000	31 000	1 000
财务费用	39 000	149 045	110 045
期间损益	−1 200	10 947	12 147
营业利润	879 700	984 106	104 406
利润总额	831 000	943 820	112 820
所得税费用	207 750	235 955	28 205
净利润	623 250	707 865	84 615

注:期间损益为投资收益±营业外收支

根据表 11-20,分析夏宇工厂 2019 年营业收入净利率 9.698 9%(707 865/7 298 385)比 2018 年 9.508 6%(623 250/6 554 600)高 0.190 3%的原因。

由于营业收入净利率的影响因素有:营业收入成本率、营业收入税附率、营业收入三费率、营业收入研发费用率等。分别计算这些指标,并比较各具体因素指标 2018 年和 2019 年的差异,再进行汇总就得出营业收入净利率的变动差异。根据表 11-20,夏宇工厂营业收入净利率多因素影响计算结果如表 11-21 所示。

表 11-21 夏宇工厂营业收入净利率多因素影响计算表

指标	2018 年 ①	2019 年 ②	差异 ③＝±(①－②)
营业收入成本率	73.063 2%	72.274 8%	0.788 4%
营业收入税附率	0.570 6%	0.572 1%	−0.001 5%
营业收入销售费用率	3.234 4%	2.941 2%	0.293 2%
营业收入管理费用率	9.840 4%	9.374 1%	0.466 3%
营业收入财务费用率	0.595 0%	2.055 9%	−1.460 9%
营业收入研发费用率	0.457 7%	0.424 8%	0.032 9%
营业收入损益率	−0.018 3%	0.150 0%	0.168 3%
营业收入所得税费用率	3.169 5%	3.233 0%	−0.063 5%
营业收入净利率	9.508 6%	9.698 9%	0.190 3%

注:表中差异除营业收入损益率、营业收入净利率用 2019 年数据减去 2018 年数据得出外,其余指标都是用 2018 年数据减去 2019 年减少企业利润。

从表 11-21 中可见,夏宇工厂 2019 年营业收入净利率比 2018 年高 0.1903% 的原因有成本、税附、期间费用和损益及所得税费用共八项。其等关系如下:

$$0.788\ 4\% - 0.001\ 5\% + 0.293\ 2\% + 0.466\ 3\% - 1.460\ 9\% +$$
$$0.032\ 9\% + 0.168\ 3\% - 0.063\ 5\% = 0.223\ 2\%$$

即:营业收入净利率升高 0.223 2% 是由于营业收入成本率降低 0.788 4%、营业收入税附率升高 0.001 5%、营业收入销售费用降低 0.293 2%、营业收入管理费用率降低 0.466 3%、营业收入财务费用率升高 1.460 9%、研发费用降低 0.032 9%、营业收入损益率升高 0.168 3%、营业收入所得税费用率升高 0.063 5% 所致。其中,财务费用升高是进一步分析的重点。

复习思考题

1. 简述财务分析的目的和作用。
2. 简述财务分析的基本方法。
3. 分析偿债能力的指标有哪些?如何计算?分别指出各个指标的含义。
4. 分析营运能力的指标有哪些?如何计算?分别指出各个指标的含义。
5. 分析企业盈利能力的指标有哪些?如何计算?分别指出各个指标的含义。
6. 企业发展能力用哪些指标进行衡量?各指标如何计算?
7. 简述财务预警分析的模型(式)。
8. 何谓财务状况趋势分析?简述其内容。
9. 试论沃尔比重评分法。
10. 简述杜邦财务分析体系的原理和方法。

小试牛刀

单项选择题

1. [2019·真题]关于产权比率指标和权益乘数指标之间的数量关系,下列表达正确的是( )。
   A. 权益乘数×产权比率＝1　　　　B. 权益乘数－产权比率＝1
   C. 权益乘数＋产权比率＝1　　　　D. 权益乘数/产权比率＝1

2. [2019·真题]关于获取现金能力的有关财务指标,下列表述正确的( )。
   A. 每股营业现金净流量是经营活动现金流量净额与普通股股数之比
   B. 用长期借款方式购买固定资产会影响营业现金比率
   C. 全部资产现金回收率指标不能反映公司获取现金的能力
   D. 公司将销售政策由赊销调整为现销方式后,不会对营业现金比率产生影响

3. [2019·真题]在责任绩效评价中,用于评价利润中心管理者业绩的理想指标是( )。
   A. 部门税前利润　　B. 可控边际贡献　　C. 边际贡献　　D. 部门边际贡献

4. [2018·真题]下列财务指标中,最能反映企业即时偿付短期债务能力的是( )。
   A. 资产负债率　　B. 权益乘数　　C. 现金比率　　D. 流动比率

5. [2018·真题]在对某独立投资项目进行财务评价时,下列各项中,并不能根据以判断该项目具有财务可行性的是( )。
   A. 以必要报酬率作为折现率计算的项目现值指数大于1
   B. 以必要报酬率作为折现率计算的年金净流量大于0
   C. 项目静态投资回收期小于项目寿命期
   D. 以必要报酬率作为折现率计算的项目净现值大于0

6. [2018·真题]企业营业利率为20%,总资产利率为30%,则总资产周转率为( )。
   A. 0.67　　　　B. 0.1　　　　C. 0.5　　　　D. 1.5

7. [2018·真题]在计算速动比率指标时,下列各项中,不属于速动资产的是( )。
   A. 存货　　　　B. 货币资金　　　　C. 应收账款　　　　D. 应收票据

8. [2018·真题]某产品本期产量为60套,直接材料标准用量为18千克/套,直接材料标准价格为270元/千克,直接材料实际用量为1 200千克,实际价格为210元/千克,则该产品的直接材料用量差异为( )元。
   A. 10 800　　　　B. 12 000　　　　C. 32 400　　　　D. 33 600

参考答案

第十二章 公司并购

学 习 目 标

- 理解公司并购的含义及其各种分类
- 了解公司并购的各种动因
- 掌握目标公司的价值确定方法

第一节 公司并购的含义及分类

前面各章我们主要讨论如何通过内部投资来扩大公司的资产规模,使企业得以发展,这种企业发展的方式称为内部扩张。诺贝尔经济学奖获得者乔治·斯蒂格勒认为:"没有一家美国大公司不是通过某种程度、某种方式的并购而成长起来的,几乎没有一家大公司是完全依靠内部扩张成长起来的。"公司并购是市场经济的产物,已经成为发达国家和发展中国家十分重要的经济现象。正确的并购可以快速提升公司的市场竞争能力和公司价值。

一、公司并购的含义

实践中的公司并购活动不断创新,人们对并购概念的认识难以统一。一般来说,并购概念有广义和狭义之分。狭义的并购是指我国《公司法》所规定的公司合并,包括吸收合并(merger)和新设合并(consolidation)。狭义的并购是并购活动的双方或一方消失,实现资本的集中,并形成一个新的经济实体。广义的并购除了包括狭义的并购外,还包括收购(acquisition)或接管(takeover),是为了对目标公司进行控制或者施加重大影响而进行收购部分股权或资产的活动。这种收购不以取得目标公司的全部股权或资产为目的,主要是通过收购实现对目标公司的控制或重大影响。收购或接管虽然也是公司扩张的重要形式,但被收购或被接管的公司仍然存续,并没有消失,也不需要成立新的经济实体。本书采用的是广义的并购概念,既包括吸收合并和新设合并,也包括收购或接管,简称为公司并购(M&A)。

(一) 吸收合并

吸收合并,也称兼并,是指由一家公司吸收另一家或多家公司加入本公司,吸收方存续,被吸收方解散并取消原法人资格的合并方式。存续公司应承接被吸收合并公司的所有资产和负债。用公式表示是:A+B=A。合并以后,存续公司应到工商行政管理部门办理变更登记手续,继续享有法人资格,被吸收合并的公司应当宣告停止,并到工商行政管理部门办理注销登记手续。

(二) 新设合并

新设合并是指两家或多家公司合并成一家新的公司,原合并各方解散,取消原法人资格的合并方式。合并后新设立的公司应当承接合并各方的全部资产和负债。用公式表示是：A＋B＝C。新设合并之后，原合并各方都应当到工商行政管理部门办理注销登记手续，新设立的公司应到工商行政管理部门办理设立登记手续。

（三）收购

收购是指一家公司为了对另一家公司进行控制或实施重大影响，用现金、非现金资产或股权购买另一家公司的股权或资产的并购活动。实施收购之后，被收购公司的法人地位不消失，依然存续和经营。收购可以在证券市场上公开进行要约收购，也可以通过私下协议收购，在证券市场上公开要约收购的成本比较高。通常收购方称为并购公司、收购公司或标购公司，被收购方称为被收购公司、目标公司或标的公司。

（四）接管

接管是一个比较宽泛的概念，通常指一家公司的控制权的变更。这种变更可能是由于股权的改变，如收购，也可能是托管或委托投票权的原因而发生接管。因此，接管概念的外延比收购的概念大。

二、公司并购的分类

按照不同的分类标准，现代公司的并购可以划分为不同的类型。以下简要介绍现行国际上比较通行的分类标准。

（一）按并购双方的业务性质分类

公司并购按并购双方所处的行业性质不同，可以分为横向并购、纵向并购和混合并购三种类型。

1. 横向并购

横向并购（horizontal merger）涉及在同种商业活动中经营和竞争的两家或两家以上的公司，指的是同种商业活动中公司之间发生的并购行为。横向并购可以迅速扩大规模，提高规模效益和市场占有率，从而迅速实现规模经济和行业集中程度。但是横向并购减少了一个行业内公司的数量，并使得行业中的成员更容易牟取垄断利润。由于横向并购对竞争具有潜在副作用，所以它一直是政府管制的焦点。

2. 纵向并购

纵向并购（vertical merger）发生在处于经营发展不同阶段的公司之间。例如，石油行业就区分了开采、生产、精炼和向最终顾客推销等这些活动。纵向并购就是在生产过程或经营环节相互衔接、密切联系的公司之间，或者具有纵向协作关系的专业化公司之间发生的并购。

纵向并购又可分为"前向并购"和"后向并购"。前者是指生产原材料的公司通过并购向经营第二次加工阶段的业务扩展，或者一般制造公司通过并购向经营流通领域等业务扩展；后者是指装配或制造公司通过并购向零件或原材料生产等业务扩展等。纵向并购除具有扩大生产规模、节约共同费用的优点外，还具有使生产过程各环节密切配合，加速生产流程，缩短生产周期，减少损失、运输和仓储成本，节约资源和能源等优点。

3. 混合并购

混合并购（conglomerate merger）是指从事不相关业务类型经营公司之间发生的并购。例如，美孚石油公司与蒙哥马利·沃德公司（美国著名百货零售商）之间的并购就是一种混合并购。在混合并购中又分为三种类型：产品扩张型并购、地域市场扩张型并购和纯粹混合并购。混合并购的一个基本的经济功能就是通过多样化经营来降低风险。

(二) 按并购双方是否友好协商分类

公司并购按并购双方是否友好协商,可以分为善意并购和敌意并购两种类型。

1. 善意并购

善意并购是指并购公司事先与目标公司协商,征得其同意并通过谈判达成收购条件的一致意见而完成收购活动的并购方式。善意并购有利于降低并购行为的风险与成本,使并购双方能够充分交流、沟通信息。目标公司主动向并购公司提供必要的资料。同时,善意行为还可避免目标公司的抗拒而带来额外的支出。但是,善意并购使并购公司不得不牺牲自身的部分利益,以换取目标公司的合作。而且,漫长的协商、谈判过程也可能使并购行为丧失其部分价值。

2. 敌意并购

敌意并购是指并购公司在收购目标公司股权时虽然遭到目标公司的抗拒,仍然强行收购,或者并购公司事先并不与目标公司进行协商,而突然直接向目标公司股东开出价格或收购要约的并购行为。敌意并购的优点在于并购公司完全处于主动地位,不用被动权衡各方利益,而且并购行动快、时间短,可有效控制并购成本。但敌意并购通常无法从目标公司获取其内部实际运营、财务状况等重要资料,给公司估价带来困难,同时还会招致目标公司抵抗甚至设置各种障碍。所以,敌意并购的风险较大,要求并购公司制定严密的收购行动计划并严格保密、快速实施。另外,由于敌意并购容易导致股市的不良波动,甚至影响公司发展的正常秩序,各国政府都对敌意并购予以限制。

(三) 按并购的实现方式划分

1. 承担债务式并购

在被并购企业资不抵债或资产债务相等的情况下,并购企业以承担被并购企业全部或部分债务为条件,取得被并购企业的资产所有权和经营权。承担债务式并购可以减少并购企业并购时的现金支出,但是可能会影响并购企业的资本结构。

2. 购买式并购

购买式并购是指并购方出资购买目标公司的资产以获得其产权的一种方式。并购后,被并购公司的法人主体地位随之消失。

3. 控股式并购

控股式并购是指一个公司通过购买目标公司一定比例的股票或股权达到控股以实现并购的方式,被并购方的法人主体地位仍存在。

4. 吸收股份式并购

吸收股份式并购是指并购公司通过吸收目标公司的资产或股权入股,使目标公司原所有者或股东成为并购公司的新股东的一种并购手段。

5. 杠杆收购

杠杆收购(leveraged buys-outs,LBO)又称融资并购,简单地说,就是利用目标企业为担保,通过增加公司的财务杠杆去完成并购交易。从实质上看,杠杆收购就是一个公司主要通过借债来获得另一公司的产权,期望通过内部产生的现金流入,并结合策略性地出售资产,偿还债务的并购融资方式。杠杆收购与其他形式收购的最主要区别在于其财务杠杆率强,风险大。

6. 管理层收购

管理层收购(management buy-outs,MBO),是指公司的经理层利用借贷所融资本或股权交易收购本公司的一种行为,从而引起公司所有权、控制权、剩余索取权、资产等变化,以改变公司所有制结构。通过收购使企业的经营者变成了企业的所有者。

(四) 按涉及被告并购企业的范围划分

1. 整体并购

整体并购是指资产和产权的整体转让,是产权的权益体系或资产不可分割的并购企业方式。整体并购有利于加快资金资源集中的速度,迅速提高企业的规模水平和效益。

2. 部分并购

部分并购是指将公司的资产和产权分割为若干部分进行交易而实现公司并购的行为。具体包括三种形式：一是对被并购企业的部分实物资产进行并购；二是将被并购企业的产权划分为若干部分进行并购；三是将经营权分为几个部分进行并购。

(五) 按并购是否利用杠杆分类

并购按照是否利用杠杆,可以分为杠杆并购和非杠杆并购。

1. 杠杆并购(leverage byes-outs, LBO)

杠杆并购是指收购公司仅出少量的自有资本,而主要以被收购公司的资产和将来的收益作抵押筹集大量的资本用于收购的一种并购活动。由于这种并购是一种高度负债的并购方式,所以被称为杠杆并购。通常杠杆并购的融资额会占收购总价的70%以上。20世纪80年代美国开始盛行杠杆收购,到80年代中期以后,杠杆收购市场快速增长,并购规模迅速上升,1983年完成的并购交易额为45亿美元,到1989年,完成的并购交易额已上升为766亿美元。

2. 非杠杆并购(non-leverage bye-outs)

非杠杆并购是指收购公司主要利用自有资本对目标公司进行收购的并购活动。早期的公司并购活动大多属于非杠杆并购。非杠杆并购并非绝对不进行借贷筹资,只是借贷数额较少,大部分的收购资本都是用收购公司的自有资本。

第二节 公司并购动因与效用理论

一、公司并购动因

(一) 横向并购,增强竞争力

同行业的公司之间存在着的各种竞争,其中人才竞争和技术竞争最为激烈,而人才的培养、核心技术的开发,绝非一朝一夕之功。通过横向并购,可以使原来在同一产销领域的竞争对手合为一体,从而达到减少竞争的目的。可以快速将各种生产资源和要素集中起来,形成规模经营,扩大市场份额,优化资源配置,获得规模经济效应。如果并购双方原来就是行业的龙头企业,二者的强强联合,更有可能"独霸天下"。当然,也就有可能形成垄断。众所周知,垄断破坏了市场竞争。公司在获得垄断利润的同时,却由整个社会承担垄断的成本。因此,很多国家都制定了反垄断的相关法律以限制有可能形成高度垄断的横向并购活动。

(二) 纵向并购,降低交易费用

纵向并购是指处于同一产业链的上下游公司之间的合并。例如,医药批发公司可能认为处于它的上下游公司的医药生产企业和医药零售企业的利润率高于自己；另外,生产、批发、零售等诸多环节会产生较高的成本。因此,医药批发公司就会产生纵向整合的意愿。纵向整合的动因源于人们认为由此可以带来协作的好处,以保证产业链中的上下游公司目标一致,相互

配合,缩短生产经营周期,节约成本,均衡利润水平。但要进行纵向并购,往往要等到公司规模已经足够大时,才具有这样的能力,但也要防止合并后由于规模过大而运营困难。

(三) 混合并购,实现多元化经营战略

在财务管理实践中,有时会看到两个经营业务不相关联的公司合并,如一家房地产公司与一家饲料公司合并。公司为什么要采取这种合并购的方式?一个很重要的动因就是多元化。

多元化可以带来如下好处:①减少风险。通过混合并购,将不同行业的公司合并在一起,不仅扩大了经营范围,更重要的是降低了只从事一个行业而可能带来的行业风险,正所谓"东方不亮西方亮"。在实践中,我们常常看到由于经济周期、行业周期、宏观经济政策或环境保护政策等的变化导致某个行业出现了快速发展或衰落的现象,所以,投资者产生通过多元化经营以分散风险的想法和做法也就不足为奇了。②通过混合并购,可以使企业迅速进入其他生产领域,快速获得新的经济增长点,而避免了自己培养一个新产业可能带来的不确定性,以及经济成本和时间成本。③通过混合并购,扩大了公司规模,分散经营风险,降低了破产可能性,因而具有较强的举债能力。

二、公司并购的效用理论

公司兼并收购是个复杂的经济现象,西方经济学家对其产生发展的动因进行了广泛而深入的研究。公司兼并收购动因的复杂性和多变性难以用一种经济理论解释清楚。在现实活动中,公司不仅仅是由于某一种原因进行兼并收购,实际的兼并收购过程是一个多因素的综合平衡过程,虽然其中某一个因素可以占主要地位,但必须考虑其他因素的影响。

(一) 效率理论

效率理论认为,公司兼并和资产再配置的其他形式,对整个社会来说是有潜在收益的,这主要体现在大公司管理层改进效率或形成协同效应上。所谓协同效应,指的是两个公司组成一个公司之后,其产出比原先两个公司产出之和还要大的情形,即俗称的"1+1>2"效应。效率理论主要包括管理协同效应理论、经营协同效应理论、财务协同效应理论和市场价值低估理论等。

1. 管理协同效应理论

如果甲公司的管理比乙公司的管理更有效率,在甲公司兼并乙公司之后,乙公司的管理效率提高到甲公司的水平,那么,兼并就提高了效率,这种情形就是所谓的管理协同效应。这不仅会给私人带来效益,也会带来社会效益。

管理效率理论的一个难点在于若把问题引向极端,将会得出这样的结论:整个经济中,当全世界只有一家企业时,其管理效率将达到最大化。显而易见,在这一结果实现之前便会出现公司内部协调或管理能力的限制等方面的问题。

2. 经营协同效应理论

经营协同或经营经济可以通过横向、纵向或混合兼并来获得。建立在经营协同基础上的理论假定在行业中存在着规模经济,且在合并之前,公司的经营水平达不到实现规模经济的潜在要求。经营协同效应也叫做经营经济,是指由于经济上的互补性、规模经济或范围经济,而使得两个或两个以上的公司合并成一家公司,从而造成收入增大或成本降低的情形。

此外,按照交易成本理论通常的分析,通过纵向一体化,可以形成经营协同效应。例如,将同一产业处于不同生产阶段或不同发展阶段的公司合并起来,可以降低或避免讨价还价、通信联络等方面的交易成本,克服机会主义倾向,提高公司经营效率。

但是,经营协同效应理论面临两个主要挑战:其一,在混合兼并中,公司管理层的管理能力

很难在短时间内迅速提高到足以管理好分属于不同行业的数家公司的程度；其二，公司管理层的管理才能在相同或相近产业中是很容易扩散和转移的，而混合兼并则要涉及那些互不相关的产业，此时管理才能很难扩散和转移。

3. 财务协同效应理论

财务协同效应理论认为，由于交易成本和股利的税收因素，公司内部融资与外部融资存在成本上的差异，通常外部融资的成本要大于内部融资的成本。通过并购形成的混合经营的公司，各个部门无法留存多余的盈利和现金流量，公司会根据各个部门的未来收益对资本进行重新配置，这相当于在混合经营的公司中形成一个"内部资本市场"，把通常属于外部资本市场的资本供给职能予以内部化。通过这种内部资本市场的资源分配，可以有效地克服外部融资存在的各种融资约束，降低融资成本，从而提高公司价值。因此，公司通过并购可以实现资本从边际利润率较低的生产活动向边际利润率较高的生产活动转移，从而提高了公司资本分配效率，实现了财务协同效应，这为混合并购提供了现实的解释。实证研究也为这种内部资本市场功能提供了依据，1973年，尼尔森（Nielsen）和梅利克（Melicher）研究发现，当并购公司的现金流量较大、而被收购公司的现金流量较小时，支付给被并购公司的作为并购收益近似值的溢价会较高，这意味着资本从并购公司所在行业向被收购公司所在行业的重新调配。

除了内部资本市场的功能，并购后的公司举债能力也要大于并购前的举债能力之和，这将给公司带来节省税收的利益。目前存在的大量研究资料证明，并购后公司的资产负债率有明显的提高。同时，实证研究还发现，并购活动之后，公司新的资本性支出明显提高，这说明公司通过并购增加了投资机会。

4. 市场价值低估理论

市场价值低估理论认为，兼并的动因在于股票市场价格低于目标公司的真实价格。在目标公司价值被低估的情况下，如果一家公司想要扩张其生产能力，该公司不必购置设备等资产从头做起，而可以通过收购目标公司来达到这一目的，因为收购更加便宜。造成市场价值低估的原因主要有：第一，公司现在的管理层并没有使公司达到其潜在可达到的效率水平；第二，兼并者有内幕消息，依据这种消息，公司股票应高于当前的市场价；第三，公司的资产价格与其重置成本之间的差异。衡量这种差距的一个重要指标叫做 Q 值（也叫做托宾的 Q 值），这个比值被定义为公司股票的市场价格与其实物资产的重置价格之间的比值，它反映了公司的成长性。据估计，美国在20世纪70年代末80年代初股市的 Q 值约在 0.5 到 0.6 之间。

实际上，市场价值低估理论与前面的管理协同效应理论等效率理论并无本质上的区别。为什么并购公司会在市场上平均托宾 Q 值小于1的情况下还会增加生产能力呢？这必然是因为并购公司比市场上一般的公司更有效率，至少是比被收购公司更有效率。因此，价值低估理论不可能独立存在，它仍然可以从效率方面的基本原理加以解释。

（二）代理成本理论

詹森和麦克林在其论文中，系统地阐述了代理问题的含义。当管理者只拥有公司所有权股份的一小部分时，便会产生代理问题。这种部分的所有权可能会导致管理者的工作缺乏活力，或导致其进行额外的消费（如豪华办公室、公司轿车、俱乐部的会员资格等）。因为大多数的花费将由拥有绝大多数股份的所有者来负担。他们还进一步论述道，在所有权极为分散的大公司中，单个所有者没有足够的动力在监督管理者行为所需的资源上进行大量的花费。

代理问题产生的基本原因在于管理者（决策或管理代理人）和所有者（风险承担者）间的合约不可能无代价地签订和执行。解决代理问题，降低代理成本，一般可以考虑两个方面的途径:其一是组织机制方面的制度安排,其二是市场机制方面的制度安排。通常的做法是将市场与组织两种途径相结合,或者说使其共同起作用。现实中,所有者可以设计让管理者参与公司的剩余分配的报酬安排,而且外部产品市场、资本市场以及经理市场都可以适当地减缓代理问题。

股票市场则为公司股东提供了一个外部监督机制,因为股价集中体现了经理的决策带来的影响,股价水平低会给经理带来改变其行为并更多地为股东利益着想的压力,从而降低代理成本。当这些机制都不足以控制代理问题时,接管将可能是最后的外部控制机制。通过公开收购或代理权争夺而造成的接管,将会改选现任经理和董事会成员,使原来那些潜在的经理和董事取而代之。曼尼还强调指出,如果由于低效或代理问题而使公司经营业绩不佳,那么,兼并机制使得接管的威胁始终存在。因此,代理理论认为公司并购是解决公司中代理问题的一个重要途径,可以降低代理成本。

(三)经理阶层扩张动机论(或称管理主义理论)

与兼并可以控制代理问题的观点相反,一些学者认为,兼并是代理问题的表现而不是解决办法。缪勒(Mueller)用管理主义来解释混合兼并问题。缪勒认为,管理者具有很强烈的增大公司规模的欲望。他假定,经理的报酬是公司规模的函数。这样,经理将会接受资本预期回收率很低的项目,并热衷于扩大规模。

持此观点的经济学家认为,公司并购不能为公司带来最大价值和利润,并购并非是最佳的增强企业效益的行为,而只是在管理者的扩张动机下产生的行为。他们认为管理本身所追求的目标,就是通过良好的管理使公司产品的销售范围扩大,销售量增加。而且要使这种趋势不断增强、延续不断。作为公司的管理者则希望通过管理来扩张企业。而公司并购恰恰能扩大企业规模,增大企业资源,增大管理者的自身权力,控制更大范围的资产、更多的员工、更好的产供销渠道。因此,经济学专家詹森得出了管理者的扩张动机是导致并购产生的动力的结论。

由此可见,代理理论认为并购可以解决目标公司存在的代理问题;而管理主义则认为并购活动正是并购公司本身代理问题的一种表现形式。两者观点看似相左,实则是站在不同的角度分析问题。当然,也有人对缪勒管理主义的基本前提提出质疑。例如,卢埃林(Lewellen)和亨茨曼(Huntsman)实证研究发现公司管理者的报酬与公司的利润率密切相关,而不是与销售水平相关,从而对缪勒的管理主义提出质疑。

(四)自由现金流量假说

迈克尔·詹森在代理成本理论的基础上,构建了自由现金流量假说。他认为,由于股东与经理之间在闲置现金流量配置问题上的冲突而产生的代理成本,是造成接管活动的主要原因。该理论认为股东(委托人)与管理者(代理人)在公司战略选择上是有严重的利益冲突的,代理成本是因不能妥善解决这些利益冲突而产生的。当代理成本很大时,接管活动有助于降低这些费用。

詹森认为自由现金流量支出可以在解决管理者和股东间的利益冲突方面发挥重要作用。所谓自由现金流量,詹森定义为超过所有投资项目资金要求量的现金流量,且这些项目在以适用的资本成本折现后要有正的净现值。自由现金流量留在公司内部并不能为公司创造价值,也不能给股东带来收益。他认为如果企业是有效率的,并且希望股价最大化,那么这部分自由现金流量就应该派发给股东。自由现金流量的派发,将会减少管理者控制之下的资源规模,并相应缩小管理者的权力,这样可以降低代理成本。同时如果企业有新的项目需要投资,必须从资本市场进行融资,就可能会受到资本市场的监督和约束。可见,减少自由现金流量可以解决公司的代理问题,缓解股东和管理者之间的利益冲突,而公司并购是减少自由现金流量的一种重要方式。因此,并购可以解决公司中的代理问题,降低代理成本,提高公司价值。

(五) 税收效应理论

税收效应理论认为公司并购的目的是为获得税收方面的好处。一般来说,通过公司并购可以获得的税收利益主要体现在以下几个方面:

1. 并购亏损公司带来的税收利益

按照税法的规定,如果一家盈利公司收购了一家亏损公司,公司的利润就会被目标公司的亏损抵消一部分,从而实现避税效应。例如,根据我国税法的规定,公司的年度亏损可以用税前利润延续弥补五年。这可以为并购公司带来较大的税收利益。

2. 并购享有税收减免优惠的公司带来的税收利益

当目标公司按照税法规定享有税收减免的优惠政策时,如果收购该公司后依然能够延续这种税收优惠政策,这种并购便可以为并购公司带来税收利益。但是,各国税法有较大的差异,这种税收优惠政策能否在合并后的公司延续,需要依据各国税法的规定。

3. 资本利得税代替一般所得税带来的税收利益

在第十章已经介绍过,资本利得税的税率要低于一般收入(如现金股利收入)的所得税税率。一个内部投资机会较少的成熟公司可以收购一个成长型公司,从而用资本利得税来代替一般所得税,达到避税的目的。

税收效应理论从节约税收的角度解释了公司并购的动机。但是,税收方面的考虑是否会引起并购活动,还要取决于是否存在可获得同样税收利益的其他替代方法。而且,各国税收法律不同,以致同样的并购行为在不同国家产生的税收利益会有较大差异。此外,如果公司并购仅仅是出于税收方面的利益,其结果是政府税收的减少,但从整个社会角度看,这是公司与政府之间的零和博弈,不会产生社会效应。

第三节 公司并购的财务分析

一、并购成本效益分析

是否进行并购首先决定于并购的成本与效益。并购的成本概念不只是一个普遍的财务成本概念,而是由于并购而发生的一系列代价的总和。这些成本既包括并购工作完成的成本,也包括并购发生的无形成本。具体来说,公司并购分析的成本项目有:

1. 并购完成成本

所谓完成成本指并购行为本身所发生的并购价款和并购费用。并购价款是支付给被并购公司股东的,具体形式有现金、股票或其他资产等。并购费用是指并购过程中所发生的有关费用,如并购过程中所发生的搜寻、策划、谈判、文本制订、资产评估、法律鉴定、顾问等费用。

2. 整合与营运成本

它是指并购后为使被并购公司健康发展而需支付的营运成本。这些成本包括:①整合改制成本。如支付派遣人员进驻、建立新的董事会和经理班子、安置多余人员、剥离非经营性资产、淘汰无效设备、进行人员培训等费用。②注入资金的成本。并购公司要向目标公司注入优质资产,拨入启动资金或开办费,为新公司打开市场而需增加的市场调研费、广告费、网点设置费等。

3. 并购机会成本

一项并购活动所发生的机会成本是指因放弃其他项目投资而丧失的收益。

狭义的并购成本仅仅指并购完成成本。本书下面的论述主要是狭义的并购成本概念。

并购收益是指并购后新公司的价值超过并购前各公司价值之和的差额。例如，A公司并购B公司，并购前A公司的价值为V_a，B公司的价值为V_b，并购形成的新公司的价值为V_{ab}，则并购收益S为：

$$S = V_{ab} - (V_a + V_b) \tag{12-1}$$

如果$S > 0$，表示并购在财务方面具有协同效应。

在一般情况下，并购方将以高于被并购方价值的价格P_b作为交易价，以促使被并购方股东出售其股票，$P = P_b - V_b$，称为并购溢价。并购溢价反映了获得对目标公司控制权的价值，并取决于被并购公司前景、股市走势和并购双方讨价还价的情况。

对于并购方来说，并购净收益(N_s)等于并购收益减去并购溢价、并购费用后的差额，也就是并购后新公司的价值减去并购完成成本、实施并购前并购方公司价值的差额。

设F表示并购费用，则：

$$N_s = S - P - F = V_{ab} - P_b - F - V_a \tag{12-2}$$

例 12-1 A公司的市场价值为5亿元，拟收购B公司，B公司的市场价值为1亿元。A公司估计合并后新公司价值达到7亿元。B公司股东要求以1.5亿元价格成交。并购交易费用为0.2亿元。由此得到：

并购收益 $S = 7 - (5 + 1) = 1$(亿元)

并购完成成本 $= 1.5 + 0.2 = 1.7$(亿元)

并购溢价 $P = 1.5 - 1 = 0.5$(亿元)

并购净收益：

$N_s = S - P - F = 1 - 0.5 - 0.2 = 0.3$(亿元)

或：$N_s = V_{ab} - P_b - F - V_a = 7 - 1.5 - 0.2 - 5 = 0.3$(亿元)

上述并购使A公司股东获得净收益0.3亿元。可以说这一并购活动对A、B两个公司都有利，这是并购活动能够进行的基本条件。这只是并购财务分析的基本观念，实际的并购分析要复杂得多。

二、并购目标公司的价值评估

所谓价值评估，指买卖双方对目标公司的价值进行评估，这是公司并购的一个重要问题，它决定了并购公司收购目标公司所付出的代价。如果高估了目标公司的价值，就会导致并购公司付出过高的代价，使并购公司的收购成本太高，增加了并购风险。在实践中，许多公司并购失败的重要原因之一就是由于对目标公司的估价过高。

目标公司的价值评估方法主要有：资产价值基础法、相对价值法、现金流量折现法和换股并购估价法。

(一) 资产价值基础法

资产价值基础法是指通过对目标公司的资产进行评估来确定其价值的方法。确定目标公司资产的价值，关键是选择合适的资产评估价值标准。目前国际上通行的资产评估价值标准主要有以下三种。

1. 账面价值法

账面价值法是根据会计账簿中记录的公司净资产的价值作为公司价值的方法。由于净资产的账面价值是直接根据会计核算的数据来确定的,所以比较客观,不受人为因素的影响。但是,这种方法是一种静态估价方法,它没有考虑到资产的价值变化和资产的收益情况,因而这种方法具有一定的局限性。在实践中,资产的实际价值可能因各种因素的影响而偏离其账面价值,造成这种偏离的原因大致有三个方面:①由于通货膨胀的原因,资产的实际价值已经远远超过当初购置时的历史成本;②技术进步可能使某些资产(如机器设备等)发生贬值;③公司的商誉、高效的管理等组织方面的因素使得公司多种资产的组合能够产生规模效应,具有很强的盈利能力,从而使资产组合的总价值大于各个单项资产账面价值之和。采用账面价值法对目标公司进行价值评估主要适用于一些简单的并购活动,尤其适用于资产的账面价值与实际的市场价值偏离不大的非上市公司。

2. 市场价值法

市场价值与账面价值不同,是指在公平竞争的市场上由买卖双方在自愿协商的基础上确定的交易价值。当公司的各种证券在证券市场上进行交易时,它们的交易价格就是这种证券的市场价值。它可能高于或低于账面价值。

相对于账面价值法,市场价值法的优点在于考虑了资产实际价值的变化,并且是以公平竞争的市场环境下的资产交易为假设前提所评估出的价值。因此,市场价值是易于为人们所接受的一个价值标准。

3. 清算价值法

清算价值是指在公司出现财务危机而破产或歇业清算时,把公司中的实物资产逐个分离而单独出售的资产价值。清算价值法是在公司作为一个整体已经丧失增值能力情况下的资产估价方法。对于股东来说,公司的清算价值是清算资产偿还债务以后的剩余价值。清算价值法主要适用于陷入财务困境中的公司价值的评估。

(二) 相对价值法

相对价值法,也称市场比较法,是以资本市场上与目标公司的经营业绩和风险水平相当的公司的平均市场价值作为参照标准,以此来估算目标公司价值的一种价值评估方法。相对价值法的基本假设是在完善的市场中,类似的资产应该具有类似的价值。因此,在难以通过其他方法确定评估对象的价值时,可以参照市场中类似资产的市场价值作为评估依据,并经过合理的调整之后估算出评估对象的价值。利用相对价值法评估目标公司价值,可以用下列计算公式来表示:

$$V = \frac{V_s}{X_s} \cdot X \tag{12-3}$$

式中,V 为目标公司的评估价值;X 为与公司价值相关的目标公司的可观测变量;V_s 为与目标公司类似的参照公司的市场价值;X_s 为与公司价值相关的参照公司的可观测变量。

式(12-3)中的观测变量可以用净利润、净资产、销售收入等指标。相对价值法根据所选择的观测变量不同,可以分为市盈率法、市净率法和市销率法等。

1. 市盈率法

如果式(12-3)中的观测变量用公司的净利润,那么这种方法就是市盈率法。市盈率法是

根据参照公司的平均市盈率水平来确定目标公司的合理市盈率,据此来评估目标公司的价值。市盈率的计算公式为:

$$\text{PE} = \frac{V}{X} = \frac{P \cdot N}{E \cdot N} = \frac{P}{E} \tag{12-4}$$

式中,PE 为市盈率;V 为公司市场价值;X 为与公司价值相关的可观测变量,这里是净利润;P 为公司股票价格;E 为公司每股利润;N 为公司总股本数。

根据式(12-4)可知,公司价值 V 可用如下计算公式表示:

$$V = \text{PE} \cdot X \tag{12-5}$$

因此,如果能够确定目标公司的市盈率和预计的净利润,就可以测算出公司的价值。

市盈率法估价具有以下优点:首先,计算市盈率的数据容易取得,并且计算简单;其次,市盈率把价格和收益联系起来,直观地反映投入和产出的关系。

市盈率法估价也有一定的局限性。如果收益是负值,市盈率就失去了意义。再有,市盈率除了受公司本身基本面的影响以外,还受到整个经济景气程度的影响。在整个经济繁荣时市盈率上升,整个经济衰退时市盈率下降。如果目标公司的 β 值为1,则评估价值正确反映了对未来的预期。如果公司的 β 值显著大于1,则经济繁荣时评估价值被夸大,经济衰退时评估价值被缩小。如果 β 值明显小于1,则经济繁荣时评估价值偏低,经济衰退时评估价值偏高。如果是一个周期性的公司,则公司价值可能被歪曲。

因此,市盈率模型最适合连续盈利,并且 β 值接近于1的公司。

例 12-2 A 公司拟横向并购同行业的 B 公司,同行业上市公司近期平均市盈率为 18 倍。预计 B 公司年均可实现净利润 2 500 万元,可以测算:

B 公司的价值 = 2 500 × 18 = 45 000(万元)

2. 市净率法

市净率法是根据参照公司的平均市净率来确定目标公司的市净率,并据此评估目标公司的价值。市净率是公司的市场价值与净资产的比值,也可以用每股股价除以每股净资产来计算,其计算公式为:

$$\text{PB} = \frac{P}{B} \tag{12-6}$$

$$V = \text{PB} \cdot X \tag{12-7}$$

式中,PB 为市净率;V 为公司市场价值;X 为与公司价值相关的可观测变量,这里用净资产;P 为公司股票价格;B 为公司每股净资产。

市净率法估价具有以下优点:首先,净利为负值的企业不能用市盈率进行估价,而市净率极少为负值,可用于大多数企业。其次,净资产账面价值的数据容易取得,并且容易理解。再次,净资产账面价值比净利稳定,也不像利润那样经常被人为操纵。最后,如果会计标准合理并且各公司会计政策一致,市净率的变化可以反映公司价值的变化。

市净率法估价也有一定的局限性。首先,账面价值受会计政策选择的影响,如果各公司执行不同的会计标准或会计政策,市净率会失去可比性。其次,固定资产很少的服务性企业和高科技企业,净资产与企业价值的关系不大,其市净率比较没有实际意义。最后,少数企业的净资产是负值,市净率没有意义,无法用于比较。

因此,这种方法主要适用于需要拥有大量资产、净资产为正值的企业。

例 12-3 在表 12-1 中,列出了汽车制造业六家上市公司的市盈率和市净率,以及全年平均实际股价。请你用这 6 家公司的平均市盈率和市净率评价江铃汽车的股价,哪一个更接近实际价格?为什么?

表 12-1 六家汽车制造业上市公司情况表

公司名称	每股收益/元	每股净资产/元	平均价格/元	市盈率/%	市净率/%
上海汽车	0.53	3.43	11.98	22.60	3.49
东风汽车	0.37	2.69	6.26	16.92	2.33
一汽四环	0.52	4.75	15.40	29.62	3.24
一汽金杯	0.23	2.34	6.10	26.52	2.61
天津汽车	0.19	2.54	6.80	35.79	2.68
长安汽车	0.12	2.01	5.99	49.92	2.98
平　　均				30.23	2.89
江铃汽车	0.06	1.92	6.03		

按市盈率估价 $= 0.06 \times 30.23 = 1.81$(元/股)

按市净率估价 $= 1.92 \times 2.89 = 5.55$(元/股)

市净率的股价更接近于实际价格,因为汽车制造业是一个需要大量资产的行业。由此可见,合理选择模型的种类对于正确估价是很重要的。

3. 市销率法

市销率法是根据参照公司的平均市销率来确定目标公司的市销率,并据此评估目标公司的价值。市销率是公司的市场价值与年销售收入的比值,或者用每股股价除以每股年销售收入来计算,其计算公式为:

$$\text{PS} = \frac{P}{S} \tag{12-8}$$

$$V = \text{PB} \cdot X \tag{12-9}$$

式中,PS 为市销率;V 为公司市场价值,X 为与公司价值相关的可观测变量,这里用年销售收入;P 为公司股票价格;S 为公司每股年销售收入。

市销率法估价具有以下优点:首先,它不会出现负值,对于亏损企业和资不抵债的企业,也可以计算出一个有意义的价值乘数;其次,它比较稳定、可靠,不容易被操纵;最后,收入乘数对价格政策和公司战略变化敏感,可以反映这种变化的后果。

市销率法估价也有一定的局限性。它不能反映成本的变化,而成本是影响公司现金流量和价值的重要因素之一。

因此,这种方法主要适用于销售成本率较低的服务类企业,或者销售成本率趋同的传统行业的企业。

例 12-4 某集团公司计划收购 F 公司,需要对 F 公司进行价值评估。F 公司的股票市场价值的影响因素主要有销售收入、股东权益和净利润。经研究发现,市场中存在三个与 F 公司相类似的公司:A 公司、B 公司和 C 公司,三个公司有关指标如表 12-2 所示。

表 12-2 A、B、C 公司相关指标 单位:%

指标	A 公司	B 公司	C 公司	平均值
市盈率	20	19	21	20
市净率	1.8	1.6	1.7	1.7
市销率	1.2	1.4	1.3	1.3

经财务人员测算,目标公司 F 公司在未来决策期内年均销售收入预计为 1 500 万元,年均净资产预计为 1 100 万元,年均净利润预计为 100 万元。采用相对价值比较法,利用类比公司的平均市盈率、平均市净率和平均市销率评估 F 公司价值,如表 12-3 所示。

表 12-3 F 公司价值评估表

指标	金额/万元	平均比率/%	公司价值/万元
净利润	100	20	2 000
股东权益账面价值	1 100	1.7	1 870
销售收入	1 500	1.3	1 950
平均值			1 940

根据表 12-3 的计算可知,F 公司的市场价值评估值应为 1 940 万元。

(三)现金流量折现法

这一模型由美国西北大学阿尔弗雷德·拉巴波特创立,是用贴现现金流量方法确定最高可接受的并购价格。现金流量折现法的基本原理是资产价值等于以投资者要求的必要投资报酬率为折现率,对该项资产预期未来的现金流量进行折现所计算出的现值之和。对于经营性资产来说,其价值并非简单取决于资产的购置成本或者现行市场价格。从投资的角度来看,一项资产的价值主要取决于其寿命期限内能够给投资者带来的预期收益(通常以现金流量来表示)。现金流量折现法既可用于单项资产的价值评估,也可用于对一个公司的价值评估。下面主要介绍这种方法在公司并购的价值评估中的应用。

1. 基本模型

根据现金流量折现法的基本原理,目标公司的价值等于其未来持续经营期间所产生的现金流量的现值。现金流量折现法的基本模型用计算公式表示为:

$$V = \sum_{t=1}^{n} \frac{CF_t}{(1+k)^t} \quad (12\text{-}10)$$

式中,V 为目标公司的评估价值;CF_t 为目标公司第 t 期产生的现金流量;k 为折现率,n 为预测期限。

实际上,现金流量折现模型的应用非常广泛,如单项固定资产的估价、投资项目的估价、证券估价等都可以采用该方法,只是不同的估价中现金流量的计算方法存在一定的差异。

2. 评估价值的影响因素

从现金流量折现模型可以看出,影响目标公司评估价值的主要因素包括:现金流量、期限和折现率。

(1) 现金流量。在公司并购决策中,目标公司的净现金流量是指该公司未来持续经营期限内所创造出的自由现金流量。自由现金流量按照计算的范围不同,可分为公司自由现金流量和股权自由现金流量。后面将详细介绍两者的计算方法。

(2) 期限。这里的期限是指现金流量的预测期限,即预测目标公司现金流量的持续时间,通常以年为时间单位。在实践中,可分具体情况不同来确定期限。如果并购公司对目标公司有一个明确的计划经营期限,就可以按计划经营期限来确定预测期限;如果并购公司对目标公司没有明确的计划经营期限,预测期限一般以对目标公司的持续追加投资的预计内部报酬率等于资本成本的时点为时间截止点。

(3) 折现率。与项目投资决策相比,并购决策所采用的折现率需要考虑更多的因素,不仅要考虑目标公司的风险大小,还需要考虑并购之后对公司整体风险的影响。由于在价值评估中采用的现金流量不同,在确定折现率时也应选择不同的资本成本。如果现金流量采用公司自由现金流量,折现率就应当选择公司的加权平均资本成本;如果现金流量采用股权自由现金流量,折现率就应当选择股权资本成本。

3. 公司自由现金流量折现模型

公司自由现金流量是以目标公司为主体计算出的现金流量,它是全部现金流入量扣除成本费用和必要的投资后剩余的现金流量。公司自由现金流量是公司在一定期间内为包括普通股股东、优先股股东和债权人在内的所有投资者创造的净现金流量。其计算公式如下:

$$\text{公司自由现金流量} = \text{息前税后利润} + \text{折旧} - \text{资本性支出} - \text{营运资本增加额} \quad (12\text{-}11)$$

或,

$$\text{公司自由现金流量} = \text{息税前利润} \times (1 - \text{所得税税率}) + \text{利息费用} \times \text{所得税税率} \\ + \text{折旧} - \text{资本性支出} - \text{营运资本增加额} \quad (12\text{-}12)$$

在采用公司自由现金流量评估公司价值时,目标公司价值等于以公司的加权平均资本成本作为折现率对公司自由现金流量折现的现值。计算公司价值时可以用基本模型式(12-10),也可以根据公司成长性不同,采用零增长模型、固定增长模型和二阶段增长模型。

(1) 公司自由现金流量零增长模型。在目标公司未来的自由现金流量是零增长,即未来各年的现金流量保持不变的情况下,公司价值可用零增长模型计算,表示为:

$$V = \frac{\text{FCFF}}{k} \quad (12\text{-}13)$$

式中,V 为目标公司的评估价值;FCFF 为目标公司每年的公司自由现金流量;k 为折现率,即公司的加权平均资本成本。

(2) 公司自由现金流量固定增长模型。在目标公司未来的现金流量以固定增长率 g 增长的情况下,公司价值可以用下面的固定增长模型计算,表示为:

$$V = \frac{\text{FCFF}_1}{k-g} = \frac{\text{FCFF}_0(1+g)}{k-g} \quad (12\text{-}14)$$

式中，V 为目标公司的评估价值；$FCFF_1$ 为目标公司预测期第 1 年的公司自由现金流量，$FCFF_0$ 为目标公司上一年度的公司自由现金流量；k 为折现率，即公司的加权平均资本成本；g 为公司自由现金流量的年增长率。

(3) 公司自由现金流量二阶段增长模型。有的公司成长性可以分为两个或多个发展阶段，在第一阶段，公司成长性非常高，每年的增长率不断提高。当增长到一定时期，开始进入第二阶段，即稳定增长阶段，在这个阶段，每年的增长率是固定的。有些公司可能还有第三个或更多的增长阶段。下面介绍的是二阶段增长模型，其计算公式表示为：

$$V = \sum_{t=1}^{n} \frac{FCFF_0(1+g_t)^t}{(1+k)^t} + \frac{FCFF_n(1+g_m)}{(k_m - g_m)(1+k)^n} \qquad (12\text{-}15)$$

式中，V 为目标公司的评估价值；$FCFF_n$ 为目标公司预测期第 n 年的公司自由现金流量；$FCFF_0$ 为目标公司上一年度的公司自由现金流量；k 为第一增长阶段的折现率，采用目标公司第一增长阶段的加权平均资本成本；k_m 为第二增长阶段的折现率，采用目标公司第二增长阶段的加权平均资本成本；g_t 为目标公司在第一增长阶段的第 t 年公司自由现金流量增长率；g_m 为目标公司在第二增长阶段的公司自由现金流量增长率；n 为目标公司第一增长阶段的年限。

例 12-5 A 集团公司计划收购 B 股份有限公司，需对 B 公司价值进行评估。根据会计资料，B 公司普通股总股数为 1 亿股，2015 年度的销售收入为 26 500 万元，不包含折旧和利息费用的经营成本为 12 300 万元，折旧额为 1 850 万元，利息费用为 200 万元，资本性支出为 1 000 万元，营运资本占销售收入的比例为 20%，所得税税率为 25%。B 公司的成长性预期可分为两个阶段，第一阶段为今后五年，公司每年销售收入的增长率为 15%，经营成本、折旧、资本性支出和营运资本以相同的比例增长，该阶段预计公司的加权平均资本成本为 15%；第二阶段为五年后，公司进入零增长阶段，销售收入、经营成本、折旧、资本性支出和营运资本均保持不变，该阶段预计公司的加权平均资本成本为 10%。假定利息费用在各年保持不变，均为 200 万元(计算结果四舍五入取整数)。

B 公司 2015 至 2020 年各年公司自由现金流量的计算如表 12-4 所示。2021 年以后 B 公司进入零增长阶段，每年的公司自由现金流量与 2020 年相同。

B 公司的价值计算过程如表 12-4 所示。

表 12-4　B 公司的价值计算过程

项　　目	2015 年	2016 年	2017 年	2018 年	2019 年	2020 年
营业收入/万元	26 500	30 475	35 046	40 303	46 349	53 301
营业成本/万元 (不含利息和折旧)	12 300	14 145	16 267	18 707	21 513	24 740
折旧/万元	1 850	2 128	2 447	2 814	3 236	3 721
利息费用/万元	200	200	200	200	200	200
税前利润/万元	12 150	14 003	16 133	18 583	21 400	24 640
所得税/万元	3 038	3 501	4 033	4 646	5 350	6 160
税后净利润/万元	9 113	10 502	12 100	13 937	16 050	18 480

续表

项　目	2015年	2016年	2017年	2018年	2019年	2020年
息前税后利润/万元	9 313	10 702	12 300	14 137	16 250	18 680
资本性支出/万元	1 000	1 150	1 323	1 521	1 749	2 011
营运资本/万元	5 300	6 095	7 009	8 061	9 270	10 660
营运资本增加额/万元		795	914	1 051	1 209	1 390
公司自由现金流量/万元		10 884	12 510	14 378	16 528	18 999
复利现值系数(15%)		0.869 6	0.756 1	0.657 5	0.571 8	0.497 2
自由现金流量现值/万元		9 465	9 459	9 454	9 450	9 446
后续增长率/%						0
期末现金流量现值/万元						189 994
总价值/万元	141 739					

B公司总价值 = 9 465 + 9 459 + 9 454 + 9 450 + 9 446 + 189 994 × 0.497 2
≈ 141 739 (万元)

B公司每股普通股价值 = $\frac{141\ 739}{10\ 000}$ ≈ 14.17(元/股)

4. 股权自由现金流量折现模型

股权自由现金流量是公司普通股股东所能获得的现金流量，它是公司全部现金流入量扣除成本费用、必要的投资、偿还债权人本金和利息、支付优先股股利后剩余的现金流量，其计算公式表示为：

$$股权自由现金流量 = 净利润 + 折旧 - 资本性支出 - 营运资本增加额$$
$$- 债务本金偿还 + 新增债务 - 优先股股利 \tag{12-16}$$

在采用股权自由现金流量评价公司价值时，目标公司价值等于以公司的股权资本成本作为折现率对股权自由现金流量折现的现值。与公司自由现金流量折现模型一样，采用股权自由现金流量评估公司价值，除了可用基本模型式(12-10)外，也可以采用零增长模型、固定增长模型和二阶段增长模型。

(1) 股权自由现金流量零增长模型。股权自由现金流量零增长模型只需将式(12-13)中的公司自由现金流量换为股权自由现金流量，将折现率换为股权资本成本即可，其计算公式表示为：

$$V = \frac{\text{FCFE}}{k_e} \tag{12-17}$$

式中，V 为目标公司的评估价值；FCFE 为目标公司每年的股权自由现金流量；k_e 为折现率，即公司的股权资本成本。

(2) 股权自由现金流量固定增长模型。股权自由现金流量的计算公式表示为：

$$V = \frac{\text{FCFE}_1}{k_e - g} = \frac{\text{FCFE}_0(1+g)}{k_e - g} \tag{12-18}$$

式中，V 为目标公司的评估价值；FCFE_1 为目标公司预测期第一年的股权自由现金流量；

FCFE₀ 为目标公司上一年度的股权自由现金流量;k_e 为折现率,即公司的股权资本成本;g 为股权自由现金流量的年增长率。

（3）股权自由现金流量二阶段增长模型。股权自由现金流量二阶段增长模型的计算公式表示为：

$$V = \sum_{t=1}^{n} \frac{FCFE_0(1+g_t)^t}{(1+k_e)^t} + \frac{FCFE_n(1+g_m)}{(k_m-g_m)(1+k_e)^n} \tag{12-19}$$

式中,V 为目标公司的评估价值;$FCFE_n$ 为目标公司预测期第 n 年的股权自由现金流量;$FCFE_0$ 为目标公司上一年度的股权自由现金流量;k_e 为第一增长阶段的折现率,采用目标公司第一增长阶段的股权资本成本;k_m 为第二增长阶段的折现率,采用目标公司第二增长阶段的股权资本成本;g_t 为目标公司在第一增长阶段的第 t 年股权自由现金流量增长率;g_m 为目标公司在第二增长阶段的股权自由现金流量增长率;n 为目标公司第一增长阶段的年限。

例 12-6 A 股份有限公司是一家服装生产企业,公司有关会计数据如表 12-5 所示。2021 年固定资产投资为 1 600 万元,当年偿还债务 600 万元,新增债务 500 万元,营运资本 2020 年为 1 040 万元,2021 年为 1 160 万元。该公司从 2021 年以后进入稳定增长时期,预计以后每年的股权自由现金流量的增长率为 5%。公司所得税税率为 25%,股权资本成本为 14%。2021 年末 M 公司计划收购 A 公司全部股权,需对 A 公司进行价值评估。

A 公司 2021 年的自由现金流量计算如下：

$$FCFE = 3\ 450 + 1\ 640 - 1\ 600 - (1\ 160 - 1\ 040) - 600 + 500 = 3\ 270(万元)$$

根据股权自由现金流量固定增长模型,A 公司的公司价值计算如下：

$$V = \frac{3\ 270 \times (1+5\%)}{14\% - 5\%} \approx 38\ 150(万元)$$

表 12-5 A 公司有关会计数据　　　　　　　　　　　　　　　　　　单位:万元

项　　目	2020 年	2021 年
营业收入	16 800	18 400
减:营业成本	10 920	11 840
减:折旧	1 600	1 640
息税前利润	4 280	4 920
减:利息费用	280	320
税前利润	4 000	4 600
减:所得税	1 000	1 150
税后净利润	3 000	3 450

（四）换股并购估价法

如果并购双方都是股份公司,则可以采用换股并购的方式,即以股票换股票方式实现并购,并购公司用本公司股票交换目标公司股东的股票,从而实现对目标公司的收购。在有效市场环境下,股票的市场价格反映了公司价值,股东财富取决于股票价格的高低。因此,在并购活动中,并购的协同效应也应当反映在股票价格上,只有并购后并购双方原有股东所持有的股票市值大于并购前所持有的股票市值时,并购活动才能被双方股东所接受。采用换股并购时,对目标公司的价值评估主要体现在换股比例的大小。

第四节　反并购策略

西方企业经历了多次并购浪潮,公司并购数量和规模日益增加,并购和反并购斗争日益激烈,特别是 20 世纪 80 年代以后,产生了许多反并购策略。每一种策略对目标公司的价值、并购难度都有不同的影响。下面对各种策略进行介绍和分析。

一、反并购的管理策略

反并购的管理策略属于预防性策略,这种预防性的反并购策略包括毒丸计划、焦土战术、驱鲨剂和管理层防御等。

(一) 毒丸计划

毒丸计划(poison pill)亦称毒丸术,是由著名的并购律师马丁·利普顿于 1982 年发明的。毒丸计划是指目标公司为避免被其他公司收购,采取了一些在特定情况下会对本身造成严重损害的手段,以降低其吸引力。如果收购方一旦成功,就好像吞食了"毒丸"一样不易处理。常见的毒丸计划有:

1. 负债毒丸计划

负债毒丸计划是指目标公司在收购威胁下大量增加自身负债,降低目标公司被收购的吸引力。例如,发行债券并约定在公司股权发生大规模转移时,债券持有人可要求立刻兑付,从而使收购公司在收购后立即面临巨额现金支出,增加收购难度。

2. 人员毒丸计划

人员毒丸计划的基本方法是公司的绝大部分高级管理人员共同签署协议,在公司被以不公平价格收购,并且这些人中有一人在收购后被降职或革职时,则全部管理人员将集体辞职。这一策略不仅保护了目标公司股东的利益,而且会使收购方慎重考虑收购后更换管理层对公司带来的巨大影响。

3. 优先股计划

公司提供给每一位股东一定的优先股股利,当其可以行使权利时,优先股股利转变为普通股股息,需要以较高的价格和较长的时间才能赎回,发生并购,优先股在被并购时转换为普通股。优先股计划对资产负债表产生影响,使公司的财务杠杆比率较高,投资者会认为风险很大。

4. 后期股权计划

毒丸计划提供了发行股票的购买权利,在公司被收购时,允许持有人以较低的特定价格购买公司股票。另外还有一个"后端计划",股东收到一个权利红利,使股东可以以董事会保证的后端价格把该权利及股票换成等价的现金或其他高级债券。

21 世纪以来,毒丸计划的使用范围日趋狭小,因为它会损害股东的利益。当一家公司宣布一项新的毒丸计划时,其股价往往会下跌。

(二) 焦土战术

焦土战术是一种两败俱伤的策略,对被收购公司是迫于无奈的"自杀性"选择,是非常痛苦

的一件事,其惯用的做法有两种:

1. 卖掉"皇冠上的珍珠"

在一个公司,经营最好的子公司或盈利能力最高的资产或最有发展潜力的经营类别被誉为"皇冠上的珍珠",通常是其他公司并购的企图,成为并购的目标。目标公司为保全其他子公司或资产,将"皇冠上的珍珠"卖掉或抵押出去,使目标公司失去吸引力,达到反收购的目的。

2. 虚胖战术

公司购置大量与经营无关或者盈利能力较差的资产,使公司资产质量下降。或者进行一次长期见效的投资,使公司在短时间内资产收益率大幅减小。以此手段,使公司从精干变得臃肿,收购之后,买方将不堪重负。采取类似"自残"的方式,降低收购者的收购收益或增加收购者的风险,亦能达到击退恶意收购的目的。

(三) 驱鲨剂

驱鲨剂是指公司出于反收购的目的在公司章程中设置的一些作为收购障碍的条款,又被称为"箭猪条款"或"反接收条款"。以下是两种主要的"驱鲨剂"条款:

1. 分期分级董事会制度

分期分级董事会制度,又称"董事会轮选制",是指公司章程规定每年只能改选1/4或1/3的董事。这意味着收购者即使收购到了足量的股权,也无法对董事会进行实质性改组,即无法在短时间内控制董事会。这是一种有效的、对股价影响较小的反收购对策。

2. 绝对多数条款

绝对多数条款是指在公司章程中规定,对于可能影响到公司控制权变更的重大事项决定必须经过多数人表决同意。特别是如果更改公司章程中的反收购条款,必须经过绝对多数股东或者董事同意,这就增加了收购者接管、改组目标公司的难度和成本。此外,还有限制大股东表决权条款、订立公正价格条款和限制董事资格条款等。

(四) 管理层防御策略

管理层防御策略主要指的是"降落伞"策略。主要包括"金降落伞""银降落伞"和"锡降落伞",主要是为了化解公司被收购之后管理层被解雇的担忧。

"金降落伞"是指目标公司董事会通过决议,由公司董事及高层管理者与目标公司签订合同规定,当目标公司被并购、接管,其董事及高层管理者被解职时,可一次性领到巨额的退休金(解职费)、股票选择权收入或者额外津贴。

从反收购效果的角度来说,"金降落伞""银降落伞"和"锡降落伞"的策略,能够加大收购成本或增加目标公司的现金支出从而阻碍收购。"金降落伞"方法有助于防止管理者从自己的后顾之忧出发阻碍有利于公司和股东的合理并购,故"金降落伞"引起了许多争论和疑问。

(五) 其他防御策略

除上述的几种防御策略,现实反收购中,还有以下几种策略。如:"牛卡计划"、交叉持股、绿色邮件等。

二、反并购的股票交易策略

并购公司提出收购要约后,目标公司要在规定的时间内,迅速拿出反击策略。

(一) 股份回购

股份回购常常作为辅助战术实施。如果单纯以股份回购来达到反收购的效果,往往会使目标公司库存股票过多,既不利于公司筹资,又会影响公司资金的流动性。目标公司财务状况是制约这一手段的最大因素。如死亡换股,即目标公司发行公司债券、特别股或其组合以回收其普通股票,这同样起到了减少在外流通股份和提升股票价格的作用。但死亡换股对目标公司的风险很大,因负债比例过高,财务风险增加,即使公司价值不变,但权益比重降低,股价不见得会随着在外流通股份的减少而升高。更有甚者,即使股价等比例上涨,但买方收购所需要的股数也相应地减少,最后收购的总价款变化不大,目标公司可能无法实现其反收购的目标。

(二) 帕克曼防御

目标公司面对被收购的挑战时,其所能采取的策略未必只能是消极、被动的防御,有时进攻恰恰是最好的防御。而帕克曼防御,就是目标公司以攻为守,变被动为主动,对并购方发动进攻,反过来收购对方的股份。由防御者变为进攻者,使收购者被迫转入防御,"反主为客"。这种策略可以对并购方形成压力,迫使其放弃原计划。

(三) 寻找"白衣骑士"

寻找"白衣骑士"(white knight)是指目标公司为免遭恶意收购而自己寻找善意收购者。公司在遭到收购威胁时,为不使公司落入恶意收购者手中,可选择与其关系密切的有实力的公司,以更加优惠的条件达成善意收购。通常,如果恶意收购者的收购出价不是很高,目标公司被"白衣骑士"拯救的可能性就大。如果恶意收购者提出的收购出价很高,那么"白衣骑士"的成本也会相应提高,目标公司获得拯救的可能性就会减少。

(四) 管理层收购和员工持股计划

当目标公司得知收购信息后,其管理层利用杠杆手段,以公司的资产作担保向银行贷款,然后再买下整个公司,以免董事会低价卖掉公司。员工持股计划是指企业鼓励员工持有自己公司的股份,一旦发生收购行为,员工为了保住自己的工作和前途,不会轻易出让自己手中本公司的股票。如果员工持股数额庞大,在恶意收购发生时,目标公司就可避免被收购的命运。

三、反并购的法律策略

法律策略又称诉讼策略,是目标公司在反收购中经常使用的策略。目标公司为抗拒恶意并购,阻止公开收购,往往以并购公司违反各种法律、法规,如《反托拉斯法》、《证券交易法》等为由提起诉讼。

复习思考题

1. 诺贝尔经济学奖获得者乔治·斯蒂格勒认为:"没有一家美国大公司不是通过某种程度、某种方式的并购而成长起来的,几乎没有一家大公司是完全依靠内部扩张成长起来的。"结合此观点,说明并购和内部扩张两种方式的利弊。
2. 谈谈我国公司并购可能带来的税收效应。
3. 在使用相对价值法对目标公司估值时,各种方法的适用范围是什么?为什么?
4. 公司分立的动机是什么?会带来什么效应?
5. 搜集案例来说明某种收购策略的有效性。
6. 搜集案例说明上市公司是如何利用反并购策略的。

附录一 复利终值系数表

计算公式：$f = (1+i)^n$

期数	1%	2%	3%	4%	5%	6%	7%	8%	9%	10%	11%	12%	13%	14%	15%
1	1.010 0	1.020 0	1.030 0	1.040 0	1.050 0	1.060 0	1.070 0	1.080 0	1.090 0	1.100 0	1.110 0	1.120 0	1.130 0	1.140 0	1.150 0
2	1.020 1	1.040 4	1.060 9	1.081 6	1.102 5	1.123 6	1.144 9	1.166 4	1.188 1	1.210 0	1.232 1	1.254 4	1.276 9	1.299 6	1.322 5
3	1.030 3	1.061 2	1.092 7	1.124 9	1.157 6	1.191 0	1.225 0	1.259 7	1.295 0	1.331 0	1.367 6	1.404 9	1.442 9	1.481 5	1.520 9
4	1.040 6	1.082 4	1.125 5	1.169 9	1.215 5	1.262 5	1.310 8	1.360 5	1.411 6	1.464 1	1.518 1	1.573 5	1.630 5	1.689 0	1.749 0
5	1.051 0	1.104 1	1.159 3	1.216 7	1.276 3	1.338 2	1.402 6	1.469 3	1.538 6	1.610 5	1.685 1	1.762 3	1.842 4	1.925 4	2.011 4
6	1.061 5	1.126 2	1.194 1	1.265 3	1.340 1	1.418 5	1.500 7	1.586 9	1.677 1	1.771 6	1.870 4	1.973 8	2.082 0	2.195 0	2.313 1
7	1.072 1	1.148 7	1.229 9	1.315 9	1.407 1	1.503 6	1.605 8	1.713 8	1.828 0	1.948 7	2.076 2	2.210 7	2.352 6	2.502 3	2.660 0
8	1.082 9	1.171 7	1.266 8	1.368 6	1.477 5	1.593 8	1.718 2	1.850 9	1.992 6	2.143 6	2.304 5	2.476 0	2.658 4	2.852 6	3.059 0
9	1.093 7	1.195 1	1.304 8	1.423 3	1.551 3	1.689 5	1.838 5	1.999 0	2.171 9	2.357 9	2.558 0	2.773 1	3.004 0	3.251 9	3.517 9
10	1.104 6	1.219 0	1.343 9	1.480 2	1.628 9	1.790 8	1.967 2	2.158 9	2.367 4	2.593 7	2.839 4	3.105 8	3.394 6	3.707 2	4.045 6
11	1.115 7	1.243 4	1.384 2	1.539 5	1.710 3	1.898 3	2.104 9	2.331 6	2.580 4	2.853 1	3.151 8	3.478 6	3.835 9	4.226 2	4.652 4
12	1.126 8	1.268 2	1.425 8	1.601 0	1.795 9	2.012 2	2.252 2	2.518 2	2.812 7	3.138 4	3.498 5	3.896 0	4.334 5	4.817 9	5.350 3
13	1.138 1	1.293 6	1.468 5	1.665 1	1.885 6	2.132 9	2.409 8	2.719 6	3.065 8	3.452 3	3.883 3	4.363 5	4.898 0	5.492 4	6.152 8
14	1.149 5	1.319 5	1.512 6	1.731 7	1.979 9	2.260 9	2.578 5	2.937 2	3.341 7	3.797 5	4.310 4	4.887 1	5.534 8	6.261 3	7.075 7
15	1.161 0	1.345 9	1.558 0	1.800 9	2.078 9	2.396 6	2.759 0	3.172 2	3.642 5	4.177 2	4.784 6	5.473 6	6.254 3	7.137 9	8.137 1

续表

期数	1%	2%	3%	4%	5%	6%	7%	8%	9%	10%	11%	12%	13%	14%	15%
16	1.172 6	1.372 8	1.604 7	1.873 0	2.182 9	2.540 4	2.952 2	3.425 9	3.970 3	4.595 0	5.310 9	6.130 4	7.067 3	8.137 2	9.357 6
17	1.184 3	1.400 2	1.652 8	1.947 9	2.292 0	2.692 8	3.158 8	3.700 0	4.327 6	5.054 5	5.895 1	6.866 0	7.986 1	9.276 5	10.761 3
18	1.196 1	1.428 2	1.702 4	2.025 8	2.406 6	2.854 3	3.379 9	3.996 0	4.717 1	5.559 9	6.543 6	7.690 0	9.024 3	10.575 2	12.375 5
19	1.208 1	1.456 8	1.753 5	2.106 8	2.527 0	3.025 6	3.616 5	4.315 7	5.141 7	6.115 9	7.263 3	8.612 8	10.197 4	12.055 7	14.231 8
20	1.220 2	1.485 9	1.806 1	2.191 1	2.653 3	3.207 1	3.869 7	4.661 0	5.604 4	6.727 5	8.062 3	9.646 3	11.523 1	13.743 5	16.366 5
21	1.232 4	1.515 7	1.860 3	2.278 8	2.786 0	3.399 6	4.140 6	5.033 8	6.108 8	7.400 2	8.949 2	10.803 8	13.021 1	15.667 6	18.821 5
22	1.244 7	1.546 0	1.916 1	2.369 9	2.925 3	3.603 5	4.430 4	5.436 5	6.658 6	8.140 3	9.933 6	12.100 3	14.713 8	17.861 0	21.644 7
23	1.257 2	1.576 9	1.973 6	2.464 7	3.071 5	3.819 7	4.740 5	5.871 5	7.257 9	8.954 3	11.026 3	13.552 3	16.626 6	20.361 6	24.891 5
24	1.269 7	1.608 4	2.032 8	2.563 3	3.225 1	4.048 9	5.072 4	6.341 2	7.911 1	9.849 7	12.239 2	15.178 6	18.788 1	23.212 2	28.625 2
25	1.282 4	1.640 6	2.093 8	2.665 8	3.386 4	4.291 9	5.427 4	6.848 5	8.623 1	10.834 7	13.585 5	17.000 1	21.230 5	26.461 9	32.919 0
26	1.295 3	1.673 4	2.156 6	2.772 5	3.555 7	4.549 4	5.807 4	7.396 4	9.399 2	11.918 2	15.079 9	19.040 1	23.990 5	30.166 6	37.856 8
27	1.308 2	1.706 9	2.221 3	2.883 4	3.733 5	4.822 3	6.213 9	7.988 1	10.245 1	13.110 0	16.738 7	21.324 9	27.109 3	34.389 9	43.535 3
28	1.321 3	1.741 0	2.287 9	2.998 7	3.920 1	5.111 7	6.648 8	8.627 1	11.167 1	14.421 0	18.579 9	23.883 9	30.633 5	39.204 5	50.065 6
29	1.334 5	1.775 8	2.356 6	3.118 7	4.116 1	5.418 4	7.114 3	9.317 3	12.172 2	15.863 1	20.623 7	26.749 9	34.615 8	44.693 1	57.575 5
30	1.347 8	1.811 4	2.427 3	3.243 4	4.321 9	5.743 5	7.612 3	10.062 7	13.267 7	17.449 4	22.892 3	29.959 9	39.115 9	50.950 2	66.211 8

续表

期数	16%	17%	18%	19%	20%	21%	22%	23%	24%	25%	26%	27%	28%	29%	30%
1	1.1600	1.1700	1.1800	1.1900	1.2000	1.2100	1.2200	1.2300	1.2400	1.2500	1.2600	1.2700	1.2800	1.2900	1.3000
2	1.3456	1.3689	1.3924	1.4161	1.4400	1.4641	1.4884	1.5129	1.5376	1.5625	1.5876	1.6129	1.6384	1.6641	1.6900
3	1.5609	1.6016	1.6430	1.6852	1.7280	1.7716	1.8158	1.8609	1.9066	1.9531	2.0004	2.0484	2.0972	2.1467	2.1970
4	1.8106	1.8739	1.9388	2.0053	2.0736	2.1436	2.2153	2.2889	2.3642	2.4414	2.5205	2.6014	2.6844	2.7692	2.8561
5	2.1003	2.1924	2.2878	2.3864	2.4883	2.5937	2.7027	2.8153	2.9316	3.0518	3.1758	3.3038	3.4360	3.5723	3.7129
6	2.4364	2.5652	2.6996	2.8398	2.9860	3.1384	3.2973	3.4628	3.6352	3.8147	4.0015	4.1959	4.3980	4.6083	4.8268
7	2.8262	3.0012	3.1855	3.3793	3.5832	3.7975	4.0227	4.2593	4.5077	4.7684	5.0419	5.3288	5.6295	5.9447	6.2749
8	3.2784	3.5115	3.7589	4.0214	4.2998	4.5950	4.9077	5.2385	5.5895	5.9605	6.3528	6.7675	7.2058	7.6686	8.1573
9	3.8030	4.1084	4.4355	4.7854	5.1598	5.5599	5.9874	6.4439	6.9310	7.4506	8.0045	8.5948	9.2234	9.8925	10.6045
10	4.4114	4.8068	5.2338	5.6947	6.1917	6.7275	7.3046	7.9259	8.5944	9.3132	10.0857	10.9153	11.8059	12.7614	13.7858
11	5.1173	5.6240	6.1759	6.7767	7.4301	8.1403	8.9117	9.7489	10.6571	11.6415	12.7080	13.8625	15.1116	16.4622	17.9216
12	5.9360	6.5801	7.2876	8.0642	8.9161	9.8497	10.8722	11.9912	13.2148	14.5519	16.0120	17.6053	19.3428	21.2362	23.2981
13	6.8858	7.6987	8.5994	9.5964	10.6993	11.9182	13.2641	14.7491	16.3863	18.1899	20.1752	22.3588	24.7588	27.3947	30.2875
14	7.9875	9.0075	10.1472	11.4198	12.8392	14.4210	16.1822	18.1414	20.3191	22.7374	25.4207	28.3957	31.6913	35.3391	39.3738
15	9.2655	10.5387	11.9737	13.5895	15.4070	17.4494	19.7423	22.3140	25.1956	28.4217	32.0301	36.0625	40.5648	45.5875	51.1859

续表

期数	16%	17%	18%	19%	20%	21%	22%	23%	24%	25%	26%	27%	28%	29%	30%
16	10.7480	12.3303	14.1290	16.1715	18.4884	21.1138	24.0856	27.4462	31.2426	35.5271	40.3579	45.7994	51.9230	58.8079	66.5417
17	12.4677	14.4265	16.6722	19.2441	22.1861	25.5477	29.3844	33.7588	38.7408	44.4089	50.8510	58.1652	66.4614	75.8621	86.5042
18	14.4625	16.8790	19.6733	22.9005	26.6233	30.9127	35.8490	41.5233	48.0386	55.5112	64.0722	73.8698	85.0706	97.8622	112.4554
19	16.7765	19.7484	23.2144	27.2516	31.9480	37.4043	43.7358	51.0735	59.5679	69.3889	80.7310	93.8147	108.8904	126.2422	146.1920
20	19.4608	23.1056	27.3930	32.4294	38.3376	45.2593	53.3576	62.8206	73.8641	86.7362	101.7211	119.1446	139.3797	162.8524	190.0496
21	22.5745	27.0336	32.3238	38.5910	46.0053	54.7637	65.0963	77.2694	91.5915	108.4202	128.1685	151.3137	178.4060	210.0796	247.0645
22	26.1864	31.6293	38.1421	45.9233	55.2066	66.2641	79.4175	95.0413	113.5735	135.5253	161.4924	192.1683	228.3596	271.0027	321.1839
23	30.3762	37.0062	45.0076	54.6487	66.2474	80.1795	96.8894	116.9008	140.8312	169.4066	203.4804	244.0538	292.3003	349.5935	417.5391
24	35.2364	43.2973	53.1090	65.0320	79.4968	97.0172	118.2050	143.7880	174.6306	211.7582	256.3853	309.9483	374.1444	450.9756	542.8008
25	40.8742	50.6578	62.6686	77.3881	95.3962	117.3909	144.2100	176.8593	216.5420	264.6978	323.0454	393.6344	478.9049	581.7585	705.6410
26	47.4141	59.2697	73.9490	92.0918	114.4755	142.0429	175.9364	217.5369	268.5121	330.8722	407.0373	499.9157	612.9982	750.4685	917.3333
27	55.0004	69.3455	87.2598	109.5893	137.3706	171.8719	214.6427	267.5704	332.9550	413.5903	512.8670	634.8927	784.6377	968.1044	1192.5333
28	63.8004	81.1342	102.9666	130.4112	164.8447	207.9651	261.8637	329.1115	412.8642	516.9879	646.2124	806.3140	1004.3363	1248.8546	1550.2933
29	74.0085	94.9271	121.5005	155.1893	197.8136	251.6377	319.4737	404.8072	511.9516	646.2349	814.2276	1024.0187	1285.5504	1611.0225	2015.3813
30	85.8499	111.0647	143.3706	184.6753	237.3763	304.4816	389.7579	497.9129	634.8199	807.7936	1025.9267	1300.5038	1645.5046	2078.2190	2619.9956

附录二 复利现值系数表

计算公式：$f = (1+i)^{-n}$

期数	1%	2%	3%	4%	5%	6%	7%	8%	9%	10%	11%	12%	13%	14%	15%
1	0.990 1	0.980 4	0.970 9	0.961 5	0.952 4	0.943 4	0.934 6	0.925 9	0.917 4	0.909 1	0.900 9	0.892 9	0.885 0	0.877 2	0.869 6
2	0.980 3	0.961 2	0.942 6	0.924 6	0.907 0	0.890 0	0.873 4	0.857 3	0.841 7	0.826 4	0.811 6	0.797 2	0.783 1	0.769 5	0.756 1
3	0.970 6	0.942 3	0.915 1	0.889 0	0.863 8	0.839 5	0.816 3	0.793 8	0.772 2	0.751 3	0.731 2	0.711 8	0.693 1	0.675 0	0.657 5
4	0.961 0	0.923 8	0.888 5	0.854 8	0.822 7	0.792 1	0.762 9	0.735 0	0.708 4	0.683 0	0.658 7	0.635 5	0.613 3	0.592 1	0.571 8
5	0.951 5	0.905 7	0.862 6	0.821 9	0.783 5	0.747 3	0.713 0	0.680 6	0.649 9	0.620 9	0.593 5	0.567 4	0.542 8	0.519 4	0.497 2
6	0.942 0	0.888 0	0.837 5	0.790 3	0.746 2	0.705 0	0.666 3	0.630 2	0.596 3	0.564 5	0.534 6	0.506 6	0.480 3	0.455 6	0.432 3
7	0.932 7	0.870 6	0.813 1	0.759 9	0.710 7	0.665 1	0.622 7	0.583 5	0.547 0	0.513 2	0.481 7	0.452 3	0.425 1	0.399 6	0.375 9
8	0.923 5	0.853 5	0.789 4	0.730 7	0.676 8	0.627 4	0.582 0	0.540 3	0.501 9	0.466 5	0.433 9	0.403 9	0.376 2	0.350 6	0.326 9
9	0.914 3	0.836 8	0.766 4	0.702 6	0.644 6	0.591 9	0.543 9	0.500 2	0.460 4	0.424 1	0.390 9	0.360 6	0.332 9	0.307 5	0.284 3
10	0.905 3	0.820 3	0.744 1	0.675 6	0.613 9	0.558 4	0.508 3	0.463 2	0.422 4	0.385 5	0.352 2	0.322 0	0.294 6	0.269 7	0.247 2
11	0.896 3	0.804 3	0.722 4	0.649 6	0.584 7	0.526 3	0.475 1	0.428 9	0.387 5	0.350 5	0.317 3	0.287 5	0.260 7	0.236 6	0.214 9
12	0.887 4	0.788 5	0.701 4	0.624 6	0.556 8	0.497 0	0.444 0	0.397 1	0.355 5	0.318 6	0.285 8	0.256 7	0.230 7	0.207 6	0.186 9
13	0.878 7	0.773 0	0.681 0	0.600 6	0.530 3	0.468 3	0.415 0	0.367 7	0.326 2	0.289 7	0.257 5	0.229 2	0.204 2	0.182 1	0.162 5
14	0.870 0	0.757 9	0.661 1	0.577 5	0.505 1	0.442 3	0.387 8	0.340 5	0.299 2	0.263 3	0.232 0	0.204 6	0.180 7	0.159 7	0.141 3
15	0.861 3	0.743 0	0.641 9	0.555 3	0.481 0	0.417 3	0.362 4	0.315 2	0.274 5	0.239 4	0.209 0	0.182 7	0.159 9	0.140 1	0.122 9

续 表

期数	1%	2%	3%	4%	5%	6%	7%	8%	9%	10%	11%	12%	13%	14%	15%
16	0.8528	0.7284	0.6232	0.5339	0.4581	0.3936	0.3387	0.2919	0.2519	0.2176	0.1883	0.1631	0.1415	0.1229	0.1069
17	0.8444	0.7142	0.6050	0.5134	0.4363	0.3714	0.3166	0.2703	0.2311	0.1978	0.1696	0.1456	0.1252	0.1078	0.0929
18	0.8360	0.7002	0.5874	0.4936	0.4155	0.3503	0.2959	0.2502	0.2120	0.1799	0.1528	0.1300	0.1108	0.0946	0.0808
19	0.8277	0.6864	0.5703	0.4746	0.3957	0.3305	0.2765	0.2317	0.1945	0.1635	0.1377	0.1161	0.0981	0.0829	0.0703
20	0.8195	0.6730	0.5537	0.4564	0.3769	0.3118	0.2584	0.2145	0.1784	0.1486	0.1240	0.1037	0.0868	0.0728	0.0611
21	0.8114	0.6598	0.5375	0.4388	0.3589	0.2942	0.2415	0.1987	0.1637	0.1351	0.1117	0.0926	0.0768	0.0638	0.0531
22	0.8034	0.6468	0.5219	0.4220	0.3418	0.2775	0.2257	0.1839	0.1502	0.1228	0.1007	0.0826	0.0680	0.0560	0.0462
23	0.7954	0.6342	0.5067	0.4057	0.3256	0.2618	0.2109	0.1703	0.1378	0.1117	0.0907	0.0738	0.0601	0.0491	0.0402
24	0.7876	0.6217	0.4919	0.3901	0.3101	0.2470	0.1971	0.1577	0.1264	0.1015	0.0817	0.0659	0.0532	0.0431	0.0349
25	0.7798	0.6095	0.4776	0.3751	0.2953	0.2330	0.1842	0.1460	0.1160	0.0923	0.0736	0.0588	0.0471	0.0378	0.0304
26	0.7720	0.5976	0.4637	0.3607	0.2812	0.2198	0.1722	0.1352	0.1064	0.0839	0.0663	0.0525	0.0417	0.0331	0.0264
27	0.7644	0.5859	0.4502	0.3468	0.2678	0.2074	0.1609	0.1252	0.0976	0.0763	0.0597	0.0469	0.0369	0.0291	0.0230
28	0.7568	0.5744	0.4371	0.3335	0.2551	0.1956	0.1504	0.1159	0.0895	0.0693	0.0538	0.0419	0.0326	0.0255	0.0200
29	0.7493	0.5631	0.4243	0.3207	0.2429	0.1846	0.1406	0.1073	0.0822	0.0630	0.0485	0.0374	0.0289	0.0224	0.0174
30	0.7419	0.5521	0.4120	0.3083	0.2314	0.1741	0.1314	0.0994	0.0754	0.0573	0.0437	0.0334	0.0256	0.0196	0.0151

续 表

期数	16%	17%	18%	19%	20%	21%	22%	23%	24%	25%	26%	27%	28%	29%	30%
1	0.8621	0.8547	0.8475	0.8403	0.8333	0.8264	0.8197	0.8130	0.8065	0.8000	0.7937	0.7874	0.7813	0.7752	0.7692
2	0.7432	0.7305	0.7182	0.7062	0.6944	0.6830	0.6719	0.6610	0.6504	0.6400	0.6299	0.6200	0.6104	0.6009	0.5917
3	0.6407	0.6244	0.6086	0.5934	0.5787	0.5645	0.5507	0.5374	0.5245	0.5120	0.4999	0.4882	0.4768	0.4658	0.4552
4	0.5523	0.5337	0.5158	0.4987	0.4823	0.4665	0.4514	0.4369	0.4230	0.4096	0.3968	0.3844	0.3725	0.3611	0.3501
5	0.4761	0.4561	0.4371	0.4190	0.4019	0.3855	0.3700	0.3552	0.3411	0.3277	0.3149	0.3027	0.2910	0.2799	0.2693
6	0.4104	0.3898	0.3704	0.3521	0.3349	0.3186	0.3033	0.2888	0.2751	0.2621	0.2499	0.2383	0.2274	0.2170	0.2072
7	0.3538	0.3332	0.3139	0.2959	0.2791	0.2633	0.2486	0.2348	0.2218	0.2097	0.1983	0.1877	0.1776	0.1682	0.1594
8	0.3050	0.2848	0.2660	0.2487	0.2326	0.2176	0.2038	0.1909	0.1789	0.1678	0.1574	0.1478	0.1388	0.1304	0.1226
9	0.2630	0.2434	0.2255	0.2090	0.1938	0.1799	0.1670	0.1552	0.1443	0.1342	0.1249	0.1164	0.1084	0.1011	0.0943
10	0.2267	0.2080	0.1911	0.1756	0.1615	0.1486	0.1369	0.1262	0.1164	0.1074	0.0992	0.0916	0.0847	0.0784	0.0725
11	0.1954	0.1778	0.1619	0.1476	0.1346	0.1228	0.1122	0.1026	0.0938	0.0859	0.0787	0.0721	0.0662	0.0607	0.0558
12	0.1685	0.1520	0.1372	0.1240	0.1122	0.1015	0.0920	0.0834	0.0757	0.0687	0.0625	0.0568	0.0517	0.0471	0.0429
13	0.1452	0.1299	0.1163	0.1042	0.0935	0.0839	0.0754	0.0678	0.0610	0.0550	0.0496	0.0447	0.0404	0.0365	0.0330
14	0.1252	0.1110	0.0985	0.0876	0.0779	0.0693	0.0618	0.0551	0.0492	0.0440	0.0393	0.0352	0.0316	0.0283	0.0254
15	0.1079	0.0949	0.0835	0.0736	0.0649	0.0573	0.0507	0.0448	0.0397	0.0352	0.0312	0.0277	0.0247	0.0219	0.0195

续表

期数	16%	17%	18%	19%	20%	21%	22%	23%	24%	25%	26%	27%	28%	29%	30%
16	0.0930	0.0811	0.0708	0.0618	0.0541	0.0474	0.0415	0.0364	0.0320	0.0281	0.0248	0.0218	0.0193	0.0170	0.0150
17	0.0802	0.0693	0.0600	0.0520	0.0451	0.0391	0.0340	0.0296	0.0258	0.0225	0.0197	0.0172	0.0150	0.0132	0.0116
18	0.0691	0.0592	0.0508	0.0437	0.0376	0.0323	0.0279	0.0241	0.0208	0.0180	0.0156	0.0135	0.0118	0.0102	0.0089
19	0.0596	0.0506	0.0431	0.0367	0.0313	0.0267	0.0229	0.0196	0.0168	0.0144	0.0124	0.0107	0.0092	0.0079	0.0068
20	0.0514	0.0433	0.0365	0.0308	0.0261	0.0221	0.0187	0.0159	0.0135	0.0115	0.0098	0.0084	0.0072	0.0061	0.0053
21	0.0443	0.0370	0.0309	0.0259	0.0217	0.0183	0.0154	0.0129	0.0109	0.0092	0.0078	0.0066	0.0056	0.0048	0.0040
22	0.0382	0.0316	0.0262	0.0218	0.0181	0.0151	0.0126	0.0105	0.0088	0.0074	0.0062	0.0052	0.0044	0.0037	0.0031
23	0.0329	0.0270	0.0222	0.0183	0.0151	0.0125	0.0103	0.0086	0.0071	0.0059	0.0049	0.0041	0.0034	0.0029	0.0024
24	0.0284	0.0231	0.0188	0.0154	0.0126	0.0103	0.0085	0.0070	0.0057	0.0047	0.0039	0.0032	0.0027	0.0022	0.0018
25	0.0245	0.0197	0.0160	0.0129	0.0105	0.0085	0.0069	0.0057	0.0046	0.0038	0.0031	0.0025	0.0021	0.0017	0.0014
26	0.0211	0.0169	0.0135	0.0109	0.0087	0.0070	0.0057	0.0046	0.0037	0.0030	0.0025	0.0020	0.0016	0.0013	0.0011
27	0.0182	0.0144	0.0115	0.0091	0.0073	0.0058	0.0047	0.0037	0.0030	0.0024	0.0019	0.0016	0.0013	0.0010	0.0008
28	0.0157	0.0123	0.0097	0.0077	0.0061	0.0048	0.0038	0.0030	0.0024	0.0019	0.0015	0.0012	0.0010	0.0008	0.0006
29	0.0135	0.0105	0.0082	0.0064	0.0051	0.0040	0.0031	0.0025	0.0020	0.0015	0.0012	0.0010	0.0008	0.0006	0.0005
30	0.0116	0.0090	0.0070	0.0054	0.0042	0.0033	0.0026	0.0020	0.0016	0.0012	0.0010	0.0008	0.0006	0.0005	0.0004

附录三 普通年金终值系数表

计算公式：$f = [(1+i)^n - 1]/i$

期数	1%	2%	3%	4%	5%	6%	7%	8%	9%	10%
1	1.0000	1.0000	1.0000	1.0000	1.0000	1.0000	1.0000	1.0000	1.0000	1.0000
2	2.0100	2.0200	2.0300	2.0400	2.0500	2.0600	2.0700	2.0800	2.0900	2.1000
3	3.0301	3.0604	3.0909	3.1216	3.1525	3.1836	3.2149	3.2464	3.2781	3.3100
4	4.0604	4.1216	4.1836	4.2465	4.3101	4.3746	4.4399	4.5061	4.5731	4.6410
5	5.1010	5.2040	5.3091	5.4163	5.5256	5.6371	5.7507	5.8666	5.9847	6.1051
6	6.1520	6.3081	6.4684	6.6330	6.8019	6.9753	7.1533	7.3359	7.5233	7.7156
7	7.2135	7.4343	7.6625	7.8983	8.1420	8.3938	8.6540	8.9228	9.2004	9.4872
8	8.2857	8.5830	8.8923	9.2142	9.5491	9.8975	10.2598	10.6366	11.0285	11.4359
9	9.3685	9.7546	10.1591	10.5828	11.0266	11.4913	11.9780	12.4876	13.0210	13.5795
10	10.4622	10.9497	11.4639	12.0061	12.5779	13.1808	13.8164	14.4866	15.1929	15.9374
11	11.5668	12.1687	12.8078	13.4864	14.2068	14.9716	15.7836	16.6455	17.5603	18.5312
12	12.6825	13.4121	14.1920	15.0258	15.9171	16.8699	17.8885	18.9771	20.1407	21.3843
13	13.8093	14.6803	15.6178	16.6268	17.7130	18.8821	20.1406	21.4953	22.9534	24.5227
14	14.9474	15.9739	17.0863	18.2919	19.5986	21.0151	22.5505	24.2149	26.0192	27.9750
15	16.0969	17.2934	18.5989	20.0236	21.5786	23.2760	25.1290	27.1521	29.3609	31.7725

续 表

期数	1%	2%	3%	4%	5%	6%	7%	8%	9%	10%
16	17.2579	18.6393	20.1569	21.8245	23.6575	25.6725	27.8881	30.3243	33.0034	35.9497
17	18.4304	20.0121	21.7616	23.6975	25.8404	28.2129	30.8402	33.7502	36.9737	40.5447
18	19.6147	21.4123	23.4144	25.6454	28.1324	30.9057	33.9990	37.4502	41.3013	45.5992
19	20.8109	22.8406	25.1169	27.6712	30.5390	33.7600	37.3790	41.4463	46.0185	51.1591
20	22.0190	24.2974	26.8704	29.7781	33.0660	36.7856	40.9955	45.7620	51.1601	57.2750
21	23.2392	25.7833	28.6765	31.9692	35.7193	39.9927	44.8652	50.4229	56.7645	64.0025
22	24.4716	27.2990	30.5368	34.2480	38.5052	43.3923	49.0057	55.4568	62.8733	71.4027
23	25.7163	28.8450	32.4529	36.6179	41.4305	46.9958	53.4361	60.8933	69.5319	79.5430
24	26.9735	30.4219	34.4265	39.0826	44.5020	50.8156	58.1767	66.7648	76.7898	88.4973
25	28.2432	32.0303	36.4593	41.6459	47.7271	54.8645	63.2490	73.1059	84.7009	98.3471
26	29.5256	33.6709	38.5530	44.3117	51.1135	59.1564	68.6765	79.9544	93.3240	109.1818
27	30.8209	35.3443	40.7096	47.0842	54.6691	63.7058	74.4838	87.3508	102.7231	121.0999
28	32.1291	37.0512	42.9309	49.9676	58.4026	68.5281	80.6977	95.3388	112.9682	134.2099
29	33.4504	38.7922	45.2189	52.9663	62.3227	73.6398	87.3465	103.9659	124.1354	148.6309
30	34.7849	40.5681	47.5754	56.0849	66.4388	79.0582	94.4608	113.2832	136.3075	164.4940

续表

期数	16%	17%	18%	19%	20%	21%	22%	23%	24%	25%	26%	27%	28%	29%	30%
1	1.0000	1.0000	1.0000	1.0000	1.0000	1.0000	1.0000	1.0000	1.0000	1.0000	1.0000	1.0000	1.0000	1.0000	1.0000
2	2.1600	2.1700	2.1800	2.1900	2.2000	2.2100	2.2200	2.2300	2.2400	2.2500	2.2600	2.2700	2.2800	2.2900	2.3000
3	3.5056	3.5389	3.5724	3.6061	3.6400	3.6741	3.7084	3.7429	3.7776	3.8125	3.8476	3.8829	3.9184	3.9541	3.9900
4	5.0665	5.1405	5.2154	5.2913	5.3680	5.4457	5.5242	5.6038	5.6842	5.7656	5.8480	5.9313	6.0156	6.1008	6.1870
5	6.8771	7.0144	7.1542	7.2966	7.4416	7.5892	7.7396	7.8926	8.0484	8.2070	8.3684	8.5327	8.6999	8.8700	9.0431
6	8.9775	9.2068	9.4420	9.6830	9.9299	10.1830	10.4423	10.7079	10.9801	11.2588	11.5442	11.8366	12.1359	12.4423	12.7560
7	11.4139	11.7720	12.1415	12.5227	12.9159	13.3214	13.7396	14.1708	14.6153	15.0735	15.5458	16.0324	16.5339	17.0506	17.5828
8	14.2401	14.7733	15.3270	15.9020	16.4991	17.1189	17.7623	18.4300	19.1229	19.8419	20.5876	21.3612	22.1634	22.9953	23.8577
9	17.5185	18.2847	19.0859	19.9234	20.7989	21.7139	22.6700	23.6690	24.7125	25.8023	26.9404	28.1287	29.3692	30.6639	32.0150
10	21.3215	22.3931	23.5213	24.7089	25.9587	27.2738	28.6579	30.1128	31.6434	33.2529	34.9449	36.7235	38.5926	40.5564	42.6195
11	25.7329	27.1999	28.7551	30.4035	32.1504	34.0013	35.9620	38.0388	40.2379	42.5661	45.0306	47.6388	50.3985	53.3178	56.4053
12	30.8502	32.8239	34.9311	37.1802	39.5805	42.1416	44.8737	47.7877	50.8950	54.2077	57.7386	61.5013	65.5100	69.7800	74.3270
13	36.7862	39.4040	42.2187	45.2445	48.4966	51.9913	55.7459	59.7788	64.1097	68.7596	73.7506	79.1066	84.8529	91.0161	97.6250
14	43.6720	47.1027	50.8180	54.8409	59.1959	63.9095	69.0100	74.5280	80.4961	86.9495	93.9258	101.4654	109.6117	118.4108	127.9125
15	51.6595	56.1101	60.9653	66.2607	72.0351	78.3305	85.1922	92.6694	100.8151	109.6868	119.3465	129.8611	141.3029	153.7500	167.2863

续 表

期数	16%	17%	18%	19%	20%	21%	22%	23%	24%	25%	26%	27%	28%	29%	30%
16	60.925 0	66.648 8	72.939 0	79.850 2	87.442 1	95.779 9	104.934 5	114.983 4	126.010 8	138.108 5	151.376 6	165.923 6	181.867 7	199.337 4	218.472 2
17	71.673 0	78.979 2	87.068 0	96.021 8	105.930 6	116.893 7	129.020 1	142.429 5	157.253 4	173.635 7	191.734 5	211.723 0	233.790 7	258.145 3	285.013 9
18	84.140 7	93.405 6	103.740 3	115.265 9	128.116 7	142.441 3	158.404 5	176.188 3	195.994 2	218.044 6	242.585 8	269.888 2	300.252 1	334.007 4	371.518 0
19	98.603 2	110.284 6	123.413 5	138.166 4	154.740 0	173.354 0	194.253 5	217.711 6	244.032 8	273.555 8	306.657 7	343.758 0	385.322 7	431.869 6	483.973 4
20	115.379 7	130.032 9	146.628 0	165.418 0	186.688 0	210.758 4	237.989 3	268.785 3	303.600 6	342.944 7	387.388 7	437.572 6	494.213 1	558.111 8	630.165 5
21	134.840 5	153.138 5	174.021 0	197.847 4	225.025 6	256.017 6	291.346 9	331.605 9	377.464 8	429.680 9	489.109 8	556.717 3	633.592 7	720.964 2	820.215 1
22	157.415 0	180.172 1	206.344 8	236.438 5	271.030 7	310.781 3	356.443 2	408.875 3	469.056 3	538.101 1	617.278 3	708.030 9	811.998 7	931.043 8	1 067.279 6
23	183.601 4	211.801 3	244.486 8	282.361 8	326.236 9	377.045 4	435.860 7	503.916 6	582.629 8	673.626 4	778.770 7	900.199 3	1 040.358 3	1 202.046 5	1 388.463 5
24	213.977 6	248.807 6	289.494 5	337.010 5	392.484 2	457.224 9	532.750 1	620.817 4	723.461 0	843.032 9	982.251 1	1 144.253 1	1 332.658 6	1 551.640 0	1 806.002 6
25	249.214 0	292.104 9	342.603 5	402.042 5	471.981 1	554.242 2	650.955 1	764.605 4	898.091 6	1 054.791 2	1 238.636 3	1 454.201 4	1 706.803 1	2 002.615 6	2 348.803 3
26	290.088 3	342.762 7	405.272 1	479.430 6	567.377 3	671.633 0	795.165 3	941.464 7	1 114.633 6	1 319.489 0	1 561.681 8	1 847.835 8	2 185.707 9	2 584.374 1	3 054.444 3
27	337.502 4	402.032 3	479.221 1	571.522 4	681.852 8	813.675 9	971.101 6	1 159.001 6	1 383.145 1	1 650.361 2	1 968.719 1	2 347.751 2	2 798.706 1	3 334.842 6	3 971.777 6
28	392.502 8	471.377 8	566.480 9	681.111 6	819.223 3	985.547 9	1 185.744 0	1 426.571 9	1 716.100 7	2 063.951 2	2 481.586 0	2 982.644 3	3 583.343 8	4 302.947 0	5 164.310 9
29	456.303 2	552.512 1	669.447 5	811.522 8	984.068 0	1 193.512 9	1 447.607 7	1 755.683 5	2 128.964 8	2 580.939 4	3 127.798 4	3 788.958 4	4 587.680 1	5 551.801 6	6 714.604 2
30	530.311 7	647.439 1	790.948 0	966.712 2	1 181.881 6	1 445.150 7	1 767.081 3	2 160.490 7	2 640.916 4	3 227.174 3	3 942.026 0	4 812.977 3	5 873.230 6	7 162.824 1	8 729.985 5

附录四 普通年金现值系数表

计算公式：$f = [1 - (1+i)^{-n}]/i$

期数	1%	2%	3%	4%	5%	6%	7%	8%	9%	10%	11%	12%	13%	14%	15%
1	0.990 1	0.980 4	0.970 9	0.961 5	0.952 4	0.943 4	0.934 6	0.925 9	0.917 4	0.909 1	0.900 9	0.892 9	0.885 0	0.877 2	0.869 6
2	1.970 4	1.941 6	1.913 5	1.886 1	1.859 4	1.833 3	1.808 0	1.783 3	1.759 1	1.735 5	1.712 5	1.690 1	1.668 1	1.646 7	1.625 7
3	2.941 0	2.883 9	2.828 6	2.775 1	2.723 2	2.673 0	2.624 3	2.577 1	2.531 3	2.486 9	2.443 7	2.401 8	2.361 2	2.321 6	2.283 2
4	3.902 0	3.807 7	3.717 1	3.629 9	3.546 0	3.465 1	3.387 2	3.312 1	3.239 7	3.169 9	3.102 4	3.037 5	2.974 5	2.913 7	2.855 0
5	4.853 4	4.713 5	4.579 7	4.451 8	4.329 5	4.212 4	4.100 2	3.992 7	3.889 7	3.790 8	3.695 9	3.604 8	3.517 2	3.433 1	3.352 2
6	5.795 5	5.601 4	5.417 2	5.242 1	5.075 7	4.917 3	4.766 5	4.622 9	4.485 9	4.355 3	4.230 5	4.111 4	3.997 5	3.888 7	3.784 5
7	6.728 2	6.472 0	6.230 3	6.002 1	5.786 4	5.582 4	5.389 3	5.206 4	5.033 0	4.868 4	4.712 2	4.563 8	4.422 6	4.288 3	4.160 4
8	7.651 7	7.325 5	7.019 7	6.732 7	6.463 2	6.209 8	5.971 3	5.746 6	5.534 8	5.334 9	5.146 1	4.967 6	4.798 8	4.638 9	4.487 3
9	8.566 0	8.162 2	7.786 1	7.435 3	7.107 8	6.801 7	6.515 2	6.246 9	5.995 2	5.759 0	5.537 0	5.328 2	5.131 7	4.946 4	4.771 6
10	9.471 3	8.982 6	8.530 2	8.110 9	7.721 7	7.360 1	7.023 6	6.710 1	6.417 7	6.144 6	5.889 2	5.650 2	5.426 2	5.216 1	5.018 8
11	10.367 6	9.786 8	9.252 6	8.760 5	8.306 4	7.886 9	7.498 7	7.139 0	6.805 2	6.495 1	6.206 5	5.937 7	5.686 9	5.452 7	5.233 7
12	11.255 1	10.575 3	9.954 0	9.385 1	8.863 3	8.383 8	7.942 7	7.536 1	7.160 7	6.813 7	6.492 4	6.194 4	5.917 6	5.660 3	5.420 6
13	12.133 7	11.348 4	10.635 0	9.985 6	9.393 6	8.852 7	8.357 7	7.903 8	7.486 9	7.103 4	6.749 9	6.423 5	6.121 8	5.842 4	5.583 1
14	13.003 7	12.106 2	11.296 1	10.563 1	9.898 6	9.295 0	8.745 5	8.244 2	7.785 2	7.366 7	6.981 9	6.628 2	6.302 5	6.002 1	5.724 5
15	13.865 1	12.849 3	11.937 9	11.118 4	10.379 7	9.712 2	9.107 9	8.559 5	8.060 7	7.606 1	7.190 9	6.810 9	6.462 4	6.142 2	5.847 4

续 表

期数	1%	2%	3%	4%	5%	6%	7%	8%	9%	10%	11%	12%	13%	14%	15%
16	14.7179	13.5777	12.5611	11.6523	10.8378	10.1059	9.4466	8.8514	8.3126	7.8237	7.3792	6.9740	6.6039	6.2651	5.9542
17	15.5623	14.2919	13.1661	12.1657	11.2741	10.4773	9.7632	9.1216	8.5436	8.0216	7.5488	7.1196	6.7291	6.3729	6.0472
18	16.3983	14.9920	13.7535	12.6593	11.6896	10.8276	10.0591	9.3719	8.7556	8.2014	7.7016	7.2497	6.8399	6.4674	6.1280
19	17.2260	15.6785	14.3238	13.1339	12.0853	11.1581	10.3356	9.6036	8.9501	8.3649	7.8393	7.3658	6.9380	6.5504	6.1982
20	18.0456	16.3514	14.8775	13.5903	12.4622	11.4699	10.5940	9.8181	9.1285	8.5136	7.9633	7.4694	7.0248	6.6231	6.2593
21	18.8570	17.0112	15.4150	14.0292	12.8212	11.7641	10.8355	10.0168	9.2922	8.6487	8.0751	7.5620	7.1016	6.6870	6.3125
22	19.6604	17.6580	15.9369	14.4511	13.1630	12.0416	11.0612	10.2007	9.4424	8.7715	8.1757	7.6446	7.1695	6.7429	6.3587
23	20.4558	18.2922	16.4436	14.8568	13.4886	12.3034	11.2722	10.3711	9.5802	8.8832	8.2664	7.7184	7.2297	6.7921	6.3988
24	21.2434	18.9139	16.9355	15.2470	13.7986	12.5504	11.4693	10.5288	9.7066	8.9847	8.3481	7.7843	7.2829	6.8351	6.4338
25	22.0232	19.5235	17.4131	15.6221	14.0939	12.7834	11.6536	10.6748	9.8226	9.0770	8.4217	7.8431	7.3300	6.8729	6.4641
26	22.7952	20.1210	17.8768	15.9828	14.3752	13.0032	11.8258	10.8100	9.9290	9.1609	8.4881	7.8957	7.3717	6.9061	6.4906
27	23.5596	20.7069	18.3270	16.3296	14.6430	13.2105	11.9867	10.9352	10.0266	9.2372	8.5478	7.9426	7.4086	6.9352	6.5135
28	24.3164	21.2813	18.7641	16.6631	14.8981	13.4062	12.1371	11.0511	10.1161	9.3066	8.6016	7.9844	7.4412	6.9607	6.5335
29	25.0658	21.8444	19.1885	16.9837	15.1411	13.5907	12.2777	11.1584	10.1983	9.3696	8.6501	8.0218	7.4701	6.9830	6.5509
30	25.8077	22.3965	19.6004	17.2920	15.3725	13.7648	12.4090	11.2578	10.2737	9.4269	8.6938	8.0552	7.4957	7.0027	6.5660

续表

期数	16%	17%	18%	19%	20%	21%	22%	23%	24%	25%	26%	27%	28%	29%	30%
1	0.8621	0.8547	0.8475	0.8403	0.8333	0.8264	0.8197	0.8130	0.8065	0.8000	0.7937	0.7874	0.7813	0.7752	0.7692
2	1.6052	1.5852	1.5656	1.5465	1.5278	1.5095	1.4915	1.4740	1.4568	1.4400	1.4235	1.4074	1.3916	1.3761	1.3609
3	2.2459	2.2096	2.1743	2.1399	2.1065	2.0739	2.0422	2.0114	1.9813	1.9520	1.9234	1.8956	1.8684	1.8420	1.8161
4	2.7982	2.7432	2.6901	2.6386	2.5887	2.5404	2.4936	2.4483	2.4043	2.3616	2.3202	2.2800	2.2410	2.2031	2.1662
5	3.2743	3.1993	3.1272	3.0576	2.9906	2.9260	2.8636	2.8035	2.7454	2.6893	2.6351	2.5827	2.5320	2.4830	2.4356
6	3.6847	3.5892	3.4976	3.4098	3.3255	3.2446	3.1669	3.0923	3.0205	2.9514	2.8850	2.8210	2.7594	2.7000	2.6427
7	4.0386	3.9224	3.8115	3.7057	3.6046	3.5079	3.4155	3.3270	3.2423	3.1611	3.0833	3.0087	2.9370	2.8682	2.8021
8	4.3436	4.2072	4.0776	3.9544	3.8372	3.7256	3.6193	3.5179	3.4212	3.3289	3.2407	3.1564	3.0758	2.9986	2.9247
9	4.6065	4.4506	4.3030	4.1633	4.0310	3.9054	3.7863	3.6731	3.5655	3.4631	3.3657	3.2728	3.1842	3.0997	3.0190
10	4.8332	4.6586	4.4941	4.3389	4.1925	4.0541	3.9232	3.7993	3.6819	3.5705	3.4648	3.3644	3.2689	3.1781	3.0915
11	5.0286	4.8364	4.6560	4.4865	4.3271	4.1769	4.0354	3.9018	3.7757	3.6564	3.5435	3.4365	3.3351	3.2388	3.1473
12	5.1971	4.9884	4.7932	4.6105	4.4392	4.2784	4.1274	3.9852	3.8514	3.7251	3.6059	3.4933	3.3868	3.2859	3.1903
13	5.3423	5.1183	4.9095	4.7147	4.5327	4.3624	4.2028	4.0530	3.9124	3.7801	3.6555	3.5381	3.4272	3.3224	3.2233
14	5.4675	5.2293	5.0081	4.8023	4.6106	4.4317	4.2646	4.1082	3.9616	3.8241	3.6949	3.5733	3.4587	3.3507	3.2487
15	5.5755	5.3242	5.0916	4.8759	4.6755	4.4890	4.3152	4.1530	4.0013	3.8593	3.7261	3.6010	3.4834	3.3726	3.2682

续 表

期数	16%	17%	18%	19%	20%	21%	22%	23%	24%	25%	26%	27%	28%	29%	30%
16	5.668 5	5.405 3	5.162 4	4.937 7	4.729 6	4.536 4	4.356 7	4.189 4	4.033 3	3.887 4	3.750 9	3.622 8	3.502 6	3.389 6	3.283 2
17	5.748 7	5.474 6	5.222 3	4.989 7	4.774 6	4.575 5	4.390 8	4.219 0	4.059 1	3.909 9	3.770 5	3.640 0	3.517 7	3.402 8	3.294 8
18	5.817 8	5.533 9	5.273 2	5.033 3	4.812 2	4.607 9	4.418 7	4.243 1	4.079 9	3.927 9	3.786 1	3.653 6	3.529 4	3.413 0	3.303 7
19	5.877 5	5.584 5	5.316 2	5.070 0	4.843 5	4.634 6	4.441 5	4.262 7	4.096 7	3.942 4	3.798 5	3.664 2	3.538 6	3.421 0	3.310 5
20	5.928 8	5.627 8	5.352 7	5.100 9	4.869 6	4.656 7	4.460 3	4.278 6	4.110 3	3.953 9	3.808 3	3.672 6	3.545 8	3.427 1	3.315 8
21	5.973 1	5.664 8	5.383 7	5.126 8	4.891 3	4.675 0	4.475 6	4.291 6	4.121 2	3.963 1	3.816 1	3.679 2	3.551 4	3.431 9	3.319 8
22	6.011 3	5.696 4	5.409 9	5.148 6	4.909 4	4.690 0	4.488 2	4.302 1	4.130 0	3.970 5	3.822 3	3.684 4	3.555 8	3.435 6	3.323 0
23	6.044 2	5.723 4	5.432 1	5.166 8	4.924 5	4.702 5	4.498 5	4.310 6	4.137 1	3.976 4	3.827 3	3.688 5	3.559 2	3.438 4	3.325 4
24	6.072 6	5.746 5	5.450 9	5.182 2	4.937 1	4.712 8	4.507 0	4.317 6	4.142 8	3.981 1	3.831 2	3.691 8	3.561 9	3.440 6	3.327 2
25	6.097 1	5.766 2	5.466 9	5.195 1	4.947 6	4.721 3	4.513 9	4.323 2	4.147 5	3.984 9	3.834 2	3.694 3	3.564 0	3.442 3	3.328 6
26	6.118 2	5.783 1	5.480 4	5.206 0	4.956 3	4.728 4	4.519 6	4.327 8	4.151 1	3.987 9	3.836 7	3.696 3	3.565 6	3.443 7	3.329 7
27	6.136 4	5.797 5	5.491 9	5.215 1	4.963 6	4.734 2	4.524 3	4.331 6	4.154 2	3.990 3	3.838 7	3.697 9	3.566 9	3.444 7	3.330 5
28	6.152 0	5.809 9	5.501 6	5.222 8	4.969 7	4.739 0	4.528 1	4.334 6	4.156 6	3.992 3	3.840 2	3.699 1	3.567 9	3.445 5	3.331 2
29	6.165 6	5.820 4	5.509 8	5.229 2	4.974 7	4.743 0	4.531 2	4.337 1	4.158 5	3.993 8	3.841 4	3.700 1	3.568 7	3.446 1	3.331 7
30	6.177 2	5.829 4	5.516 8	5.234 7	4.978 9	4.746 3	4.533 8	4.339 1	4.160 1	3.995 0	3.842 4	3.700 9	3.569 3	3.446 6	3.332 1

主要参考文献

[1] 财政部会计资格评价中心编.财务管理[M].北京:经济科学出版社,2020.
[2] 中国注册会计师协会组织编写.财务成本管理[M].北京:中国财政经济出版社,2020.
[3] 张朝辉,马玉洁.财务管理学[M].2版.北京:高等教育出版社,2019.
[4] 肖作平.财务管理[M].2版.大连:东北财经大学出版社,2018.
[5] 陈兴滨.财务管理[M].5版.北京:中国人民大学出版社,2016.
[6] 李金兰.财务管理[M].北京大学出版社,2012.
[7] 张明燕,谢华.财务管理[M].北京:清华大学出版社,北京交通大学出版社,2012.
[8] 张蕊.公司财务学[M].2版.北京:高等教育出版社,2012.
[9] 梁莱歆.公司理财[M].北京:清华大学出版社,2009.
[10] 李明伟,周赟,合晓林.财务管理学[M].北京:经济科学出版社,2009.
[11] 朱学义.财务分析教程[M].北京:北京大学出版社,2009.
[12] 荆薪,王化成,刘俊彦.财务管理学[M].5版.北京:中国人民大学出版社,2009.
[13] 陆正飞.财务管理[M].大连:东北财经大学出版社,2009.
[14] 安杰,贾创雄,高蕾.财务管理[M].北京:清华大学出版社,2009.
[15] 王琴,蒋平.财务管理[M].上海:立信会计出版社,2008.
[16] 庞守林,邱明,林光.企业并购原理[M].北京:清华大学出版社,2008.
[17] 赵德武.财务管理[M].北京:高等教育出版社,2007.
[18] 周春生.融资、并购与控制[M].2版.北京:北京大学出版社,2007.
[19] 斯科特.现代财务管理基础[M].8版.金马,译.北京:清华大学出版社,高等教育出版社,2004.

郑重声明

高等教育出版社依法对本书享有专有出版权。任何未经许可的复制、销售行为均违反《中华人民共和国著作权法》，其行为人将承担相应的民事责任和行政责任；构成犯罪的，将被依法追究刑事责任。为了维护市场秩序，保护读者的合法权益，避免读者误用盗版书造成不良后果，我社将配合行政执法部门和司法机关对违法犯罪的单位和个人进行严厉打击。社会各界人士如发现上述侵权行为，希望及时举报，本社将奖励举报有功人员。

反盗版举报电话　（010）58581999　58582371　58582488
反盗版举报传真　（010）82086060
反盗版举报邮箱　dd@hep.com.cn
通信地址　北京市西城区德外大街 4 号　高等教育出版社法律事务与版权管理部
邮政编码　100120